KB071683

21세기에 벌어질 전 지구적 기후재난 시나리오

- 이산화탄소 농도한계선(400ppm) 돌파
- 호주 그레이트배리어리프 대량 백화(산호초 떼죽음) 사태 발생
- 파리기후협약에서 지구 평균 기온 2도 상승을 최소한의 목표로 설정

- 탄소배출량이 전 세계적으로 1.4퍼센트 증가
- 남아시아에서 발생한 홍수로 1,200명 사망
- 캘리포니아 대형 산불로 땅 2,000제곱마일 소실
- 푸에르토리코에 대형 허리케인 '마리아' 상륙
- 미국 트럼프 대통령 파리기후협약 탈퇴 선언

- 캐나다 퀘벡에서 폭염으로 54명 사망
- 태평양에서 발생한 허리케인으로 하와이의 이스트아일랜드 소멸
- 스웨덴에서 북극권에 속하는 산림 지역 전소
- 대홍수가 인도 케랄라를 덮쳐 수백 명이 사망
- 아마존 열대우림 개발을 공약으로 내세운 자이르 보우소나르 브라질 대통령 당선

2016  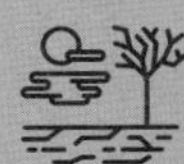 2017   2018 

2100   2099   2090 

- 세계보건기구의 '안전' 등급이 매겨진 공기를 마시지 못하는 사람이 20억 명에 육박

- 미국에서 기후변화의 영향으로 살인 2만 2,000건, 강간 18만 건, 폭행 350만 건, 절도 행위 376만 건이 증가

- 전 세계 기온이 섭씨 4도 이상 증가
- 전 세계 인구의 절반이 살인적인 폭염에 노출
- 매년 세계 인구의 약 5퍼센트가 침수되어 사망
- 1조 달러 규모의 미국 부동산 침수
- 기후재난의 피해 규모가 한 해 기준으로 100조 달러 육박
- 만조형 홍수가 미국 동부 해안을 이틀에 한 번 꼴로 강타
- 북극 영구동토층의 81퍼센트 감소, 1,000억 톤의 탄소 배출
- 미국에서만 해수면이 80미터 이상 상승
- 1인당 GDP 50퍼센트 이상 감소

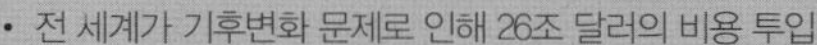

- 전 세계가 기후변화 문제로 인해 26조 달러의 비용 투입
- 브라질에서 산림 개발 정책으로 이산화탄소 13.12기가톤 배출
- 전 세계 물 수요량이 공급량을 40퍼센트 격차로 추월
- 전 세계 산호초의 90퍼센트가 백화 위기에 직면
- 36억 명에 달하는 사람들이 말라리아에 감염
- 기후변화에 따른 분쟁으로 39만 3,000명 이상이 사망

- 북극 영구동토(0도 이하의 땅)의 해동 시작
- 아프리카 2억 5,000만 명 물 부족 위기에 직면
- 무스(말코손바닥사슴) 멸종위기 봉착

- 해수면 상승으로 미국에서만 약 31만 채의 집 침수
- 마이애미비치 부동산의 14퍼센트 침수

2020

2030

2045

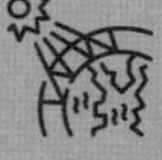

2050

2070

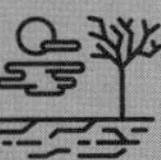

2080

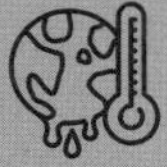

- 기후난민의 수가 최대 10억 명 돌파
- 여름철 최고 기온이 평균 35도 이상인 도시가 970개까지 증가
- 폭염으로 전 세계에서 25만 5,000명이 사망
- 개발도상국의 1억 5,000만 명이 단백질 결핍 증상 호소
- 전 세계적으로 50억 명 이상이 물 부족 위기에 직면
- 라틴아메리카 커피 재배 농장의 최대 90퍼센트 소멸

- 태풍을 맞은 아시아 거대도시의 자산 피해 규모가 35조 달러에 육박

- 태평양 연안의 최저기온이 2000년 당시 최고기온보다 상승
- 전 세계의 식량 생산을 책임지는 지역이 영구적 가뭄에 직면

2050 거주불능 지구

한계치를 넘어 종말로 치닫는
21세기 기후재난 시나리오

2050 거주불능 지구

The Uninhabitable Earth

데이비드 월러스 웰즈 지음
김재경 옮김

추수밭

한 그루의 나무가 모여 푸른 숲을 이루듯이
청림의 책들은 삶을 풍요롭게 합니다.

리사와 로카,

어머니와 아버지에게

이 책을 바치며

"데이비드 월러스 웰즈는 의도적으로 무시무시한 격론을 벌인다. 마치 스티븐 킹과 스티븐 호킹을 섞어 놓은 것 같다. 《2050 거주불능 지구The Uninhabitable Earth》가 우리 눈앞에 놓인 아마겟돈에 관해 끊임없이 쏟아 내는 강렬한 묘사를 읽다 보면 유성으로 한 대 얻어맞은 느낌이 든다. 모두가 이 책을 읽기를 바란다. 그리고 두려워하길 바란다."

_앤드루 솔로몬 Andrew Solomon(저널리스트, 심리학자, 《한낮의 우울》 저자)

"데이비드 월러스 웰즈는 기후변화의 충격이 많은 사람들이 알고 있는 것보다 훨씬 더 심각하다고 주장한다. 그리고 그의 말이 맞다. 《2050 거주불능 지구》는 시기적절하면서도 도발적인 책이다."

_엘리자베스 콜버트 Elizabeth Kolbert(《더 뉴요커》 전속기자, 《지구 재앙 보고서》 저자)

"우리가 직면한 전례 없는 위기와 그런 위기를 제대로 인정하지 않으려고 사용하는 우리의 방어기제에 대해 명료하면서도 철저하게 묘사한다."

_윌리엄 깁슨 William Gibson(SF 작가, 《뉴로맨서》 저자)

"아주 심오한 책이다. 미래에 대해 두려움을 느끼게 하면서도 희망을 품게 만들고, 한가득 후회를 느끼게 하면서도 다시금 의지를 품게 만든다."

_조너선 사프란 포어 Jonathan Safran Foer(작가, 《엄청나게 시끄럽고 믿을 수 없게 가까운》 저자)

"기후변화의 끔찍함을 이야기하면서 사탕발림을 하지 않는 몇 안 되는 책 중 하나다."

_윌리엄 T. 볼먼 William T. Vollmann(저널리스트, 작가)

"흥미와 공포를 불러일으키면서도 쉴 새 없이 읽힌다. 기후변화가 우리가 사는 곳, 우리가 먹는 음식, 우리가 나누는 이야기 등 삶의 모든 면을 어떤 식으로 바꾸어 놓을지에 대해 여태까지 나온 책들 중 아마 가장 광범위한 설명을 담았을 것이다."

_아미타브 고시 Amitav Ghosh(작가, 《유리 궁전》 저자)

"손주들이 우리를 욕하는 꼴을 보고 싶지 않다면 꼭 이 책을 읽어라."

_티머시 스나이더 Timothy Snyder(역사학자, 《폭정》 저자)

"먼 미래가 아니라 바로 지금 혼란 속에 불타오르는 지구에서 어떤 악몽들이 펼쳐지는지 명석하면서도 가차 없이 분석하고 있다."

_마이크 데이비스 Mike Davis(도시사회학자, 《슬럼, 지구를 뒤덮다》 저자)

"이 책은 살아 있고, 다채롭다. 만일 당신이 기후변화 소식을 미루거나 외면했다면, 이 책이 당신을 깨우치고 더 나아지게 만들 것이다. 혹시 기후와 관련한 드라마에 푹 빠져 있다면, 월러스 웰즈의 목소리와 시각이 상당히 흥미롭게 다가올 것이다."

_데이비드 조지 해스컬 David George Haskell(생물학자, 《나무의 노래》 저자)

"월러스 웰즈는 각 장이 시작되고 마무리되는 순간까지 적확한 언어 구사로 글을 이끌어나간다. 기후학 분야의 지배적 의견과는 다르게 기후변화에 대한 그만의 탁월한 분석을 보여준다."

_로리 개릿 Laurie Garrett(퓰리처상 수상 과학기자)

차례

1부 이것은 '자연재해'가 아니다

2부 12가지 기후재난의 실제와 미래

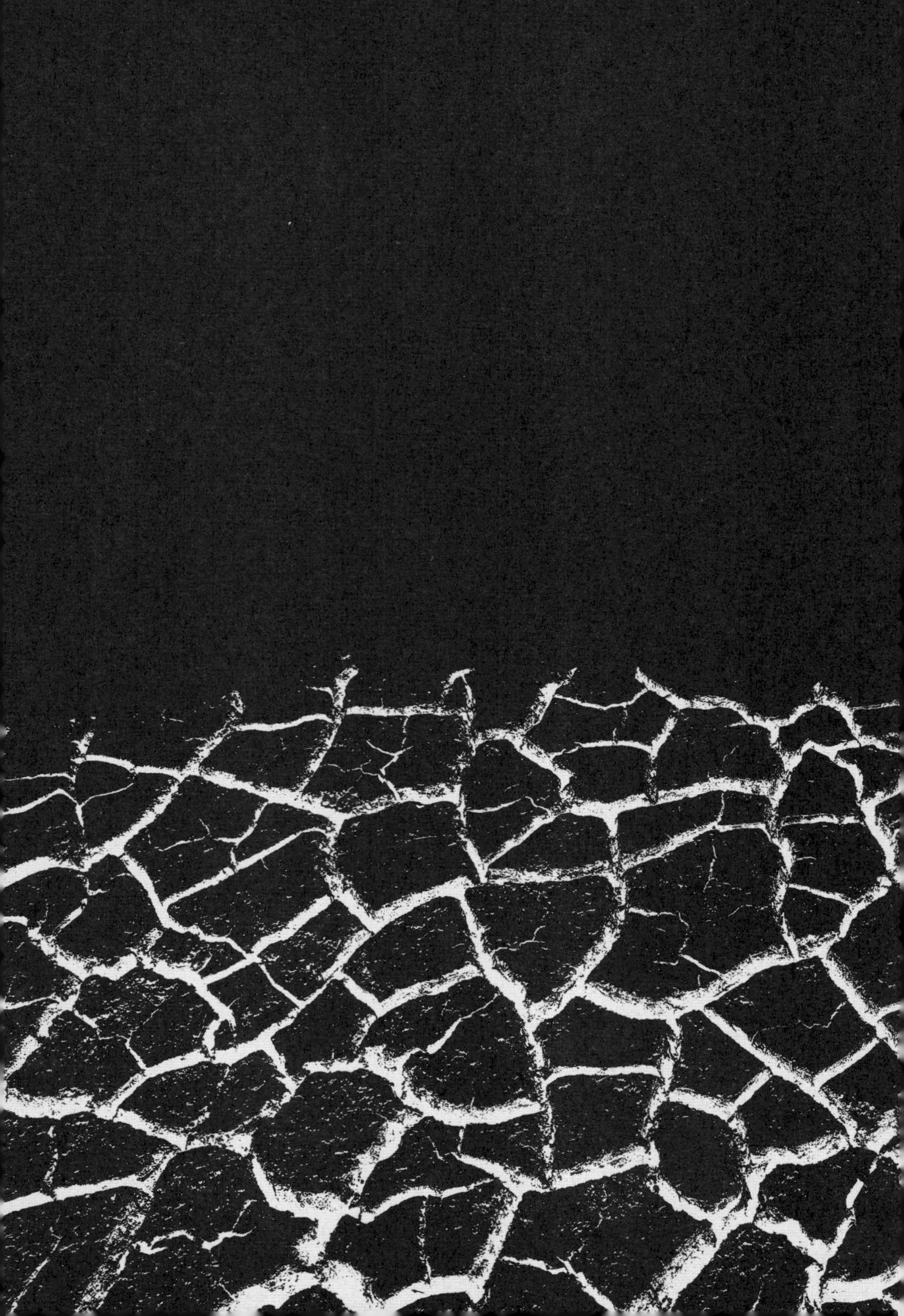

1부

이것은 '자연재해'가 아니다

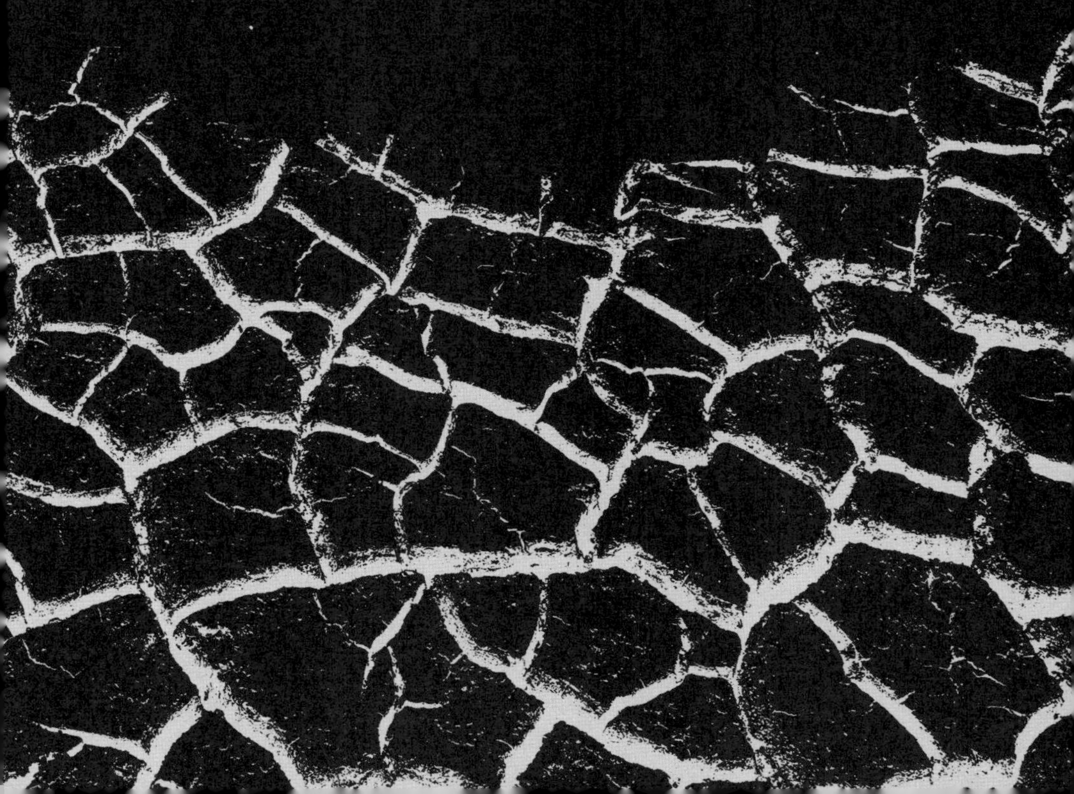

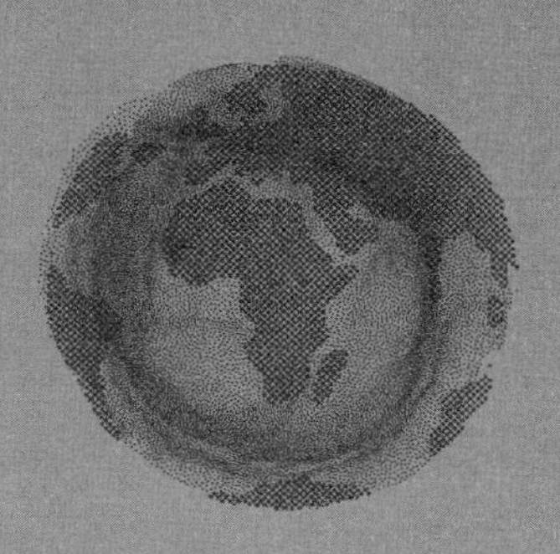

상황은 심각하다. 생각보다 훨씬 더 심각하다. 기후변화의 진행 속도가 더디다는 주장은 판타지 동화 수준의 착각이다. 어쩌면 기후변화가 아예 일어나지 않고 있다는 주장만큼이나 위험한 착각이다. 게다가 이런 주장에는 여러 거짓 위안이 함께 딸려 나온다. 지구온난화가 저기 외딴 북극에서나 펼쳐지는 이야기라느니, 엄밀히는 해수면이나 해안선과 관련된 문제일 뿐 지구 모든 생물에 영향을 미치는 광범위한 문제는 아니라느니, '자연' 세계가 직면한 위기일 뿐 인류의 위기는 아니라느니, 오늘날 인간은 자연과 분리돼 있으며 자연에 둘러싸이거나 압도당하면서 살아가는 게 아니라 어떤 식으로든 자연 너머에 살고 있거나 적어도 자연의 영향력을 차단하며 살아가고 있다느니, 경제적 풍요가 지구온난화의 공격을 막아 주리라느니, 지속적인 경제성장을 위해서는 화석연료를 사용할 수밖에 없다느니, 경제가 성장하고 그로 인해 기술이 발전하면 환경재난을 피할 길을 무조건 찾으리라느니, 인류 역사를 통틀어 비슷한 규모의 위기는 얼마든지 존재했으므로 이번 역시 자신감을 가지고 지켜봐도 괜찮다느니…….

이 가운데 어떤 주장도 진실이 아니다. 우선 기후변화의 속도부터 생각해 보자. 오늘날 우리가 겪고 있는 위기를 제외하면 여태까지 지구는 총 다섯 차례의 대멸종 사태를 겪었다.[1] 매번 화석 기록을 싹 쓸어버릴 만큼 철저하게 이루어졌다는 점에서 진화적으로는 리셋 버튼 역할을 했다고 할 수 있다. 지구의 계통수(다양한 생물 종의 진화적 관계를 나무 형태로 보여 주는 도표 – 옮긴이)는 마치 허파에 혈액이 들어왔다 나갔다 하듯이 일정한 간격으로 확장과 붕괴를 반복해 왔다. 4억 5,000만 년 전에는 86퍼센트의 종이 소멸했다.[2] 그로부터 7,000만 년 뒤에 75퍼센트가 소멸했다. 1억 2,500만 년 뒤에는 96퍼센트가 소멸했다. 5,000만 년 뒤에는 80퍼센트가 소멸했다. 마지막으로 1억 3,500만 년 뒤에는 다시 75퍼센트가 소멸했다. 현재 십대를 지난 독자라면 고등학교 시절 교과서에서 이런 멸종이 소행성 충돌 때문에 발생했다고 배웠을 것이다. 하지만 공룡이 멸종한 경우를 제외하면 사실 대멸종은 모두 온실가스에 의한 기후변화와 관련돼 있었다.[3] 가장 악명 높은 케이스는 2억 5,000만 년 전에 발생한 대멸종이었다. 이는 이산화탄소가 지구의 온도를 5도 증가시키면서 시작됐고,[4] 그로 인해 또 다른 온실가스인 메탄이 방출되면서 가속화됐으며, 결국 일부 종을 제외한 모든 생명체가 죽음에 이르고 나서야 종결됐다. 그런데 오늘날 인류는 그때보다도 훨씬 빠른 속도로 대기 중에 이산화탄소를 배출하고 있다. 전문가 대부분이 적어도 10배는 빠른 속도라고 추정하고 있다.[5] 산업화가 시작되기 전의 인류 역사랑 비교하자면 최소한 100배는 더 빨라졌다.[6] 또 대기 중 탄소량은 지난 80만 년 가운데 어느 때와 비교하더라도 족히 3분의 1 이상 늘어났다.[7] 어쩌면 1,500만 년 전까지 비교하더라도 똑같은 결과가 나올 것이다.[8] 그때는 인류가 존재하지도 않았던, 해수면이 지금보다 30미터 이상 높았던 시절인데도 말이다.[9]

많은 사람들은 지구온난화가 산업혁명 이후 여러 세기에 걸쳐 쌓였다가 이제야 갚을 때가 된 도덕적·경제적 부채와 같다고 생각한다. 하지만 대기 중에 배출된 탄소 중 절반 이상은 불과 지난 30년 사이에 배출됐다.[10] 다시 말해 우리가 지구의 운명에 그리고 인류의 삶과 문명을 지탱하는 지구의 능력에 얼마나 큰 피해를 줬는지 계산해 보면 앨 고어Al Gore가 기후 문제를 다루는 책을 처음 출간한 이후의 피해가 지난 수백수천 년 동안의 피해만큼이나 막대하다는 뜻이다. 이미 1992년 유엔UN에서는 기후변화협약UNFCCC을 체결함으로써 기후 문제에 대한 과학적 합의를 세계적으로 공표한 바 있다. 결국 우리는 기후변화 문제를 인지하고 나서도 문제를 몰랐을 때만큼이나 지구를 파괴해 온 것이다. 물론 구약 성경의 원죄가 후손의 후손까지 대물림되듯이 지구온난화 문제 역시 여러 세기에 걸쳐 펼쳐지는 장대한 도덕적 서사라고 생각할 수 있다. 어쨌든 도화선에 불이 붙은 것은 18세기 영국에서 화석연료를 태우기 시작했을 때부터이기 때문이다. 하지만 이는 오늘날을 살아가는 우리에게서 죄책감을 덜어 내기 위해 문제의 원인을 부당하게도 역사 속 악행으로 돌리려는 꾸며 낸 이야기에 불과하다. 사실 화석연료는 절반 이상이 〈사인필드Seinfeild〉(1989년에서 1998년 사이에 방영된 미국의 인기 시트콤 – 옮긴이) 첫 방송 이후에 사용됐다. 2차 세계대전이 끝난 시점 이후로 계산하면 수치는 약 85퍼센트까지 올라간다.[11] '지구온난화'를 인류가 산업 시대 전체에 걸쳐 자기 파멸을 향해 달려가는 이야기라고 생각했는데 실상은 한 세대가 겪는 이야기에 불과했던 것이다. 누군가 세례나 바르미츠바(유대교에서 소년이 13세가 됐을 때 거치는 성인식 – 옮긴이)를 치르고 나서 명을 다하는 사이에 지구는 안정된 모습을 잃고 재앙 직전까지 다다르고 말았다.

이미 이산화탄소 한계치를 넘어선 지구

우리는 그 '한 세대'에 어떤 이들의 삶이 포함되는지 잘 알고 있다. 내 아버지가 태어나신 1938년에는(아버지의 어린 시절 기억 가운데에는 진주만 공습에 관한 소식을 접했던 기억, 뒤이어 공군 신화를 다루는 프로파간다적인 상업 영화들을 접했던 기억이 있다) 대부분의 사람들이 관찰하기에 기후 시스템이 안정돼 보였다. 당시 과학자들은 이미 70~80년 전부터 온실효과가 무엇인지 나무, 석탄, 석유를 태울 때 나오는 탄소가 어떻게 지구를 뜨겁게 만들고 균형을 파괴할 수 있는지 이해하고 있었다.[12] 하지만 그 영향이 어떨지는 아직 제대로 이해하지 못했기 때문에 지구온난화는 관측된 사실이라기보다는 아주 먼 미래에나 이루어질(어쩌면 결코 이루어지지 않을) 암울한 예측 정도로 여겨졌다. 파리기후협약이 절박함 속에 채택된 지 몇 주 후 아버지가 돌아가신 2016년에는 기후 시스템이 파멸을 향해 기울어지고 있었다. 근대 산업의 포악한 실체를 확인한 환경학자들이 절대 넘지 말라고 오래전부터 그어 놓은

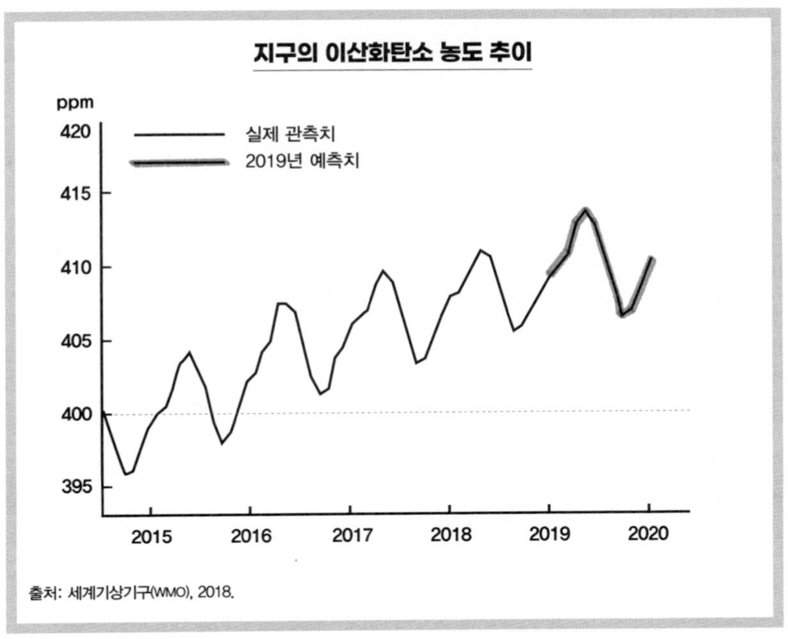

새빨간 선, 즉 이산화탄소 농도 한계선(기후학에서는 지겨울 정도로 익숙한 400ppm이라는 수치)을 넘어서고 있었다.[13] 물론 그 뒤로도 인류는 멈추지 않았다. 불과 2년 뒤 이산화탄소 농도는 월 평균 411ppm에 도달했다.[14] 공기 중에는 늘어난 탄소만큼이나 죄의식 역시 퍼져 나갔다. 하지만 그럼에도 우리는 애써 죄의식을 외면하려고 했다.

'한 세대'에는 우리 어머니의 인생도 들어가 있다. 1945년에 내 어머니는 수용소 소각로에서 친족을 잃고 달아난 독일계 유대인 부부 사이에서 태어나셨고 현재 73세의 나이로 미국이라는 '상품 천국'을 즐기고 계신다. 물론 이 천국의 기반에는 불과 한 세대 사이에 중산 국가로 발돋움한 개발도상국의 공장들이 자리하고 있다. 여기에는 전기,

자가용, 항공 여행, 붉은 고기 등 소비를 부추기는 온갖 유혹과 화석연료를 사용해 얻을 수 있는 온갖 특혜가 함께한다. 어머니는 58년 동안 필터 없는 담배를 피워 오셨고 요즘은 중국에 담배를 박스 단위로 주문해 받아 피우신다.

한편 '한 세대'에는 최초로 기후변화 문제를 공개적으로 경고한 수많은 학자들의 인생이 담겨 있다. 놀랍게도 그들 중 일부는 아직도 현역으로 일하고 있는데, 그 짧은 기간 사이에 인류는 지금처럼 막다른 길에 다다른 것이다. 심지어 일부 학자들은 연구 초창기에 엑슨 사로부터 자금을 지원받기도 했다. 엑슨 사는 지금까지 이어져 온 탄소 배출 관행에 책임이 있다는 이유로 현재 수많은 소송을 제기당하고 있으며, 기존 화석연료 사용 방침에 아무런 변화가 없다면 21세기가 끝날 때까지 지구상의 여러 지역을 인간이 거의 거주할 수 없는 환경으로 바꿔 놓는 데에 기여하게 될 것이다.

우리가 너무나도 태평하게 달려가고 있는 길이 바로 이와 같다. 2100년까지 기온이 섭씨 4도 이상 증가한다는 현실을 향해 질주하고 있는 것이다.[15] 일부 추산에 따르면 기온이 4도 오르는 경우 아프리카, 호주, 미국, 남아메리카의 파타고니아 북부 지역, 아시아의 시베리아 남부 지역이 직접적인 열기와 사막화, 홍수로 인해 사람이 거주할 수 없는 곳으로 바뀐다고 한다.[16] 이 지역들이 사람이 살기 힘든 환경으로 바뀔 것은 틀림없는 사실이며 그 밖에 얼마나 많은 지역이 같은 처지를 겪을지가 남은 문제다. 이는 우리가 나아가게 될 길이자 우리에게 주어진 기준점이다. 지구가 기후재난 사태 직전까지 다다르는 데 한 세대가 걸렸다면 재난을 헤쳐 나갈 책임 역시 다음 한 세대에게 달렸다는 말이다. 우리는 그 '다음 세대'가 누구인지도 정확히 알고 있다. 바로 우리 세대다.

'자연재해'가 아닌 '대량 학살'의 위기

나는 환경론자는 아니다. 스스로를 딱히 자연 친화적인 사람이라고 생각하지도 않는다. 평생 도시에서 살았고, 공장에서 만들어지는 전자제품을 즐겨 사용하지만 산업 공급망이 어떤 식으로 이루어져 있는지 이따금 생각해 보는 게 전부다. 캠핑은 적어도 자의로는 가 본 적이 없으며, 물과 공기를 맑고 깨끗하게 유지하는 게 좋은 태도라고는 생각했으나 경제가 성장하려면 자연에 대가가 따를 수밖에 없다는 전제 역시 받아들이고 있었다. 게다가 생각해 보면 많은 경우 성장 쪽에 손을 들어 주고는 했다. 직접 소를 잡아다가 햄버거를 만들어 먹을 생각은 없지만 그렇다고 채식주의자로 살 생각도 없다. 인간을 다른 동물로부터 윤리적으로 구별하는 게 전혀 복잡한 문제가 아니라고 생각하기 때문에 먹이사슬 꼭대기에 위치한 우리가 스스로의 지위를 마음껏 과시하지 못할 이유도 없다고 생각한다. 오히려 여성이나 유색인종 입장에서 보면, 백인 남성들이 법적 인격을 독점하던 행태를 깨부순 지 불과 한두 세대밖에 지나지 않은 시점에 침팬지나 문어한테까지 인권 비슷한 법적 권리를 보장하자는 논의가 나오고 있다는 사실이 불쾌하게 느껴진다. 이런 측면에서 나는 끔찍한 결과를 앞두고도 안일하게 기후변화를 외면해 온 여느 미국인과 다르지 않다. 인류 역사상 최대의 위협일 뿐만 아니라 종류나 규모 면에서도 완전히 차원이 다른 위협인

데도 말이다. 기후변화는 인류 전체를 아우르는 위기가 될 것이다.

몇 년 전부터 나는 기후변화와 관련된 이야기를 수집하기 시작했다. 가장 사소한 이야기조차 꾸며낸 것처럼 느껴질 만큼 무시무시하고 기괴하면서도 눈을 뗄 수 없는 것들이 많았다. 예컨대 북극에서 얼음이 녹아 내려 연구 기지를 고립시키는 바람에 북극곰들과 함께 섬에 갇힌 과학자들 이야기도 있었고,[17] 오랜 세월 영구동토층에 묻혀 있던 순록 사체가 녹아내린 얼음 밖에 노출되면서 사체에 접촉한 어느 러시아 소년이 탄저균에 감염됐다는 이야기도 있었다.[18] 처음에는 뉴스 매체에서 새로운 종류의 우화라도 지어내고 있는 줄 알았다. 하지만 물론 기후변화는 우화가 아니다.

2011년 이후로 약 100만 명에 이르는 시리아 난민이 기후변화와 가뭄으로 촉발된 내전을 피해 유럽 곳곳으로 퍼졌다.[19] 그리고 사실상 이런 난민 쇼크가 불러일으킨 공황 상태 때문에 오늘날 서구권 전체가 '포퓰리즘 시대'를 맞이하게 됐다고 해도 과언이 아니다. 방글라데시의 침수 가능성이 실현되고 나면 지금보다 10배 혹은 그 이상의 난민이 발생하겠지만,[20] 기후재난으로 한층 더 불안정한 상태에 놓여 있을 세계는 도움이 필요한 이민자를 받아들이는 면에서 훨씬 소극적으로 변해 있을 것이다. 게다가 사하라 이남 아프리카, 라틴아메리카, 그 밖의 남아시아 지역에서도 난민이 발생할 것이다. 세계은행World Bank에서는 그 수가 2050년에 1억 4,000만 명에 이를 것으로 추산하는데,[21] 이는 현재 유럽이 겪고 있는 시리아 난민 위기의 100배 규모에 해당하는 문제다.[22]

유엔에서는 그보다도 암울한 전망을 내놓는다. 2050년에 기후난민이 2억 명에 달한다는 것이다.[23] 로마제국이 전성기를 누릴 때 전 세계 인구가 2억 명이었다.[24] 당시 지구 곳곳을 살아가던 사람들이 하나도 빠짐없이 집을 잃은 채 새로운 거처를 찾아 황량한 땅을 떠도는 모습을 상상할 수 있겠나? 유엔에서 제시하는 최악의 시나리오는 훨씬 더 끔찍하다. 30년 뒤에 '싸움을 벌이거나 도망을 치는 것 외에 다른 선택지가 거의 없는 취약한 빈민층이 10억 명'에 달할 수 있다.[25] 이는 산업혁명이 순조롭게 진행되던 1820년의 전 세계 인구에 맞먹는 수치다. 이런 맥락에서 인류 역사는 연대표 위에 촘촘하게 이어진 년도의 연속체라기보다는 인간이 지구를 전부 뒤덮을 때까지 팽창을 거듭하는 인구 성장 풍선에 가까워 보인다. 지난 세대에 탄소배출량이 그렇게나 많이 증가할 수밖에 없었던 이유는 세계 전역에서 매년, 아니 매일 점점 더 많은 사건이 벌어지면서 인류 역사가 그렇게나 빨리 전개될 수밖에 없었던 이유와 다르지 않다. 그저 지구상에 훨씬 더 많은 사람들이 생겨났기 때문이다. 오늘날까지 이루어진 모든 인간 활동 중 15퍼센트는 현재 지구상에 살아가는 사람들이 탄소발자국을 남기면서 초래한 활동으로 추정된다.[26]

물론 앞서 언급한 예상 난민 규모는 수년 전에 연구 팀들이 특정 명분이나 운동에 관심을 불러일으키기 위해 최악의 상황을 가정하고 추정한 수치다. 실제 수치는 그에 미치지 못할 확률이 매우 높으며 학자들 역시 예상 난민 규모가 수억 명보다는 수천만 명에 가까우리라고 믿는다. 하지만 수억 명이라는 예상치가 최악의 가능성일 뿐이라는 사실에 안심해서는 안 된다. 최악의 가능성을 외면하면 일어날 법한 가능성마저 왜곡된 시각으로 바라보게 되어 심각한 미래를 굳이 공들여 대비할 필요가 없다고 생각할 수 있기 때문이다. 최악의 경우를 고려해야만 일어날 수 있는 일의 한계를 확정지을 수 있으며 그 한계 내에서 어떤 경우의 수가 존재하는지 더 쉽게 파악할 수 있다. 게다가 기후 문제를 염려하며 지난 반세기를 힘겹게 보내는 동안 낙관론자들이 옳았던 적이 한번도 없었다는 점을 생각할 때 그런 추정치들은 한계를 설정하는 것 이상으로 유용한 가이드라인이 될지도 모른다.

내가 수집한 이야기들은 나날이 쌓여 갔다. 하지만 그중 절대다수가, 심지어 정통 학술지의 최신 연구 자료에 등장하는 사례마저 TV와 신문 등 대중이 접할 수 있는 기후변화 관련 보도에서는 찾아보기 어려웠다. 물론 대중매체에서도 기후변화를 다룬 것은 사실이며 경각심을 일깨우려는 의도도 어느 정도 보였다. 하지만 어떤 결과가 초래될지에 대한 논의는 오해를 불러일으킬 만큼 협소해 거의 매번 해수면 상승 문제에만 한정돼 있었다. 게다가 제반 사항을 고려할 때 대중매체 보도는 지나치게 낙관적이기도 했다. 1997년에 기념비적인 협약인 교토의정서Kyoto Protocol가 체결될 당시에는 2도 수준의 지구온난화가 기후재난의 출발점으로 여겨졌다. 도시가 침수되고 감당하기 힘든 가뭄과 열기가 이어지고 허리케인과 폭풍우가 매일같이 대륙을 강타하는 등 우리가 '자연재해'라고 부르던 현상이 머지않아 그저 '나쁜 날씨' 정도로 일상화되리라 전망했다. 최근에 마셜제도의 외무부장관은 동일한 수준의 지구온난화를 '대량 학살'이라는 명칭으로 불러야 한다고 제안하기도 했다.[27]

소용없는 협약, 공허한 말잔치, 감춰진 미래

그처럼 암울한 시나리오를 피할 가능성은 없다고 봐도 무방하다. 교토의정서는 사실상 아무 성과도 거두지 못했다. 협약 이후 20년 동안 기후 문제를 대변하고 관련 법안을 제정하며 친환경에너지를 보급하려는 노력이 있었지만 결국 협약 이전 20년에 비해 더 많은 온실가스를 배출하게 됐을 뿐이다. 2016년에는 파리기후협약Paris Agreement이 체결되면서 기온 상승을 2도 이내로 유지하는 것을 전 지구적인 목표로 삼았으며 언론은 2도 수준의 온난화가 최악의 시나리오라도 되는 것처럼 보도했다. 하지만 불과 몇 해가 지나지 않았음에도 협약의 요구 조건을 제대로 이행하는 산업 국가가 하나도 없다는 사실을 고려할 때 2도 상승이라는 기준은 놀랍게도 최상의 시나리오에 가까워 보이며, 2도 상승을 넘어서는 끔찍한 미래가 엄연히 존재하는데도[28] 그런 전망은 대중의 시야에서 교묘히 숨겨지고 있다.

기후변화 문제를 이야기하던 사람들에게 그처럼 끔찍한 미래는 (그리고 우리가 이미 2도 상승 이내에 안착할 기회를 놓쳤다는 사실은) 어째서인지 다뤄서는 안 될 문제처럼 여겨졌다. 그 이유는 너무 많아서 셀 수 없을 정도지만 이유라기보다 충동이라고 부르는 게 나을 만큼 막연했다. 지구가 2도 이상 뜨거워질 가능성에 대해 논의하지 않기로 선택했던 이유는 어쩌면 체면을 지키기 위해서였을지도, 기후변화 자체가 두렵거나 공포심을 조장할까 봐 두려웠을지도, 과학기술의 힘을(결국 시장의 힘을) 신뢰하기 때문이었을지도, 당파적인 논쟁을 존중해야 한다거나 심지어 당파적인 이익이 우선해야 한다고 생각하기 때문이었을지도, 나처럼 좌파 진영의 환경론자들에게 회의적이었을지도, 혹은 나처럼 자신과 동떨어진 생태계의 운명에 무관심해서였을지도 모른다. 우리는 학계의 온갖 전문용어와 복잡한 수치를 보면서 혼란을 겪었거나 적어도 다른 사람들이 혼란을 겪을 것이라고 짐작했을지 모른다. 혹은 기후변화의 속도를 이해하는 데 서툴렀거나, 세계의 엘리트와 엘리트 기관이 본분을 다할 것이라고 지지에 가까운 신뢰를 나타냈거나, 심한 경우 그들을 맹목적으로 추종했던 것일 수도 있다. 어쩌면 지구온난화에 대해 이제 막 들어 본 게 다인 데에다가《불편한 진실Inconvenient Truth》이 처음 나온 뒤로 상황이 그렇게나 악화됐을 리가 없다고 생각했기 때문에 훨씬 끔찍한 전망이 제시돼도 진정으로 믿지는 못했을지도 모른다. 혹은 신나게 차를 몰거나 소고기를 즐기는 등 여태껏 살던 대로 살고 싶었기 때문에 기후변화 문제에 굳이 신경을 쓰지 않으려고 했을 수도 있다. 아니면 우리가 충분히 '탈공업화 사회'로 넘어왔다고 생각했기 때문에 아직도 온갖 일상용품이 화석연료를 태워서 만들어진다는 사실을 받아들이지 못했을지도 모른다. 어쩌면 우리는 소름끼칠 정도로 확장돼 가는 '평범함'의 범주 속에 나쁜 소식들마저 포함시키는 면에서 소시오패스만큼이나 탁월했을 수도 있고, 아니면 밖을 내다봐도 아직 상황이 괜찮아 보였을 수도 있다. 똑같은 이야기를 몇 번이고 반복해서 읽고 쓰는 게 따분하게 느껴졌거나, 기후변화가 전지구적인 현상이지 국지적인 현상이 아니기에 진부한 논의밖에 내놓지 못했거나, 그럼에도 기후변화가 우리 개개인의 삶을 파멸시키리라는 사실을 충분히 이해하지 못했거나, 지금 다른 곳에서 살아가는 사람들이나 훗날 지구를 물려받고 분노하게 될 후손들은 신경 쓰지 않은 채 이기적으로 땅을 파괴했던 것일지도 모른다. 역사가 특정한 목표를 향해 나아간다고 신봉하면서 인류가 진보해 온 방향을 볼 때 인류 역사의 종착지 역시 환경 정의의 실현이라고 믿었을 수도 있다. 스스로에게 솔직해지자면 세상은 한정된 자원을 두고 제로섬 경쟁을 벌이는 전쟁터나 마찬가지이므로 자신이 유리한 지위를 차지하고 있고 운 좋게 출생 복권에도 당첨된 이상 앞으로 세계에 무슨 일이 벌어지더라도 결국 상대적으로는 늘 그랬듯이 승자가 되리라고 믿었을지도 모른다. 어쩌면 미래의 직장과 산업에 대해 초조해하기에는 지금 당장 우리의 직장과 산업을 염려하는 것만으로도 정신없었을지 모른다. 로봇의 등장만으로도 너무 걱정이 됐거나 최신 스마트폰을 들여다보느라 너무 바빴을지도 모른다. 아무리 문화계가 종말론적인 반응으로 넘쳐 나고 정치계가 공황 상태에 빠져 있더라도 우리는 큰 그림을 그리는 면에서 긍정적인 소식에만 편향된 주의를 기울였을지도 모른다. 그것도 아니라면 솔직히 누가 어떤 이유를 제시할 수 있을까? 기후변화 문제에 관한 우리의 직관을 묘한 안도감으로 변질시킨 요인이 너무나 많아서 애초에 어디가 왜곡돼 있는지 온전히 파악하는 게 불가능할지도 모른다. 그럼에도 분명한 사실은 의지가 부족해서든 능력이 부족해서든 우리가 학문적으로 명백한 사실을 제대로 직시하지 못했다는 점이다.

인간보다 한참을 앞서나가는 기후변화의 실체

이 책은 인류가 지구를 살아가는 방식에 지구온난화가 어떤 영향을 미치는지 다루는 책이지 지구온난화에 관한 과학적 사실을 다루는 책은 아니다. 그럼에도 과학이 지구온난화에 관해 무엇을 말해 주는지 살펴볼 필요가 있다. 기후변화는 복잡한 연구 주제다. 크게 두 가지 층위의 불확실성에 기반을 두기 때문이다. 우선 온실가스를 배출하는 면에서 '인간이 어떻게 행동할지'가 불확실하다. 또 직접적으로 열기를 가하는 면에서든 복잡하면서도 때로는 모순적인 방식으로 온갖 피드백을 되먹이는 면에서든 '기후가 어떻게 반응할지'도 불확실하다. 하지만 불확실성이라는 장애물에 가로막혀 있음에도 기후변화 연구는 아주 확실한, 끔찍할 정도로 확실한 답을 내놓기도 했다. '기후변화에 관한 정부 간 협의체IPCC'는 현재 지구의 상태가 어떠하며 앞으로 기후변화가 어떤 방향으로 진행될지 모범적인 기준을 가지고 평가하고 있다. 평가 기준이 모범적이라는 이유 한 가지는 검증 단계를 통과한 최신 연구만을 취합한다는 점에서 IPCC가 보수적이기 때문이다. 다음 평가 보고서는 2022년에 나올 예정이다. 하지만 다른 최신 보고에 따르면 파리기후협약에서 협의한(하지만 아직 어디서도 지켜지지 않은) 온갖 약속을 즉시 시행해 온실가스 배출 문제에 당장 조치를 취한다고 가정하더라도 약 3.2도의 기온 상승, 즉 산업화 이후 상승한 수치의 3배에 해당하는 기온 상승이 뒤따를 것이다.[29] 그러리라고 상상도 못했던 빙상들이 녹아내리는 일은 현실이 될 수 있을 뿐만 아니라 되어 있을 것이며[30] 결국 마이애미와 다카(방글라데시의 수도 – 옮긴이)는 물론 상하이와 홍콩을 비롯한 수많은 도시가 침수될 것이다.[31] 빙상의 붕괴가 시작되는 분기점은 기온이 2도 정도 상승했을 때로 추정되며 여러 최신 연구에 따르면 설령 탄소 배출을 당장 중단할지라도 21세기가 끝날 즈음에는 2도 수준의 온난화에 직면할 수 있다고 한다.[32]

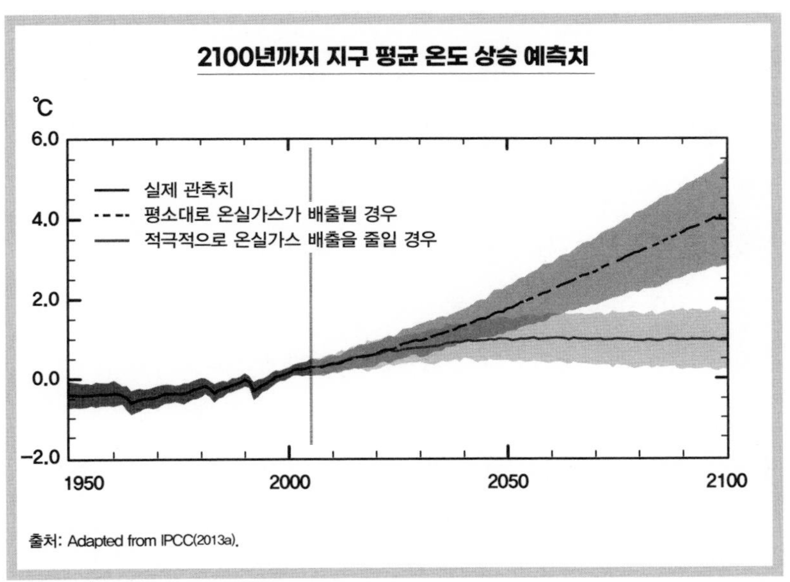

출처: Adapted from IPCC(2013a).

통상적으로 대부분 연구가 2100년을 종점으로 놓고 모델링을 진행하지만 그렇다고 기후변화의 공격이 2100년에 끝난다는 뜻은 아니다. 그렇기 때문에 일부 기상학자들은 그 뒤에 따라올 100년을 가리켜 '지옥 같은 100년century of hell'이라 부르기도 한다.[33] 물론 기후변화는 빠르다. 우리가 알아차릴 수 있다고 생각하는 것보다 훨씬 더 빠르다. 하지만 동시에 우리의 상상보다 더 길기도 하다.

지구온난화에 관한 글을 읽다 보면 지구라는 행성의 역사 기록을 끌어다 유추하는 내용을 자주 접한다. 논리는 이런 식이다. '지난번에 지구가 이만큼 따뜻했을 때는 해수면이 여기에 위치했다.' 이는 우연이 아니었다. 해수면이 그곳에 위치한 주된 이유는 지구가 그만큼 따뜻했기 때문이다. 따라서 복잡한 기후 시스템을 이해하는 데 더해 기온이 2도나 4도, 6도 상승했을 때 얼마나 많은 피해가 나타날지 측정하기 위해서는 지질학 기록을 참조하는 것만큼 좋은 방법이 없다. 안타깝게도 최근 지구의 장구한 역사를 연구한 바에 따르면 현재 통용되는 기후변화 모델은 2100년까지의 기온 상승치를 절반 정도로 과소평가하고 있다고 한다.[34] 바꿔 말해 기온이 IPCC가 예측한 수치보다 2배 더 상승할 수 있다는 뜻이다. 파리기후협약에서 협의한 온실가스 감축 목표를 달성하더라도 지구는 여전히 4도 수준의 온난화를 겪을 수 있으며 이는 북아프리카 지역과 지구 곳곳의 열대우림 지역을 불타는 사바나로 뒤바꿔 놓을 수치다.[35] 한 최신 논문에서 연구진은 온난화가 그보다도 더 극적인 결과를 초래할 수 있다고 지적했다. 온실가스 배출량을 대폭 삭감하더라도 기온은 4~5도 상승할 수 있으며 이런 시나리오에서는 지구 전체의 거주 가능성이 심각한 위험에 처할 수 있다. 논문의 표현을 빌리자면 '찜통 지구Hothouse Earth'가 도래할지도 모른다.[36]

다루는 숫자가 너무 작다 보니 1도, 2도, 4도, 5도 사이의 차이를 사소하게 생각하기가 쉽다. 인간의 경험과 기억은 각각의 기온 문턱을 넘는다는 것이 우리에게 어떤 의미가 있는지 충분한 이해를 제공하지 못한다. 하지만 단지 1도 상승이 가져오는 결과조차 세계대전이나 암 재발의 실상만큼이나 지켜보고 싶지 않을 것이다. 기온이 2도 증가하면 빙상이 붕괴되기 시작하고[37] 4억 명 이상의 사람이 물 부족을 겪으며[38] 적도 지방의 주요 도시가 사람이 살 수 없는 곳으로 변하고 북위도 지역조차 여름마다 폭염으로 수천 명이 목숨을 잃는다. 인도에서는 극심한 폭염이 32배 더 자주 발생하고[39] 매 폭염이 지금보다 5배 더 오래 지속돼 93배 더 많은 사람들이 위험에 노출된다. 여기까지가 우리에게 주어진 최상의 시나리오다. 기온이 3도 증가하면 남부 유럽은 영구적인 가뭄에 시달리고 중앙아시아는 평균적으로 지금보다 19개월 더 오래 지속되는 건기를, 카리브해 지역은 21개월 더 오래 지속되는 건기를 겪는다. 북부 아프리카에서는 건기가 60개월, 그러니까 5년 증가한다. 매년 들불과 산불로 불타는 지역이 지중해 지역에서는 2배, 미국에서는 6배 이상 늘어난다. 기온이 4도 상승하면 라틴아메리카에서만 뎅기열 발발 사례가 800만 건 이상 증가하고[40] 식량 위기가 거의 매년 전 세계에 닥친다. 폭염 관련 질병으로 인한 사망자 수가 9퍼센트 증가한다.[41] 하천 범람으로 입는 피해가 방글라데시에서는 30배, 인도에서는 20배, 영국에서는 60배 증가한다. 특정 지역에서는 기후가 원인이 되는 여섯 종류의 자연재해가 동시에 발생할 수 있으며 전 세계 피해 규모를 돈으로 환산하면 600조 달러(오늘날 전 세계에 존재하는 부의 2배 이상)를 넘을 수 있다. 분쟁과 전쟁 역시 2배 늘어날 수 있다.

설령 2100년에 지구의 기온을 2도 상승하는 선에서 붙들어 둔다고 해도 대기 중에는 이미 탄소가 500ppm, 어쩌면 그 이상 존재할 것이다. 1,600만 년 전, 그러니까 가장 최근에 탄소 농도가 그와 같았을 때는 지구가 단지 2도 정도 뜨거운 수준이 아니었다. 최소 5도에서 최대 8도 더 뜨거웠으며 해수면이 지금보다 약 40미터 더 높았다.[42] 이는 미국의 동부 해안선이 I-95(메인 주에서 플로리다 주로 이어지는 주간 고속도로 제95호선-옮긴이)까지 당겨져 있었다는 뜻이다. 이런 과정이 펼쳐지기까지 대개 수천 년 이상이 소요되지만 일단 변화가 시작되면 비가역적이라는 점에서 사실상 영구적으로 지속된다고 할 수 있다. 기후를 거꾸로 되돌리고 싶겠으나 실제로 그럴 수는 없다. 기후변화는 우리보다 저 멀리 앞서 나가 있을 것이다.

이런 맥락에서 볼 때 기후변화는 티머시 모턴Timothy Morton이 '초과물hyperobject'이라고 부르는 개념, 즉 인터넷처럼 너무 거대하고 복잡해서 결코 제대로 이해할 수 없는 개념에 해당한다.[43] 규모, 범위, 잔혹성 등 기후변화의 여러 특징을 하나하나 떼어 놓고 보아도 이미 초과물의 정의에 부합하지만 모든 특징을 한꺼번에 고려한다면 기후변화는 초과물 이상으로 고차원적이고 불가해한 개념일지도 모른다. 하지만 그 중에서도 가장 이해하기 힘든 요소를 꼽자면 '시간'으로, 최악의 결과가 지금으로부터 너무나 먼 미래에 나타나다 보니 우리는 반사적으로 그 실상을 과소평가하게 된다.

그러나 기후변화는 반드시 최악의 결과를 몰고 와 우리의 현실감을 보란 듯이 비웃을 것이다. 인류가 약 100년 전부터 지금까지 속도를 높여 가며 토지자원을 이용하고 화석연료를 태운 결과 일종의 환경재난 드라마가 시작됐다. 이는 앞으로 온난화라는 힘이 세상이라는 무대에 구현할 미지의 환경 속에 미지의 생물이 뒤섞인 채 수천수만 년에 걸쳐, 어쩌면 인류가 존재해 온 기간보다 더 오랜 시간에 걸쳐 전개될 것이다. 그러다 보니 우리는 인지적 편의성을 얻는 대신 기후변화가 21세기에만 나타날 것처럼 생각하기로 선택한 듯하다. 유엔 보고에 따르면 우리가 현행 기조를 고수하는 경우 2100년에는 기온이 약 4.5도 상승한다.[44] 다시 말해 파리기후협약을 이행할 경우의 기댓값이 이미 2도 상승이라는 한계 지점을 넘어섰는데, 현행 기조를 유지한다면 그 기댓값마저 더 큰 격차로 추월한다는 것이다. 결국 재난이 시작되는 한계 지점을 2배 이상 격차로 넘어서게 된다.

나오미 오레스케스Naomi Oreskes의 지적처럼 현재 기후변화 모델에는 불확실한 요소가 너무 많아서 모델로부터 도출한 예측을 진리처럼 받아들이기에는 무리가 있다.[45] 예컨대 《기후 충격Climate Shock》에서 저자 게르노트 와그너Gernot Wagner와 마틴 와이츠먼Martin Weitzman은 현행 기후 모델을 가지고 수차례 테스트를 시행한 결과 기온이 6도 이상 상승할 확률이 11퍼센트로 나왔다고 밝힌다.[46] 또 노벨상 수상자 윌리엄 노드하우스William Nordhaus의 최근 연구에 따르면 경제성장률이 전망치보다 높게 잡히는 경우 유엔에서 '평상시' 기준으로 예측한 최악의 시나리오보다 더 많은 온실가스가 배출될 확률이 3분의 1 이상에 해당한다고 한다.[47] 바꿔 말해 기온이 5도 이상 상승할 가능성도 존재한다.

유엔 보고에 따르면 현재 상황이 2100년까지 유지되는 경우, 즉 최악의 탄소 배출 노선을 고집하다가 최악의 결과를 맞이하는 경우 기온 상승 상한선은 8도로 추정된다. 기온이 8도 상승하면 적도 지방과 열대 지방에 사는 사람은 해당 지역을 벗어나기도 전에 죽을 수밖에 없다.[48]

8도 더 뜨거운 세상에서 직접적인 열기가 미치는 피해는 극히 일부 문제에 지나지 않는다. 해수면이 최종적으로 60미터까지 상승해[49] 세계 주요 도시 3분의 2를 덮어 버릴 것이다.[50] 지구상에 오늘날 우리가 섭취하는 종류의 식품을 산출할 수 있는 토지가 거의 없어진다.[51] 굽이치는 화염 폭풍이 숲을 휘젓고 다니며 점점 더 강력한 허리케인이 해안을 강타한다. 열대성 질병이 빈틈없이 곳곳을 채우면서 북상해 오늘날 북극에 해당하는 지역까지 일부 흡수한다.[52] 직접적인 열기가 너무나 강해 사람이 살 수 없는 지역이 전체 면적의 3분의 1에 달할 것이다. 그때에도 인생이라는 게 존재한다면 오늘날 우리로서는 참을 수조차 없는 전례 없는 가뭄과 폭염을 일상처럼 견뎌야 할 것이다.

물론 2100년에 기온이 8도 상승하는 온난화를 겪을 가능성은 그리 높지 않다. 실제로 최근 여러 논문에서는 기후가 탄소배출량에 생각만큼 민감하게 반응하지는 않으며 현재 노선을 고수하더라도 기온 상승은 4도 정도, 최대로 높게 잡아도 5도 정도에 머무르리라고 주장한다.[53] 하지만 5도는 8도만큼이나 상상도 못 할 수치며 4도 역시 딱히 바람직한 미래는 아니다. 4도 증가만으로도 세상은 영구적인 식량 결핍 사태에 시달리며[54] 알프스산맥은 아틀라스산맥처럼 삭막해질 것이다.

그처럼 끔찍한 시나리오와 지금 우리가 살고 있는 세상 사이에는 '인류가 어떻게 반응할까?'라는 열린 질문만이 놓여 있다. 물론 지구가 온실가스에 적응하는 과정은 장기간에 걸쳐 이루어지기 때문에 어느 정도의 온난화는 이미 예정돼 있다. 하지만 지금 이 순간부터 어떤 가능성(2도, 3도, 4도, 5도, 심지어 8도)을 향해 나아갈지는 상당 부분 지금 우리가 어떤 행동을 선택하는지에 달렸다. 우리가 여태까지 그랬던 것처럼 진로를 수정하고자 하는 의지를 나타내지 않는 이상 기온이 4도 상승하는 미래를 막을 길은 없다. 물론 지구가 충분히 거대하고 생태적으로 다양하기 때문에, 인간이 늘 적응하는 동물이었듯이 이번에도 치명적인 위협에 노련하게 대처할 것이기 때문에, 머지않아 온난화의 파괴적인 영향력이 외면하거나 부정하기 힘들 정도로 극심해져도 인류의 지혜로운 대응으로 인해 기후변화는 지구를 엄밀한 의미에서 생명이 거주할 수 없는 행성으로 바꾸지는 않을지 모른다. 하지만 우리가 탄소를 배출하는 면에서 아무런 조치를 취하지 않는다면, 즉 인류의 산업 활동이 지난 30년과 마찬가지로 앞으로도 30년 동안 동일한 상승 곡선을 그린다면 21세기가 끝날 때 즈음에는 오늘날 기준에서 살 만한 지역이 하나도 남아 있지 않을 것이다.

몇 해 전 에드워드 윌슨Edward Wilson은 인류가 기후변화의 압력에 어떻게 적응할 수 있을지 고민해 보도록 '지구의 절반'이라는 용어를 제시했다.[55] 자연이 충분히 자정 과정을 거칠 수 있도록 지구의 절반을 내버려 두는 대신 나머지 거주 가능한 절반에 인류를 격리하자는 제안이었다. 하지만 인류가 살 수 있는 지역은 아마 절반보다 상당히 작으며 인류가 원하는 대로 선택하지도 못할 것이다. 《지구의 절반Half-Earth》의 부제에 드러나듯이 인류의 투쟁이 아니라 '생명의 터전을 지키기 위한 지구의 투쟁'이 될 것이기 때문이다. 장기적인 관점에서는 훨씬 암울한 결과를 초래할 수도 있다. 거주할 수 있는 지역이 끊임없이 줄어들다가 결국 인류가 종말을 고하는 것이다.

물론 인류가 거주할 곳이 완전히 사라질 가능성이 우리 세대에 실현되려면 엄청난 오판에 엄청난 불운이 더해져야만 한다. 하지만 그처럼 악몽 같은 결말마저 검토하기 시작했다는 사실 자체가 문화적으로나 역사적으로 현시대를 가장 잘 설명하는 지점일지 모른다. 우리 세대를 연구하는 미래의 역사가라면 이 사실에 주목할 것이고 우리 앞 세대 사람이라면 이 사실에 주목했어야 했다. 지구온난화를 멈추기 위해 어떤 조치를 취하든 혹은 온난화의 영향력으로부터 유린당하지 않기 위해 얼마나 적극적으로 행동하든 우리는 지구상에서 인류의 생명력이 메말라 가는 장면을 가까이서 보게 될 것이다. 너무나 가까워서 지구온난화의 현실이 어떤 모습인지 똑똑히 이해하고 후손이 어떤 고통을 겪을지 분명히 파악할 것이다. 사실 애써 외면하지만 않는다면 지금 당장 지구온난화의 영향력을 직접 느낄 수 있을 정도다.

붙잡지 않으면 멈추지 않을 '전쟁 기계'

짧은 시간 사이에 어찌나 많은 일들이 벌어졌는지 믿기 어려울 지경이다. 2017년 늦여름에는 대서양에서 3개의 대형 허리케인이 발생해[56] 처음에는 마치 군부대가 행진하듯이 동일한 진로를 따라 나아갔다. 허리케인 하비Harvey는 휴스턴을 강타했을 당시 엄청난 규모의 폭우를 퍼부어 일부 지역에서는 '50만 년에 한 번' 겪을 법한 사건이라 불리기도 했다.[57] 같은 지역에서 그 정도 양의 폭우를 다시 경험하려면 보통 50만 년을 기다려야 한다는 뜻이다.

환경 관련 소식에 정통한 사람들은 본래 50만 분의 1의 확률을 묘사했어야 할 표현들이 기후변화로 인해 얼마나 무색해졌는지 이미 잘 알고 있다. 하지만 표현에 담긴 수치 자체는 나름 의미하는 바가 있다. 지구온난화로 인해 우리가 이전 시대 사람들이 생각하던 자연재해의 전형으로부터 얼마나 동떨어지게 됐는지 깨닫게 되었기 때문이다. 잠시 좀 더 흔한 500년 단위의 폭풍우에 대해 생각해 보자. 그조차 로마제국 전 역사를 통틀어 한 번 일어날 법한 폭풍우에 해당한다. 지금으로부터 500년 전이면 대서양 연안에 영국인 정착지도 없던 시절이었다. 그러니까 유럽인이 아메리카 대륙에 도착해 식민지를 세우고, 식민지 주민이 혁명을 일으키고, 미국인이 남북전쟁과 두 차례의 세계대전을 치르고, 그 후손이 흑인 노예를 원천으로 목화 산업 제국을 건설하고, 결국 노예를 해방시켰으나 다시 그 후손을 핍박하고, 공업화와 탈공업화를 거쳐 냉전에서 승리하고, '역사의 종언'을 선언하고, 불과 10년 뒤 다시 극적인 재발을 목격하는 동안 500년급의 폭풍우는 단 한 번 미국을 강타한다는 말이다. 기상 관측 기록에 따르면 우리는 그 기간 내내 한 번, 단 한 번의 폭풍우를 기대하는 게 맞았다. 하지만 허리케인 하비는 2015년 이래로 휴스턴을 강타한 세 번째 대형 폭풍우였다.[58] 게다가 하비는 500년급 폭풍우보다 수천 배는 더 보기 드문 강도로 곳곳을 휩쓸었다.

같은 시기에 아일랜드에서는 대서양 허리케인이 강타했고[59] 남아시아에서는 홍수로 4,500만 명이 집을 잃었으며[60] 캘리포니아에서는 사상 초유의 산불로 상당 지역이 잿더미로 바뀌었다. 더 나아가 한때는 상상도 못 했던 막연한 자연재해가 기후변화와 함께 나타나면서 완전히 새로운 유형의 악몽이 일상으로 바뀌었다. 규모가 너무나 광대해서 과거 여러 세기 동안 민간 신화 속에서나 등장했던 재난이 우리가 외면하고 간과하고 망각하는 사이에 눈앞까지 다가온 것이다. 임의로 한 가지 사례를 들자면 2016년에 메릴랜드 주에서는 '1,000년에 한 번 있을 법한 홍수'가 엘리컷시티라는 작은 마을을 뒤덮었는데 바로 2년 뒤에 비슷한 규모의 홍수가 다시 같은 마을을 침수시켰다.[61] 또 2018년 여름의 어느 주간에는 덴버, 벌링턴, 오타와를 비롯해 글래스고, 섀넌, 벨파스트는 물론 조지아의 트빌리시와 아르메니아의 예레반, 러시아 남부 일대까지 세계 곳곳에서 기록적인 폭염이 기승을 부렸다.[62] 바로 그 전달에는 오만의 어느 도시에서 기온이 49도까지 올라갔다가 밤 내내 42도 밑으로 떨어지지 않는 일이 있었고 캐나다 퀘벡에서 폭염으로 54명이 사망했다.[63] 같은 주간에 미국 서부에서는 100여 건의 대형 산불이 발생했다.[64] 캘리포니아에서 발생한 산불은 하루 만에 16제곱킬로미터 규모로 번졌으며,[65] 콜로라도에서 발생한 산불은 불길이 마치 화산처럼 90미터까지 치솟아 온 택지를 집어삼켰기 때문에 '화염 쓰나미'라는 새로운 말을 탄생시켰다.[66] 지구 반대편에서는 대규모 폭우가 일본을 물바다로 만들어 120만 명의 사람이 집을 버리고 탈출해야 했다.[67] 얼마 뒤에는 태풍 망쿳Mangkhut이 중국 본토를 덮쳐 245만 명의 피난민을 발생시켰으며,[68] 동일한 주간에 허리케인 플로렌스Florence가 노스캐롤라이나 주와 사우스캐롤라이나 주를 강타해 윌밍턴이라는 항구 도시가 순식간에 섬으로 뒤바뀌고[69] 캐롤라이나 주 상당 부분이 거름과 석탄재로 진창이 됐다.[70] 그러는 와중에 플로렌스가 일으킨 강풍은 수십 개의 토네이도로 발전해 곳곳에 몰아쳤다.[71] 바로 그 전달에는 인도 케랄라 주에 거의 수백 년 만의 최악의 홍수가 닥쳤다.[72] 2018년 10월에는 태평양에서 발생한 허리케인이 하와이의 이스트아일랜드를 지도에서 통째로 지워 버렸다.[73] 또 11월에는 장마철이 시작돼야 할 캘리포니아 주에서 오히려 캘리포니아 역사상 최악의 산불이었던 캠프Camp 화재가 발생했다.[74] 이 산불로 캘리포니아 외곽 수백 제곱킬로미터가 초토화됐으며 패러다이스라는 산간 마을에서는 수십 명이 사망하고 그 이상의 사람들이 실종됐다. 산불 캠프의 피해가 너무나 막대해서 미처 떠올리지 못했을 수도 있지만 캠프가 타오르는 동안 로스앤젤레스 근방에서는 울시Woolsey 화재가 발생해 17만 명이 급히 대피해야만 했다.

일련의 재난을 접하다 보면 드디어 기후변화가 도래했다고 생각하기 쉽다. 또 오래전부터 예상했던 일이 정말로 벌어지는 광경을 목격하고 나면 모든 것이 뒤바뀐 새로운 시대에 들어섰다고 느낄 수도 있다. 실제로 캘리포니아 주지사 제리 브라운Jerry Brown 역시 처음에는 당시 형국을 가리켜 '새로운 일상new normal'이라고 묘사했다.[75]

그러나 실상은 훨씬 더 무시무시하다. 일상 자체가 종말을 맞이할 것이다. 일상이 더 이상 존재하지 않게 될 것이다. 우리는 인간이라는 동물이 어느 지점까지 견딜 수 있을지 확신도 계획도 없는 도박이라도 하듯 애초에 인간이 진화할 수 있었던 환경적인 조건을 벗어던져 버렸다. 인류 자체는 물론 우리가 문화와 문명이라고 일컫는 모든 것을 자식처럼 길러 낸 기후 시스템은 이제 고인이 된 부모나 마찬가지다. 따라서 우리가 지난 몇 년 동안 관찰한 대로 이 땅을 연이어 두들겨 온 기후 시스템은 우리가 맞이할 암울한 미래의 예고편 같은 게 아니다. 그보다는 이미 저 뒤편 쓰레기통 속에 추억으로나 남아 있는 이전 기후 체계가 남긴 산물이라고 이해하는 쪽이 더 정확하다. 더 이상 '자연재해' 같은 것은 없겠으나 상황은 더욱 악화될 것이다. 엄밀히 말해 상황은 지금도 이미 악화돼 있다. 혹시 기적적으로 인류가 탄소 배출을 중단하더라도 지금까지 배출해 온 양 때문에 추가적인 기온 상승은 따라올 수밖에 없다. 게다가 세계적으로 탄소배출량이 여전히 증가 중임을 고려할 때 탄소 배출이 중단될 리는 없을 것이며 결과적으로 기후변화 역시 지체되지 않을 것이다. 오늘날 우리가 곳곳에서 목격하는 재난은 미래에 지구온난화가 초래할 재난에 비하면 최상의 시나리오나 다름없다.

다시 말해 우리는 아직 새로운 균형점에 도달하지도 않았다는 말이다. 이제 처형대 위로 한 발 내디뎠을 뿐이다. 어쩌면 우리 중 대다수는 기후변화가 실재하는지에 대해 허황된 논쟁을 벌이다 지친 나머지 기후변화의 영향력이 모 아니면 도라고 오해하게 됐을지도 모른다. 하지만 지구온난화는 '그렇다' 혹은 '아니다' 둘로 나뉘는 문제가 아니며 '오늘날 기후가 영원히 갈까' 아니면 '바로 내일 종말이 올까'로 구분할 문제도 아니다. 오히려 온실가스를 계속 생산함에 따라 점차적으로 상황이 악화돼 가는 연속적인 함수와도 같다. 따라서 인간 활동에 의해 변화된 기후가 얼마나 엉망이든 혹은 얼마나 파괴적이든 간에 그 속에서 생활한다는 것은 안정된 생태계에서 불안정한 생태계로 한 걸음 만에 넘어가는 것을 의미하지 않는다. 지구가 1도, 1.5도, 2도, 어쩌면 그 이상 뜨거워짐에 따라 기후변화의 영향력도 점차적으로 자라나고 쌓여 갈 것이다. 지난 몇 년간의 자연재해만 하더라도 이미 지구가 감당할 수 있는 한계를 넘어선 것처럼 보일지도 모른다. 하지만 사실 우리는 발을 딛자마자 와르르 무너질 '멋진 신세계'에 이제 막 들어서고 있을 뿐이다.

전례 없는 자연재해가 닥칠 때면 많은 경우 그 원인을 두고 논쟁이 벌어진다. 재해로 인한 피해 중 어느 정도가 인간의 활동에서 비롯했는지 따지자는 것이다. 잔잔한 바다에서 어떻게 사나운 허리케인이 형성되는지 더 잘 이해하고 싶어 하는 사람들에게는 가치 있는 논쟁일 수 있다. 하지만 설령 실용적인 목적이 있다고 한들 그런 논쟁에는 실질적으로 아무런 의미도 지혜도 담겨 있지 않다. 예를 들어 모델링 기술이 발전해서 어떤 허리케인은 원인의 40퍼센트 지분이 인간이 초래한 지구온난화에 있다고 주장할 수도 있고 어떤 가뭄은 17세기에 비해 오늘날 기후 체계에서 1.5배 더 심각하다고 주장할 수도 있다. 하지만 기후변화는 개별 허리케인, 개별 폭염, 개별 기근, 개별 전쟁 등 국지적인 재해 현장에서 발견할 수 있는 독립된 단서 같은 게 아니다. 지구온난화는 가해자라기보다 공모자에 가깝기 때문이다. 모든 인간이 기후 속에서 살아가면서 온갖 변화를 만들어 내고 있으며 변화된 기후가 다시 또 모든 인간과 인간의 활동을 둘러싸고 있다. 카리브해 지역에서 특정 규모의 허리케인이 콜럼버스가 아메리카 대륙을 발견하기 전에 비해 5배 더 높은 빈도로 발생한다면 그중 어떤 허리케인이 기후변화 때문에 발생했는지 따지는 것은 사소한 문제에 집착한다고 할 만큼 깐깐하게 구는 것이다. 결국 오늘날 모든 허리케인은 인간이 망가뜨린 기후 시스템 내부에서 발생하며 기후 시스템이 망가졌으니 허리케인도 더 자주 더 강하게 발생하는 것이다. 화재도 마찬가지다. 어떤 화재는 야외 취사나 끊어진 송전선 때문에 발생했을지도 모르지만 어쨌든 뜨거워진 기후 내에서 모든 화재가 매번 더 빠르고 더 크고 더 길어졌다는 점에서 변화된 계절의 요인을 탓하지 않을 수도 없다. 기후변화는 특정 지역에서 발생하는 무언가가 아니라 전 지구상에 동시에 일어나는 무언가인 셈이다. 우리가 붙잡지 않는 이상 기후변화는 결코 멈추지 않을 것이다.

지난 수십 년에 걸쳐 '인류세Anthropocene'라는 용어가 학계를 벗어나 대중적인 인기를 끌기 시작했다. 인류세는 현재 우리가 살아가는 지질시대로 장대한 지구의 역사에 인간이 개입하면서 규정된 새로운 시대를 가리킨다. 한 가지 문제는 이 용어에 인간이 자연을 정복했다는, 심지어 성경의 얘기처럼 인간이 땅을 '차지'했다는 함의가 내포된다는 점이다. 하지만 인류가 자연 세계를 황폐화했다는 명백한 사실을 얼마나 자랑스럽게 생각하든 간에 인류가 그저 자연을 자극했을 뿐이라 여기며 그 가능성만 고려하는 것은 별개의 문제다. 우리는 처음에는 무지해서 이후에는 애써 부정하느라 기후 체계를 함부로 조작해 왔으며 이제 그 기후가 여러 세기에 걸쳐 우리와 전쟁을 벌이다 결국 종래에는 우리를 파멸시킬 것이다. 지구온난화라는 용어를 널리 알리는 데 기여한 사람 좋은 해양학자 월러스 스미스 브뢰커Wallace Smith Broecker는 이런 관점에서 지구를 가리켜 '성난 야수'라고 지칭했다.[76] 아니면 '전쟁 기계'라는 표현도 있다. 그리고 우리는 그 전쟁 기계를 날마다 더 강하게 무장시키고 있다.

거대하고 압도적이면서 어디에나 있는 위협

기후변화의 공격이 불연속적으로 나타나리라고 오해하는 사람들도 있다. 그러나 기후변화는 새로운 종류의 연쇄적인 재난, 폭포수나 산사태처럼 물밀듯이 밀려오는 재난을 초래한다. 기후재난은 점점 더 거세게 서로 중첩되는 방식으로 지구를 때리면서 인류에게서 대응할 능력조차 앗아간다. 자유롭게 돌아다니고 집과 도로를 건설하며 자녀를 안전하게 양육해 사회로 내보낼 수 있는 기반이라고 당연시했던 풍경이 송두리째 사라진다. 또 자연을 이용해 만든 우리 세계가 자연과 공모해 창조자를 공격할 리 없으며 오히려 자연으로부터 우리를 보호해 주리라는 약속 역시 무너진다.

캘리포니아 산불을 생각해 보자. 2018년 3월 샌타바버라 카운티에서는 몬테시토, 골레타, 샌타바버라, 서머랜드, 카핀테리아 등 지난해 12월 화재가 가장 심각하게 일어났던 지역에 살고 있는 사람들에게 강제 대피령을 내렸다. 기후 관련 문제로 촉발된 대피령이 단 3개월 만에 네 번째였다.[77] 하지만 첫 번째 대피령만이 화재 때문이었다. 나머지는 화재로 인해 산사태가 이어질 가능성 때문에 내려진 대피령이었다. 세계에서 가장 강력한 국가의 가장 휘황찬란한 도시의 가장 멋진 마을 중 한 곳에서 여흥을 위한 포도밭과 마구간, 세계적인 수준의 해변, 지원이 빵빵한 공립학교가 진흙에 잠겨 버릴까 봐, 로힝야 난민들이 방글라데시 저지대에 마련한 임시 난민 캠프처럼[78] 동네가 피폐해질까 봐 사람들이 겁에 질렸던 것이다. 그리고 실제로 그렇게 됐다. 열댓 명의 주민이 사망했으며[79] 그 가운데에는 진탕에 휩쓸려 산비탈을 따라 바다까지 떠내려간 갓난아기도 있었다. 학교가 문을 닫았고 도로가 침수됐으며 응급 차량이 통행할 길조차 막혀 동네가 마치 진흙 올가미 속에 갇힌 것처럼 내륙 속의 섬으로 뒤바뀌었다.

연쇄적인 기후재난 가운데 전 지구적인 차원에서 일어나는 재난도 있다. 이런 재난은 너무나 광대해서 마치 기후가 요술이라도 부린 것처럼 영향을 감지하기 어렵다. 예를 들어 지구가 뜨거워지면 북극의 얼음이 녹는다. 그러면 태양광이 덜 반사되고 지표면에 흡수돼 온난화가 가속화된다. 그러면 바다는 대기 중의 탄소를 덜 흡수하게 되고 역시 온난화가 더욱 가속화된다. 또 지구가 뜨거워지면 북극에서는 현재 대기 중 탄소량의 2배 이상에 해당하는 1조 8,000억 톤의 탄소를 함유하고 있는 영구동토층이 녹기 시작한다.[80] 방출된 탄소는 메탄으로 기화할 수 있으며, 이는 100년을 기준으로 판단하면 이산화탄소보다 34배,[81] 20년을 기준으로 하면 86배 더 강력한 온실가스층으로 작용한다. 뜨거워진 지구는 득실을 따지면 식물에게도 좋지 못해서 산림 고사 사태, 즉 온갖 전설이 담긴 거대한 밀림과 광활한 수풀이 쇠락하는 사태가 벌어진다. 그러면 탄소를 흡수해 산소를 생성하는 지구의 능력에 심각한 손상이 생겨 기온이 더욱 증가한다. 결과적으로 산림 고사 현상이 더욱 심화돼 악순환이 이어진다. 기온이 높아지면 산불이 더 자주 발생해 나무가 더 줄어들고, 나무가 없어지면 탄소 흡수량이 감소하며, 탄소가 처리되지 않으면 그만큼 지구가 더 뜨거워져 다시 산불이 이어진다. 지구가 뜨거워지면 대기 중에 수증기가 더 많아져 온실가스 역할을 하며, 그러면 역시 기온이 더욱 상승해 악순환이 반복된다. 뜨거워진 바다는 열을 덜 흡수해서 그만큼 공기 중에 열이 더 많이 남도록 만들고 산소를 덜 함유하고 있어서 그만큼 식물성 플랑크톤이 번식하기 힘든 환경으로 바뀐다. 식물성 플랑크톤은 지상의 식물과 마찬가지로 탄소를 흡수해 산소를 내뿜는 역할을 맡고 있기 때문에 플랑크톤이 줄어드는 만큼 탄소는 더 많이 남게 된다. 이 역시 기온 상승을 더욱 심화시키고 악순환을 불러일으킨다. 이 과정이 바로 기상학자들이 '기후 되먹임climate feedback'이라고 부르는 생태 시스템이다.[82] 물론 서술한 것 말고도 많은 피드백 현상이 존재한다. 그중 일부는 반대 방향으로 작용해 기후변화를 완화시키기도 하지만 대다수는 우리가 시스템을 자극함에 따라 온난화를 가속화시키는 방향으로 작용한다. 이처럼 서로 복잡하게 얽혀 있고 길항拮抗하기도 하는 시스템들이 어떤 식으로 상호작용할지, 즉 피드백 과정에서 어떤 영향력이 증폭되고 어떤 영향력이 상쇄될지는 미지수이기 때문에 기후변화의 미래를 예측하려는 노력에는 불확실성의 어두운 그림자가 드리울 수밖에 없다. 물론 현실성은 떨어지겠지만 최상의 가능성이 어떤 모습일지는 예측할 수 있다. 현재 우리가 살아가는 세상과 거의 비슷할 것이기 때문이다. 하지만 우리를 지옥도로 데려갈지도 모르는 연쇄적인 기후재난이 어떤 식으로 작동하는지에 대해서는 아직 고민조차 시작하지 못했다.

연쇄 재난 가운데는 국지적인 재난도 있어서 인간의 터전 위를 덮친 뒤 그대로 꽉 붙들어 둘 것이다. 어떤 재난에는 이런 설명이 문자 그대로 적용되기도 한다. 예컨대 스위스는 '눈 위에 비rain-on-snow' 현상 덕분에 완전히 새로운 종류의 산사태를 맞이하게 됐다.[83] 이 현상은 북부 캘리포니아에서도 오로빌 댐이 범람하도록 만들었으며 2013년 캐나다에서는 앨버타 주에 홍수를 불러일으켜 결과적으로 50억 달러에 달하는 피해를 입혔다. 기후변화는 다른 종류의 연쇄 재난 역시 불러일으킬 수 있다. 기후변화가 초래하는 물 부족과 흉작은 기후난민을 발생시켜 이미 자원 부족 사태로 씨름하는 인근 지역으로 밀려나게 만든다. 해수면이 상승하면 점점 더 많은 염수가 농경지로 범람해 해당 지역을 더 이상 충분히 소출을 내지 못하는 염분 덩어리 스펀지로 바꿔 놓는다. 발전소가 침수되면서 전력이 극히 부족해지고 온라인 연결망이 끊어지는 지역이 생긴다. 또한 화학 공장과 핵발전소에 손상을 입혀 유독성 물질을 내뿜게 만든다. 캠프파이어 화재 이후에 쏟아진 비는 화재 피난민을 위해 급히 조성했던 난민 캠프를 물바다로 만들기도 했다. 샌타바버라 산사태의 경우에는 가뭄 때문에 온 지역이 불붙기 좋은 건조한 덤불 지대로 가득 차 있던 것이 더 큰 피해의 계기가 됐다. 거기에다 이례적인 몬순성 강우가 이어지면서 덤불 지대는 더욱 성장했고 결국 불길이 곳곳을 헤집고 다녔다. 따라서 해안에 인접한 산비탈에는 흙을 붙들어 줄 식물이 많이 남아 있지 않았으며 지역 특성상 구름이 운집해 비를 뿌리자 수백만 톤에 달하는 토지가 흘러내리고 말았다.

멀리서 이런 뉴스를 접한 사람들 중 일부는 흘러내리는 진흙이 어떻게 그렇게나 많은 사상자를 낼 수 있었냐고 의문을 표했다. 의문에 답하자면 산사태는 허리케인이나 토네이도와 마찬가지로 인공적으로든 자연적으로든 환경을 무기화함으로써 사람을 해친다. 아무리 위력이 강한 풍랑 재해라 하더라도 바람 자체가 사람을 죽이는 것은 아니다. 강풍은 지면에서 나무를 뽑아 몽둥이로 뒤바꾸고 전깃줄을 잘라 채찍이나 전기 올가미로 활용하며 집을 무너뜨려 웅크리고 있는 주민을 깔아뭉개고 자동차를 뒤집어 굴러다니는 바윗덩어리로 만든다. 사람들의 목숨을 서서히 앗아가는 방법도 있다. 강풍은 식품이나 의약품 공급을 차단하고 응급 의료 요원마저 함부로 다니지 못할 만큼 통행을 막으며 전화선과 기지국을 손상시켜 병약자와 노약자가 아무런 도움 없이 홀로 고통을 견디도록 내버려 둔다.

사실 세계 대부분 지역에서는 샌타바버라처럼 길거리에 덕지덕지 발라 놓을 정도로 돈이 넘쳐 나지는 않는다. 그리고 앞으로 수십 년에 걸쳐 대부분의 기후재난은 그처럼 대응력과 회복력이 떨어지는 지역을 가장 가혹하게 괴롭힐 것이다. 바로 이 부분이 때때로 기후 정의의 맹점이라고 불리는 지점이다. 좀 더 엄밀하고 뚜렷하게 표현하자면 '기후 계급 제도'라고 할 수 있다. 빈곤 계층이 습지나 늪지대, 범람원 등 기반 시설이 부실해 관개가 제대로 이루어지지 않는 지역에 거주하는 국가의 경우 아무리 부유한 국가라 할지라도 부지불식간에 기후 차별을 겪을 수밖에 없다. 예컨대 텍사스 주에서는 라틴계 미국인 50만 명이 늘어나는 홍수에 대처할 배수 시설도 없이 '콜로니아colonia' 라고 불리는 판자촌에 거주한다.[84]

전 지구 단위로 보면 격차는 더 심각하다. 뜨거운 지구에서는 가장 빈곤한 국가들이 더 많은 고통을 받을 것이다. 실제로 호주를 제외하고는 GDP가 낮은 국가들이 가장 극심한 기온 상승을 겪게 된다.[85] 정작 개발도상국가들 대다수는 지금까지 지구의 대기를 그리 많이 오염시키지 않았는데도 그런 결과를 맞이한다. 이는 기후변화가 가할 고통이 너무나 무자비하다는 점에서 만행이라고 부르는 게 나을, 기후변화 이야기의 수많은 모순 중 하나다. 하지만 기후변화가 세계에서 가장 취약한 지역을 집중적으로 공격한다고 해서 북반구 국가들이 염치없이 바라는 대로 개발도상국에만 지구온난화의 참상을 가둬 둘 수는 없다. 그러기에는 기후재난이 지극히 무차별적으로도 나타나기 때문이다.

사실 현존하는 기관이나 기구를 통해 기후를 통제하거나 관리할 수 있다는 믿음은 또 다른 순진한 착각에 불과하다. 인류는 수천수만 년 동안 세계정부에 근접한 기구조차 없이 살아왔다. 정확히는 인간 문명이 존재하는 거의 내내 부족으로, 영지로, 왕국으로, 국가로 나뉘어 경쟁해 왔다. 격렬한 세계대전을 치르고 난 뒤에야 국제연맹, 국제연합, 유럽연합, 세계시장 같은 형태로 협력 계획 비슷한 무언가를 피상적으로나마 세워 나가기 시작했을 뿐이다. 그마저도 지구에서의 삶이 애초부터 '포지티브섬 게임positive-sum game(합리적인 참여자 사이에 상호 협력이 발생할 가능성이 높은 게임 – 옮긴이)'이었다는 신자유주의 정신에 취해 각각의 기구에 어떤 결함이 있든 국가 간 참여가 이루어지리라고 기대하고 있다. 만약 진정한 의미에서 국제적인 협력 체제가 구축될 만큼 충분히 거대하고도 세계적인 위협이 존재한다면 그건 바로 '기후변화'일 것이다. 어디에나 존재하면서도 압도적이고 전면적인 위협이기 때문이다. 하지만 우리가 알고 지낸 세계를 보전하고 싶다면 바로 지금 그런 종류의 협력이 무엇보다 절실히 필요함에도 불구하고 오늘날 국가들은 국수주의적인 태도로 연대책임을 저버리고 서로를 저버린 채 오히려 연합을 깨뜨리고 있다. 그러한 신뢰의 붕괴 역시 결국 기후변화가 불러온 연쇄적인 결과다.

'북극곰 우화'마저 판타지로 만들 실질적 재난

우리가 밟고 서 있는 세계가 어느 정도나 철저히 낯선 곳으로 뒤바뀔지는 아직 명확하지 않다. 또 우리가 그런 변화를 어떻게 인식할지도 의문으로 남아 있다. 자연을 바깥세상의 안식처처럼 여겨 온 환경론자들의 오랜 신념이 우리에게 남긴 유산이 하나 있다면 우리가 자연 세계의 몰락을 현대인의 삶과는 동떨어진 먼 나라 이야기처럼 생각하게 됐다는 점이다. 너무나도 동떨어졌다고 생각하다 보니 실상은 비극인 줄 알면서도 미화를 시켜 자연의 몰락이 이솝 우화에서 떨어져 나온 편안한 이야기처럼 들리게 됐다.

하지만 기후변화의 실체는 머지않아 분명하게 드러날 것이다. 그

때는 가을에 나뭇잎이 곧바로 말라 버릴 것이므로[86] 빨갛고 노랗게 물든 풍경을 정확히 포착하려고 여러 세대에 걸쳐 애쓴 온갖 회화 유파들의 작품이 새롭게 보일 것이다. 도로를 드라이브하면서 창밖을 내다보더라도 더 이상 그런 풍경을 두 눈으로 직접 확인할 수는 없기 때문이다. 라틴아메리카에 있는 커피 농장에서는 더 이상 원두가 열리지 않을 것이다.[87] 해변에 세워진 가옥은 점점 받침 기둥이 높아지겠지만 그럼에도 물에 잠길 것이다. 미래 시제로 표현할 필요가 없는 현상도 많이 존재한다. 세계자연기금World Wildlife Fund 보고에 따르면 지난 40년 동안 척추동물의 절반 이상이 죽었다.[88] 독일 자연보호 구역을 조사한 한 연구에 따르면 불과 25년 사이에 날벌레 개체 수가 4분의 3 감소했다.[89] 꽃과 곤충 사이의 우아한 공존 관계에 지장이 생겼다.[90] 대구는 이주 패턴에 혼란이 생겨서 여러 세기에 걸쳐 대구잡이 어촌 공동체가 형성돼 있던 동부 해안 지역을 벗어나 북극해 쪽으로 이동해 버렸다.[91] 흑곰은 동면 주기에 이상이 생겨 겨울 내내 잠을 자지 않는 경우가 많아졌다.[92] 수백만 년 동안 개별적으로 진화해 온 생물 종들이 기후변화에 의해 한데 모여 처음으로 짝짓기를 시작하면서 프리즐리베어(북극곰과 회색곰의 교잡종–옮긴이)나 코이울프(코요테와 늑대의 교잡종–옮긴이)처럼 완전히 새로운 부류의 잡종이 탄생했다.[93] 이제 동물원은 자연사 박물관이나 다름없고 아이들 동화책은 시대에 뒤처져 있다.

오래도록 전래된 이야기 역시 다시 고쳐 써야 한다. 수천 년을 견디며 사람을 매혹시킨 아틀란티스 전설은 마셜제도와 마이애미비치가 스노클러의 성지 아래로 점차 가라앉고 있다는 현실판 이야기와 경쟁할 것이다. 북극에 얼음 없는 여름이 지속됨에 따라 산타와 산타의 작업장에 관한 기묘한 판타지는 훨씬 더 괴이하게 느껴질 것이다. 너무나도 가슴 아픈 일이지만, 지중해 분지 지역 곳곳에 사막화가 진행되면서[94] 오디세이가 전혀 다른 방식으로 읽히고 사하라에서 건너온 모래 먼지가 영구적으로 하늘을 뒤덮으면서 그리스 섬들이 영광을 잃으며[95] 나일강이 급격히 마르면서[96] 피라미드의 의미가 뒤바뀔 것이다. 리오그란데강이 흐르던 자리에는 마른 강바닥을 따라 흔적만 남게 되면서 미국과 멕시코 사이의 국경을 이해하는 방식이 달라질 것이다(리오그란데강은 이미 모래로 된 강을 뜻하는 '리오샌드'로 불리고 있다).[97] 열대성 질병으로 고통받는 열대 지방 사람을 내려다보며 지난 500년 동안 우월감을 느꼈던 서구 열강은 앞으로 말라리아모기와 뎅기열모기가 코펜하겐이나 시카고 길거리에도 출몰하기 시작하면서 새로운 상황에 직면할 것이다.

그럼에도 우리는 자연에 관한 이야기를 너무나 오래도록 우화로만 받아들였다. 그러다 보니 기후변화의 영향력이 우화 속에나 존재하는 허상이 아니라는 사실을 인정하지 못하고 있다. 하지만 기후변화는 실제로 우리를 둘러싸고 있다. 아주 실재적인 방식으로 우리의 삶을 좌우한다. 농작물 수확량, 전염병, 이주 패턴, 내전, 범죄율, 가정 폭력, 태풍, 폭염, 폭우, 가뭄은 물론 오늘날에는 사실상 모든 것이라고 할 수 있는 경제성장과 그로 인해 파생되는 온갖 결과에도 영향을 미친다. 세계은행에서는 현재 탄소 배출 추세가 지속된다면 2050년까지 남아시아에서만 약 8억 명의 생활 여건이 급격히 악화되리라고 지적한다.[98] 기후변화가 초래하는 경기 침체는 어쩌면 안드레아스 말름Andreas Malm이 '화석자본주의fossil capitalism'라고 이름 붙인[99] 시스템이 인류에게 가져다준 혜택이 허상에 불과하다는 사실을 드러낼지도 모른다. 여태까지 사용한 화석연료 에너지만큼 고작 몇 세기의 시간을 벌어다 줬을 뿐 '맬서스 트랩(인구가 감소하지 않는 이상 장기적으로 1인당 소득 수준이 늘어날 수 없다는 주장 - 옮긴이)'이라는 불변의 법칙을 극복하지 못했다는 사실까지도 말이다. 그때 우리는 지구를 착취해야만 경제적 발전을 이룰 수 있다는 직관이 적어도 통계적으로나 보편적으로는 틀렸다는 사실을 인정해야 하며 그런 직관이 우리의 정신세계를 얼마나 깊숙이 압제해 왔는지 이해하게 될 것이다.

어떤 사람들은 시장식 등가교환 논리를 가지고 기후변화에 순응해야 한다고 주장한다. 하지만 공격적인 경제활동을 통해 추구하고자 하는 이익이 상대적인 부라고 가정한다면 앞으로 수십 년 동안은 교환의 수지가 맞지 않을 것이다. 한 추산에 따르면 온난화가 1도 진행될 때마다 미국처럼 기후가 온화한 국가에서는 경제성장률이 약 1퍼센트포인트 감소한다고 한다.[100] 또한 최근 한 논문에서는 기온이 1.5도 높아졌을 때보다 2도 높아졌을 때 세계는 20조 달러만큼 더 가난해진다고 제시한다.[101] 여기서 1~2도가 더 증가한다고 가정하면 비용은 풍선처럼 불어난다. 환경재난으로 초래되는 비용은 복리로 늘어나기 때문이다. 한 연구는 기온이 3.7도 상승하는 경우 551조 달러의 피해가 발생하리라고 예측한다.[102] 오늘날 전 세계에 존재하는 부의 거의 2배에 달하는 규모다.[103] 현재 탄소 배출 추세대로라면 2100년까지 기온은 4도 이상 증가할 것이다. 지난 40년이 넘도록 세계 경제성장률이 5퍼센트를 달성한 적이 없다는 점을 생각할 때,[104] 1도 상승당 경제성장률이 1퍼센트포인트 떨어진다고 계산하면 2100년에는 세계 경제가 성장할 가능성 자체가 아예 사라진다는 뜻이다. 경각심을 느낀 일부 비주류 학자들은 이런 전망을 가리켜 '정상 상태의 경제steady-state economics'라고 일컫지만,[105] 궁극적으로는 훨씬 전격적인 차원에서 경제활동이 줄어들고 경제성장이 움츠러듦으로써 현대 인류의 야망이 모조리 씻겨 나갈 것이다. '정상 상태'라는 표현은 역사 인식에도 적용된다. 인류 역사가 불과 몇 세기 전부터 믿어 온 대로 '진보'하는 것이 아니라 과거 수천 년에 걸쳐 믿었던 대로 '순환'하는 것이 맞을지도 모른다는 두려움이 점차 자라나고 있기 때문이다. 그뿐만이 아니다. 정상 상태 경제하의 자연 상태에서는 정치, 무역, 전쟁 할 것 없이 모든 종류의 이해 다툼이 냉혹한 제로섬 게임에 해당할 것이다.

미래를 낙관할 만한 이유가 있는가

인류는 여러 세기에 걸쳐 자연이라는 거울에 스스로를 투영하고 결과를 지켜보았다. 하지만 거기서 얻은 교훈은 무엇이었나? 지구온난화를 통해 배울 수 있는 교훈 같은 건 존재하지 않는다. 깊이 생각할 시간, 깊이 생각할 미래가 없기 때문이다. 결국 우리는 지구온난화를 논하기만 하면 되는 입장이 아니라 살아가야 하는 입장이다. 정확하게는 살아남을 방법을 찾으려고 애써야 하는 입장이다. 우리가 처한 위험은 극심하다. 어느 정도나 극심할까? 2018년도 과학저널 《자연기후변화Nature Climate Change》에 실린 한 논문에서는 소름끼칠 만큼 구체적인 수치를 제시한다. 해당 논문에서 드루 신델Drew Shindell이 이끄는 연구진은 기온 상승을 2도가 아니라 1.5도 선에서 유지한다면 얼마나 되는 피해를 막을 수 있을지 수치화하고자 했다. 바꿔 말해 기온이 0.5도 만큼 더 오를 때 추가적인 피해가 얼마나 발생할지 계산하고자 했다. 연구진이 제시한 해답에 따르면 지구가 2도 뜨거워지는 경우 1.5도 뜨거워졌을 때보다 대기오염으로 사망하는 사람만 약 1억 5,000만 명 더 늘어난다고 한다.[106] 뒤이어 같은 해에 IPCC는 예측치를 한층 더 높였다. 1.5도가 오르느냐 2도가 오르느냐에 수억 명의 목숨이 달렸다는 것이다.[107]

수치가 너무 거대해서 이해하기 어려울 수 있다. 하지만 1억 5,000만 명이면 홀로코스트 희생자의 25배에 달하는 규모다. 중국 정부의 대약진정책(비군사적인 사건 중 인류 역사상 가장 많은 사망자를 초래한 사건)으로 발생한 희생자에 비하면 3배에 해당한다. 모든 사례를 통틀어 가장 많은 사망자를 초래한 2차 세계대전과 비교해도 2배 이상이다. 물론 이마저도 기온이 1.5도 상승에서 멈출 때 가능한 이야기다. 놀랄 것도 없이 이미 대기오염으로 사망하는 사람만 하더라도 매년 700만 명씩 차곡차곡 쌓이고 있다.[108] 아무런 명분도 없는 연례 홀로코스트가 자행되고 있는 셈이다.

기후변화가 '존재론적인 위기'라고 불리는 이유도 바로 이 때문이다. 최선의 결말은 홀로코스트 25배 규모의 피해를 감당하는 것이고 최악의 결말은 인류 멸종 직전까지 나아간다. 어느 쪽도 달갑지 않은 양극단 사이에서 오늘날 인류는 될 대로 되라는 식으로 즉흥극을 벌이고 있다. 물론 기후변화의 심각성을 사실 그대로 묘사하려면 낙관적인 사회 분위기에 길들여진 사람 입장에서는 지나친 과장처럼 느껴지는 표현을 사용할 수밖에 없다 보니 종종 설득력이 떨어질 수 있다.

하지만 이 문제에서는 사실 자체가 히스테리적인 성격을 띨 수밖에 없다. 게다가 최선의 시나리오와 최악의 시나리오 사이에서 펼쳐지는 즉흥극의 규모는 상상을 초월할 만큼, 또 오늘날을 살아가는 전체 인류는 물론 우리에게 주어진 미래의 모든 가능성까지 포함할 만큼 거대하다. 지구온난화의 등장은 인류 문명의 역사를 단 두 세대의 이야기로 압축시켰다. 앞 세대는 지구라는 행성을 이견의 여지없는 인간의 소유물로 만들고자 했다. 그 과정에서 배출한 유독 배기가스는 수천 년간 쌓여 있던 얼음을 맨눈으로도 분간될 만큼 빠른 속도로 녹였으며 결과적으로 인류 역사 내내 안정적으로 제어돼 온 환경 시스템을 망가뜨렸다. 여기까지가 단 한 세대가 이룬 업적이었다. 다음 세대에게는 전혀 다른 종류의 임무가 주어졌다. 이들은 인류 집단의 미래를 보존하고 파멸을 방지하며 새로운 대안을 모색해야 한다. 신화나 종교가 아니고서는 참고할 만한 사례가 거의 존재하지 않지만 어쩌면 냉전 시대의 상호확증파괴 전략(상대가 핵 공격을 하면 똑같이 핵 공격으로 보복함으로써 승자가 나오지 않게 만드는 전략 – 옮긴이 주)에 관해 생각하는 것이 도움이 될지도 모른다.

지구온난화에 직면하고서도 스스로가 신처럼 느껴지는 사람은 거의 없을 것이다. 하지만 기후변화의 파괴력 앞에서 우리가 수동적일 수밖에 없다는 생각 역시 여러 착각 중 하나다. 민간 설화, 만화책, 교회 설교, 영화 같은 매체에서 지구의 운명에 관한 이야기를 다룰 때면 독자나 청중에게 별날 정도로 무력감을 주입하는 경우가 많다. 때문에 사람들이 기후변화가 닥칠 때도 상황이 다르지 않으리라고 믿는 것도 그리 놀랄 일이 아니다. 냉전 시대 막바지에도 핵겨울(핵전쟁이 일어난 뒤 재와 먼지가 하늘을 뒤덮어 햇빛을 막으면 극심한 저온 현상이 발생한다는 이론-옮긴이)의 가능성이 대중문화와 대중심리 전반을 뒤덮었다. 자존심과 경쟁심으로 똘똘 뭉친 양측 전술가들이 지구의 자멸 버튼 위에 올려놓은 파르르 떨리는 손 몇 개에 인류 역사가 막을 내릴지도 모른다는 공포가 널리 퍼져 있었다. 기후변화가 초래할 위험은 그보다도 훨씬 극적이지만 동시에 궁극적으로 더욱 민주적이기도 하다. 기후변화의 공포에 떨고 있는 우리 각자가 전부 책임을 공유하기 때문이다. 그럼에도 늘 그랬듯이 우리는 기후변화의 위협을 구체적으로 혹은 명시적으로 이해하는 대신 부분적으로만 이해해 왔다. 어떤 걱정거리는 숨기는 대신 쓸데없는 걱정을 부추겼고, 미래에 벌어질 수 있는 가장 암울한 전망은 외면하기로 선택했으며, 정치적 체념과 기술적 맹신이 점차 흐릿해져 다른 누군가가 공짜로 문제를 해결해 주리라는 친숙한 망상으로 왜곡돼 가는데도 얼이 빠진 것처럼 가만히 있었다. 겁을 좀 더 크게 먹은 사람들은 그 정도로 충분하지 않았는지 기후 낙관론자를 가장한 기후 숙명론자로 살아가기로 결정했다.

지난 몇 세기에 걸쳐 지구의 자연적인 리듬을 통제하기가 점점 더 불가능해 보이자 기후변화를 부정하기가 힘들다고 느낀 회의론자들은 기후변화가 일어나고 있지 않다고 주장하는 대신 기후변화의 원인이 불명확하다고 주장하기 시작했다. 오늘날 우리가 목격하는 변화는 인간의 활동이나 개입 때문이 아니라 자연적인 주기에 따른 결과라는 것이다. 이는 참 이상한 주장이다. 어쨌든 지구가 무서울 만큼 빠른 속도로 어마어마한 범위에 걸쳐 뜨거워지고 있다면 우리가 그런 변화를 통제할 수 없다는, 어쩌면 이해할 수도 없다는 사실은 마음을 편히 먹을 이유라기보다는 한층 더 걱정해야 할 이유니까 말이다.

지구온난화를 우리 손으로 직접 불러일으켰다는 사실은 그 과정이 아무리 광대하고 복잡하다고 한들 위안이 돼야지 체념할 명분이 돼서는 안 된다. 지구온난화가 초래하는 온갖 살인적인 영향에 바로 우리 각자가 책임이 있다는 사실을 인지하는 것은 오히려 우리에게 힘을 실어 준다. 유별난 생각이 아니다. 결국 지구온난화는 인간의 발명품이며, 우리가 죄책감을 실시간으로 느낀다는 사실 이면에는 상황이 아직 우리 손에 달렸다는 전제가 깔려 있기 때문이다. 요동치는 태풍, 전례 없는 기근과 폭염, 난민 위기, 기후 분쟁 등 인간의 통제를 한참 벗어난 것처럼 보이는 사건이 기후 체계 내에서 펼쳐진다고 할지라도 결국 작가는 우리 자신이다. 그리고 아직 우리는 각본을 끝맺지 않았다.

물론 작가 중에는 석유 회사와 이를 비호하는 정치인처럼 다른 이보다 각본에 더 많이 개입하는 사람도 존재한다. 이들 몇몇을 악당으로 몰아 끌어내리면 그만이라고 생각하는 게 속은 편하겠지만, 기후변화의 책임은 너무나 거대해서 결코 고작 몇 사람이 짊어질 수 있는 문제가 아니다. 전등 스위치를 켜거나 비행기 표를 사거나 투표를 잘못할 때마다 우리 모두가 미래의 자신에게 고통을 떠안긴 것이다. 따라서 각본의 다음 장을 써야 할 책임 역시 우리 모두에게 주어져 있다. 우리가 기후를 파멸시키는 방법을 찾아냈으므로 파멸을 막는 방법도 찾아낼 수 있을 것이다. 엄밀히 말하자면 혼란을 원천봉쇄하지는 못하더라도 다음 세대에게 더 밝은 미래를 향해 나아갈 기회 정도는 남겨주는 방법을 찾아낼 수 있을 것이다.

지구온난화를 주제로 글을 쓰기 시작한 뒤로 나에게 미래를 낙관할 만한 이유가 있기는 하느냐고 물어보는 사람들이 많았다. 그런데 사실 난 진심으로 미래를 낙관적으로 바라본다. 인류는 앞으로 몇 세기에 걸쳐 기후를 6~8도 더 뜨겁게 만들 가능성이 있다. 그때는 지구의 상당 부분이 오늘날 기준으로 살 수 없는 곳이 될 것이다. 그에 비하면 어느 정도의 혼란은 꽤 긍정할 만한 미래라고 생각한다. 물론 기온이 3~3.5도만 상승하더라도 지난 수천 년 동안 온갖 압력과 갈등, 전면적인 전쟁을 겪어 온 인류 입장에서도 한번도 경험하지 못한 수준의 고통이 초래될 것이다. 하지만 그렇다고 종말론적인 시나리오가 펼쳐지는 것은 아니다. 오히려 현재 우리가 나아가는 미래에 비하면 훨씬 나은 상황이다. 게다가 대기에서 이산화탄소를 추출하는 탄소포집 기술이나 대기 중에 미세입자를 분사해 지구의 온도를 낮추는 지구공학 기술, 혹은 아직 구상되지 않은 그 밖의 혁신적인 기술이 새로운 해결책으로 떠오를지도 모른다. 그러면 지구의 상태는 종말에 이르는 것이 아니라 오늘날 우리가 생각하기에 불쾌한 정도에서 멈출 수 있다.

한편 이런 환경에서 생식 활동을 벌이는 것이 도덕적인지, 그러니까 자녀를 갖는 것이 책임감 있는 행동인지, 지구에게 무엇보다 태어날 아이에게 공정한 일인지 질문하는 사람도 많아졌다.[109] 공교롭게도 이 책을 집필하던 시기에 우리 부부에게는 로카라는 아이가 생겼다. 여기에는 어느 정도 자기기만적인 측면이 있었다. 기후변화가 참사를 몰고 오며 그중 일부는 필연적으로 내 아이들에게 닥칠 것임을 알고 있으면서도(지구온난화가 포괄적이고 전면적인 위협이라는 말이 바로 그런 뜻이니까) 애써 눈을 감았다. 하지만 아직 각본은 확정되지 않았다. 우리가 아무런 행동을 취하지 않음으로써 참사를 불러들이고 있다면 행동을 취함으로써 참사를 막을 수도 있다. 기후변화가 앞으로 수십 년 동안 전개될 암울한 전망을 가리키는 것은 사실이지만 그렇다고 도망가고 포기하는 것이 시련에 대처하는 적절한 방법이라고는 생각하지 않는다. 우리는 우리의 지구가 계속해서 고귀하고 풍요로운 생명을 담아낼 수 있도록 할 수 있는 모든 일을 해야 한다. 싸움의 승패가 결정되기도 전에 미리 포기하거나 기후 문제에 관심이 없는 사람들이 초래한 암울한 미래에 순응해서는 안 된다. 분명 인류는 아직 패배하지 않았다. 아니, 인류가 완전히 멸종되지 않는 한 결코 패배하지 않을 것이다. 지구가 아무리 뜨거워진다고 한들 인간이 남아 있는 이상 언제나 상황이 더 좋아지거나 나빠질 가능성이 존재하기 때문이다. 솔직히 말해 로카를 비롯한 우리 아이들이 앞으로 무엇을 보고 듣고 하게 될지 생각하면 설레는 마음도 생긴다. 기후난민이 수천만 명을 훌쩍 넘기게 될 2050년 즈음에 로카는 자기 자식들을 키우고 있을 것이다. 현재 우리가 예측하는 기후변화 시나리오가 막바지에 다다를 21세기 말에는 인생 말년에 접어들 것이다. 두 시점 사이에 로카는 온 세계가 진정한 의미에서 존재론적 위기에 맞서 싸우는 광경을, 로카 세대 사람들이 자신은 물론 자식 세대까지 이 땅 위에서 미래를 맞이할 수 있도록 애쓰는 광경을 지켜볼 것이다. 물론 그냥 지켜보고만 있지는 않을 것이다. 로카 역시 주인공으로서 역사상 가장 위대한 이야기 속을 살아갈 것이다. 그 끝은 틀림없이 해피엔딩일 것이다.

어째서 희망을 품을 수 있을까? 대기 중에는 온실가스가 수십 년에 걸쳐 떠돌고 있으며 무시무시한 기후의 반격은 그보다 훨씬 오랜 시간대에 걸쳐 펼쳐질 텐데 말이다. 결코 끝나지 않는 악몽처럼 으스스한 분위기를 풍길 것이다. 하지만 기후변화 문제는 까마득한 옛날에 조상들이 저지른 잘못을 이제 와서 해결해야 하는 상황이 아니다. 오히려 지금 당장 우리가 지구를 파괴하고 있으며 때로는 한 손으로 환경을 되살리려고 애쓰는 바로 그 순간 다른 손으로 지구를 파괴하고 있기도 하다. 따라서 우리는 폴 호킨Paul Hawken이 최대한 냉철히 묘사한 대로 환경 파괴를 중단하는 일 역시 동일한 방식으로, 즉 집단적으로 무작정 행동하되 극적인 방식은 물론 지극히 일상적인 방식으로 해낼 수 있다.[110] 물론 온 산업 세계로부터 화석연료 공급을 끊어 버리는 작업은 큰 부담이 되는 일이며 주어진 시간도 학자들의 견해에 따르면 2040년까지로 상당히 짧은 편이다. 하지만 그러는 동안 우리에게는 다양한 기회가 열려 있다. 나태하고 편협하고 이기적으로 구느라 모른 체하지만 않는다면 기회가 활짝 열릴 것이다.

최근 집계된 바에 따르면 영국 탄소배출량의 절반은 비효율적인 건설 방식이나 사용되지도 않고 버려지는 음식물, 전기, 의복에서 발생한다.[111] 미국 에너지 사용량의 3분의 2 역시 낭비가 불러온 결과다.[112] 국제통화기금IMF에서는 우리가 세계적으로 매년 5조 달러에 달하는 거금을 화석연료 사업에 투자하는 셈이라고 지적한다.[113] 이런 일들이 앞으로도 계속될 필요는 없다. 또 다른 논문에서는, 관대하게도, 기후 문제에 늦장 대응을 하는 경우 2030년까지 전 세계적으로 26조 달러에 이르는 비용을 지불하게 되리라고 보고한다.[114] 이런 추세가 계속될 필요도 없다. 미국인은 음식의 4분의 1을 내버리고 있다고 한다.[115] 미국에서 한 끼 식사가 남기는 평균적인 탄소발자국이 적정 수준보다 4분의 1만큼 더 많다는 뜻이다. 이런 일이 반복될 필요는 없다. 5년 전만 하더라도 인터넷 음지 문화에 익숙한 사람을 제외하면 비트코인을 아는 사람이 거의 없었다. 하지만 2018년 어느 지점에는 비트코인을 채굴하는 데 소모되는 전력량이 전 세계 태양전지판에서 생성되는 전력량을 초월하리라고 전망하기도 했다.[116] 물론 비트코인 시장 붕괴로 전망이 실현될 가능성은 극히 희박해졌지만 동영상 스트리밍 서비스는 추세가 사그라질 기미가 거의 보이지 않는다. 2019년에 한 싱크탱크에서는 인터넷 포르노 사업이 초래하는 탄소량이 벨기에가 초래하는 탄소량에 맞먹는다고 계산하기도 했다.[117]

이처럼 몇 가지 사례만 살펴보더라도 캐나다 환경운동가 스튜어트 파커Stuart Parker가 '기후허무주의'라고 지칭하는 태도가 실상은 또 다른 착각에 불과하다는 사실을 알 수 있다. 앞으로 지구에서 벌어지는 일들은 전적으로 우리 인간의 행동에 달렸다. 지구의 미래는 상당 부분 개발도상국(중국과 인도는 물론 머지않아 사하라 이남 아프리카까지 대다수의 사람들이 살고 있는 국가들)의 성장 곡선에 따라 달라질 것이다. 물론 서구권 국가라고 책임을 피할 수 있다는 말은 아니다. 서구권 국가 사람은 아시아 지역 사람에 비해 평균적으로 훨씬 더 많은 온실가스를 습관이라는 명목으로 배출하고 있기 때문이다. 나만 하더라도 몇 톤에 달하는 음식물 쓰레기를 내버렸고 재활용을 거의 하지 않았으며 에어컨을 쓸데없이 틀어 놓았고 한창 잘 나가던 비트코인을 사들이기도 했다. 하나같이 하지 않아도 되는 일들이었다.

그렇다고 서구권 사람들이 세계적인 빈민 수준으로 살아가야 한다는 뜻은 아니다. 현재 지구에서 생성되는 에너지 중 70퍼센트가 폐열로 낭비된다고 추정한다.[118] 만약 평균적인 미국인이 생성하는 탄소발자국을 유럽인 수준으로 제한한다면 미국 전체 탄소배출량은 절반 이상 줄어든다고 한다.[119] 또 세계 상위 10퍼센트 부자들이 평균적으로 생성하는 탄소발자국을 유럽인 수준으로 제한한다면 전 세계 탄소배출량은 3분의 1만큼 줄어든다고 한다.[120] 그런데도 그러지 못하는 이유가 대체 무엇일까? 학계에서 내놓는 전망이 점차 암울해지자 서구권 국가의 진보주의자들은 책임을 모면할 구실이라도 마련하고 싶었는지 소고기 섭취를 줄이고 전기자동차 이용을 늘리고 대서양 횡단 비행을 줄이는 등 자신이 도덕적으로나 환경적으로나 결백하다고 포장하는 방식으로 소비 패턴을 조정함으로써 스스로를 위안해 왔다. 하지만 그처럼 개인적인 차원의 생활양식 조정은 전체적인 수치에는 큰 영향을 주지 못하며 오직 정치적 차원의 움직임으로 확장될 때만 의미가 있다. 얼마 남지 않은 환경 정당 세력은 차치하더라도 이 문제에 걸린 이해관계를 깨닫기만 한다면 그런 움직임을 이끌어 내기가 불가능한 것도 아니다. 오히려 계산기를 정확히 두드려 보면 정치적 차원의 움직임이 반드시 필요하다는 결론이 나온다.

대가는 동물이 아니라 '인간'이 치를 것이다

전 인류가 멸종될 가능성은 기다란 온난화 분포 곡선에서 끝자락의 극히 일부분에 해당하며 지금으로서는 멸종 가능성을 피하지 못할 이유가 딱히 없는 것도 사실이다. 하지만 현시점과 인류 말살 시나리오 사이에 존재하는 온갖 가능성만 생각하더라도 충분히 끔찍하며, 우리는 그런 환경에서 살아간다는 것이 인류에게 무엇을 의미하는지, 즉 우리가 망쳐 놓은 세상에서 앞날이 깜깜한 채로 살아간다는 것이 인류의 정치, 문화, 감정 상태, 역사관, 자연관에 어떤 영향을 미칠지 아직 고민을 시작하지도 않았다. 어떤 사람들은 아직도 기막힌 우연이 기후 문제를 해결해 주리라고 기대한다. 엄밀히 말하면 탄소포집 기술이나 지구공학 기술을 통해, 아니면 에너지 생산 혁명이나 정치 개혁을 통해 문제가 뚝딱 해결되리라고 기대한다. 하지만 혹시 그런 해결책이 등장한다 하더라도 그때는 이미 녹내장이 시야를 가리듯 온실가스가 인류의 앞날을 어둡게 뒤덮고 있을 것이다.

특히 수백 년간 지속된 서양의 우월주의 문화에 도취한 사람들은 인류 문명의 역사를 필연적인 운명에 따라 지구를 정복해 온 위대한 문명에 관한 이야기라고 받아들일 뿐 곰팡이처럼 마구잡이로 불안정하게 퍼져 나가는 위태로운 문명에 관한 이야기라고는 생각하지 못했다. 하지만 오늘날 인간 활동 전반에 드러나는 인류 문명의 불안정성은 지구온난화 시대를 이해하는 주요한 실존적 특징으로 자리 잡았으며 이제 막 인류의 우월감을 뒤흔들기 시작했을 뿐이다.

그럼에도 이전 세대부터 지금까지 애써 미래를 외면해 온 사람들은 이미 지구온난화의 영향을 극심하게 받고 있는 중동 지역에서 새로운 종류의 정치적 허무주의가 자기 파멸적인 종교적 폭력의 형태로 나타나더라도 놀라지 않을 것이다. 중동 지역은 한때 '문명의 요람'이라는 영광스러운 이름으로 불렸지만 지금은 그곳에 뿌리를 둔 여러 문화를 통해 정치적 허무주의가 사방으로 뻗어 나가고 있을 뿐이다. 인류는 최적의 환경 조건이 갖추어진 한정된 시간대를 이미 지나왔다.[121] 바로 그 기간 사이에 인류는 진화를 거듭했을 뿐만 아니라 오늘날 우리가 '역사, 진보, 정치'라고 부르는 모든 것을 일구어 냈다. 그런 시간대를 한참 지난 세계를 살아간다는 것은 무엇을 의미할까? 이 책에서 그 답을 추측하고자 한다.

여기 새로운 내용은 등장하지 않는다. 이어지는 열두 장을 채우는 학술 자료는 모두 수십 명의 전문가와 인터뷰한 자료, 최근 10여 년 동안 명망 있는 학술지에 실렸던 수백 편의 논문 자료에서 발췌한 내용이다. 학문적인 내용인 만큼 확정된 결론은 아니며 앞으로 다른 결론이 나올 가능성도 있다. 또 책에서 내놓는 예측 가운데는 그대로 실현되지 않는 예측도 있을 것이다. 하지만 그럼에도 계속 뜨거워지는 지구가 그 위를 살아가는 그리고 앞으로도 지속 가능한 방식으로 영원히 살아가기를 바라는 인류에게 어떤 위협을 퍼붓고 있는지 우리가 집단으로서 이해하고 있는 바를 편견 없이 솔직하게 묘사하려고 최선을 다했다.

'자연' 자체라든가 다른 동물이 맞이할 비극적인 운명에 대해서는 거의 다루지 않는다. 이미 많은 사람이 시적으로 우아하게 묘사해 왔기 때문이다. 그런 식의 이야기는 해수면 문제에만 초점을 맞추는 이야기와 마찬가지로 지구온난화가 우리 인간에게 어떤 의미가 있는지를 똑바로 이해하지 못하게 방해한다. 여태까지 우리는 기후변화가 인간에게 가져올 고통보다는 다른 종들에게 가져올 고통에 더 쉽게 공감해 왔다. 오늘날 펼쳐지는 기후변화에 자기 자신이 책임과 지분을 가지고 있다는 사실을 인정하거나 이해하기보다는 순수한 희생양을 가지고 윤리적인 고민 없이 계산기를 두드리는 편이 훨씬 편안하게 느껴졌기 때문이다.

그 대신 이 책에서는 인류가 이전 세대가 살던 대로 계속 살아가면서 수를 늘려 나갈 때 어떤 대가를 치르게 될지 다각도로 설명하고자 한다. 지구온난화는 공중 보건, 국가 간 충돌, 정치, 식량 생산, 대중문화, 도시 생활, 정신 건강 등 다양한 측면에 영향을 미칠 것이다. 또 인류 역사의 전개 속도가 가속화되고 있으며 그에 따라 앞으로의 전망이 희미해진다는 사실이 곳곳에서 분명히 드러날 것이다. 지구의 징벌은 자연을 매개로 폭포수처럼 쏟아져 내리겠지만 대가를 치를 대상은 자연에 국한되지 않을 것이다. 우리 모두가 고통을 겪을 것이다. 대다수 사람들의 생각과 달리 나는 인류가 계속 이전처럼 살아갈 수만 있다면 '자연'이라고 부르는 존재를 상당 부분 잃는다 하더라도 별로 상관하지 않는다. 문제는 우리 인류가 결코 이전처럼 살아갈 수 없다는 점이다.

세계과학자연합Alliance of World Scientists의 기후변화 완화를 위한 긴급 행동지침 6

첫째, 화석연료를 저탄소 재생에너지로 대체한다.

둘째, 메탄, 그을음, 수소불화탄소 등 단기 기후 오염물질 배출을 신속하게 줄인다.

셋째, 산림과 초원, 이탄지대, 습지와 맹그로브 숲 같은 생태계를 복원 및 보호한다.

넷째, 식물성 식품을 더 많이 그리고 동물성 식품을 더 적게 섭취한다.

다섯째, 탄소 없는carbon free 경제로 전환해 생물권에 대한 인간의 의존을 해결한다.

여섯째, 사회적 · 경제적 정의를 보장하고 지구촌 인구를 안정화시킨다.

_《바이오사이언스》, '2019년 기후변화 비상사태 선언문' 중에서

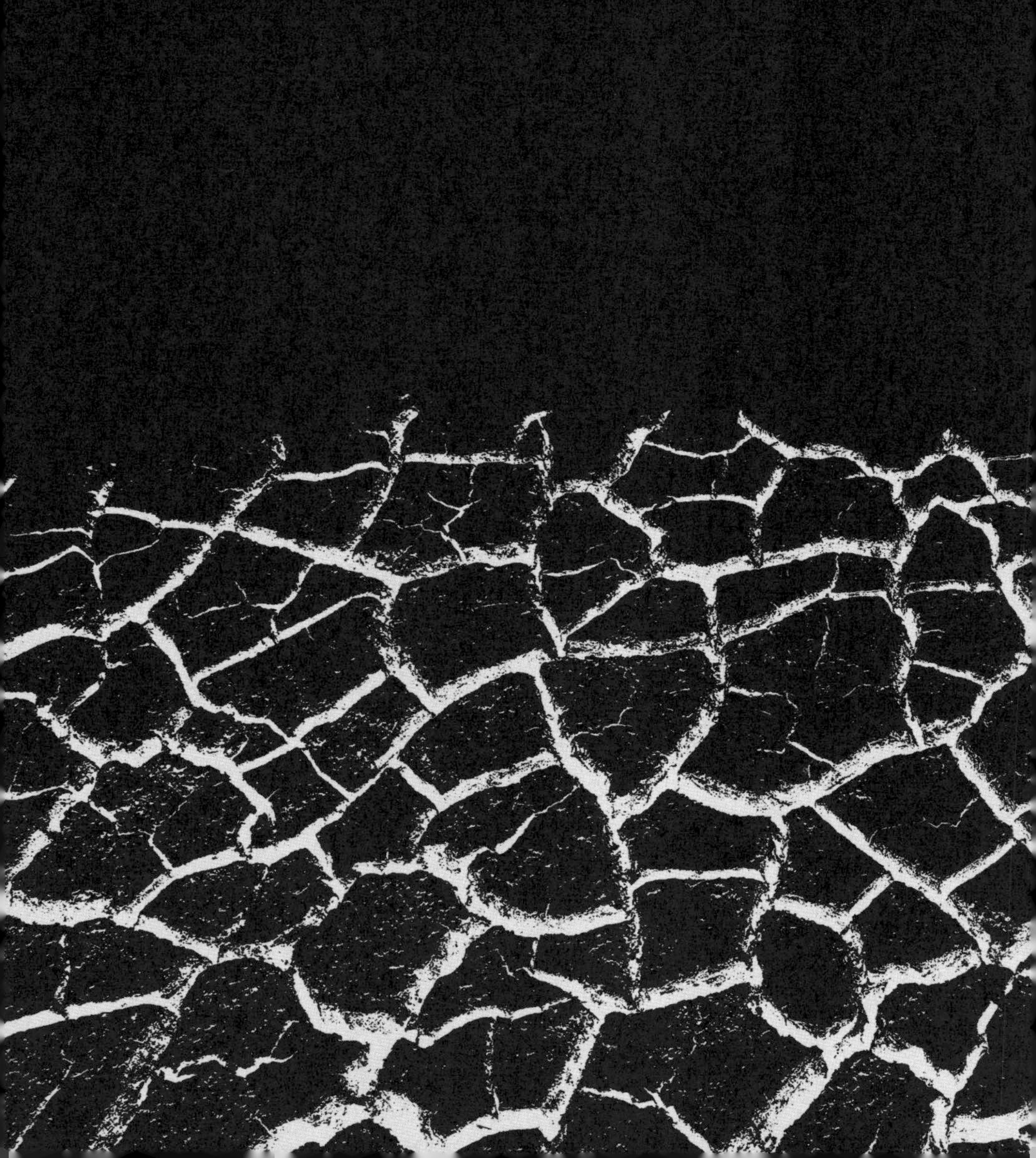

2부
12가지 기후재난의 실제와 미래

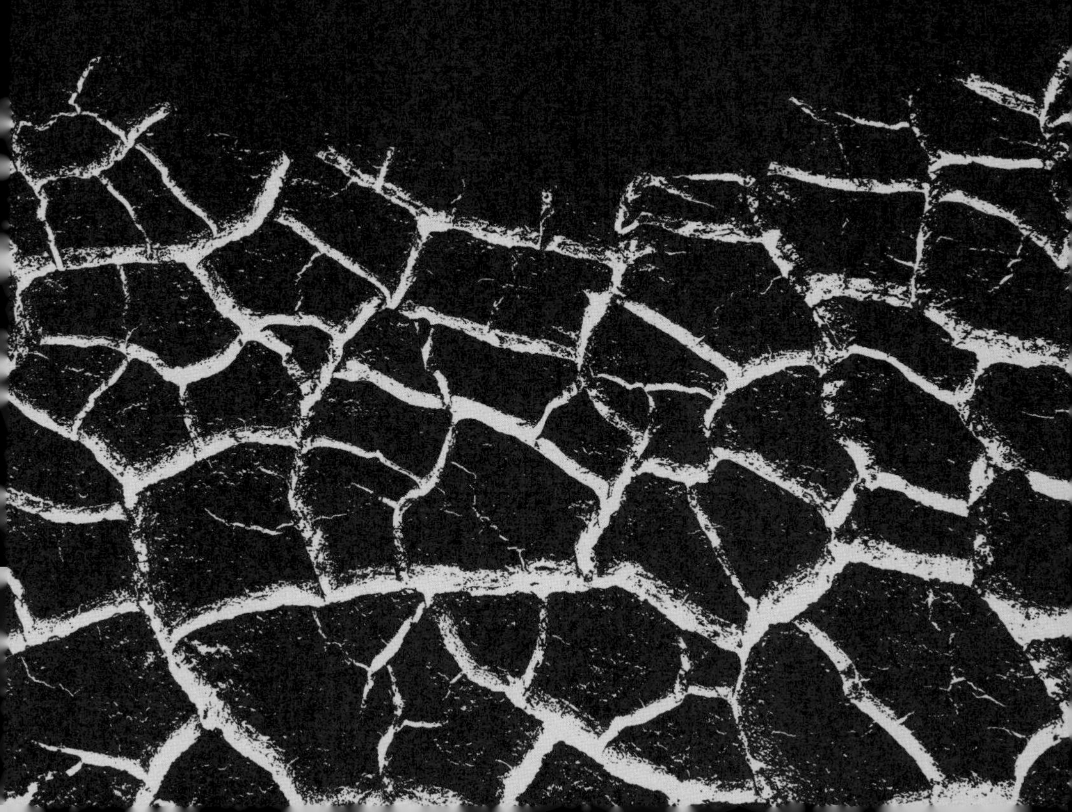

The Uninhabitable Earth

1장

살인적인 폭염

인간은 다른 포유류와 마찬가지로 열기관으로 작동하는 동물이다. 따라서 개가 헐떡이면서 열을 식히듯이 인간도 지속적으로 열을 식혀야 생명을 유지할 수 있다. 이를 위해서는 기온이 충분히 낮아야 한다. 그래야 공기가 일종의 냉각제 역할을 해서 피부로부터 열이 빠져나가고 계속 엔진이 작동할 수 있기 때문이다. 기온이 7도 상승하면 적도 근방의 여러 지역에서, 특히 습도가 문제를 가중시키는 열대 지역에서 그런 냉각 작용이 불가능해진다.[1] 결과는 금세 나타난다. 몇 시간 뒤면 사람 몸이 안팎으로 구워져 죽음에 이를 것이다.[2]

기온이 11~12도 상승하면 인구의 지역 분포에 변화가 없는 경우 세계 인구 절반 이상이 직접적인 열기만으로 사망할 것이다.[3] 물론 일부 기후변화 모델에서는 탄소배출량 삭감이 이루어지지 않는 경우 결국 몇 세기 내에 기온이 11~12도 상승하리라고 예측하기는 하지만 빠른 시일 내에 그럴 확률은 지극히 낮다. 하지만 일부 추산에 따르면 기온이 5도만 상승하더라도 전 지구가 인간이 살기에 부적합한 환경이 된다고 한다.[4] 기온이 6도 상승하면 미시시피강 하류 지역에서는 여름철 노동이 아예 불가능해지며 로키산맥 기준으로 동부 지역에 거주하는 미국인은 지금으로서는 세계 어디서도 경험할 수 없는 더위에 시달릴 것이다.[5] 뉴욕 시는 오늘날 지구에서 가장 더운 곳 중 하나인 바레인보다 더워지며 바레인의 기온은 '잠을 자는 사람에게까지 이상고열 증세를 유발'할 것이다.[6]

2100년까지 기온이 5~6도 오를 가능성은 낮은 편이다. IPCC에서는 현재 탄소 배출 추세가 그때까지 이어지는 경우 중앙값을 4도 정도로 예측한다.[7] 하지만 기온이 4도만 올라도 오늘날로서는 상상조차 할 수 없는 영향이 들이닥친다. 미국 서부 16배에 해당하는 지면이 화재로 소실되며 도시 수백 개가 물에 잠길 것이다. 인도 및 중동 지역의 대도시에서는 기온이 너무 뜨거워져서 여름에 집밖으로 나가는 순간 살인적인 위험이 동반될 것이다. 사실 기온이 2도만 상승하더라도 그런 일이 닥칠 것이다. 굳이 최악의 시나리오를 고려하지 않더라도 경각심을 갖기에 충분하다.

직접적인 열기를 평가할 때는 습도를 고려한 기온인 '습구온도'가 중요한 판단 기준이 된다. 이름이 암시하듯이 가정용 실험 도구 수준의 기구를 사용해 습구온도를 측정할 수 있는데, 온도계를 젖은 양말에 넣어서 공기 중에 매달아 놓은 뒤 온도계가 가리키는 온도를 기록하면 된다. 현재로서는 최대 습구온도가 26~27도를 넘는 지역이 거의 없다. 사람이 거주할 수 있는 습구온도 한계선은 35도이며 그 이상부터는 순전히 열기만으로 사람이 죽어 나가기 시작한다. 지금부터 한계 지점까지 8도 정도 여유가 있는 셈이다. 하지만 '온열 스트레스' 증상은 훨씬 일찍부터 나타날 것이다.

사실 이미 나타나고 있다. 1980년 이래로 위협적인 폭염이 발생하는 빈도가 50배 이상 증가했으며 앞으로 더욱 급격히 증가할 전망이다.[8] 1500년부터 지금까지 유럽에서 여름 기온을 경신한 적이 총 다섯 차례 있었는데 모두 2002년 이후에 발생한 기록이었다.[9] IPCC에서는 일부 지역에서 그런 시기에 야외 활동을 하는 것만으로도 건강에 악영향이 미칠 수 있다고 경고한다.[10] 설령 우리가 파리기후협약에서 제시한 기준을 만족하더라도 파키스탄의 카라치나 인도의 콜카타 같은 도시에서는 수천 명의 목숨을 앗아간 2015년 폭염처럼 치명적인 폭염이 매년 닥칠 것이다.[11] 기온이 4도 증가하면 2003년 유럽에서 하루에 2,000명꼴로 사망자를 발생시켰던 살인적인 폭염이 일상적인 여름 날씨로 자리 잡을 것이다.[12] 2003년 폭염은 유럽 역사상 최악의 날씨 재난 중 하나로 프랑스인 1만 4,000명을 포함해 총 3만 5,000명의 사망자를 초래했다.[13] 윌리엄 랑거비셔William Langewieshce의 기록에서 드러나듯이 의외로 병약자들은 비교적 운이 좋았다. 대부분 부유한 나라의 양로원이나 병원에서 돌봄을 받고 있었기 때문이다. 오히려 사망자의 상당 부분을 차지한 사람들은 상대적으로 건강한 노년층으로, 대부분 더위를 피해 휴가를 떠난 가족 대신 집을 지키고 있다가 변을 당했다. 시신 중 일부는 몇 주 동안 부패한 채로 방치돼 있다가 가족이 집에 돌아오고 나서야 발견되기도 했다.

상황은 더욱 심각해질 것이다. 이선 코펠Ethan Coffel이 이끄는 연구진이 2017년에 예측한 바에 따르면 '평균적인' 기후변화 시나리오에서 2080년이면 현재 연간 최고기온보다 높은 기온을 기록하는 날수가 100배, 많게는 250배까지 증가할 수 있다.[14] 한편 코펠은 살인적인 폭염의 영향을 받는 사람 수에 더해 날수를 함께 고려한 단위인 '인일person-day' 지표를 사용한다. 2080년 무렵이면 사람들이 오늘날 최고기온에 맞먹는 습구온도(거의 죽음을 부르는 온도)에 노출되는 값이 매년 1억 5,000만~7억 5,000만 인일에 달할 것이다. 또 열기와 습기가 인간이 생존할 수 있는 한계치를 아예 벗어난, 도저히 견딜 수 없는 습구온도에 노출되는 양은 매년 100만 인일에 달할 것이다. 세계은행에서는 21세기 말이면 남아메리카, 아프리카, 태평양 연안에서 가장 기온이 낮은 달이 20세기 말에 가장 기온이 높았던 달보다 더울 수 있다고 추산한다.[15]

물론 과거에도 살인적인 폭염은 존재했다. 예컨대 1998년 여름에는 인도에서 2,500명이 더위로 사망했다.[16] 최근에는 기온 고점이 더욱 높아지고 있다. 2010년 러시아에서는 모스크바에서만 매일 700명이 죽어 나가는 등 폭염으로 총 5만 5,000명이 사망했다.[17] 2016년에는 여러 달 동안 중동 지역을 뜨겁게 달군 폭염 때문에 이라크에서 5월 기온이 37.7도, 6월 43.3도, 7월 48.8도를 넘어섰으며 기온이 37.7도 아래로 떨어지는 경우는 밤 시간대를 제외하면 거의 없었다(나자프에 사는 한 시아파 사제는 《월스트리트저널The Wall Street Journal》을 통해 폭염이 미군의 전자기파 공격 때문이라고 주장했고 일부 기상학자들도 그에 동조했다).[18] 2018년 파키스탄 남동부에서는 역대 4월 최고기온을 경신했다. 인도에서는 기온이 35도를 넘어서는 날수가 하루 늘어날수록 연간 사망률이 0.75퍼센트 증가한다는 보고가 있는데, 2016년 5월에만 48.8도를 넘기는 날이 연달아 나타나기도 했다. 그와 비슷한 수준의 여름 기온이 나타나는 사우디아라비아에서는 2016년 여름에 매일 약 1억 리터 이상의 기름이 소모됐으며 그중 대부분이 냉방 목적으로 사용됐다.[19]

물론 더위를 나는 데 냉방 기기가 도움이 될 수 있다. 하지만 에어컨과 선풍기를 작동하는 데 사용되는 전력량은 이미 전 세계 전력 소비량의 10퍼센트를 차지한다.[20] 2050년이면 그 수요가 3배, 어쩌면 4배까지 뛰어오르리라 예상된다.[21] 한 연구에서는 2030년까지만 하더라도 약 7억 대의 에어컨이 추가로 보급될 것이라고 예측한다.[22] 또 다른 연구에서는 2050년에 세계 전역에 존재하는 온갖 종류의 냉방 기기 대수를 모두 합하면 90억 대를 넘어설 것이라고 추정한다.[23] 하지만 지구상에서 가장 더우면서 동시에 가장 빈곤하기도 한 지역에 굳이 아랍에미리트 매장 수준의 기온 통제 시스템까지는 아니더라도 냉방장치를 대규모로 보급하는 것은 친환경적이지 않을뿐더러 전혀 경제적이지도 않다. 2015년에 체감 기온이 무려 72.7도로 집계되기도 한 중동 및 페르시아만 지역에서는 위기가 특히 최고조에 달할 것이다. 현재 매년 200만 명 정도의 무슬림이 핫즈(이슬람 최대의 메카 순례 행사－옮긴이)를 지키고 있지만 앞으로 몇십 년 뒤면 핫즈에 참석하기가 물리적으로 불가능해질 것이다.[24]

문제는 핫즈나 메카에 국한되지 않는다. 엘살바도르의 사탕수수밭 지역에서는 인구의 약 20퍼센트(남성 인구 중에는 25퍼센트 이상)가 만성 신장 질환을 겪고 있다.[25] 20년 전만 하더라도 아무 지장 없이 추수가 가능했던 밭에서 이제는 탈수 증세가 유발되기 때문으로 보인다. 이로 인해 신장이 망가진 사람들은 값비싼 투석 치료를 받더라도 기대 수명이 5년 정도이며 이마저 없으면 몇 주 내로 사망할 수 있다. 물론 온열 스트레스는 신장 말고도 다양한 측면에서 우리를 괴롭힌다. 지금 내가 이 문장을 쓰고 있는 6월 중순, 문박 캘리포니아 사막의 기온은 49.4도에 달한다. 심지어 역대 최고기온도 아니다.

너무 빨리 더워지니 예측 따위가 소용없다

앞서 언급한 내용은 우주학자들이 인간처럼 고등한 생명체가 진화해 나올 가능성이 희박한 환경에 대해 이야기할 때 등장하는 혹독한 기후 조건 가운데 포함될 만한 내용이다. 생명체가 거주할 수 없는 우주 밖의 행성들은 생명을 유지시키는 기후 평형 상태가 만들어지는 데 얼마나 특별한 종류의 환경이 요구되는지 떠올리게 한다. 우리가 알고 있는 어떤 지적 생명체도 인류 진화가 이루어진 좁디좁은 골디락스(너무 차갑지도 뜨겁지도 않은 최적의 온도 – 옮긴이) 영역 밖에서 탄생했다고 밝혀진 바가 없다. 그런데 오늘날 우리가 그 영역을 어쩌면 영원히 벗어나 버린 것이다.

지구는 얼마나 뜨거워질까? 이 질문은 전문가의 견해가 필요한 과학적인 질문처럼 들릴지도 모른다. 하지만 실제로는 다분히 인간적인, 정확히 말하면 정치적인 질문에 가깝다. 기후변화가 초래하는 위협은 불확실성 때문에 변덕스러운 성격을 가진다. 지구는 언제 2도가 뜨거워지고 언제 3도가 뜨거워질까? 우리 자녀가 자녀를 낳고 또 그 자녀가 자녀를 낳는 2030년, 2050년, 2100년 즈음에는 해수면이 얼마나 높아져 있을까? 어떤 도시가 물에 잠기고 어떤 숲이 메마르며 어떤 곡창지대가 황폐해질까? 앞으로 수십 년 동안 그런 불확실성이 인류의 문화를 지배하는 가장 중대한 화제가 될 것이다. 우리가 살아가는 세계가 어떤 모습일지 불과 10년 내지는 20년 이후도 명확히 내다보지 못한 채 우리는 계속 똑같은 집에 살면서 똑같은 대출금을 내고 똑같은 TV쇼를 보면서 거의 똑같은 대법원 판사들에게 탄원을 올리고 있을 것이다. 물론 우리가 내뿜은 온갖 탄소에 기후 체계가 어떤 식으로 반응할지에 대해 과학이 내놓지 못하는 답변도 있다. 하지만 미래의 불확실성은 과학적 무지에서 비롯한다기보다는 거의 전적으로 '인류는 어떻게 대응할까?'라는 열린 질문에 달렸다. 다시 말해 자연과학이 아니라 인간이 대답해야 할 문제인 '우리는 앞으로 얼마나 많은 탄소를 더 내보낼까?'라는 질문에 달렸다. 지금도 기상학자들은 허리케인이 어느 정도 세기로 어떤 지역을 강타할지 상륙 일주일 전부터 놀라울 만큼 정확히 예측할 수 있다. 예측에 사용되는 모델이 유별나게 뛰어나서가 아니라 투입하는 데이터를 전부 확인할 수 있기 때문이다. 지구온난화를 예측할 때도 모델은 충분히 뛰어나다. 문제는 핵심 투입값이 미지수라는 점이다. '우리'는 어떻게 행동할까?

안타깝게도 인류가 얻은 교훈은 암울하다. 지구온난화가 문제로 인식된 지 70~80년이 지났지만 우리는 문제에 대처하고 스스로를 보호하기는커녕 에너지 생산 및 소비 방식에 이렇다 할 조정을 가하지 않았다. 너무나 오랫동안 일반인 관찰자들은 과학자들이 기후를 안정시킬 수 있는 방안에 대해 논의하는 것을 지켜보면서 세상이 그에 맞춰

변화하리라고 결론 내렸다. 하지만 세상 사람들은 그 방안들이 저절로 실현되기라도 할 것처럼 사실상 아무런 조치를 취하지 않았다. 시장 논리에 따라 더 싸고 범용성 있는 녹색에너지가 출현했지만 바로 그 동일한 시장 논리에 따라 에너지 혁신은 이윤 목적으로 이용당했을 뿐 탄소배출량은 계속 늘어만 갔다. 정치권에서는 세계적으로 방대한 결속과 협력을 이룰 듯한 움직임을 보였지만 결국에는 얼마 지나지 않아 약속을 저버렸다. 기후변화 운동가 사이에서는 오늘날 우리에게 기후재난을 피하는 데 필요한 도구는 모두 주어져 있다고 말하는 것이 아주 흔한 일이 됐다. 물론 맞는 말이다. 하지만 정치적 의지는 필요할 때마다 꺼내 쓸 수 있는 하찮은 요소가 아니다. 주어진 도구로 말하자면 우리는 이미 빈곤, 전염병, 여성 학대 같은 문제를 해결할 도구도 가지고 있다.

그 유명한 파리기후협약에서 기온 2도 상승을 최소한의 요구 조건으로 설정해 전 세계 국가의 동참을 요구한 것도 불과 2016년에 일어난 일이었다. 하지만 그로부터 거둔 소득은 이미 절망적이다. 2017년에 국제에너지기구International Energy Agency에서는 탄소배출량이 1.4퍼센트 증가했다고 밝혔다.[26] 협약의 결과가 모호했던 몇 해 동안은 탄소배출량이 안정화된다고 기대하는 낙관론자도 있었지만 결국 또다시 상승하기 시작한 것이다. 사실 탄소배출량이 다시 급등하기 이전에도 파리기후협약에서 약속한 내용을 만족시키기 위해 제대로 움직였던 산업 국가는 단 한 군데도 없었다. 물론 약속을 이행하더라도 기온 상승을 3.2도 상승 이하로 막을 수는 없을 것이다. 기온 상승을 2도 선에서 유지하려면 협약에 서명한 모든 국가가 서약을 훨씬 더 강화해야

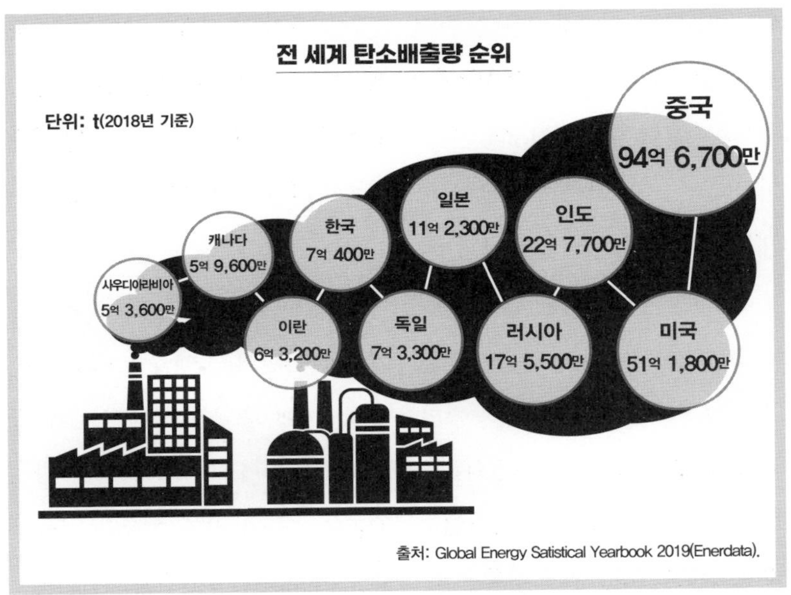

만 한다. 미국의 탈퇴로 현재 서명국은 총 194개국이며 그중 목표치에 근접한다고 할 만한 국가는 모로코, 감비아, 부탄, 코스타리카, 에티오피아, 인도, 필리핀밖에 없다.[27] 이런 상황 속에서 트럼프의 협약 탈퇴 결정 역시 실리적인 관점에서 해석될 수 있었다. 어떤 의미에서는 트럼프의 실수가 궁극적으로 생산적인 결과를 불러일으켰다고 볼 수도 있기 때문이다. 미국이 기후변화 문제에서 주도권 잡기를 포기하자 중국의 시진핑에게 훨씬 적극적인 자세를 취할 기회와 유인이 주어졌다. 물론 중국 측에서 새롭게 약속한 내용 역시 현재로서는 그저 수사적인 표현에 불과해 보인다. 중국은 이미 세계에서 가장 큰 탄소발자국을 남기는 국가이며 2018년 첫 세 달 만에 탄소배출량을 4퍼센트나 늘렸다.[28] 또 석탄 발전소를 평균적으로 절반 정도의 시간만 가동하지만 석탄 화력 설비용량은 전 세계 절반을 차지한다. 사용량이 더욱 빠르게 증가할 수 있다는 뜻이다. 세계적으로는 2000년 이후로 지금까지 석탄 화력 발전량이 2배 가까이 뛰었다.[29] 세계 전체가 중국의 본을 따른다면 2100년까지 기온이 5도 상승하리라고 예측하는 분석도 존재한다.[30]

2018년 유엔에서는 탄소배출량이 현 추세대로 유지되는 경우 적어도 2040년까지 세계 기온이 1.5도 이상 증가한다는 예측을 내놓았다. 2017년도 국가기후평가National Climate Assessment 보고에서는 전 세계 탄소 농도가 지금 즉시 안정화된다고 가정하더라도 0.5도 이상의 기온 상승을 피할 수 없다고 지적했다. 그렇기 때문에 기온 상승을 2도 아래로 유지하려면 탄소배출량 감축뿐만 아니라 '마이너스 배출negative emission' 역시 필요하다. 마이너스 배출은 크게 두 가지 형태로 이루어진다. 하나는 공기 중에서 탄소를 빨아들이는 기술적인 접근 방식이고 다른 하나는 최근 떠오른 접근법으로 원리는 비슷하지만 식물에게 일을 맡기는 비교적 전통적이고 농림업적인 접근 방식이다.

최근 쏟아져 나오는 논문에 따르면 현재로서는 두 기술 모두 공상에 가깝다. 2018년에 유럽과학자문위원회의European Academies' Science Advisory Council에서는 현존하는 마이너스 배출 기술로는 대기 중 탄소 농도를 유의미하게 줄이기는커녕 탄소 농도가 증가하는 속도를 늦추기에도 '현실적인 가능성이 제한적'이라고 판단했다.[31] 같은 해에 《네이처Nature》에서는 탄소포집 기술에 바탕을 둔 시나리오는 모두 '마법을 바라는 생각'이나 마찬가지라고 일축했다.[32] 사실 그런 생각에 빠지는 것조차 썩 유쾌한 일은 아니다. 전체적으로 볼 때 공기 중 이산화탄소 농도는 고작 410ppm으로 그리 많은 편은 아니다. 하지만 세계 곳곳에 퍼져 있다. 따라서 전 세계적으로 탄소포집 기술을 적용하려면 사실상 지구 곳곳에 대규모 탄소 세척 지대가 마련돼야 한다.[33] 그러면 지구는 마치 태양 주위를 도는 공기 정화 시설처럼, 태양계를 따라 포물선을 그리는 공업용 인공위성처럼 보일 것이다(바버라 워드Barbara Ward나 버크민스터 풀러Buckminster Fuller가 '우주선 지구'라고 했을 때 이런 상황을 염두에 두지는 않았을 것이다). 물론 앞으로도 진보가 이루어져 더욱 저렴하고 효율적인 장비가 등장할 수 있겠지만 우리는 그런 진보를 그리 오래 기다려 줄 수 없다. 우리에게 주어진 시간이 많지 않기 때문이다. 2도 상승을 목표로 하는 경우 대규모 탄소포집 시설을 앞으로 70년 동안 매일 1.5기씩 설립해야 한다는 추산도 나와 있다. 2018년 기준으로는 대규모 탄소포집 시설이 총 18군데밖에 존재하지 않는다.[34]

큰일이다. 하지만 안타깝게도 기후 문제에 보이는 무관심한 태도는 전혀 새로운 일이 아니다. 결과에 관여하는 불확실성이 겹겹이 쌓이다 보니 지구온난화의 전개 방향을 예측하는 일이 어리석은 시도처럼 보일 수 있다. 하지만 현재 최상의 시나리오에서 2100년까지 기온이 2~2.5도 상승하리라 예측하므로, 확률분포 곡선의 가장 두툼한 부분, 즉 가능성이 가장 높은 시나리오에서는 2100년까지 약 3도 혹은 3도를 약간 웃도는 상승이 있을 것으로 예상된다. 탄소배출량이 지금도 계속 늘어난다는 점을 고려한다면 약 3도 상승을 목표로 삼는다 하더라도 어마어마한 수준의 마이너스 배출이 필요할 것이다. 게다가 과학적 불확실성에서 비롯되는 위험 요소도 존재한다. 우리가 자연계를 기껏해야 얕은 수준으로만 이해하다 보니 자연이 가져올 피드백의 영향 역시 과소평가했을 가능성이 있다. 혹시 자연계의 피드백 고리가 활성화된다면 설령 앞으로 수십 년 동안 탄소배출량을 유의미하게 줄인다 하더라도 2100년까지 기온은 4도 상승할 수 있다. 교토의정서가 채택된 이후 인류의 행보에서 드러나듯이 근시안적인 인간의 특성상 탄소배출량이나 지구온난화에 관해 '어떤 일이 일어날지' 예측해 봐야 생산적인 결과는 나오지 않는다. '어떤 일이 일어날 수 있는지' 예측하는 편이 더 낫다. 그리고 그처럼 가능성을 예측하자면 한계는 끝이 없다.

가장 고통스러운 열사병의 유행

가까운 미래에 도시가 훨씬 지배적인 거주 형태가 되면서 고열 문제는 더욱 심화될 것이다. 아스팔트와 콘크리트 혹은 사람 몸뚱이처럼 도시 밀도를 높이는 온갖 요소는 주변의 열을 흡수한 뒤 마치 서서히 퍼지는 독약처럼 일정 시간 동안 가둬 둔다.[35] 이는 심각한 문제다. 폭염 기간에는 밤중에 더위가 사그라져 인체가 회복할 시간을 갖는 것이 아주 중요하기 때문이다. 그 시간이 줄어들고 냉각 작용이 피상적으로만 이루어지면 인체는 계속해서 팔팔 끓게 된다. 도시의 콘크리트와 아스팔트가 낮에 흡수하는 열기는 실로 어마어마해서 밤중에 열기가 방출되면 국지적으로는 기온이 최대 12도만큼 상승해 견딜 만했던 더위가 살인적인 폭염으로 뒤바뀔 수 있다.[36] 직접적인 열기에 공중 보건 부실 문제가 겹치면서 739명의 사망자를 냈던 1995년 시카고 폭염이 그러했다.[37] 흔히 인용되는 '739명'이라는 수치에는 즉사한 사망자만이 포함됐다. 폭염 기간에 병원에 실려 온 수천 명의 환자들 중 거의 절반이 그 해에 사망했다. 영구적인 뇌 손상을 입은 환자도 있었다. 전문가들은 시카고 폭염을 두고 '열섬 효과heat-island effect'가 작용했다고 지적한다. 도시가 그 자체로 폐쇄된 공간이 되어 사람이 붐비는 만큼 더욱 뜨거워진 것이다.

물론 지금도 세계는 급속도로 도시화가 진행 중이다. 유엔에서는 2050년이면 전 세계 인구의 3분의 2가 도시에 거주하리라고 예측한다.[38] 도시 인구가 25억 명 더 늘어난다는 뜻이다. 지난 100여 년 동안 세계 곳곳에서는 도시 생활을 나아가야 할 미래상이라고 생각했으며 결과적으로 대도시의 규모는 인구 500만 명 이상, 1,000만 명 이상, 2,000만 명 이상으로 계속 늘어났다. 기후변화가 닥치더라도 흐름이 크게 늦춰지지는 않겠지만 도시화로 인한 대규모 인구 이동이 훨씬 위협적인 문제로 대두되기는 할 것이다. 마치 불꽃을 향해 달려드는 불나방처럼 야망으로 부푼 수많은 사람들이 살인적인 폭염이 나날이 이어지는 거대도시를 향해 물밀듯이 몰려들 것이기 때문이다.

이론적으로는 기후변화가 지난 세기에 미국 도시의 범죄율이 그랬던 것보다 훨씬 전면적인 차원에서 인구 이동 추세를 뒤집어 버릴 수도 있다. 특정 지역에서는 도시 생활 자체가 견딜 수 없는 지경에 이르면서 오히려 도시 인구가 도시 바깥으로 빠져나가는 것이다. 폭염 기간에 도시에서는 도로가 녹아내리고 철로가 휘어질 것이다. 사실 이는 지금도 벌어지는 현상이지만 수십 년 뒤에는 정도가 훨씬 심각해질 것이다. 현재 주요 도시 중 여름철 최고기온 평균이 35도 이상인 도시가 354개 존재한다. 2050년에는 리스트에 포함되는 도시가 970개까지 증가할 수 있으며[39] 그런 도시에 거주하면서 살인적인 열기에 노출되는 사람의 수는 8배 증가해 약 16억 명에 이를 수 있다. 1992년 이래로 미국에서만 열기 때문에 심각한 상해를 입은 노동자 수가 7만 명에 달하며[40] 2050년에는 직접적인 열기 때문에 사망하는 사람의 수가 전 세계적으로 25만 5,000명에 달할 것으로 예상된다.[41] 지금만 하더라도 세계적으로 약 10억 명이 온열 스트레스를 겪을 위험이 있으며 전 세계 인구의 3분의 1이 매년 20일 이상 살인적인 폭염에 노출된다.[42] 2100년까지 기온 상승을 2도 선에서 막는다고 하더라도 살인적인 폭염에 노출되는 사람은 세계 인구 2분의 1로 증가할 것이다. 2도 선에서 막지 못한다면 4분의 3까지 증가할 수 있다.

미국에서 열사병에 대한 인식은 형편없는 수준이다. 수영할 때 쥐가 나지 않게 조심하라는 경고처럼 여름 캠프에서나 배울 법한 질병으로 인식된다. 하지만 열사병은 인체가 겪을 수 있는 가장 잔혹한 고통 중 하나로 저체온증만큼이나 통증과 혼란을 유발한다.[43] 처음에는 대개 탈수의 결과로 일사병 증세가 시작되는데 다량의 발한과 구토, 두통이 나타난다. 특정 시점이 지나면 물을 마셔도 효과가 없다. 인체가 어떻게든 체온을 낮추기 위해 혈액을 바깥의 피부 쪽으로 보내면서 심부 체온이 증가하기 때문이다. 이때부터 피부가 붉게 변하고 내부 장기가 망가지기 시작한다. 결국에는 발한 기능이 아예 소실될 수 있다. 두뇌 역시 제대로 작동하지 않기 시작하며 때로는 일정 시간 동안 동요나 공격성이 드러나기도 한다. 증상은 결국 치명적인 심장마비로 마무리된다. 랑거비셔는 이렇게 말한다. “극심한 열기로 말할 것 같으면 당신이 피부를 벗어던지고는 살 수 없듯이 그런 열기를 피할 수 있는 방법도 없다.”

2장

빈곤과 굶주림

기후가 다양한 만큼 작물의 종류도 다양하다. 하지만 최적의 온도에서 자라는 주곡 작물과 관련해 경험적으로 입증된 한 가지 기본 법칙은 기온이 1도 상승할 때마다 수확량이 10퍼센트씩 감소한다는 것이다.[1] 감소폭을 더 높게 잡는 예측도 존재한다.[2] 다시 말해 21세기 말까지 지구가 5도 더 뜨거워지는 경우 먹일 사람은 50퍼센트나 증가하는 반면 먹을 곡식은 50퍼센트나 감소할 수 있다는 말이다. 기온이 상승하면 할수록 수확량은 점점 더 빠른 속도로 감소하기 때문에 실제로는 50퍼센트 이상 줄어들 수도 있다. 단백질로 계산하면 문제는 더욱 심각하다. 햄버거 고기 1킬로그램만큼의 단백질을 얻으려면 곡물로는 8킬로그램이 필요하기 때문이다.[3] 게다가 고기의 원천인 소는 살아가는 내내 메탄가스를 내뿜으면서 지구온난화에 일조한다.

전 세계적으로 인간의 식단에서 곡물이 차지하는 비중은 약 40퍼센트에 달한다.[4] 여기에 콩과 옥수수까지 더하면 비중은 3분의 2까지 올라간다.[5] 유엔 보고에 따르면 2050년에는 지구에 지금보다 식량이 2배 정도 더 필요할 것이다.[6] 이는 추정치이기는 하지만 꽤 믿을 만하다. 사태를 지나치게 낙관하는 식생학자들은 기온 상승에 따른 수확량 감소가 이미 작물이 성장하기에 최적의 기온에 달한 지역에서만 나타나리라고 주장한다. 물론 맞는 말이다. 이론상 기온이 따뜻해질수록 그린란드에서는 오히려 밀을 재배하기가 비교적 쉬워질 것이다. 하지만 로저먼드 네일러Rosamond Naylor와 데이비드 바티스티David Battisti의 혁신적인 논문에서 지적하듯이 이미 열대 지역은 효율적으로 곡물을 재배하기에 기온이 너무 높으며 현재 곡물이 생산되는 지역은 벌써 최적의 온도에 달해 있다.[7] 따라서 기온이 소폭만 상승하더라도 생산성은 급격히 하락하기 시작할 것이다. 거칠게 표현하자면 옥수수 역시 마찬가지다. 기온이 4도 증가하는 경우 세계 최대 옥수수 생산국인 미국의 수확량은 거의 절반 수준으로 폭락할 것이다. 미국 다음의 옥수수 생산국인 중국, 아르헨티나, 브라질에서는 수확량이 미국만큼 큰 폭은 아니더라도 적어도 20퍼센트 이상 감소할 수 있다.[8]

10년 전에 기상학자들은 직접적인 열기가 작물의 성장을 저해한다 하더라도 대기 중에 탄소량이 늘어나면서 일종의 공중 비료 역할을 하면 정반대의 효과를 낼 것이라고 주장하기도 했다. 하지만 그런 효과는 잡초에만 강하게 나타날 뿐 곡물에는 유효하지 않은 듯하다. 또 대기 중 탄소 농도가 높아질수록 작물의 이파리는 두꺼워지는 경향이 있다. 별문제가 아닌 것처럼 보이겠지만 두꺼운 잎은 이산화탄소를 흡수하는 능력이 떨어진다.[9] 그 결과 21세기 말에는 매년 63억 9,000만 톤의 이산화탄소가 흡수되지 못한 채 공기 중에 추가로 남게 된다.

이산화탄소는 차치하더라도, 기후변화가 닥치면 주곡 작물 입장에서는 더 잦은 홍수, 더 많은 균과 병해는 물론 해충과도 싸워야 한다(해충의 활동이 더욱 활발해지면서 수확량은 2~4퍼센트 더 감소할 것으로 예측된다). 수수처럼 병충해에 비교적 강한 작물도 일부 존재하지만 최근에는 대체 작물을 주곡으로 기르는 지역에서조차 생산량이 감소하고 있다. 열기에 비교적 내성이 있는 품종을 개발하려는 품종 연구가의 노력 역시 수십 년째 성과를 거두지 못하고 있다. 자연적인 밀 분포 지대는 극지방을 향해 매년 약 250킬로미터씩 이동하고 있지만 그렇다고 경지를 무작정 북쪽으로 옮길 수도 없다. 마을, 도로, 상가, 공장으로 가득 찬 토지를 한순간에 비우기가 어렵기 때문만은 아니다. 캐나다나 러시아의 외곽 지역 같은 경우에는 기온이 몇 도 올라 따뜻해진다고 해도 토양의 비옥도가 최적의 상태를 달성할 때까지는 여러 세기가 소요되기 때문에 수확량이 한정적일 수밖에 없다. 비옥한 땅은 이미 전부 사용하고 있는데, 북부 지역의 토양이 비옥해질 때까지 기다리기에는 기후변화의 속도가 너무 빠르다. 믿기 힘들겠지만 토양 자체도 사라질 수 있다. 실제로 매년 약 750억 톤의 토양이 소실되고 있다.[10] 미국에서는 토양이 침식되는 속도가 자연적으로 보충되는 속도보다 10배 더 빠르다.[11] 중국과 인도는 30~40배나 더 빠르다.[12]

설령 우리가 변화하는 상황에 적응하려고 애쓴다 하더라도 인간의 적응 속도는 너무나 느리다. 미국 더스트볼Dust Bowl(난개발 수준의 경작에 가뭄까지 겹치면서 1930년대에 극심한 모래 폭풍이 발생했던 미국 중남부의 건조

평원 지대－옮긴이) 역사 전문가인 리처드 혼벡Richard Hornbeck은 과거 더스트볼 지역의 농부들이 다른 작물을 재배함으로써 변화하는 기후에 적응하는 것이 가능했다고 지적한다. 하지만 투자할 만한 기반이 부족했던 그들은 변화에 적응하려 하지 않았고 오래도록 뿌리내린 관행과 정체성은 계속 고착됐다.[13] 결국 농작물이 죽어 나가기 시작했고 그 파급력은 미국 전역으로 퍼져 나갔다.

공교롭게도 그와 유사한 변화가 현재 미국 서부에서 일어나고 있다. 1879년에 박물학자인 존 웨슬리 파웰John Wesley Powell은 빅스버그 전투에 군인으로 참여해 남는 시간에 북군 참호에 가득 찬 암석을 조사하다가 서경 100도를 따라 정북으로 이어지는 자연 경계선을 찾아냈다.[14] 습도가 높아 경작이 가능한 중서부 지역의 자연 농지를, 건조하고 장관을 이루지만 농사짓기에는 부적절한 서부 지역의 토지와 구분한 것이다.[15] 경계선은 텍사스, 오클라호마, 캔자스, 네브래스카, 다코타 주를 가로질렀으며 남쪽으로는 멕시코, 북쪽으로는 캐나다 매니토바 주로 이어졌다. 이를 기준으로 한쪽에는 인구가 밀집한 대규모 농장 지대가, 다른 한쪽에는 농업적인 가치가 거의 없어 인구가 비교적 희박한 개활 지대가 펼쳐져 있었다. 그런데 1980년 이후로 경계선이 동쪽으로 무려 225킬로미터 이동해 서경 98도선과 맞물릴 지경이 됐다. 그 과정에서 수십만 제곱킬로미터에 달하는 농지가 바싹 말라붙었다. 지구에는 서경 100도선과 유사한 경계선이 하나 더 있는데, 바로 사하라사막을 사막 이외의 아프리카 지역과 구분하는 경계선이다.[16] 사하라사막 역시 최근 범위가 10퍼센트나 넓어졌다. 겨울에는 수치가 18퍼센트까지 올라간다.[17]

지구의 미래를 착취하며 '복지'에 투자해온 결과

서구권 선진국의 특권층 아이들에게 영국 경제학자 토머스 맬서스Thomas Malthus의 예측은 늘 비웃음거리에 불과했다. 맬서스는 장기적인 관점에서 경제성장이 불가능하다고 생각했다. 풍작을 거두거나 일시적인 성장을 이루더라도 궁극적으로는 그만큼 더 많은 아이들이 태어나 증가분을 상쇄하기 때문이었다. 지구 전체적으로든 특정 지역에서든 인구 규모가 물질적 풍요를 막는 억제제로 작용하는 셈이다. 1968년에는 폴 에얼릭Paul Ehrlich이 몇 배는 더 많은 사람이 살고 있을 21세기 지구에 맞춰 비슷한 경고의 소식을 전했다. 에얼릭은 곳곳에서 들려오는 조롱을 무릅쓰고 출간한《인구 폭탄The Population Bomb》에서 지구의 경제 및 농업 생산성이 이미 자연적인 한계점에 도달했다고 주장한다. 하지만 책이 나오던 시점에는 공교롭게도 녹색혁명에서 비롯된 생산성 증대가 뚜렷하게 나타나는 중이었다. '녹색혁명'이라는 표현은 오늘날에는 청정에너지가 개발됐을 때 사용하는 말이지만 원래는 20세기 중반 농업 혁신을 통해 농업 생산력이 폭발적으로 증가한 사건을 가리키는 말이었다. 이후 반세기가 지나는 동안 세계 인구가 2배로 불어나기는 했지만 극심한 가난에 시달리는 사람의 비율 역시 기존의 6분의 1 수준으로 감소했다. 전체 인구의 절반 이상에서 전체 인구의 10퍼센트로 감소한 것이다. 개발도상국에서는 영양 결핍에 시달리는 사람 비율이 1970년대에는 30퍼센트에 달했지만 오늘날에는 10퍼센트 수준으로 떨어졌다.[18]

이런 진보를 고려하면 자연환경으로부터 어떤 종류의 압력을 받든 자신감을 가져도 될 것만 같다. 찰스 만Charles Mann 역시 최근 저서를 통해 20세기 농업 혁신이 가지는 의미에 관해 설명하면서 자원 부족 문제가 불거질 때 언제든 세상이 붕괴할 수 있다고 보는 '예언자'형 인간이 있는가 하면 낙천적인 태도를 가지고 반사적으로 대처하는 '마법사'형 인간도 있다고 주장한다. 하지만 만은 녹색혁명이 에얼릭의 경고를 거의 완벽하게 논박하는 것처럼 보인다고 할지라도 아직 결론을 확신하지는 못한다고 언급한다. 어쩌면 에얼릭을, 혹은 더 나아가 에얼릭의 대부 격인 맬서스를 평가하기에는 아직 이른 단계일지도 모른다. 20세기의 폭발적인 생산성 증대는 사실상 노먼 볼로그Norman Borlaug 한 사람의 업적(미국 제국주의에서도 인도주의적인 덕행을 찾아볼 수 있다는 가장 강력한 증거)에서 비롯된 것이나 마찬가지였기 때문이다. 1914년에 아이오와의 농부 집안에서 출생한 볼로그는 공립학교를 나와 뒤퐁사에서 일하다 록펠러재단의 지원을 받아 다수확이면서 저항성이 강한 밀 품종을 개발하는 데 성공했다. 볼로그가 개발한 밀 품종은 세계적으로 10억 명의 목숨을 구하는 데 기여한 것으로 인정받는다.[19] 만약 녹색혁명이 상당 부분 한 사람에 의해 이루어진 일회성 증대에 불과하다면 어떻게 앞으로도 계속 혁신이 이루어질 것이라고 안심할 수 있을까?

이런 논쟁의 중심에 있는 학술 용어가 바로 '환경 수용력carrying capacity'이다. 주어진 환경이 자원 남용으로 붕괴되거나 쇠퇴하기 직전까지 인구를 수용한다면 최대 얼마나 되는 인구를 지탱할 수 있을까? 하지만 특정 부지 내에서 최대 산출량이 얼마나 나오는지 계산하는 것과 그만한 산출량이 도출되는 데 환경 체계가 어느 정도나 통제력을 가지는지 판단하는 것은 별개의 문제다. 자연환경 체계는 볼로그

같은 특급 마법사조차 제대로 이해하고 제어하기 어려울 만큼 광범위하며 변수가 산만하게 얽혀 있기 때문이다. 지구온난화는 환경 수용력을 구하는 공식에 바로 집어넣을 수 있는 단일한 변수 따위가 아니라는 뜻이다. 그보다는 우리가 환경 수용력을 높이기 위해 시행하는 온갖 실험이 벌어지는 일련의 조건에 가깝다. 따라서 우리가 직면한 상황은 사회적 갈등, 전쟁, 불공정 등 수많은 역경이 지구상에 해결되지 않고 끊임없이 반복되는 와중에 기후변화라는 문제가 하나 더 얹어진 상황이 아니다. 오히려 기후변화라는 거대한 무대 위에 온갖 역경이 한데 모여 있는 상황인 셈이다. 다시 말해 기후변화란 미래의 모든 문제와 해결책을 담고 있는 지구환경 그 자체다.

호기심과 분노를 동시에 자아내는 사실 한 가지는 최근 개발도상국의 가파른 성장세(빈곤, 기아, 교육, 유아사망률, 기대 수명, 성차별 문제 등에서의 발전)를 보여 주는 그래프가 지구를 재앙 직전까지 몰아넣을 만큼 급격히 증가하는 탄소배출량 그래프와 사실상 일치한다는 점이다. 이는 '기후 정의'라는 용어를 적용할 수 있는 한 가지 측면에 해당한다. 최악의 기후변화는 분명 기후변화가 초래하는 비극에 가장 취약한 사람들의 손에서 비롯될 것이다. 냉전이 종식된 이후 개발도상국 중산층의 '인도주의적 성장' 역시 상당 부분 화석연료 중심의 산업화를 바탕으로 이루어졌다. 지구환경의 미래를 담보로 개발도상국 사람들의 복지에 투자해 온 것이다.

이런 이유 때문에 앞으로 세계 기후의 운명 역시 중국과 인도의 성장 흐름에 따라 크게 좌우될 것이다. 중국과 인도는 19세기나 20세기에 산업화를 이룬 나라들이 지나온 길을 그대로 따라갔다가는 기후

재앙이 닥칠 것임을 인식하고 있으면서도 수십억 명에 달하는 국민을 세계 중산층으로 끌어올리기 위해 애써야 하는 비극적인 짐을 짊어지고 있다. 당연히 두 나라가 같은 길을 가지 않으리라는 보장은 없다. 예컨대 서구 문화를 접하면서 새로운 취향을 발전시키고 있는 신흥 소비자층의 요구 덕분에 중국의 우유 소비량은 2050년까지 3배 증가할 것으로 예상된다. 단일 국가의 단일 품목에 관한 수요 급증에 불과하지만 결과적으로는 낙농장에서 배출되는 온실가스 총량이 약 35퍼센트나 증가할 수 있다.[20]

무려 전 세계 탄소배출량의 3분의 1이 식품 생산 과정에서 비롯된다.[21] 그린피스에서는 심각한 기후변화를 피하려면 2050년까지 전 세계 육류 및 유제품 소비량을 절반으로 축소해야 한다고 추정한다.[22] 나라가 부유해질수록 어떤 일이 벌어지는지 고려한다면 사실상 불가능한 일이나 마찬가지다. 게다가 우유를 먹느냐 안 먹느냐는 한 가지 문제에 불과하다. 값싼 전기, 자동차 문화, 몸매 관리를 위한 고단백 식단 등 포기하기가 훨씬 어려운 문제도 많다. 탈공업화 사회를 살아가는 선진국 시민은 굳이 어마어마한 편의를 마다하고서 이런 선택지를 고려하려 들지는 않는다. 만약 고려한다면, 그건 아마도 비평가 크리스 바트커스Kris Bartkus가 '맬서스의 비극Malthusian tragic'이라고 부르는 상태에서 비롯된 죄의식 때문일 것이다.[23] 물질적인 풍요를 위해 자연 세계에 가한 대대적인 손상과 풍요를 향한 끝없는 경주에서 뒤처진 사람들이 겪는 고통을 생각할 때, 부유한 나라에서 살아가는 사람들은 자신의 일상 어디에서도 결백한 지점을 찾을 수 없으며 실질적인 빚을 갚아야 한다고 생각하는 것이다.

물론 대다수 사람은 이처럼 비극적인, 어쩌면 자기 연민에 가까운 관점을 받아들이지 않는다. 기후변화를 완전히 부인하거나 혹은 반대로 완전히 체념하는 태도보다는 반쯤 무지하고 반쯤 무관심한 태도가 전염병처럼 널리 퍼져 있다. 윌리엄 T. 볼먼William T. Vollmann이 두 권으로 된 장대한 저서 《탄소 이데올로기Carbon Ideologies》에서 다루는 주제가 바로 이 지점이다. 책의 서두는 "범죄란 내가 아닌 다른 누군가가 저지른 일"라는 스타인벡의 경구로 출발해 다음과 같이 이어진다. "지금으로부터 그리 멀지 않은 미래의 언젠가, 우리가 살던 지구와 달리 더 뜨겁고 위험하며 생물학적으로 단순해진 지구를 살아가는 사람들은 당신과 내가 무슨 생각을 했는지, 아니 애초에 생각이란 걸 하고는 살았는지 궁금하게 여길지도 모른다." 볼먼은 책의 서두 내내 가상의 황량한 미래에서 과거를 돌아보는 식으로 내용을 전개한다. "물론 우리를 이렇게 만든 건 우리 자신이었다. 우리는 늘 지적으로 나태했다. 스스로에게 질문을 던지지 않을수록 대답할 필요도 없었으니까. … 우리 모두는 돈을 위해 살았고 결국 돈을 위해 죽었다."

'굶주림'이라는 제국의 지배

세계에서 가장 경작에 적합한 토지마저 순식간에 황무지로 뒤바꾼다는 점에서 열기 자체보다 가뭄이 식량 생산에 더 큰 문제를 일으킬 수 있다. 기온이 2도 상승하면 가뭄이 지중해 연안과 인도 상당 지역을 강타하고 전 세계 옥수수 및 수수 농장에 악영향을 미치면서 세계 식량 공급에 큰 압박을 가할 것이다.[24] 기온이 2.5도 상승하면 가뭄을 중심으로 여러 문제가 더해지면서 세계적인 식량 부족 사태가 시작될 것이다. 지구가 생산할 수 있는 칼로리 양보다 필요한 양이 더 많아진다는 뜻이다. 기온이 3도 상승하면 가뭄이 더욱 심각해져 중앙아메리카, 파키스탄, 미국 서부, 호주까지 닥칠 것이다. 기온이 5도 증가하면 환경운동가 마크 라이너스Mark Lynas가 지적하듯이 '영구적인 가뭄 띠 두 개'가 온 지구를 감싸게 될 것이다.[25]

강수량은 구체적인 모델을 설계하기가 굉장히 까다롭지만 21세기 말에 어떤 흐름이 나타날지에 대해서는 학자들의 예측이 사실상 만장일치를 이룬다. 전례 없는 가뭄과 폭우가 닥친다는 것이다. 탄소배출량이 급격히 감소하지 않는 이상 2080년에 남부 유럽은 미국의 더스트볼 사태보다 훨씬 심각한 가뭄에 영구적으로 시달릴 것이다.[26] 이라크와 시리아를 비롯한 중동의 대다수 지역도 똑같은 일을 겪을 것이다.[27] 호주, 아프리카, 남아메리카의 인구 밀집 지역은 물론 중국의 곡창지대 역시 마찬가지다. 언급한 지역은 현재 세계 식량 생산량의 대부분을 차지하고 있지만 앞으로는 어떤 곳도 믿을 만한 식량 생산처가 되지 못할 것이다. 2015년에 나사에서 발표한 한 연구에 따르면 미국 평원 지대 및 남서부 지역의 가뭄은 1930년대 더스트볼보다 심각한 정도가 아니라 최근 1,000년 사이에 발생한 어떤 가뭄보다 훨씬 심각할 것이다. 12세기에서 14세기 사이에 시에라네바다산맥 동부를 강타해 강을 전부 마르게 하고 결국 아나사지 문명에 종말을 가져왔을지도 모르는 가뭄보다 심각할 수 있다는 뜻이다.[28]

게다가 인류가 지난 수십 년 동안 눈에 띄는 생산량 증대를 이뤘음에도 여전히 기근 없는 세계에서 살고 있지는 못하다는 사실을 기억

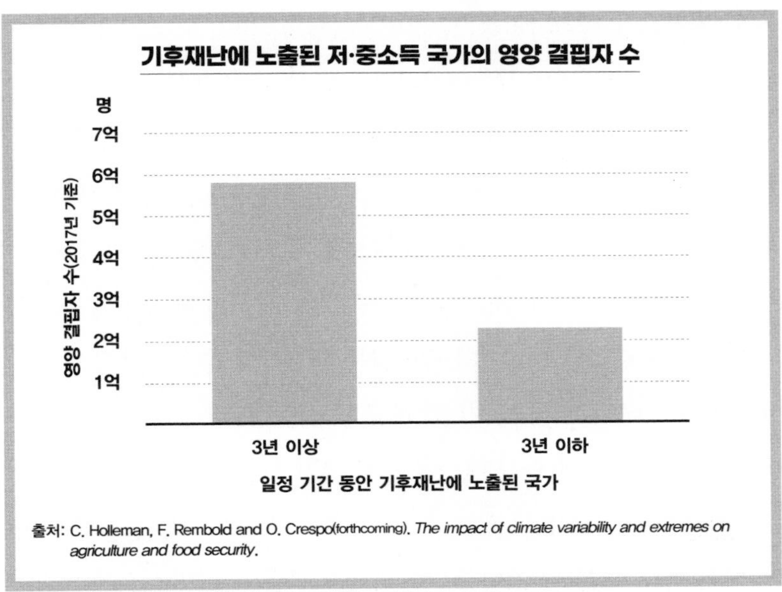

출처: C. Holleman, F. Rembold and O. Crespo(forthcoming). *The impact of climate variability and extremes on agriculture and food security*.

해야 한다. 오히려 많은 연구에서는 영양 불량 상태에 놓인 사람의 수가 세계적으로 8억 명에 이르며 그중 1억 명이 기후 충격으로 기근을 겪는다고 추산한다.[29] 미세 영양소 및 식이 결핍과 같은 '숨은 기아'는 훨씬 심각해서 족히 10억 명 이상에게 영향을 미친다. 2017년 봄에는 아프리카 및 중동 지역에 최초로 4중으로 된 기근이 닥쳤다.[30] 소말리아, 남수단, 나이지리아, 예멘에서 벌어진 각각의 기근을 두고 유엔에서는 그해에만 2,000만 명이 사망할 수 있다고 경고했다. 고작 한 해에 대륙 하나에서 벌어진 사태였다. 아프리카 대륙은 지금도 약 10억 명의 사람을 먹여 살리려고 안간힘을 다하지만 세기말을 향해 나아갈수록 인구는 40억 명까지 증가할 수 있다.

인구 폭발의 결과로 새로운 볼로그가 나타나기를, 이상적으로는 수

많은 볼로그가 나타나기를 기대하는 사람도 있다. 실제로 기술적 혁신이 가능할지도 모른다는 실마리가 조금씩 나타난다. 중국에서는 온실가스를 유발하는 비료를 줄이고 생산성을 높이기 위해 맞춤형 농업 전략 개발에 투자하고 있다.[31] 영국에서는 어느 무토양 재배 스타트업 회사가 2018년에 최초로 '수확'에 성공했다고 발표했다.[32] 미국에서는 농작물을 실내로 쌓아 올려 농경지를 절약하는 수직 농법과 고기를 시험관 내에 배양해 농경지를 절약하는 배양육이 많은 주목을 받았다. 하지만 이 기술들은 아직 지나치게 선진적인 기술로서 보급이 불균등하고 가격이 매우 비싸기 때문에 지금 당장 도움이 가장 필요한 사람들 대다수에게는 소용이 없다. 10년 전에는 유전자 변형 농산물GMO이 또 다른 녹색혁명을 가져다줄 것이라는 낙관론도 있었다. 하지만 오늘날 유전자 변형 기술은 살충제를 제작하고 판매하는 회사들이 농작물로 하여금 살충제에 더 잘 견디도록 조작하기 위해 사용하는 경우가 대부분이다. 게다가 GMO에 대한 문화적 반감이 이미 너무나 커져서 홀푸드마켓Whole Foods Market(유기농 식품을 판매하는 미국 슈퍼마켓 체인-옮긴이)에서는 자사 브랜드 탄산수를 'GMO 무첨가 탄산수'라고 광고할 지경이다.

선진 기술의 혜택을 받을 수 있는 사람조차 실제로 얼마나 되는 이득을 거둘 수 있을지는 아직 미지수다. 통념을 깨는 데 관심이 많은 수학자 이라클리 롤라즈Irakli Loladze는 이산화탄소가 인체 영양에 미칠 심각한 영향에 대해 식생학자들조차 예상하지 못했던 사실 한 가지를 지난 15년에 걸쳐 집중적으로 연구했다. 이산화탄소가 작물을 더 크게 만들 수는 있지만 더 커진 작물은 그만큼 영양가가 떨어진다는 점이었다. 롤라즈는 《폴리티코Politico》에 소개된 〈영양 대붕괴The Great Nutrient Collapse〉라는 기사에서 이렇게 밝힌다. "이산화탄소 수치가 높아질수록 지구상에 있는 모든 풀잎은 더 많은 당을 함유하게 된다. … 우리는 생물권 내에 인류 역사상 가장 많은 양의 탄수화물이 주입되고 그만큼 다른 영양소가 희석되는 광경을 지켜보게 될 것이다."[33]

2004년에 발표된 획기적인 논문에서는 1950년 이후로 우리가 기르는 식물에서 유익한 영양소(대표적으로는 단백질, 칼슘, 철분, 비타민C)가 무려 3분의 1이나 감소했다고 주장한다.[34] 먹거리가 전부 불량식품처럼 변하고 있는 것이다. 심지어 꿀벌 화분에 들어 있는 단백질 역시 3분의 1만큼 감소했다.[35]

탄소 농도가 증가함에 따라 문제는 더욱 악화된다. 최근 연구에 따르면 2050년쯤에 개발도상국에 거주하는 사람 중 1억 5,000만 명이 영양 붕괴의 결과로 단백질 결핍에 시달릴 것이다.[36] 세계 빈곤층은 대다수가 고기 대신 농작물을 통해 단백질을 섭취하기 때문이다. 또한 1억 3,800만 명이 건강한 임신에 필수적인 영양소인 아연 결핍에 시달릴 수 있다.[37] 식이성 철분 섭취량이 급격히 감소하는 사람은 14억 명에 달할 수 있으며 결과적으로 빈혈이 유행병처럼 번질 수 있다.[38] 한편 2018년에 주춘우Zhu Chunwu가 이끄는 연구팀은 20억 명이 주곡으로 삼고 있는 18종의 벼를 대상으로 단백질 함량을 측정했다. 그러자 공기 중에 이산화탄소 수치가 높을수록 영양소 전반(단백질은 물론 철분, 아연, 비타민B_1, 비타민B_2, 비타민B_5, 비타민B_9까지 사실상 비타민 E를 제외한 모든 영양소)이 감소하는 것으로 나타났다. 종합하자면 공기 중에 배출된 이산화탄소는 단지 벼 한 작물에 작용하는 것만으로도 6억 명

에 달하는 사람들의 건강을 위협할 수 있었다.[39]

지난 수백수천 년 동안 여러 제국이 바로 그 한 작물 위에 서 있었다. 하지만 이제 기후변화가 '굶주림'이라는 새로운 제국을 가난한 사람들 사이에 우뚝 세우려고 한다.

The Uninhabitable Earth

3장

집어삼키는 바다

의심의 여지없이 바다는 살인마로 돌변할 것이다. 탄소배출량 감축이 이루어지지 않는다면 21세기가 끝날 무렵 해수면은 최소 1.2미터에서[1] 최대 2.4미터까지 상승할 수 있다.[2] 파리기후협약의 2도 상승 목표가 달성할 만한 목표처럼 느껴질 만큼 탄소배출량을 급격히 감축한다 하더라도 해수면은 최소 0.6미터에서 최대 1.8미터까지 상승할 수 있다.[3]

이상하게도 우리 세대는 이런 수치를 보고 오히려 안심하는 분위기였다. 기후변화가 초래하는 최악의 결과가 고작 몇 미터의 해수면 상승이라고 생각하자 바다에서 얼마 떨어지지 않은 곳에 사는 사람들조차 안도의 한숨을 내쉬었다. 따라서 지구온난화를 강력하게 경고하는 글마저 대중적인 성공을 거두는 경우 오히려 제 무덤을 파는 꼴이 됐다. 해수면 문제에만 지나치게 집중한 나머지 고열, 이상기후, 전염병 등 다음 세대를 공포에 질리게 할 다른 온갖 기후 재앙을 독자의 눈앞에서 치워 버린 것이다. 하지만 해수면 상승 문제가 이미 우리에게 '친숙'하다 해도 기후변화가 초래할 재난의 중심에 두기에 무리가 있는 것은 아니다. 가까운 미래에 해수면이 급격히 상승하리라는 전망에 이미 너무나도 많은 사람이 익숙해졌다는 사실은 광범위한 핵전쟁을 피할 수 없다는 체념만큼이나 침울하고 당황스러운 일이다. 차오르는 바닷물이 불러일으킬 참상의 규모 역시 핵전쟁만큼이나 심각하기 때문이다.

《물은 반드시 차오른다The Water Will Come》에서 저자 제프 구델Jeff Goodell은 이번 세기 안에 침몰선처럼 물속으로 가라앉아 수중 유적으로 전락하고 말 명소를 몇 군데 쭉 언급한다. 우리가 가 본 모든 해수욕장, 페이스북 본사, 케네디우주센터, 버지니아 주 노퍽에 있는 미국 최대의 해군기지, 몰디브와 마셜제도 전체, 수천 년 동안 벵골호랑이 왕국이었던 맹그로브 숲을 포함해 방글라데시 대부분 지역, 불과 수십 년 전만 하더라도 늪지와 모래톱이 다였던 곳을 부동산 투기꾼들이 지상낙원으로 뒤바꿔 놓은 마이애미비치와 플로리다 남부 전역, 1,000년 가까이 서 있는 베니스의 산마르코대성당, 로스앤젤레스의 베니스비치와 산타모니카, 트럼프의 마라라고 저택, 리처드 닉슨의 키비스케인 저택, 원조 격인 해리 트루먼의 키웨스트 저택 등 '겨울 백악관'은 물론 펜실베이니아 거리 1600번지에 있는 실제 백악관까지 전부 물속으로 가라앉을 것이다.[4] 구델이 나열한 사례는 지극히 일부분에 불과하다. 아틀란티스라는 단일한 문명이 물속에 통째로 잠겼다는 이야기에 플라톤이 매료된 지도 수천 년이 지났다.[5] 만약 전설이 사실이었다 하더라도 아틀란티스는 인구가 수천에서 수만 명 정도인 지중해의 작은 군도 지역에 불과했다. 그러나 오늘날 우리가 탄소 배출을 중단하지 않는다면 2100년 즈음에는 매년 세계 인구의 약 5퍼센트가 물속으로 가라앉을 것이다.[6] 자카르타는 현재 가장 빠르게 성장하는 도시 중 하나로 약 1,000만 명이 거주하고 있다. 하지만 범람과 침수 때문에 2050년이면 도시 전체가 물속에 완전히 잠길 것이다.[7] 이미 중국에서는 매년 여름마다 주장 삼각주Pearl River Delta 유역의 범람 피해를 막기 위해 수십만 명의 사람을 대피시킨다.[8]

이처럼 범람이 발생하면 수많은 사람들이 살아가던 자택만 물에 잠기는 것이 아니다. 물론 그것만으로도 지금 기준으로는 고작 수백만 명밖에 수용하지 못하는 지역에 수억 명의 기후난민이 쏟아져 들어올 것이다. 더해서 동네, 학교, 상업 지구, 농경지, 사무실, 고층 빌딩 등 얼마 전까지만 하더라도 마치 독립된 제국처럼 여기저기 뻗쳐 있다고 생각했던 지역 문화 시설이 갑자기 수중 박물관으로 모습을 바꿔 안전거리를 확보하지 않고 해안선을 따라 몰려 있던 한두 세기 전의 인간들의 생활양식을 전시하게 될 것이다. 우리가 잃어버린 해변을 보충할 만큼 많은 모래가 만들어지려면 석영과 장석이 분해되기까지 수천 년, 어쩌면 수백만 년이 걸릴지도 모른다.

한 연구에서는 해수면 상승으로 인터넷 기반 시설 상당 부분이 20년 내에 물속으로 잠길 것이라고 지적한다.[9] 우리가 인터넷 서핑용 도구로 사용하는 스마트폰이 상당수 제조되는 선전Shenzhen 공업지구 역시 주장 삼각주 지역에 위치하는 만큼 얼마 지나지 않아 침수될 것으로 보인다. 2018년에 참여과학자모임Union of Concerned Scientists에서는 미국에서 약 31만 1,000채에 달하는 집이 2045년쯤 대출 기간이 만료되기도 전에 장기적인 침수 피해에 시달릴 것이라고 분석했다.[10] 2100년 즈음에는 수치가 약 240만 채까지 증가해 1조 달러 규모의 미국 부동산이 물속에 잠길 수 있다. 기후변화가 위세를 떨치면 미국에서는 해안선으로부터 수 킬로미터가 보험 불가 지역으로 전락할 뿐만 아니라 애초에 '재해보험'이라는 개념 자체가 쓸모없어질지도 모른다. 한 연구에서 지적하듯이 21세기 말에 특정 지역에서는 여섯 종류의 기후재난이 동시에 닥칠 수도 있기 때문이다. 한 추산에 따르면 탄소 배출량을 의미 있는 수준으로 줄이지 않는 경우 2100년 즈음에는 전 세계 피해 규모가 '한 해' 기준으로 100조 달러에 달한다.[11] 현재 전 세계 GDP 규모보다 높은 수치다. 물론 대다수 논문에서는 1년에 14조 달러 정도로 조금 더 낮게 추정하지만 이마저도 오늘날 GDP 5분의 1에 달하는 수치다.[12]

그렇다고 21세기 말에 범람이 그치는 것도 아니다. 설령 낙관적인 시나리오대로 기온이 2도 상승한다고 하더라도[13] 해수면은 결국 6미터 높아질 때까지 수천 년 동안 계속 상승할 것이기 때문이다.[14] 해수면이 6미터 상승한 미래는 어떤 모습일까? 지구상에서 약 115만 제곱킬로미터에 달하는 육지가 사라진다.[15] 현재 약 3억 7,500만 명(그중 4분의 1은 중국인)이 살아가는 땅이 사라지는 것이다. 사실 해수면 상승의 영향을 가장 심하게 받을 도시 20곳은 상하이, 홍콩, 뭄바이, 콜카타 등 모두 아시아의 대도시다.[16] 이미 지정학계 예측가들 사이에서 당연하게 받아들여지듯이 실제로 아시아는 기후변화의 장막이 드리우는 어두운 세기를 보내게 될 것이다. 기후변화가 어떤 식으로 흘러가든 분명 중국은 성장을 거듭하겠지만 그와 동시에 바닷물의 공격에 대응해야만 한다. 어쩌면 중국이 현재 남중국해를 통제하기 위해 혈안이 된 이유도 그 때문일지 모른다.

세계 주요 도시의 거의 3분의 2가 해안가에 위치한다. 당연히 발전소, 항구, 해군기지, 농경지, 양식장, 삼각주, 갯벌, 논두렁 역시 주요 도시에 딸려 있다. 해수면이 상승하면 설령 해발 3미터 이상에 자리 잡은 도시라 할지라도 훨씬 쉽게, 훨씬 자주 홍수 피해를 입을 것이다. 유럽과학자문위원회의 보고에 따르면 홍수 빈도는 이미 1980년 이후로 4배, 2004년 이후로 2배 증가했다.[17] 해수면이 '중간치보다 낮은' 수준으로 증가한다고 가정하더라도 2100년 즈음에는 만조형 홍수high-tide flooding가 미국 동부 해안을 '이틀에 한 번'꼴로 강타할 것이다.[18]

게다가 폭우나 해일 때문에 바다에서 하류까지 물이 쇄도해 강이 범람하는 내륙형 홍수inland flooding도 있다. 1995년에서 2015년 사이에 전 세계에서 내륙형 홍수로 피해를 입은 사람은 23억 명, 사망한 사람은 15만 7,000명에 달한다.[19] 한 논문에 따르면 앞으로 세계 탄소배출량을 극단적인 수준으로 삭감해 이미 대기 중에 배출된 탄소로 인한 지구온난화만 감당하더라도 남아메리카에서 하천 범람으로 피해를 입는 사람 수가 현재 600만 명에서 1,200만 명으로 2배 늘어날 만큼 전 세계 강수량이 급증한다고 한다.[20] 그 수치가 아프리카에서는 2,400만 명에서 3,500만 명으로, 아시아에서는 7,000만 명에서 1억 5,600만 명으로 증가한다. 종합하자면 기온이 1.5도만 상승하더라도 홍수 피해는 160~240퍼센트 증가할 것이다. 기온이 2도 상승하면 홍수로 사망하는 사람 수가 오늘날보다 50퍼센트 증가할 것이다. 미국에서 진행된 한 연구에서는 최근 미국연방재난관리청FEMA에서 예상 홍수 피해 규모를 3배 정도 과소평가하고 있다며 재난 수준의 범람으로 피해를 입을 가능성이 있는 미국인 수가 4,000만 명 이상이라고 주장하기도 했다.[21] 명심해야 할 점은 혹시 탄소배출량을 극적으로 줄이더라도 이런 결과를 맞이할 수 있다는 사실이다. 유럽 북부 대다수 지역과 미국 동부 전역은 홍수 대응 체계가 마련돼 있지 않기 때문에 적어도 10배 이상 더 자주 홍수 피해를 입을 것이다. 지금도 재난 수준의 홍수가 자주 발생하는 인도, 방글라데시, 동남아시아에서도 피해 규모가 불어나는 속도가 그만큼 빠를 것이다. 게다가 이 지역에서는 평균적인 피해 규모가 이미 충분히 커져서 대대로 잊지 못하겠다는 생각이 들 만큼 심각한 인도주의적 위기가 매년 발생하고 있다.

하지만 우리는 위기를 금방 잊어버린다. 2017년에 남아시아에서 발생한 홍수는 약 1,200명의 목숨을 앗아갔고[22] 방글라데시 3분의 2를 물에 잠기게 했다. 유엔 사무총장 안토니우 구테흐스Antonio Guterres는 피해자가 4,100만 명에 달한다고 추산했다.[23] 기후변화와 관련된 수치 데이터가 대부분 그렇듯이 4,100만 명이라는 수치 역시 무감각하게 느껴질 수 있다. 하지만 이는 7,600년 전에 흑해 범람 사태(노아의 방주 이야기가 여기서 탄생했다는 말이 있을 정도로[24] 광범위한 영향력을 미친 홍수)가 발생했을 때 전 세계 인구의 8배에 달하는 수치다.[25] 2017년 방글라데시에는 홍수가 닥친 것은 물론 미얀마에서 70만 명에 달하는 난민이 쏟아져 들어오기도 했다.[26] 난민 대다수가 밀집한 정착촌은 몇 달 만에 프랑스에서 세 번째로 큰 도시인 리옹보다 북적이기 시작했으며 정착촌이 자리 잡은 곳에는 얼마 지나지 않아 우기가 닥치자 산사태가 휩쓸고 지나갔다.

지도를 바꿀 정도로 빨리 녹아내리는 빙하

인류가 새롭게 그려진 해안선에 어느 정도까지 적응할 수 있을지는 해수면이 얼마나 빨리 높아질지에 주로 달렸다. 현재 우리가 이해하는 바로는 그 속도가 당황스러울 만큼 빠르게 증가하고 있다. 파리기후협약 협정문을 작성할 때만 하더라도 책임자들은 지구가 몇 도 뜨거워져도 남극의 빙하는 안정된 상태를 유지하리라 확신했다. 21세기 말까지 해수면은 기껏해야 0.9미터 정도 상승하리라고 기대했다.[27] 그때가 2015년이었다. 같은 해에 나사에서는 그 기대가 한심할 정도로 안일했으며 해수면은 '최대' 0.9미터가 아니라 '최소' 0.9미터 상승하리라고 예측했다. 2017년 국립해양대기관리청National Oceanic and Atmospheric Administration에서는 역시 21세기 말 기준으로 해수면이 2.4미터까지 상승할 수 있다고 밝혔다. 미국 동부 해안 지역에서는 학자들이 폭풍우 없이 오직 만조의 영향만으로 거주 지역에 침수가 발생하는 현상을 가리키기 위해 '마른 홍수sunny day flooding'라는 새로운 용어를 도입하기도 했다.[28]

2018년에 한 주류 연구에서는 불과 지난 10년 사이에 남극의 빙상이 녹아내리는 속도가 3배 증가했다며[29] 상황이 점점 더 빠른 속도로 악화된다고 보고했다.[30] 1992년에서 1997년 사이에 녹아내린 빙하의 양은 연평균 490억 톤이었지만[31] 2012년에서 2017년 사이에 녹아내린 빙하의 양은 연평균 2,190억 톤에 달했다. 이미 2016년에 기후학자 제임스 핸슨James Hansen은 빙하가 녹아내리는 속도가 10년에 2배꼴로 증가하는 경우 해수면은 50년에 걸쳐 몇 미터나 상승할 수 있다고 지적한 바 있다.[32] 그런데 최신 논문에서는 불과 5년 주기로 속도가 3배씩 빨라진다고 밝힌 것이다. 1950년대 이후로 남극 대륙의 빙상은 3만 3,000제곱킬로미터에 달하는 손실을 겪었다.[33] 남극 대륙의 운명이 어떤 식으로 끝날지는 다가오는 10년간 인류가 어떤 행동을 취하는지에 달렸다고 전문가들은 충고한다.[34]

기후변화는 결국 '인간의 행동'이라는 변수에 상당 부분 좌우된다. 극적인 개입이 이루어지지 않는 한 지구상의 생명체가 겪을 수밖에 없는 극적인 변화를 회피하거나 예방하려면 인류가 언제 어떤 행동을 취할지가 매우 중요하다. 지극히 평범한 예측부터 지극히 극단적인 예측까지 모든 예측은 불확실성이라는 베일에 싸여 있다. 온갖 추측과 가정이 난무하다 보니 특정한 예측을 덮어놓고 신뢰하기란 어리석은 짓이나 다름없다.

하지만 해수면 상승은 특히 더 까다로운 문제다. 인간 행동이라는 기본적인 변수가 깔려 있는 것은 물론 구름 형성 문제 정도를 제외하면 다른 어떤 기후변화 문제에서도 찾아보기 힘든 인식론적인 무지가 층층이 쌓여 있기 때문이다. 물론 우리는 물이 뜨거워질수록 팽창한다는 사실 정도는 알고 있다. 하지만 빙상이 녹아내리는 현상은 역사적으로 관찰된 적이 없어[35] 피상적인 수준으로만 이해하는 완전히 새로운 종류의 물리적 현상에 가깝다.

남극의 빙하가 빠르게 녹아내리는 덕분에 이제 빙하가 손실되는 과정을 '손상 역학damage mechanics'적인 관점에서 설명하는 데 주력하는 논문들이 등장하고 있다.[36] 빙하의 손상 역학은 해수면 상승의 주된 요인 중 하나로 작용할 것이 분명하지만 아직 해당 분야에 대한 이해가 부족한 실정이다. 때문에 빙하가 얼마나 빠르게 녹아내릴지 역시 아직은 확실히 예측하기 어렵다. 비록 우리가 지구의 역사를 기후학적으로 꽤 잘 이해하긴 하지만 역사적으로 기온이 오늘날처럼 빠르게 상승한 적은 한번도 없었다. 한 추산에 따르면 현재 지구온난화가 진행되는 속도는 지난 6,600만 년 중 어느 시점보다도 10배가량 빠르다.[37] 매년 미국인 한 사람이 평균적으로 배출하는 이산화탄소 양은 남극의 빙상 1만 톤을 녹이기에 충분하다.[38] 1인당 매년 1만 세제곱미터에 달하는 물을, 다시 말해 매분 19리터에 달하는 물을 바다에 들이붓고 있다는 뜻이다.

한 연구에서는 온난화가 1.2도만 진행되더라도(온난화는 1.1도 진행된 상태로 이미 1.2도에 근접해 있다) 그린란드 빙상이 급변점에 이를 수 있다고 주장한다.[39] 그린란드 빙상이 녹아내리는 것만으로도 해수면은 여러 세기에 걸쳐 6미터까지 상승할 수 있으며[40] 결국 마이애미, 맨해튼, 런던, 상하이, 방콕, 뭄바이가 침수될 것이다. 더 나아가, 물론 통상적인 탄소 배출 추세대로라면 2100년까지 기온이 4도 증가한다고 했지만 기온 상승이 전 지역에서 균일하게 이루어지지는 않기 때문에 북극에서만 기온이 13도까지 상승할 수 있다.

2014년에 밝혀진 대로 남극 서부와 그린란드의 빙상은 전문가의 예측보다 기온 상승에 훨씬 더 취약했다.[41] 사실 남극 서부 빙상은 이미 붕괴 급변점을 지나 빙상이 손실되는 속도가 불과 5년 사이에 2배 이상 빨라졌다. 그린란드 빙상 역시 동일한 상황을 겪고 있으며 현재 매일 10억 톤에 가까운 손실이 발생한다.[42] 남극 서부 빙상과 그린란드 빙상이 녹아내리는 경우 각각 3~6미터에 달하는 해수면 상승을 초래할 수 있다.[43] 2017년에는 남극 동부에 있는 두 개의 빙상 역시 심상치 않은 속도로 녹아내린다는 사실이 드러났다. 매년 180억 톤에 달하는 얼음이 줄어들고 있으며[44] 이는 뉴저지를 0.9미터 두께로 덮을 만한 양이다. 남극 동부 빙상이 둘 다 녹아내리면 최종적으로는 해수면이 4.8미터 더 높아질 수 있다고 한다. 남극 대륙 빙하가 양쪽 전부 녹아내린다고 가정하면 해수면은 60미터까지 상승할 수 있다. 세계 곳곳에서 해안선이 수 킬로미터씩 밀려들어온다는 뜻이다. 피터 브래넌Peter Brannen은 과거에 기온이 지금보다 4도 더 높았을 때에는 양쪽 극지방에 빙하가 존재하지 않았으며 해수면은 80미터 더 높았다고 지적한다. 북극에는 심지어 야자수가 자랐다. 적도 지방의 삶이 어땠을지는 생각도 않는 편이 낫다.

베이징을 '수중 도시'로 만들 '빙하 폭탄'

다른 기후변화 문제와 마찬가지로 빙하가 녹아내리는 문제 역시 독립적으로 일어나지는 않을 것이다. 하지만 과학자들은 빙상의 붕괴가 어떤 연쇄적인 결과를 초래할지 아직 충분히 이해하지 못했다. 한 가지 주된 불안 요인은 북극의 빙하가 녹아내리면서 메탄이 방출될 수 있다는 점이다. 북극의 영구동토층은 현재 대기 중에 부유하는 탄소량을 훨씬 웃도는 1조 8,000억 톤에 달하는 탄소를 함유하고 있기 때문이다.[45] 영구동토층이 녹아내리면 매장된 탄소 중 일부는 이산화탄소보다 적어도 수십 배 이상 강력한 온실가스인 메탄으로 증발해 대기 중으로 방출된다.

내가 처음 기후변화 문제를 진지하게 연구하기 시작했을 때만 하더라도 북극 영구동토층이 내뿜는 메탄의 영향력은 과소평가를 받고 있었다. 심지어 대부분 학자들은 메탄의 심각성에 관한 일상적인 논의조차 쓸데없이 공포심을 조장한다며 깎아내렸다. 일부러 '북극의 메탄 시한폭탄'이나 '죽음의 트림'처럼 조롱하려는 의도가 담긴 과장된 표현을 사용함으로써 당장은 걱정할 필요가 없는 것처럼 묘사하기도 했다. 그 이후 전해지는 소식은 그리 고무적이지 않았다. 《네이처》에 실린 한 논문에서는 북극의 영구동토층에 형성된 호수에서 메탄이 방출되는 속도가 현재 진행 중인 '돌발 해동abrupt thawing' 현상에 의해[46] 급격히 가속화될 수 있다고 주장했다.[47] 이미 최근 몇 년 사이에 대기 중 메탄 농도는 빠르게 증가했으며[48] 그 원인이 불명확하자 과학자들은 혼란에 빠졌다. 그런데 심지어 최신 연구에서는 북극 호수 지역에서 방출되는 메탄의 양이 앞으로 2배나 증가할 수 있다고 밝혔다.[49] 이런 메탄 방출 현상이 완전히 새롭게 나타났는지 우리가 이제야 주의를 기울이기 시작해서 알게 됐는지는 분명하지 않다. 물론 메탄이 돌발적으로 급속히 방출될 확률이 높지 않다는 데는 지금도 이견이 없다. 하지만 최신 연구에서 제시된 가능성은 그럴 위험이 아예 없지는 않기 때문에 진지한 주의를 기울일 필요가 있음을 시사한다. 무언가 확률이 낮다고 해서 고려하거나 논의하거나 대비할 필요가 없다고 치부하다가는 평범한 연구 결과에도 허를 찔릴 수 있다.

현재 영구동토층이 녹고 있다는 사실에는 모두가 동의한다. 단적으로는 지난 50년 사이에 캐나다에서 영구동토층 경계선이 북쪽으로 130킬로미터 밀려나기도 했다. 최신 IPCC 평가에 따르면 2100년까지 근저 지표의 영구동토층은 37~81퍼센트 감소할 것으로 예측된다.[50] 물론 대부분 학자들은 그 과정에서 탄소 배출 속도가 빠르지 않으며 배출되더라도 대부분 위험이 덜한 이산화탄소일 것이라 믿고 있다. 하지만 일찍이 2011년에 국립해양대기관리청과 국립빙설자료센터National Snow and Ice Data Center에서는 영구동토층이 해동되는 경우 2020년대만 되더라도 해당 지역 전체가 대기 중의 탄소를 빨아들이는 '탄소 흡수원carbon sink'에서 대기 중으로 탄소를 내뿜는 '탄소 공급원carbon source'으로 뒤바뀔 것이라고 예측했다.[51] 더 나아가 2100년까지 북극에서는 1,000억 톤의 탄소가 방출된다고 지적했다.[52] 이는 산업화가 시작된 이래로 인류가 배출한 전체 탄소량의 절반에 해당하는 수치다.

이처럼 북극에서 벌어지는 연쇄적인 피드백 작용을 대부분의 기후학자들은 당장 심각하게 걱정할 문제는 아니라고 생각하고 있다. 그들이 지금 당장 걱정하는 문제는 바로 '알베도 효과albedo effect'다. 눈은 하얗기 때문에 햇빛을 흡수하기보다는 다시 대기 밖으로 반사해 보낸다. 따라서 눈이 줄어들수록 더 많은 햇빛이 지면에 흡수되며 지구온난화를 가속화한다. 피터 와담스Peter Wadhams는 지상에서 눈이 완전히 사라지면 지난 25년 동안 전 세계에서 배출된 온실가스에 맞먹는 온실효과가 초래될 수 있다고 추정한다.[53] 지난 25년치 탄소배출량이면 인류가 지금까지 배출한 총 탄소량의 절반에 달한다는 사실을 잊어서는 안 된다. 그 정도 수치만으로도 지구는 거의 완벽에 가깝던 기후 안정성을 잃고 혼돈을 마주하기 직전에 이르렀다.

지금까지 다룬 내용은 모두 추측에 기반을 둔다. 하지만 각각의 요인(빙상의 붕괴, 북극의 메탄 방출, 알베도 효과)이 지닌 불확실성은 기후변화의 속도를 짐작하기 어렵게 만들 뿐 기후변화의 규모를 이해하는 데는 지장을 주지 않는다. 사실 우리는 이미 기후변화의 최종 단계에 바다가 어떤 모습일지 알고 있다. 그때까지 얼마가 걸릴지 모를 뿐이다.

해수면은 얼마까지 상승할까? 해양화학자 데이비드 아처David Archer는 지구온난화가 초래하는 '장기적 해빙기long thaw'가 정확히 어떤 영향을 미칠지 집중적으로 연구했다. 해빙 과정은 수백 년에서 수천 년까지 걸릴 수 있다. 하지만 기온이 3도만 증가하더라도 어쨌든 종래에 해수면은 최소한 50미터 상승할 것이다.[54] 파리협약 당시 2100년을 기준으로 했던 예상보다 100배 높은 수치다. 미국지질조사국U.S. Geological Survey에서는 해수면이 최종적으로 80미터 이상 높아질 수 있다고 예측하기도 했다.[55]

바다가 그만큼 범람하는 경우 세상은 굳이 따지면 알아볼 수는 있겠지만 실질적으로는 알아보지 못한다 하더라도 과언이 아니다. 일단 영국 런던은 물론 캐나다 몬트리올까지 거의 통째로 물에 잠긴다. 미국도 예외는 아니다. 해수면이 50미터만 높아지더라도 플로리다 주는 북서부 지역에 일부 언덕만 남긴 채 97퍼센트 이상이 사라진다. 델라웨어 주 역시 거의 97퍼센트가 물에 잠긴다. 루이지애나 주는 80퍼센트가, 뉴저지 주는 70퍼센트가, 사우스캐롤라이나, 로드아일랜드, 메릴랜드 주는 절반이 물에 뒤덮인다. 도시로 따지면 뉴욕, 필라델피아, 프로비던스, 휴스턴, 시애틀, 버지니아비치는 물론이고 샌프란시스코

와 새크라멘토까지 바다 아래에 가라앉는다. 곳곳에서 해변이 내륙 쪽으로 160킬로미터씩은 밀려들어 간다. 현재 내륙으로 둘러싸인 아칸소와 버몬트 주는 해안을 맞대게 된다.[56]

미국 이외의 지역에서는 상황이 더욱 심각하다. 브라질 아마조나스 주의 주도인 마나우스는 바다를 면하는 정도가 아니라 아예 바다 밑으로 가라앉는다. 아르헨티나의 부에노스아이레스나 현재 바다에서 800킬로미터 이상 떨어진 내륙에 위치한 파라과이 최대의 도시 아순시온 역시 마찬가지다. 유럽에서는 런던에 더해 더블린, 브뤼셀, 암스테르담, 코펜하겐, 스톡홀름, 리가, 헬싱키, 상트페테르부르크가 물속에 잠긴다. 이스탄불에 물이 차오르다 결국 흑해와 지중해가 만난다. 아시아에서는 도하, 두바이, 카라치, 콜카타, 뭄바이 등의 연안 도시들이 기억조차 나지 않을 수 있으며 지금으로서는 사막에 가까운 바그다드에서 내륙으로 160킬로미터 들어간 곳에 위치한 베이징까지 쭉 수중 도시 유적을 발견할 수도 있다.[57]

80미터의 해수면 상승은 결국 상한선을 예측한 것이기는 하지만 어쨌든 지구는 최종적으로 그런 결과를 맞이할 가능성이 꽤 높다. 어떤 인류 문명 세대가 물바다가 된 지구를 옆에서 지켜볼지는 그때 가서야 알 수 있겠지만 온실가스가 너무도 오랜 기간에 걸쳐 영향을 미치기 때문에 가능성 자체를 피할 수는 없다. 물론 가장 두려운 변수는 범람이 어느 정도나 빨리 실현될 것인가다. 아마도 1,000년은 걸리겠지만 어쩌면 훨씬 일찍 닥칠지도 모른다. 오늘날 이미 6억 명이 넘는 사람들이 해발 9미터 이내에서 살아가고 있다.[58]

4장

치솟는 산불

남부 캘리포니아에서 추수감사절과 성탄절 사이에 보통 우기가 시작된다. 하지만 2017년은 달랐다. 그해 가을에 캘리포니아를 휘저은 여러 산불 중 최악이었던 토머스Thomas 화재는 하루 만에 200제곱킬로미터 규모로 번졌으며 결국 1,140제곱킬로미터에 달하는 면적이 불타고 10만 명에 달하는 피난민이 발생했다.[1] 화재는 발화가 시작된 지 일주일 후, 마치 임상 용어로 설명하듯 냉담하게 표현하자면 단 '15퍼센트 진화'에 성공했을 뿐이다.[2] 좀 더 비유적으로 확장하자면 15퍼센트라는 수치는 기후변화가 토머스 산불을 전조로 온갖 환경재난을 퍼부을 때 인류가 어느 정도의 통제력을 가지고 대응할 수 있는지 꽤 잘 보여 준다. 그러니까, 거의 통제할 수 없다는 뜻이다.

작가 존 디디온Joan Didion은 1968년 에세이집《엉금엉금 베들레헴을 향해Slouching Towards Bethlehem》의 〈로스앤젤레스 비망록Los Angeles Notebook〉에서 "로스앤젤레스 본연의 모습은 바로 불타는 도시"라고 말한다.[3] 하지만 작품의 문화적인 영향력이 그리 강력하지 않았던지 2017년 가을 캘리포니아에 여러 차례 산불이 터지자 "생각지도 못한, 전례 없는, 상상을 뛰어넘는"처럼 경악이 담긴 형용사가 신문, TV, 문자 메시지 등에 반복적으로 등장했다. 디디온은 1956년 말리부, 1961년 벨에어, 1964년 샌타바버라, 1965년 와츠를 휩쓴 화재 사건에 대해서도 언급한다. 1989년에는 〈화재 철Fire Season〉을 통해 1968년, 1970년, 1975년, 1978년, 1979년, 1980년, 1982년에 발생한 화재 사건 역시 추가로 묘사하면서 이렇게 덧붙인다. "로스앤젤레스 카운티에서 화재 기록을 남기기 시작한 1919년 이래로 일부 지역에서는 화재가 여덟 차례 발생했다."

쭉 나열된 화재 기록은 한편으로는 산불이 지나치게 법석을 떨 일은 아니라는 생각이 들게 한다. 산불을 목격하는 사람마다 캘리포니아 특유의 과장된 재난 공포증에 사로잡힐 필요는 없을지도 모른다. 하지만 모든 화재가 똑같지는 않다. 캘리포니아 주에서는 역대 최악의 화재 20건 중 5건이 2017년 가을에 발생했다.[4] 2017년에는 그 밖에도 9,000건 이상의 개별 화재 사건이 발생해 124만 제곱킬로미터가 넘는 면적을 불태웠다.[5] 거의 5,000제곱킬로미터에 달하는 땅이 까맣게 그을었다는 뜻이다.

2017년 10월에 북부 캘리포니아에서는 단 이틀 만에 172건의 화재가 발생했다.[6] 화재가 어찌나 참혹하고 맹렬했던지, 불이 집을 집어삼키는 동안 수영장으로 피신할 수밖에 없었던 노부부 이야기가 지역

신문 두 군데에 실렸는데 각각 서로 다른 노부부 이야기를 다루는 기사였다. 한 부부는 목숨은 건졌지만 여섯 시간을 고통스럽게 버티다 나온 끝에 한 덩이 잿더미로 변한 그들의 집을 발견했을 뿐이었다.[7] 다른 부부는 남편만 생존했으며 55세인 아내는 남편의 품속에서 숨을 거두었다.[8] 미국인들이 당시 화재가 남기고 간 끔찍한 이야기들을 주고받다가 실수로 여러 이야기를 혼동하더라도 충분히 이해할 만했다. 한 달 전만 하더라도 기후에 대한 공포심이 온갖 형태로 변주된 이야기를 만들어 낼 만큼 광범위하게 퍼질 줄은 상상도 못 했을 테니까 말이다.

이듬해에 또다시 새롭게 변주된 이야기가 펼쳐졌다. 2018년 여름에 화재가 발생한 빈도는 총 6,000건 정도로 전년도보다 적었다. 하지만 여러 산불이 하나로 뭉쳐서 형성된 멘도시노 콤플렉스Mendocino Complex 화재 하나만으로 약 2,000제곱킬로미터가 소실됐다. 종합적으로는 캘리포니아 주에서 5,000제곱킬로미터 이상의 면적이 불에 탔으며[9] 화재로 발생한 연기가 거의 미국 절반을 뒤덮었다.[10] 북쪽의 캐나다 상황은 더욱 심각했다. 브리티시컬럼비아 주에서는 1만 2,000제곱킬로미터 이상이 소실됐으며 그 과정에서 발생한 연기는 과거 이동 패턴대로라면 대서양을 거쳐 유럽까지 날아갔을 것이다.[11] 한편 2018년 11월에는 피난민 17만 명을 초래한 울시 화재와 어떤 면에서는 그보다 심각했던 캠프 화재가 발생했다. 특히 캠프 산불은 500제곱킬로미터 이상을 불태웠으며, 한 지역에서는 도시 전체가 너무나도 순식간에 불타오른 탓에 피난민 5만 명이 부리나케 뛰어가면서 뒤로는 차가 폭발하고 아래로는 아스팔트에 운동화가 녹아내리는 광경을 목격할 수 있었다.

캠프 화재는 1933년 그리피스공원 화재 이후로 거의 한 세기 만에 캘리포니아 역사상 최악의 산불 기록을 경신했다.

이런 화재 사건들이 (적어도 캘리포니아 기준으로) '전례 없는' 사건이었다는 말은 어떤 의미일까? 9.11테러는 수십 년 전부터 세계무역센터를 바라보며 소름 끼치는 상상을 펼치던 미국인에게 크나큰 충격을 가져다줬다. 마찬가지로 최근 나타나는 전례 없는 수준의 재해는 겁에 질린 대중으로 하여금 기후재난을 두려워하며 내놓았던 예언이 바로 지금 실현되고 있다는 공포심을 불러일으킨다.

그 예언은 3중으로 되어 있었다. 우선 끔찍한 기후재난이 닥치리라는, 특히 화염 폭풍 수준의 걷잡을 수 없는 불길이 타오르리라는 막연한 묵시록적인 예감이 있었다. 다음은 특히 산불이 광범위한 규모로 확산되리라는 예상이었다. 이미 미국 서부 대다수 지역에서는 바람이 한번만 잘못 불어도 확인할 수 있는 모습이다. 하지만 불이 실현시킬 수 있는 가장 끔찍한 악몽은 역시 마지막, 기후재난이 우리에게 가장 중요한 요새인 도시까지 침범할지도 모른다는 생각이었다.

카트리나, 샌디, 하비, 어마, 마이클 같은 허리케인 때문에 미국인은 이미 홍수에 익숙해졌다. 하지만 물난리는 시작에 불과했다. 지난 수십 년 동안 서부의 부유한 도시에서는 기후변화에 깨어 있는 사람들조차 거리를 활보하고 도로를 질주하며 수많은 상점을 탐방하고 언제 어디서나 인터넷을 즐기면서 자신들이 자연의 영향력에서 벗어나는 데 성공했다고 믿고 있었다. 하지만 착각이었다. 마이크 데이비스 Mike Davis의 탁월한 혜안대로, 척박한 황무지 위에 세워진 꿈같은 도시 로스앤젤레스는 존재 자체가 억지에 가까웠다.[12] I-405(로스앤젤레스 광역 도시권 남서쪽 해안을 따라 이어진 주간 고속도로 제405호선 – 옮긴이) 8차선을 가로지른 불길은 로스앤젤레스가 얼마나 무리해서 세워진 도시인지 다시금 되새기도록 만들었다. 사실 이 도시를 지탱하기는 점점 더 어려워지고 있다.

잠깐이지만 우리는 인류 문명이 자연을 거스르며 나아가고 있다고, 다시 말해 불가능한 일을 가능하게 만들고 결국 안정된 일상으로까지 만들 수 있다고 믿었다. 하지만 기후변화와 함께 드러나는 사실은 우리가 오히려 혼돈스러운 자연을 향해, 그것도 이제껏 전혀 경험한 적이 없는 새로운 영역을 향해 나아간다는 점이다.

지금의 화재는 '불장난' 수준이 될 것이다

우리가 화재를 일상적인 일로 받아들이지 못하는 요인은 크게 두 가지다. 물론 둘 중 어느 쪽도 반길 만한 이유는 아니다. 첫째는 기후가 안정되기는커녕 더욱 극심한 변덕을 부릴 것이라는 점이다. 어쩌면 현재 캘리포니아 사람들의 악몽을 차지하는 화재 사건들이 불과 10년 내로 '낡은 일상'이 되어 버릴지도 모른다. '그때가 좋았지'라고 생각하게 될지도 모른다.

역시 산불과 관련된 둘째 요인은 기후변화가 마침내 가정집 근처로 다가왔다는 점이다. 그것도 아주 특별한 집 근처로 말이다. 2017년 캘리포니아 화재는 포도밭을 불태우고 호화로운 휴양 시설을 집어삼켰을 뿐만 아니라[13] 게티미술관Getty Museum과[14] 벨에어에 있는 루퍼트 머독Rupert Murdoch의 사유지 역시 위협했다. 미국 자본의 거만한 태도를 드러내는 데 그 둘만 한 상징물도 없다. 불이 근처로 번지기 시작하면서 생기발랄한 아이들의 꿈이 꽃피는 디즈니랜드에는 마치 종말이라도 알리듯 순식간에 하늘이 으스스한 주황빛으로 물들었다. 골프장에서는 서부 해안 지역의 부호들이 불과 몇 미터 밖에서 불길이 활활 타오르는데도 클럽을 휘두르면서 티타임을 즐기고 있었다. 그 모습이 담긴 사진을 보고 있자면 이보다 완벽하게 미국 재벌의 무신경한 태도를 꼬집어 낼 수는 없겠다는 생각이 든다. 이듬해에 미국인들은 카다시안Kardashian 가족이 산불을 피해 대피한다는 소식을 인스타그램으로 접했으며 그들이 개인 소방 요원을 고용했다는 기사 역시 확인할 수 있었다. 그들을 제외한 캘리포니아 주민은 모두 일당 1달러를 조건으로 강제 차출된 죄수에게 의존해야만 했다.

상대적으로 발전이 더딘 국가는 기후변화가 가하는 대대적인 피해를 이미 경험하는 반면 미국은 지리적 이점과 부의 힘 덕분에 기후변화의 공격을 '상당 부분' 막아 냈다. 하지만 '전부' 막지는 못했다. 이제 가장 부유하다는 사람들마저 지구온난화의 공격을 받고 있다. 이는 단지 진보주의자들에게 부자의 몰락을 보며 추접한 쾌감을 느낄 기회가 주어졌다는 사실 이상을 의미한다. 지구온난화가 이전 어느 때보다 강력하게 무차별적으로 날뛰기 시작했다는 사실을 보여 준다. 어느 순간 정신을 차리고 보니 다가올 미래에 대처하기가 훨씬 어려워져 있는 것이다.

어떤 미래가 다가오고 있을까? 훨씬 더 큰 화재가 훨씬 더 자주 훨씬 더 많은 땅을 불태울 것이다. 이미 미국 서부에서는 지난 50년 사이에 화재 철 기간이 2.5개월 증가했다.[15] 기록상 산불이 가장 활발하게 일어났던 연도 10개를 꼽으면 2000년 이후에만 9개가 존재한다. 세계적으로 보면 화재 철이 1979년 이후로 20퍼센트 가까이 증가했으며[16] 미국에서는 불에 탄 지면 면적이 1970년 이후로 2배 증가했다. 2050년까지 산불에 의한 피해는 다시 2배 증가할 것으로 예측되며 미국 일부 지역에서는 화재로 소실되는 면적이 5배까지 증가할 수 있다.[17] 수치는 기온이 추가로 1도 오를 때마다 4배씩 증가할 수 있다. 일반적인 예측대로 21세기 말까지 기온이 3도 상승하면 미국에서는 이미 1년에 4만 제곱킬로미터가 화재로 소실되는 지금보다도[18] 16배 더 큰 피해를 감당해야 한다는 뜻이다. 기온이 4도 상승하면 화재 철은 지금보다 4배 더 길어질 것이다. 캘리포니아 소방국장은 '화재 철'이라는 용어 자체가 시대에 뒤처진다며 2017년에 이렇게 말했다. "저희는 이제 '화재 철'이라고 부르지도 않습니다. '철'이라는 단어를 빼야죠. 화재가 연중 계속되거든요."[19]

그렇다고 산불이 미국만 겪는 고초는 아니다. 산불은 전 세계적인 유행이 돼 버렸다. 얼음으로 뒤덮인 그린란드에서는 2017년에 화재로 피해를 입은 면적이 2014년에 비해 10배 증가했다. 스웨덴에서는 2018년에 북극권에 속하는 산림 지역이 불에 타 사라졌다. 저 멀리 북쪽 지방에는 그리 많은 사람들이 살고 있지 않으므로 화재가 발생하더라도 상대적으로 위험해 보이지 않을 수 있다. 하지만 북쪽에서 발생하는 화재는 저위도에서 발생하는 화재에 비해 더 빠르게 확산되는 경향이 있으며, 기후학적으로도 전문가들의 염려를 불러일으키고 있다. 화재가 발산하는 검댕과 재가 육지에 내려앉아 빙상을 검게 만들면 빙상이 더 많은 햇빛을 흡수해 더 빨리 녹아내릴 수 있기 때문이다.[20] 한편 2018년에는 러시아와 핀란드 국경 지역에서 또 다른 북극권 화재가 발생했으며 시베리아 지역 산불에서 나온 연기가 그해 여름 미국 본토까지 넘어오기도 했다. 같은 달에 그리스에서는 21세기 역사상 두 번째로 치명적인 산불이 해안가를 덮쳐 99명의 목숨을 앗아갔다. 당시 어느 리조트에서는 휴양객 수십 명이 좁은 돌계단을 따라 에게해로 도망가던 도중 불길에 휩싸여 서로의 품에 안긴 채 죽음을 맞이했다.[21]

화재가 미치는 피해는 선형적으로 증가하거나 순수하게 독립적으로 더해지지 않는다. 그보다는 생태계에 새로운 피드백 시스템을 가동한다고 보는 편이 더 정확하다. 앞으로 날씨가 한층 더 건조해지면서 캘리포니아에는 메마른 덤불 지대가 형성되고 그만큼 더욱 심각한 화재가 빈번해질 수밖에 없겠지만 과학자들은 그와 동시에 전례 없는 수준의 폭우가 발생할 가능성도 높아질 것이라고 경고한다. 구체적으로는 1862년 캘리포니아 대홍수 수준의 재해가 3배나 증가하리라 전망한다.[22]

앞으로 맞이하게 될 참상이 어떤 모습일지 가장 선명하게 보여 주는 요소 중에는 산사태가 있다. 예컨대 1862년 1월 샌타바버라에서는 산비탈을 따라 끝없는 황토색 강을 이룬 흙모래가 바다까지 흘러내리는 과정에서 지대가 낮은 집을 마구 두들겨 부수는 장면을 볼 수 있었다. 당시 어떤 집에서는 겁에 질린 아버지가 어린 자녀를 부엌으로 데리고 가서 집에서 가장 튼튼한 곳이라고 생각했던 대리석 조리대 위에 올려놓았는데 얼마 뒤 웬 바위 하나가 조금 전까지만 해도 자녀들이 있었던 침실을 박살내고 지나가는 모습을 보았다. 한 유치원생 아이는 집에서 3킬로미터 떨어진 곳에서 사망한 채로 발견되기도 했다. 아마도 이류에 휘말렸다가 해안가 근처 철로가 지나간 자리에 만들어진 도랑 속까지 떠내려간 것으로 보인다. 자그마치 3킬로미터를 말이다.

세계적으로 매년 26만 명에서 60만 명에 이르는 사람들이 산불에서 발생한 연기 때문에 사망한다.[23] 또한 캐나다에서 발생한 화재는 멀게는 미국 동부 해안 지역까지 사람들의 입원율을 치솟게 만든다고 알려져 있다.[24] 콜로라도에서는 2002년 산불에서 발생한 낙진만으로 식수가 여러 해에 걸쳐 오염되기도 했다. 2014년 캐나다에서는 산불에서 발생한 연기가 노스웨스트 준주를 뒤덮은 결과 호흡기 질환으로 내원하는 경우가 42퍼센트 증가했으며[25] 한 연구에 따르면 개인의 복지에도 '심각한' 부정적 영향을 초래했다. 해당 연구의 수석 연구원은 이렇게 밝혔다. "사람들이 느낀 가장 강력한 감정은 고립감이었다. 빠져나갈 수 없다는 감정이 느껴졌다. 어디를 갈 수 있겠나? 사방이 연기로 가득한데."[26]

엎친 데 덮친 격으로 폭발하는 탄소

자연적인 과정에 의해, 산불에 의해, 인간의 손에 의해 나무가 죽음에 이르면 나무속에 들어 있던 이산화탄소가 때로는 여러 세기에 걸쳐 대기로 배출된다. 따라서 죽은 나무는 석탄과 같다고 할 수 있다. 이런 이유 때문에 기후변화가 촉발하는 피드백 시스템 중에서도 산불이 탄소배출량에 미치는 영향은 특히 무시무시하다. 세계 곳곳에 존재하는 숲들이 전형적인 탄소 흡수원에서 탄소 공급원으로 뒤바뀌어 저장하고 있던 온실가스를 내뿜는다. 특히 산불이 이탄 지대에 형성된 숲을 불태우는 경우 극심한 결과가 초래된다. 예를 들어 1997년에 인도네시아의 이탄 지대에서 발생한 화재에서는 이산화탄소가 무려 26억 톤 방출됐다.[27] 이는 전 세계 연평균 탄소배출량의 40퍼센트에 달하는 수치였다. 게다가 화재가 발생할수록 기온은 더 상승하고 기온이 상승할수록 화재는 더 자주 발생한다. 캘리포니아 주에서는 1년 내내 공격적인 환경 정책을 펼쳐 탄소배출량을 삭감하더라도 산불 한 번이면 노력이 전부 물거품이 될 수 있다.[28] 최근에는 그 정도 규모의 산불이 매년 발생하는 추세다. 마치 산불이 탄소배출량을 감축해 사회를 개선할 수 있다고 믿는 기술 관료의 노력을 비웃는 것만 같다. 아마존에서는 이미 2010년에 '100년에 한 번 닥칠 법한 가뭄'이 5년 만에 다시 닥쳤으며[29] 2017년에는 화재가 10만 건 발생했다.

현재 지구상에 존재하는 모든 산림 지역 가운데 아마존 열대우림이 매년 흡수하는 이산화탄소 양은 4분의 1에 해당한다.[30] 하지만 2018년에 브라질에서는 자이르 보우소나르Jair Bolsonaro가 아마존 열대우림 개발을, 다시 말해 산림 파괴를 용인하겠다는 공약을 내세우며 대통령으로 당선됐다. 한 사람의 행동으로 지구가 얼마나 되는 피해를 입을 수 있을까? 한 브라질 연구진은 2021년에서 2030년 사이에 보우소나르 대통령의 산림 개발 정책으로 13.12기가톤에 달하는 이산화탄소가 방출될 수 있다고 추산한다.[31] 작년에 미국에서 배출된 탄소량이 약 5기가톤이었다. 수많은 비행기, 자동차, 발전소를 끊임없이 가동하는 미국 경제가 매년 전 세계 탄소배출량에 미치는 영향보다 정책 하나가 미치는 영향이 2~3배 더 클 수 있다는 뜻이다. 물론 최악의 탄소 배출

국가는 단연 중국이다. 2017년에 중국에서 배출된 탄소량은 9.1기가톤이었다. 다시 말해 보우소나르 대통령의 정책은 전 세계 화석연료 문제에 심각성을 더하는 면에서 단 1년치라고는 하지만 중국에 미국을 합쳐 놓은 영향력을 발휘할 수 있다.

전 세계 탄소배출량의 약 12퍼센트는 산림 파괴가 원인이며[32] 약 25퍼센트는 산불이 원인이다.[33] 불과 30년 사이에 메탄을 흡수하는 산림 토양의 능력은 77퍼센트나 감소했다.[34] 일부 전문가들은 설령 화석연료 사용을 즉시 중단하더라도 열대우림이 파괴되는 속도에 따라 기온이 1.5도까지 추가로 상승할 수 있다고 판단한다.[35]

역사적으로 산림 파괴에 의한 탄소 배출 비중은 훨씬 높았다. 1861년에서 2000년까지 산림 벌채와 개간으로 초래된 탄소배출량은 전체 탄소배출량의 30퍼센트에 달했다.[36] 1980년 이전에는 직접적인 온실가스 배출보다 산림 파괴가 최고기온 기록을 경신하는 면에서 훨씬 큰 역할을 했다. 물론 산림 파괴는 공중 보건에도 악영향을 미친다. 예컨대 산림이 1제곱킬로미터 파괴될 때마다 '매개 확산vector proliferation' 현상 때문에 말라리아 발병 건수가 평균 27건 늘어난다.[37] 나무가 잘려 나가면 그만큼 해충이 몰려드는 것이다.

이런 피드백 시스템은 산불이 초래하는 현상만은 아니다. 모든 기후재난이 그처럼 악랄한 피드백 현상을 불러일으킬 수 있다. 산불만으로도 공포를 느끼기에 충분하지만 기후변화가 진정으로 잔혹한 이유는 바로 기후재난이 초래하는 연쇄적인 혼돈 때문이다. 기후변화는 우리가 평생토록 안정적이라고 생각했던 모든 것을 격렬하게 뒤집어 놓을 것이다. 집은 무기로, 도로는 죽음을 부르는 덫으로, 공기는 독약으로 바뀔 것이다. 사업가와 관광객이 여러 세대에 걸쳐 휴양 단지를 구축해 놓은 목가적인 산림 지대는 그 자체가 무차별적인 살인마로 뒤바뀔 것이다. 끊임없이 재난이 닥쳐 불안정해질수록 더욱 무시무시한 살인마로 변할 것이다.

The Uninhabitable Earth

5장

'날씨'가 되어버릴 재난들

예전부터 인간은 날씨를 지켜보면서 미래를 예측하고는 했다. 하지만 앞으로는 날씨의 분노를 지켜보면서 과거의 업보를 기억하게 될 것이다. 기온이 4도 증가한 세계에서는 지구환경 곳곳에서 수많은 자연재해가 들끓다 보니 사람들이 자연재해를 그냥 '날씨'라고 부를 것이다. 통제 불능의 태풍, 토네이도, 홍수, 가뭄 등 예전 같았으면 문명을 통째로 무너뜨렸을 법한 기후재난 사건이 일상적으로 지구를 공격할 것이다. 강력한 허리케인이 더 자주 닥치며 그때마다 이를 분류하기 위해 새로운 범주를 마련해야 할 것이다. 토네이도 역시 더 자주 닥치며[1] 토네이도가 휩쓸고 간 흔적은 길이나 폭이나 더욱 거대해질 것이다.[2] 지금보다 4배는 더 큰 우박이 떨어질 것이다.

초기 박물학자들은 웅장한 협곡이나 기반암을 살펴볼 때 많은 사람들이 떠올리는 자연이 어마어마하게 느리다는 인식, 즉 '심오한 시간deep time' 개념에 관해 자주 언급했다. 하지만 역사가 가속화되면서 그 인식에도 변화가 생겼다. 오늘날 우리가 경험하게 될 상황은 과거 빅토리아시대의 인류학자들이 호주 원주민에게 들었던 '꿈의 시간dreamtime' 혹은 '편재하는 시간everywhen' 개념과 흡사하다. 호주 원주민에게 꿈의 시간이란 그들의 선조, 영웅, 반신반인이 서사 무대를 장악하던 머나먼 과거를 현재 시점으로 마주하는 반신화적인 경험을 가리킨다. 우리 역시 빙산이 바닷속으로 무너져 내리는 장면을 볼 때면 그와 비슷한 느낌, 즉 역사가 한순간에 펼쳐진다는 느낌을 받는다.

단지 느낌이 아니라 현실이다. 2017년 여름 북반구에서는 이제껏 본 적 없는 기상이변 현상이 나타났다. 대서양에서는 대형 허리케인이 짧은 시간 내에 세 차례나 연달아 발생했다.[3] 휴스턴에서는 허리케인 하비가 초래한 '50만 년에 한 번' 겪을 법한 폭우가 텍사스 주민 한 사람당 378만 리터에 해당하는 물을 퍼부었다.[4] 캘리포니아에서는 9,000건의 화재가 발생해 4,000제곱킬로미터 이상의 토지를 불태웠고 그린란드에서는 2014년에 비해 화재 피해 규모가 10배 더 컸다. 남아시아에서는 여러 차례의 홍수가 일어나 4,500만 명에 달하는 사람에게서 집을 앗아갔다.

하지만 그마저도 2018년 여름 앞에서는 소박해 보이는 수준이었다. 2018년 여름 전 세계에 닥친 듣도 보도 못한 폭염에 로스앤젤레스는 42도를, 파키스탄은 50도를, 알제리는 51도를 기록했다.[5] 바다에서는 총 여섯 개의 허리케인과 열대 폭풍이 동시에 레이더에 잡히기도 했다. 그중 태풍 망쿳은 필리핀과 홍콩을 차례로 휩쓸면서 약

100명의 사망자와 10억 달러의 피해를 초래했으며 허리케인 플로렌스는 노스캐롤라이나 연평균 강수량을 2배 이상으로 늘린 폭우를 가져와 50명 이상의 사망자와 170억 달러에 달하는 피해를 초래했다. 스웨덴부터 북극권을 쭉 포함해 미국 서부 상당 지역까지 수많은 산불이 발생해 대륙의 절반이 연기로 고생했으며 6,000제곱킬로미터에 달하는 면적이 전소됐다. 요세미티국립공원은 물론 최고기온이 37.7도까지 치솟은 글레이셔국립공원 역시 일부 지역을 폐쇄해야 했다. 글레이셔국립공원에는 1850년만 하더라도 빙하가 150개 존재했으나 모두 녹아내려 2016년 기준 26개만 남은 상태다.[6]

'500년에 한 번' 있을 법한 재난에 익숙해진다

2040년 즈음에는 2018년 여름마저 평범해 보일 것이다. 하지만 이상기후는 단지 익숙해지는 것으로 끝나지 않는다. 이는 기후재난의 경계가 점점 더 나쁜 쪽으로 확장된다는 포효와도 같다. 다시 말해 급격한 기후변화가 정말 무시무시한 이유는 전 인류의 일상이 바뀌기 때문은 아니다(물론 우리 일상은 완전히 뒤집힐 것이다). 한때 생각지도 못했던 특수한 재난이 훨씬 자주 일어나고 완전히 새로운 범주의 재난이 벌어질 수 있는 일로 변하기 때문이다. 유럽과학자문위원회에 따르면 1980년 이후로 폭풍 발생 빈도는 벌써 2배 증가했다.[7] 앞으로 뉴욕에는 '500년에 한 번' 있을 법한 홍수가 25년마다 닥칠 것으로 예상된다.[8] 게다가 해수면 상승 문제가 더욱 극심한 지역이 존재하므로 폭풍해일의 분포는 지역에 따라 불균등하게 나타날 수 있다. 어떤 지역에

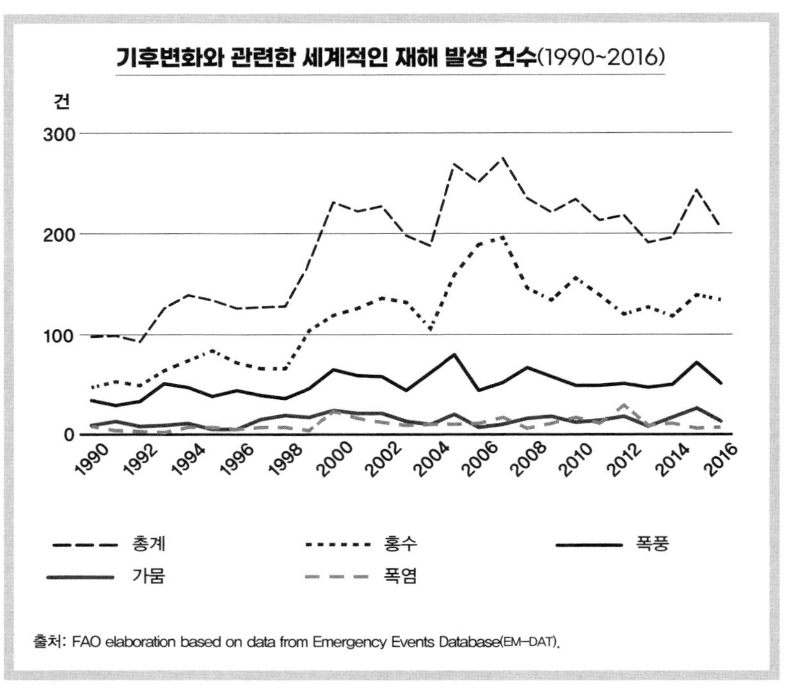

서는 대형 폭풍이 훨씬 자주 닥칠 수 있다는 뜻이다. 결과적으로 인류는 극심한 이상기후를 훨씬 짧은 주기로 경험할 것이다. 수백수천 년에 한 번 겪었을 자연재해를 10~20년에 한 번꼴로 겪는 것이다. 한 차례 허리케인에 아예 수중으로 가라앉았던 하와이 이스트아일랜드는 비슷한 재난을 하루 이틀에 한 번꼴로 겪게 될 것이다.

기후변화가 극심한 강우 현상(폭우라거나 '물 폭탄'이라고도 불리는 현상)에 미치는 영향은 허리케인에 미치는 영향보다도 뚜렷하게 나타날 것이다. 뜨거운 공기가 차가운 공기보다 더 많은 습기를 저장할 수 있다는 단순하고 직접적인 원리가 적용되기 때문이다. 이미 미국에서는 극심한 호우가 20세기 중반에 비해 40퍼센트 더 자주 발생한다.[9] 북동부 지역으로 특정하면 수치는 71퍼센트에 이른다.[10] 가장 극심한 폭우끼리 비교하면 규모 역시 1958년에 비해 4분의 3 증가했으며 앞으로 더욱 심각해질 전망이다. 지구상에서 가장 습한 지역 중 하나인 하와이의 카우아이 섬은 최근 수십 년 동안 여러 차례의 쓰나미와 허리케인을 견뎌야 했다.[11] 2018년 4월 카우아이 섬에 기후변화가 유발한 폭우가 닥쳤을 때는 말 그대로 우량계가 터지는 바람에 미국기상청에서 강수량을 예측하는 수밖에 없었다. 기상청에서 내놓은 일일 강수량 예측치는 무려 1,270밀리미터였다.

이상기후에 관해 논하자면 우리는 이미 이례적인 시대를 살아가고 있다. 미국에서는 일상적인(유별나지 않은) 뇌우로 입는 피해가 1980년대 이후로 7배 이상 증가했다.[12] 폭풍으로 정전 사고가 발생하는 빈도는 2003년 이후로 2배 증가했다. 허리케인 어마Irma가 처음 출현했을 때 그 강도가 너무나 강력해서 일부 기상학자들은 아예 새로운 허리케인 분류 등급인 6등급을 만들어야 한다고 제안하기도 했다.[13] 일주일도 채 지나지 않아 허리케인 마리아Maria가 등장해 카리브해를 휩쓸고 지나가면서 수많은 섬을 다시 한번 쑥대밭으로 만들어 놓았다. 어마와 마리아 급의 허리케인이 카리브해 섬에 닥치는 경우는 평생에 한 번 볼 법한 일인데 일주일 만에 두 번이나 닥친 것이다. 푸에르토리코에서는 마리아 때문에 곳곳에서 여러 달 동안 전기와 수돗물 공급이 끊겼으며 농경지가 극심한 침수 피해를 입은 탓에 어떤 농부는 이듬해에 섬 전체에서 식량 생산이 아예 불가능하리라고 예측했다.[14]

한편 마리아가 휩쓸고 간 뒤에는 기후변화에 대한 사람들의 무지가 더욱 추한 방식으로 드러났다. 푸에르토리코 사람들은 미국 시민이며 본토에서 그리 멀리 떨어지지 않아 수많은 본토 사람이 찾아가기도 하는 섬에서 살고 있다. 그럼에도 푸에르토리코에 기후재난이 닥칠 때면 미국인은 심리적인 안정을 얻고 싶어서인지 푸에르토리코 사람들의 고통을 멀리 떨어진 이방인의 고통처럼 받아들인다. 허리케인 마리아가 지나간 다음 주에 트럼프 대통령은 푸에르토리코를 거의 언급도 하지 않았다. 그건 그리 놀랄 일이 아니라지만 일요일 토크쇼에서도 언급이 없기는 마찬가지였다. 마리아가 지나간 지 며칠 뒤 주말에 《뉴욕타임스The New York Times》에서도 1면 기사로 다뤄지지는 않았다. 산후안 시장과 설전을 벌이고 전기도 물도 없는 사람들에게 마치 농구 경기 후에 티셔츠를 던지듯 두루마리 휴지를 던져 주는 등 트럼프가 푸에르토리코를 방문하면서 벌인 행동이 여러 논란을 낳자 허리케인 마리아는 당파적인 이슈로 떠올랐고 그제야 미국인은 푸에르토리코가 겪은 참상에 조금 더 관심을 기울이기 시작했다. 하지만 그들이 기울인 관심은 사람들이 겪은 희생에 비하면 여전히 미미했다. 자연재해가 최근 미국 본토를 습격했을 때 보인 반응과 비교하더라도 미미했다. 뉴스쿨New School 소속의 문화이론가 매켄지 와크McKenzie Wark는 이렇게 서술한다. "우리는 우리 지배층이 인류세의 늘어나는 재해에 어떤 식으로 대처하고자 하는지 조금씩 힌트를 얻고 있다. … 우리는 혼자 힘으로 살아남아야 한다."[15]

한때 이례적인 사건처럼 보였던 모든 재난은 앞으로 순식간에 일상으로 뒤바뀔 것이다. 허리케인 샌디Sandy를 기억하나? 2100년쯤에는 뉴욕에서 그만한 홍수가 17배 더 자주 발생할 것이다.[16] 카트리나Katrina

수준의 허리케인이 2배 더 자주 발생할 것이다.[17] 세계적으로 보자면 기온이 단 1도 증가하더라도 4~5등급 허리케인은 25~30퍼센트 증가한다고 알려져 있다.[18] 필리핀에는 2006년에서 2013년 사이에만 자연재해가 75번 닥쳤다.[19] 아시아에서는 지난 40년에 걸쳐 태풍의 평균 위력이 12~15퍼센트 강해졌으며 4~5등급 태풍이 차지하는 비율이 2배 증가했다. 3배 증가한 지역도 일부 존재한다.[20] 아시아 거대도시가 태풍으로 입는 자산 피해 규모는 2005년 기준으로 3조 달러였던 것이 2070년경에 35조 달러까지 치솟을 수 있다.[21]

현재 우리는 이런 폭풍에 충분한 대비책을 마련하기는커녕 폭풍이 지나가는 경로를 향해 끊임없이 뻗어 나가고 있다. 마치 여러 세대를 자연재해로 고통받게 만드는 것이 인생 목표인 사람처럼 토네이도가 여름마다 휩쓸고 가는 지역에 정착하겠다고 소유권을 주장하는 셈이다. 사실 현실은 더욱 심각하다. 휴스턴이나 뉴올리언스에서 그랬던 것처럼 기반이 취약한 해안 지역을 간척해 덮어 버리는 경우 콘크리트가 자연적인 배수 시스템을 틀어막아 홍수 규모를 확장시키기 때문이다. 우리는 때때로 습지까지 메우면서 스스로가 육지를 '개발'하고 있다고 착각한다. 하지만 실제로는 고난을 연결하는 다리를 세우는 것이나 마찬가지다. 간척 후에는 습지 바로 위에 콘크리트로 쌓아 올린 새로운 공동체뿐만 아니라 과거에 습지가 범람을 막아 주리라 기대하면서 쌓아 올렸던 기존 공동체 역시 재난에 취약해지기 때문이다. 인류세를 살아가는 우리가 '자연재해'라고 부르는 재해가 순전히 자연재해인지 의문이 드는 대목이다.

이상기후는 해변에서 멈추지 않을 것이다. 해안가에서 얼마나 떨어져 있든 지구 곳곳에 있는 모든 인간의 삶에 그림자를 드리울 것이다. 예컨대 북극의 기온이 높아질수록 북위도 지역에서는 폭설이 더욱 심각해진다.[22] 이 때문에 미국 북동부에 2010년에는 '스노포칼립스snowpocalypse'가, 2014년에는 '스노마겟돈snowmageddon'이, 2016년에는 '스노질라snowzilla'가 닥쳤던 것이다.

기후변화가 내륙에 미치는 영향은 따뜻한 계절에도 나타난다. 2011년 미국에서는 4월 한 달에만 758개의 토네이도가 시골 지역을 휩쓸고 지나갔다.[23] 2010년 4월에는 단 267개였고 역대 4월 최고 기록 역시 542개였다. 5월에도 토네이도가 한 차례 몰려왔고 그중 미주리 주 조플린을 덮친 토네이도는 138명의 목숨을 앗아갔다. 미국에서 '토네이도 통행로Tornado Alley'라고 불리는 지역은 불과 30년 사이에 800킬로미터나 이동했으며 비록 기후변화가 정말로 토네이도 형성을 돕는지 엄밀히 밝혀진 바는 없지만 토네이도가 파괴하고 지나가는 흔적이 점점 더 길어지고 넓어진다는 사실은 분명해 보인다. 또 토네이도는 뇌우에서 기인하는데 뇌우가 발생하는 빈도 자체도 증가하고 있다. 한 추산에 따르면 뇌우가 형성될 수 있는 날수는 2100년까지 40퍼센트 증가할 것이다.[24] 미국지질조사국(기질적으로 보수적이라고 평가받는 연방 관료 조직 중에서도 딱히 기후변화에 민감하지 않은 기관)은 최근 '아크스톰ARkStorm'이라는 이상기후 시나리오를 가지고 모의 훈련을 벌이기도 했다. 시나리오는 이렇다. 우선 여러 차례의 겨울 폭풍이 캘리포니아를 강타한다. 그러면 센트럴밸리에 길이 480킬로미터에 너비 32킬로미터 규모의 홍수가 발생하고 로스앤젤레스, 오렌지카운티, 샌프란시스코 만안 북부 지역에도 파괴적인 홍수가 발생해 캘리포니아 주민 총 100만 명 이상이 대피해야 한다. 대다수 지역에서는 적어도 시속 96킬로미터에 달하는 강풍이, 일부 지역에서는 시속 200킬로미터라는 허리케인 수준의 강풍이 몰아친다. 시에라네바다산맥에서는 산사태로 토사가 쏟아져 내린다. 예상 피해 규모는 총 7,250억 달러로 '빅원Big One'이라는 캘리포니아 대지진 시나리오의 약 3배에 달한다.[25]

예전에 아니 얼마 전까지만 하더라도 이런 종류의 재해가 닥칠 때면 사람들은 초월적인 힘이나 불가해한 도덕적 인과율이 작용한 결과라고 생각했다. 레이더나 위성으로 이례적인 재해가 닥치는 광경을 확인할 수는 있었지만 각각의 재해를 서로 관련지어서 제대로 이해할 만큼 또렷이 해석하지는 못했다. 무신론자나 불가지론자마저 허리케인이나 산불, 토네이도가 휩쓸고 간 자리를 보면서 자기도 모르게 '천벌'이라는 표현을 내뱉고는 했다. 마치 재난을 탓할 만한 장본인을 설정하지 않고는 인류가 그런 고통을 감내해야 한다는 사실을 받아들이지 못하는 듯했다. 하지만 기후변화가 전부 바꿔 놓을 것이다.

점점 가로막히는 재건과 회복 기간

자연재해를 미래 기후의 일상적인 특징으로 여기는 데 익숙해진다고 해서 자연재해가 초래하는 파멸과 참상의 범위가 줄어들지는 않는다. 게다가 이상기후 역시 연쇄적인 피해를 초래할 수 있다. 예를 들어 텍사스 주에서는 허리케인 하비를 앞두고 손상을 방지하기 위해 휴스턴에 있는 대기오염 측정기를 모두 가동 중단해야 했다. 바로 얼마 뒤에는 '견디기 힘든' 악취를 풍기는 연기구름이 휴스턴의 석유화학 공장 단지에서 뿜어져 나와 대기를 떠돌아다니기 시작했다.[26] 어느 석유화학 공장에서는 약 19억 리터에 달하는 산업 폐수가 쏟아져 나와 갤버스턴 만으로 흘러 들어갔다.[27] 종합하자면 휘발유 174만 리터, 원유 2만 3,600킬로그램이 유출되고 염화수소(수분과 섞이면 염산으로 변해 '화상, 질식, 죽음을 초래할 수 있는' 기체)가 400미터 너비로 쏟아져 나오는 등 단 한 번의 허리케인으로 약 100여 건의 유독성 물질 유출 사고가 발생했다.

뉴올리언스 해안은 하비의 공격을 직격으로 맞지는 않았다. 하지만 뉴올리언스는 이미 8월 5일자 폭풍이 닥친 이후 배수펌프조차 온전히 보강하지 못한 무방비 상태의 도시였다.[28] 2005년에 카트리나가 강타했을 때도 뉴올리언스는 번영하던 도시가 아니었다. 뉴올리언스의 2000년도 인구는 48만 명으로 1960년도에 60만 명을 찍은 뒤 하락하고 있었다.[29] 카트리나가 지나간 뒤에는 23만 명까지 떨어졌다.[30] 하지만 휴스턴은 경우가 달랐다. 휴스턴은 2017년에 미국에서 가장 빠르게 성장하는 도시 중 하나였으며[31] 도시권 내에 가장 빠르게 성장하는 교외 지역 역시 포함했던 만큼[32] 뉴올리언스보다 인구가 5배 이상 많았다.[33] 하비가 지나갈 자리에 수십 년 전부터 수많은 사람들이 이사해 들어온 이유가 기후변화에 대한 대중의 이해를 약화시키고 탄소배출량을 줄이려는 세계적인 움직임을 무산시키려 부단히 애써 온 석유산업 때문이라는 점은 참으로 비극적인 아이러니다.[34] 한 전문가는 석유회사 근로자들이 은퇴하기 전에 보게 될 500년짜리 폭풍이 하비가 마지막이 아닐 것이라고 추측한다. 휴스턴 해안가에 나가 있는 수백 대의 석유 굴착기나 멕시코 연안 곳곳에서 출렁대는 1,000여 대의 석유 굴착기 입장에서도 마지막은 아니다. 우리가 배출한 온실가스의 대가가 잔혹할 만큼 톡톡히 나타나서 결국 굴착기를 모두 회수하기 전까지 수많은 폭풍을 경험하게 될 것이다.

'500년에 한 번 나타날 폭풍'이라는 표현은 복원력 문제를 설명하는 데도 도움이 된다. 고난에 짓눌려 아무리 황폐해진 공동체라 할지라도 재산이 풍부하고 정치적으로 안정되어 있다면 100년에 한 번, 무리해서 50년에 한 번꼴로 재건을 해야 하는 상황이라도 오랜 회복기간을 버텨낼 수 있다. 하지만 10~20년에 한 번꼴로 극심한 폭풍이 닥쳐서 10년 만에 재건을 해야 한다면 미국만큼 부유한 국가나 휴스턴 도시권만큼 잘사는 지역이라 할지라도 완전히 다른 문제가 된다. 뉴올리언스는 카트리나의 여파로 10여 년이 넘도록 비틀거리고 있으며 로워나인스워드 같은 동네는 카트리나를 겪기 전에 비해 인구가 3분의 1도 채 안 된다.[35] 루이지애나 해안 지대를 바다가 통째로 집어삼켜[36] 이미 5,000제곱킬로미터에 달하는 면적이 사라졌다는 사실도 전혀 도움이 되지 않는다.[37] 루이지애나 주는 축구 경기장만 한 면적을 매시간마다 잃어버리고 있다. 플로리다키스 제도에서는 고도를 해수면보다 높이 유지하기 위해 들어 올려야 하는 도로가 240킬로미터 존재하며 공사비는 1킬로미터에 410만 달러로 총 10억 달러에 달한다. 하지만 2018년도 도로 건설 예산은 2,500만 달러에 불과했다.[38]

카트리나, 어마, 하비 같은 폭풍이 점점 더 자주 불어닥치면 빈곤국 입장에서는 재기가 거의 불가능할 것이다. 많은 경우 최선의 선택지는 무작정 떠나는 것이다. 허리케인 마리아가 푸에르토리코를 박살내고 몇 달이 지난 뒤 주민 수천 명이 영영 거처를 옮길 작정으로 플로리다로 건너왔다.[39] 물론 플로리다 역시 사라지고 있는 중이다.

6장

갈증과 가뭄

지표면의 71퍼센트는 물로 덮여 있다.[1] 그중 2퍼센트 남짓이 맑은 물이며 대부분은 빙하 속에 갇혀 있기 때문에 다시 그중 1퍼센트만이 인간이 이용할 수 있는 물이다.[2] 《내셔널지오그래픽National Geographic》에서 추산하듯 궁극적으로는 지구상에 존재하는 물 가운데 0.007퍼센트만이 70억 인구를 먹이고 지탱하는 데 사용될 수 있다는 뜻이다.[3]

신선한 물이 부족한 상황을 떠올리면 목이 간질간질한 느낌이 들 것이다. 하지만 몸에 수분을 공급하는 일은 우리에게 물이 필요한 이유 중 일부에 지나지 않는다. 세계적으로 담수 70~80퍼센트는 식품 생산 및 농업에 사용되며 추가로 10~20퍼센트는 공업에 사용된다.[4] 현재 담수 부족 문제가 발생하는 주된 요인이 기후변화는 아니다. 믿기 힘들겠지만 바로 그 0.007퍼센트만으로도 지금 존재하는 70억 명은 물론 90억 명, 어쩌면 그 이상까지도 감당할 수 있기 때문이다. 물론 세계 인구는 21세기 내로 90억 명을 지나 100억 명, 어쩌면 120억 명에 이를 것이다. 인구 성장률이 높은 지역이 대개 식량 부족 문제가 심각한 지역이듯 인구 성장은 물 부족으로 극심한 압박을 겪는 아프리카 도시 지역에서 두드러지게 나타날 것으로 보인다. 이미 수많은 아프리카 국가에서 서민은 고작 20리터의 물로 하루를 연명한다.[5] 수자원 평가 조직에서 공중 보건에 필수라고 판단하는 물의 양에서 절반이 채 되지 않는다.[6] 불과 2030년만 되더라도 전 세계 물 수요량은 공급량을 40퍼센트 격차로 앞지르리라 예상된다.[7]

오늘날 물 부족 위기는 정치적인 문제에 가깝다. 다시 말해 불가피하거나 필연적이거나 역량을 넘어서는 문제가 아니라 인간이 편의상 선택한 문제라는 뜻이다. 물 부족 문제가 기후변화 이야기만큼이나 끔찍한 이유도 바로 이 때문이다. 실제로는 자원이 풍족한데도 정부의 태만과 무관심, 부실한 기반 시설, 수질오염, 무분별한 도시화와 개발 때문에 자원이 부족해진 것이다. 우리는 물 부족 위기를 반드시 겪을 필요가 없음에도 어쨌든 겪게 됐고 위기에 대처하기 위해 충분한 조처를 취하지도 않는다. 일부 도시에서는 각 가정에 전달되는 물의 양보다 중간에 누출되는 물의 양이 더 많은 경우도 있다. 심지어 미국조차 누수나 절도로 손실되는 담수 양이 약 16퍼센트에 달하는 것으로 추정된다.[8] 브라질에서는 40퍼센트로 추정된다.[9] 여느 곳과 마찬가지로 미국과 브라질에서도 물 부족 문제가 빈부 격차에 따라 너무나 노골적으로 드러나기 때문에 '자원 경쟁'이라는 말을 붙이기도 민망할 지경이다. 애초에 주어진 상황이 너무나 불공정하기 때문에 물 부족 현상 자체가 불평등을 드러내는 수단처럼 보인다.[10] 그 결과 전 세계적으로 21억 명이 안전하지 않은 식수에 노출되며[11] 45억 명이 안전하게 관리되지 않은 물로 위생 관리를 하고 있다.[12]

지구온난화 문제와 마찬가지로 물 부족 위기 역시 현재로서는 해결 가능한 상태다. 하지만 0.007퍼센트라는 수치로는 여유가 몹시 부족하며 기후변화는 그마저도 갉아먹을 것이다. 세계 인구 절반은 고도가 높은 지역의 눈이나 얼음이 계절에 따라 녹아내리면서 나오는 수분에 의존하나[13] 지구온난화 때문에 눈이나 얼음의 축적량 자체가 심각한 위협을 받고 있다. 파리기후협약에서 정한 목표를 달성하더라도 히말라야산맥에 존재하는 빙하는 2100년까지 40퍼센트 이상 줄어들 것이며[14] 페루와 캘리포니아에서는 빙하가 녹아내리는 탓에 물 부족 현상이 널리 퍼질 수 있다. 기온이 4도 증가하면 얼음 모자를 쓰고 있던 알프스산맥은 21세기 말까지 눈이 70퍼센트 이상 녹아[15] 모로코의 아틀라스산맥처럼 바뀔 것이다.[16] 2020년만 되더라도 아프리카에서는 2억 5,000만 명에 달하는 사람이 기후변화에 의한 물 부족 문제를 겪을 것이며[17] 2050년 즈음에는 아시아에서만 그 수치가 10억 명에 달할 것이다.[18] 세계은행에서 추산하기로는 2050년에 세계 곳곳의 도시에서 이용 가능한 담수의 양은 현재보다 3분의 2나 줄어들 수 있다.[19] 유엔 보고에 따르면 전 세계적으로는 2050년에 약 50억 명의 사람이 신선한 물을 충분히 이용하지 못할 것이다.[20]

미국이라고 예외는 아니다. 예를 들어 신흥도시인 피닉스는 이미 물 부족에 대비해 비상 계획을 수립하는 단계에 들어갔다.[21] 영국의 런던마저 물 부족을 걱정하기 시작했다는 점을 고려한다면 놀랄 일도 아니다.[22] 그럼에도 미국은 방대한 부에 힘입어 임시방편을 마련하거나 단기적인 수자원을 공급받을 수 있는 만큼 가장 심각한 타격을 입지는 않을 것이다. 2018년도 정부 보고에 따르면 인도에서는 이미 6억 명이 '높은 혹은 심각한 수준의 물 부족'을 겪으며 매년 20만 명이 물 부족 내지는 오염 때문에 사망하고 있다. 동일한 보고에 따르면 2030년에 인도에서는 사용 가능한 물의 양이 실제로 필요한 양에 비해 절반밖에 되지 않을 것이다.[23] 파키스탄은 1947년에 국가를 형성할 당시만 하더라도 1인당 이용 가능한 물의 양이 5,000세제곱미터에 달했으나 현재는 인구 성장 등의 이유로 1,000세제곱미터에 불과하다. 머지않아 인구 성장이 계속되고 기후변화가 가세하면서 수치는 400세제곱미터까지 감소할 것이다.[24]

지난 100년에 걸쳐 지구상의 거대 호수는 대부분 바닥을 드러내기 시작했다. 중앙아시아의 아랄해는 한때 세계에서 네 번째로 큰 호수였지만 최근 수십 년 사이에 부피가 90퍼센트 이상 줄어들었다.[25] 라스베이거스에 상당량의 물을 공급하는 미드 호는 한 해에만 15억 세제곱미터에 달하는 물이 증발했다. 포포 호는 한때 볼리비아에서 두 번째로 큰 호수였지만 현재 완전히 자취를 감췄다.[26] 이란의 우르미아 호는 지난 30년 동안 부피가 80퍼센트 이상 감소했다.[27] 아프리카 중서부의 차드 호 역시 거의 다 말라 버렸다.[28] 물론 기후변화는 한 가지 요인일 뿐이지만 문제는 기후변화의 영향이 앞으로도 줄어들지 않으리라는 점이다.

살아남은 호수 속에서 벌어지는 일 역시 고통스럽기는 매한가지다. 예컨대 2007년에 중국의 타이후 호에서는 온수 친화적인 박테리아가 폭발적으로 증가해 200만 명이 식수 공급 문제로 곤란을 겪었다.[29] 동아프리카의 탕가니카 호수에서는 수온이 상승해 어류 자원의 생존에 위협을 가하면서 호수에 인접한 네 개의 빈곤국에서 물고기를 어획해 먹고 살아가던 수백만 명의 생계에도 문제가 생겼다.[30] 한편 담수호에서 자연적으로 배출되는 메탄의 양은 전체 메탄배출량의 16퍼센트를 차지하는데[31] 기온 상승으로 수초의 성장이 촉진되는 경우 전문가들은 메탄배출량이 50년 안에 2배 증가할 수 있다고 추정한다.[32]

인류는 폭발적으로 늘어나는 가뭄 사태를 단기적으로 해결하기 위해 지표 아래의 물 저장고인 '대수층aquifer'을 정신없이 빨아내고 있다. 하지만 대수층이 쌓이는 데는 수백만 년이 걸리며 결코 빠른 시간 내에 복구되지 않는다. 미국에서는 대수층이 이미 물 공급의 5분의 1을 담당한다.[33] 브라이언 클라크 하워드Brian Clark Howard가 지적하듯이 본래 150미터 깊이에서 물을 끌어올리던 수원에서 물을 얻으려면 이제는 그보다 적어도 2배는 더 깊이 펌프질을 해야 하는 상황이다.[34] 7개 주에 물을 공급하던 콜로라도 강 유역에서는 2004년에서 2012년 사이에 50세제곱킬로미터에 달하는 지하수가 고갈됐다.[35] 오갈라라 대수층은 텍사스펀핸들 지역에서는 지난 10년 사이에 4.5미터 줄어들었으며[36] 캔자스 지역에서는 앞으로 50년 사이에 70퍼센트 줄어들 것으로 예상된다.[37] 게다가 바로 그 식수원에 대고 미국인들은 수압파쇄법fracking까지 사용할 것이다. 인도에서는 불과 2년 내에 21개 도시에서 지하수 공급이 완전히 고갈될 수 있다.[38]

개인의 절약으로는 문제를 해결할 수 없다

케이프타운 최초의 '데이 제로Day Zero' 예정일은 2018년 3월이었다.[39] 수십 년 만에 최악이라는 가뭄을 겪고 있던 케이프타운에 몇 달 뒤 상수도가 완전히 말라 버린다는 예고가 나왔다.

선진국의 첨단 도시에서 현대식 아파트 생활을 즐기는 사람이라면 거실에 편안히 앉아 이게 가당키나 한 일인가 의문을 표할 것이다. 오늘날 대부분의 도시는 부유한 사람을 위해 자원을 언제든지 끊임없이 쏟아 내는 꿈같은 세계처럼 보이기 때문이다. 하지만 식수가 끝없이 쏟아지리라는 태평한 기대는 아마 도시인이 누리는 온갖 혜택 중에서도 가장 기만적인 혜택일 것이다. 수돗물을 싱크대, 샤워기, 변기까지 끌어오는 데 꽤나 많은 것이 필요하기 때문이다.

기후재난이 흔히 그렇듯 케이프타운에서도 가뭄은 기존 갈등을 악화시키는 방향으로 전개되었다. 당시 상황을 직접 경험하면서 실시간으로 기록한 주민 애덤 웰즈Adam Welz는 물이 완전히 말라 버리기도 전에 케이프타운의 고질적인 문제들이 어떤 식으로 모습을 드러냈는지 극적으로 묘사한다.[40] 대체로 가난한 흑인은 소량의 물을 무상으로 할당받는 경우가 많았는데 대체로 부유한 백인은 이를 두고 흑인이 도시 수원지를 고갈시키고 있다고 불평했다. 소셜미디어에서는 흑인이 나태하고 무신경해서 수도관을 열어 놓은 채 방치한다거나 훔친 물을 가지고 판자촌에서 사업을 벌인다는 비난이 거세게 타올랐다. 흑인은 풀장과 잔디밭이 딸린 집에 사는 교외 지역 백인을 손가락질하면서 '호화 백화점 화장실에서 변기 물을 펑펑 내리는' 인간들이라고 일격을 날렸다. 한편 정부가 문제에 관심이 없다거나 첨단 기술을 고의로

숨긴다는 음모론이 나돌았으며 불신은 지방 당국에서 연방 정부로, 연방 정부에서 기상학자로 옮겨 갔다. 공동체가 기후변화의 위협에 대처하기 위해 집단적으로 움직여야 할 때면 거의 항상 이런 흐름이 나타나 행동하지 않을 핑곗거리를 늘어놓는다. 위기가 최고조에 달하자 케이프타운 시장은 도시 인구의 3분의 2에 달하는 64퍼센트가 1인당 물 사용량을 하루 87리터로 제한하자는 새로운 규제 방안을 준수하지 않는다고 공개적으로 지적했다. 미국인은 평균적으로 그보다 4~5배 많은 물을 사용한다. 사막에 에덴동산이 도래한다는 모르몬교 예언을 토대로 세워진 건조한 유타 주에서조차 주민이 하루 평균 938리터의 물을 사용한다.[41] 결국 2018년 2월 케이프타운 당국은 개인당 물 할당량을 반으로 줄여 49리터로 제한했으며 급수 시설 치안을 유지하기 위해 군대를 동원하기로 결정했다.

하지만 기후변화의 고통을 감지하기 시작한 사회에서 자주 나타나듯이 문제의 원인으로 개인의 무책임을 탓하는 것은 일종의 연막 술책에 가깝다. 우리는 개인의 소비 행위에 지나치게 집착하는 경향이 있다. 소비 행위가 한편으로는 우리가 통제할 수 있는 대상이며 또 한편으로는 미덕을 과시할 수 있는 아주 현대적인 방식이기 때문이다. 하지만 궁극적으로 개인의 소비 선택은 거의 늘 사소한 요인에 불과하며 오히려 더 중요한 요인을 보지 못하도록 방해한다. 물 부족 문제에서도 우리가 놓치지 말아야 할 더 큰 그림은 따로 있다. 개인의 소비량은 극심한 가뭄이 닥쳤을 때나 의미가 있을 만큼 미미한 비중을 차지한다는 점이다. 실제로 한 보고에서는 남아프리카공화국에 가뭄이 닥치기도 전에 이미 900만 명에 달하는 사람이 물을 개인적으로 전혀 사용할 수 없는 상태였다고 추산한다.[42] 그들의 필요를 만족시키는 데 요구되는 물의 양은 매년 남아공 포도밭에 사용되는 물의 양의 약 3분의 1이면 충분하다.[43] 캘리포니아에서는 가뭄이 닥칠 때면 종종 수영장이나 잔디밭을 향한 분노가 터져 나오기도 하지만 실제 도시 수도 사용량은 10퍼센트에 불과하다.[44]

공격적인 수도 배급제가 시행되고 건기도 끝난 덕분에 결국 남아공에서 위기는 지나갔다. 대대적인 뉴스 보도를 고려할 때 남아공의 케이프타운이 '데이 제로'를 마주한 최초의 도시라고 생각하게 됐더라도 무리는 아니다. 하지만 사실 2015년에 상파울루도 똑같은 일을 겪었다. 2년에 걸친 가뭄 끝에 상파울루에서는 공격적인 배급제의 일환으로[45] 일부 주민의 수도 이용을 하루 12시간으로 제한했으며[46] 결과적으로 여러 사업체가 문을 닫고 대량 실직 사태가 벌어졌다. 2008년에 도시 역사상 최악의 가뭄에 직면한 바르셀로나에서는 프랑스에서 식수를 수입해야만 했다.[47] 호주 남부에서는 1996년도의 저조한 강수량으로 시작된 '1,000년 만의 가뭄'이 2001년부터는 데스밸리와 유사한 계곡 지역에 8년간 지속돼 2010년에 라니냐 현상으로 비가 내리고 나서야 끝이 났다.[48] 해당 지역에서 벼와 목화 생산량은 각각 99퍼센트, 84퍼센트씩 떨어졌다.[49] 강과 호수는 말라서 쩍쩍 갈라진 바닥이 드러났고 습지는 산성토양 지대로 뒤바뀌었다.[50] 한때 영국령 인도제국의 여름 수도였던 심라에서는 2018년 5월과 6월에 몇 주 동안 상수도가 마르기도 했다.[51]

물 부족에 가장 극심한 타격을 받는 부문이 주로 농업이기는 하지만 그렇다고 물 부족 문제가 농촌에만 국한되지는 않는다. 세계에서

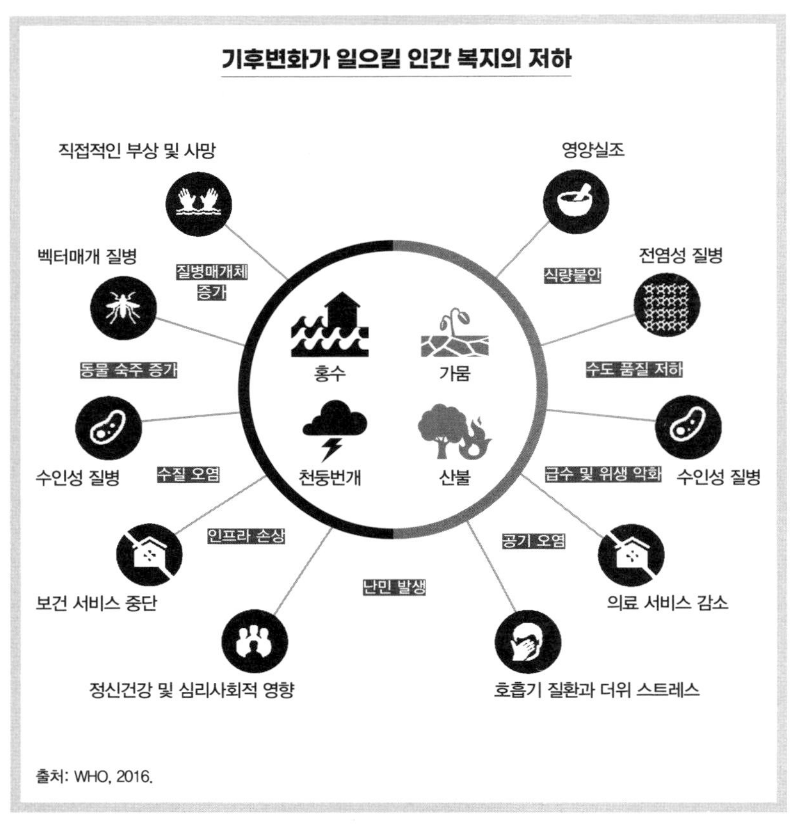

출처: WHO, 2016.

가장 거대한 도시 20개 중 14개가 현재 물 부족이나 가뭄을 겪고 있다. 전 세계 인구 3분의 2에 가까운 40억 명이 매년 적어도 한 달은 물 부족 문제에 직면하는 지역에 살고 있다. 물 부족 문제가 끊이지 않는 지역에 살고 있는 사람은 약 5억 명에 달한다. 만약 기온이 지금보다 1도 더 오르는 경우 매년 한 달 이상 물 부족 문제를 겪는 지역 가운데에는 이미 수요를 맞추기 위해 호수와 대수층까지 끌어다 쓰는 미국 텍사스 기준 서부 전역은 물론 위로는 캐나다 서부, 아래로는 멕시코

시티까지 들어갈 것이며 더 나아가 북아프리카와 중동의 거의 전 지역, 인도의 상당 지역, 호주의 거의 전 지역, 아르헨티나와 칠레의 상당 지역, 잠비아 이남의 남아프리카 전역까지 포함될 것이다.[52]

대가뭄으로 인한 수자원 약탈의 전쟁

여태까지 환경론자들은 녹고 있는 북극 빙하, 올라가는 해수면, 줄어드는 해안 지대 등 바닷물을 중심으로 기후변화 문제를 홍보해 왔다. 그러나 물 부족 위기는 인류가 바닷물보다 담수에 훨씬 더 긴밀하게 의존한다는 점에서 더욱 걱정스럽다. 또 더욱 긴급한 문제이기도 하다. 하지만 오늘날 인류는 전 세계 모두의 필요를 충분히 만족시킬 만한 자원을 가지고 있음에도 그렇게 하려는 정치적인 의지는커녕 의향조차 가지고 있지 않다.

앞으로 30년에 걸쳐 물 수요는 식품 생산 부문에서 50퍼센트, 도시 및 산업 부문에서 50~70퍼센트, 에너지 부문에서 85퍼센트 증가할 것으로 예상된다.[53] 게다가 기후변화와 함께 찾아올 대가뭄은 물 공급을 심각하게 압박할 것이다. 실제로 세계은행에서는 물과 기후변화의 관계를 다룬 획기적인 보고서 〈높은 물 마른 물High and Dry〉을 통해 '기후변화의 영향은 주로 물의 순환 과정에서 드러날 것'이라고 밝힌다.[54] 또 기후변화의 연쇄적인 영향을 고려하더라도 물 효율성은 에너지 효율성만큼이나 긴급한 문제이자 중요한 퍼즐이라고 경고한다. 세계은행의 추산에 따르면 수자원 분배에 유의미한 조정이 이루어지지 않으면 순수하게 물 부족 위험 때문에 GDP가 중동에서는 14퍼센트, 아프리카 사헬 지대에서는 12퍼센트, 중앙아시아에서는 11퍼센트, 동아시아에서는 7퍼센트 감소할 수 있다.[55]

물론 GDP는 기껏해야 환경 비용을 대강 어림잡은 지표에 불과하다. 태평양연구소Pacific Institute 소속의 피터 글릭Peter Gleick은 훨씬 눈이 뜨일 만한 장부를 제시한다. 바로 기원전 3000년 고대 수메르 에아Ea 신화부터 시작해 물과 관련된 모든 무력 분쟁 사건을 모아 놓은 단순한 목록표다.[56] 목록 가운데 1900년 이후로 발생한 물 관련 분쟁은 거의 500건에 달한다. 게다가 전체 목록의 거의 절반이 불과 2010년 이후로 발생한 사건이다. 글릭도 인정하듯이 이런 양상에는 최신 데이터가 비교적 풍부할 수밖에 없다는 사실도 어느 정도 반영되지만 한편으로는 전쟁의 성격이 바뀌어 간다는 사실의 반영이기도 하다. 과거에는 분쟁이 거의 무조건 나라 사이에서 발생했다면 곳곳에서 국가의 권위가 약화된 지금에는 국가 내부의 집단 사이에서 발생하는 경향이 있다. 대표적인 예로 시리아에서는 가뭄이 2006년에서 2011년까지 5년간 이어지면서 흉작이 초래됐고 그 결과 정치적 불안정과 내전이 발생해 세계적인 난민 위기가 촉발됐다. 글릭은 2015년 이후 예멘에서 벌어지는 특이한 양상의 전쟁에 특히 더 관심을 기울인다. 예멘 전쟁은 엄밀히 따지면 내전이지만 실질적으로는 사우디아라비아와 이란 사이의 국지적인 대리전쟁이며 미국과 러시아 역시 개입했다는 점에서 개념적으로는 세계대전의 축소판이라고 볼 수도 있다. 이 전쟁에서는 '피'만큼이나 '물' 역시 인적 피해를 치렀다고 할 수 있다. 수자원 기반 시설이 표적 공격을 당한 결과 2017년에 콜레라 발생 건수가 100만 건까지 치솟았기 때문이다.[57] 1년 만에 예멘 인구의 약 4퍼센트가 콜레라에 감염됐다는 뜻이다.

글릭이 나에게 이렇게 말한 적이 있다. "물 분야에 종사하는 사람들 사이에서는 이런 말이 있어요. 기후변화를 상어라고 한다면 상어 이빨은 수자원이라고요."

7장

사체가 쌓이는 바다

우리는 바다를 지구상에서 우주 공간과 가장 비슷한 불가사의한 공간이라고 생각하는 경향이 있다. 어둡고 으스스하면서도 깊이 들어갈수록 기괴하고 신비한 공간이라고 말이다. 레이첼 카슨Rachel Carson 역시 인간의 손에 의한 그리고 산업이라는 '만병통치약'에 의한 지구 훼손 문제를 본격적으로 다루기 25년 전에 〈해저Undersea〉라는 에세이에서 이렇게 말한 바 있다.[1] "누가 바다를 알겠나?" 《침묵의 봄Silent Spring》에서는 이렇게 말한다. "당신도 나도 지상에 묶여 있는 우리의 감각으로는 바닷물이 바위 사이의 해초 아래 숨어 있는 게의 등딱지를 두들기면서 일으키는 물결과 물거품을 알지 못한다. 혹은 물고기 떼가 서로 먹고 먹히며 돌고래가 숨을 쉬기 위해 파도를 부수고 나오는 바다 한복판에서 너울이 천천히 넘실대면서 내는 소리를 알지 못한다."

하지만 바다는 우리와는 다른 무언가가 아니다. 사실 떼려야 뗄 수 없는 존재다. 육지의 동물을 끌어들이는 해변이 바다의 전부는 아니다. 오히려 지구 표면의 70퍼센트가 물로 뒤덮여 있다는 점에서[2] 바다는 지구에서 가장 압도적으로 우세한 환경이라고 할 수 있다. 다른 수많은 역할에 더해 바다는 일단 우리를 먹여 살린다. 전 세계적으로 해산물은 인간의 식단에서 동물성 단백질의 5분의 1을 차지하며[3] 해안 지역으로 갈수록 비중은 훨씬 더 높아질 수 있다. 또 바다는 멕시코 만류처럼 오래전부터 존재하던 해류를 통해 계절을 유지하고 다량의 태양열을 흡수해 지구의 온도를 조절하기도 한다.

어쩌면 '먹여 살려 왔다, 유지해 왔다, 조절해 왔다'라고 표현하는 쪽이 더 적절할지도 모른다. 지구온난화로 바다의 기능이 약화될 위기에 처해 있기 때문이다. 이미 여러 어류 개체군이 더 차가운 물을 찾아 수백 킬로미터씩 북쪽으로 이동했다.[4] 가자미는 미국 동부 해안에서 400킬로미터는 더 멀리 떠나갔고 고등어도 유럽 대륙을 심하게 벗어난 탓에 어부들이 유럽연합에서 정한 규칙을 더 이상 따르지 않아도 될 정도다. 인간이 해양 생물에 미친 영향을 추적한 한 연구에서는 지구상의 바다 중 13퍼센트만이 손상을 받지 않은 상태라고 밝혔다.[5] 또 해양학자들은 지구온난화로 북극해 일부 지역의 성격이 지나치게 변질되자 그 지역을 가리켜 더 이상 '북극'이라는 이름을 붙일 수나 있을지 걱정하기 시작했다.[6] 기후변화가 지구의 바다에 미치는 영향 가운데 해수면 상승과 해안 지역 침수가 특히 공포심을 지배할 수는 있겠지만 우리가 두려워해야 할 문제는 그보다 훨씬 더 많다.

현재 바다는 인간이 배출하는 탄소량의 4분의 1 이상을 빨아들이고 있으며[7] 지난 50년 동안 지구온난화가 초래한 초과열의 90퍼센트를 흡수해 왔다.[8] 흡수한 열기 중 절반은 1997년 이후에 흡수된 양이며 오늘날 바다는 2000년도 대비 적어도 15퍼센트는 더 많은 열기를 함유하고 있다. 불과 20년 사이에 지구 전체 화석연료 매장량 3배에 달하는 에너지를 추가로 받아들였다는 뜻이다.[9] 하지만 그만한 이산화탄소를 흡수한 결과 바다는 '해양 산성화' 현상을 겪게 됐다. 이는 말 그대로 바닷물의 산도가 강화되는 현상을 가리키며 애초에 생명이 출현한 곳으로 기억되기도 하는 지구의 대야와도 같은 지역에서 이미 위세를 떨치고 있다. 해양 산성화 현상은 대기로 황을 방출해 구름 형성을 돕는 식물성 플랑크톤에 악영향을 미치기 때문에 그 자체만으로도 0.25도에서 0.5도에 이르는 기온 상승을 초래할 수 있다.

바다 오염이 일으켜온 대멸종 사태들

'산호 백화coral bleaching' 현상을 들어 본 적이 있을 것이다. 이는 광합성을 통해 산호가 필요로 하는 에너지를 90퍼센트까지 공급하는 황록공생조류라는 원생동물이 해수 온도가 높아지면서 산호초에서 떨어져 나가는 현상으로[10] 사실상 산호가 죽는 것이나 마찬가지다. 각각의 산호초는 현대 도시만큼이나 복잡한 생태계를 이루고 있으며 여기서 황록공생조류는 일종의 식량 공급원으로 에너지 사슬의 기본 구성요소를 담당한다. 따라서 황록공생조류가 사라지면 산호초 군락 전체가 마치 포위나 봉쇄를 당한 도시처럼 전시 상황 수준으로 굶주리게 된다. 2016년 이후 호주의 자연 명소인 그레이트배리어리프의 절반이 이런 식으로 벗겨져 나갔다.[11] 이와 같은 대규모 사멸 현상은 '대량 백화 사태mass bleaching event'라고 불리며 2014년에서 2017년 사이에도 전 세계적으로 한 차례 발생했다.[12] 산호 생태계는 이미 수면 아래 깊숙이 하강한 나머지 해저 30~150미터 지역에는 과학자들이 '약광층twilight zone'이라고 부르는 아예 새로운 생태층이 형성됐다.[13] 세계자원연구소World Resources Institute에서는 해양 온난화와 산성화 때문에 2030년에는 전체 산호초의 90퍼센트가 위험에 빠질 것이라고 경고한다.[14]

아주 나쁜 소식이다. 산호초는 전 세계 해양 생물 4분의 1을 지탱하고 있으며[15] 약 5억 명의 사람들에게 식량과 수입을 제공하기 때문이다.[16] 또한 산호초는 폭풍해일이 일으키는 홍수를 막아 준다. 가치를 돈으로 환산하면 수십억 달러에 이르는데 현재 기준으로 산호초가 인도네시아, 필리핀, 말레이시아, 쿠바, 멕시코에 가져다주는 이익은 매년 각 나라마다 적어도 4억 달러에 이른다.[17] 한편 해양 산성화는 어류 개체 수에 직접적인 악영향을 미칠 것이다. 우리가 식용으로 잡아먹는 생물종에 어떤 영향을 미칠지 아직 확실히 예측할 방법이 없지만 산도가 높은 물에서 굴이나 홍합 껍데기가 성장하기 힘들다는 점이나[18] 탄소 농도가 높을수록 물고기의 후각(물고기에게 후각이 있는 줄도 몰랐겠지만 길을 찾는 데 도움이 된다)에 장애가 생긴다는 점은 확실히 밝혀졌다.[19] 호주 앞바다에서는 불과 10년 사이에 어류 개체 수가 약 32퍼센트 감소했다.[20]

인간 활동 때문에 생물종이 지구상에서 사라지는 속도가 1,000배 가까이 증폭됐을지 모른다는[21] 대멸종 시대를 인류가 살아간다는 말은 오늘날 꽤 흔한 이야기가 됐다. 어쩌면 '해양 무산소화ocean anoxification'의 시대를 살아간다는 말도 타당할 것이다.[22] 지난 50년 동안 산소가 아예 존재하지 않는 해수의 양은 전 세계적으로 4배 증가했으며[23] 결과적으로 '데드존dead zone'은 400군데를 넘어섰다. 산소가 부족한 지역은 수백만 제곱킬로미터 증가했으며 이는 전 유럽의 크기에 맞먹는다. 현재 해안 도시 수백 개가 산소가 충분히 공급되지 않아 악취가 진동하는 바다 위에 자리 잡고 있다. 물이 따뜻할수록 함유할 수 있는 산소량이 줄어든다는 점에서 부분적으로는 지구온난화 자체가 무산소화의 원인이라고 할 수 있다.

하지만 직접적인 수질오염의 영향도 간과할 수 없다. 최근 멕시코 만에 2만 3,300제곱킬로미터에 달하는 데드존이 형성된 근원에는 미국 중서부의 산업형 농가에서 미시시피 강으로 유출된 화학비료가 있었다. 2014년에는 오하이오 주의 옥수수 및 대두 농장에서 비료가 유출돼 이리 호로 흘러들어 갔는데 그리 이례적인 사태가 아니었음에도 호수에 녹조가 발생해 털리도에 식수 공급이 중단되는 일이 있었다. 2018년에는 플로리다 주에 맞먹는 데드존이 아라비아 해에서 발견됐다.[24] 연구진은 이 데드존이 멕시코 만에 형성된 데드존의 7배 크기인 16만 5,000제곱킬로미터의 오만 만을 전부 포함하리라고 추정한다. 수석 연구원 바스티엔 쿠에스트Bastien Queste는 "바다는 질식하고 있다"고 말한다.

바닷속 산소의 급격한 감소는 이전에도 여러 대멸종 사태에서 핵심적인 역할을 했다.[25] 데드존을 만들어 해양 생물을 질식시키고 어장을 파괴하는 해양 무산소화 현상은 멕시코 만에서만 두드러지게 진행된 것은 아니다. 나미비아의 스켈레톤 해안에서는 1,600킬로미터에 걸쳐 길게 펼쳐진 해안가를 따라 바다에서 황화수소가 부글거리며 올라오고 있다. '스켈레톤skeleton'이라는 이름은 본래 난파선의 잔해를 가리키기 위해 붙여졌지만 오히려 요즘 이전 어느 때보다 잘 어울리는 이름이 됐다. 과학자들은 마지막 페름기에 모든 피드백 고리가 활성화된 뒤 대멸종 사태를 최종적으로 마무리한 요소 가운데 황화수소가 포함됐으리라고 추측한다. 황화수소의 독성이 어찌나 강한지 인간은 아무리 사소하고 안전한 수준이라 해도 그 자취를 감지할 수 있도록 진화했을 정도다. 사람의 코가 가스 냄새를 맡는 데 탁월한 능력을 가진 이유도 바로 이 때문이다.

거대한 바닷물 순환 시스템의 붕괴

게다가 '바다의 컨베이어벨트'라고 불리는 거대한 순환 시스템이 둔화할 가능성도 존재한다. 멕시코 만류와 그 밖의 해류로 구성된 순환 시스템은 지구가 각 지역의 온도를 조절하는 주요한 수단이다. 원리가 무엇일까? 멕시코 만류가 노르웨이 해로 흘러들어 가면 수온이 낮아지는 대신 밀도가 높아져 바닥 쪽으로 가라앉는다. 멕시코 만류가 계속 흘러들면서 바닥 쪽에 있던 물은 남쪽으로 밀려나고 북쪽에 새로 들어온 물은 마찬가지로 차가워지면서 바닥에 가라앉기를 반복한다. 차가워진 물은 남쪽으로 이동하다가 마침내 남극에 다다르면 다시 수면 쪽으로 떠오른다. 떠오른 물은 수온이 높아지면서 다시 북쪽으로 이동한다. 이 과정에는 1,000년이 소요될 수 있다.[26]

1980년대에 해양 컨베이어벨트가 실질적인 연구 주제로 떠오르자

마자 일부 해양학자들은 컨베이어벨트가 작동을 멈춰 지구의 기후 시스템에 심각한 불균형이 초래될지도 모른다며 걱정을 표했다. 뜨거운 지역은 훨씬 더 뜨거워지고 차가운 지역은 훨씬 더 차가워지는 것이다. 유럽이 더 추워지고 날씨가 더 격렬해지고 해수면이 더 상승하는 과정이 처음에는 별다른 영향이 없다고 착각할 수 있지만 결국 바닷물이 순환을 완전히 멈춘다면 상상도 할 수 없는 재앙이 초래된다. 그 결과는 영화 〈투모로우The Day After Tomorrow〉에서 묘사하는 모습과 차이가 없을 것이다. 쉽게 잊어버릴 만한 영화가 최악의 가능성 중 하나를 속기하듯 보여 주는 기억할 만한 영화로 뒤바뀌다니 정말 기이한 운명의 장난과도 같다.

물론 공신력 있는 과학자 가운데 인류가 살아가는 시간대에 해양 컨베이어벨트가 작동을 전면 중단할까 봐 걱정하는 이는 전혀 없다. 하지만 속도가 둔화될 가능성은 완전히 다른 문제다. 전문가들에 따르면 '지난 1,000년 동안 전례가 없던 일'이지만[27] 기후변화로 멕시코 만류의 속도는 이미 15퍼센트나 감소했다.[28] 이는 세계 다른 곳보다 미국 동부 해안에서 유독 해수면이 급격하게 상승한 이유 중 하나로 보인다. 2018년에는 메이저 논문 두 편에서 해양 컨베이어벨트에 관해 새로운 걱정거리를 제시했다.[29] '대서양 자오선 역전 순환류Atlantic Meridional Overturning Circulation'가 적어도 최근 1,500년 사이에 가장 느린 속도로 흐른다는 사실을 발견한 것이다. 이는 기후변화를 경계하던 학자들이 예측한 일정보다도 약 100년 일찍 발생한 것이며 기후학자 마이클 만Michael Mann이 말하는 '티핑 포인트tipping point'를 상징하는 사건과도 같았다.[30] 물론 앞으로도 변화는 계속될 것이다. 지구온난화가 진행될수록 우리가 바다 깊은 곳과 그 속에 잠겨 있는 모든 생명체를 발견하기도 전에 해양 환경이 뒤바뀌면서 미지의 바다는 더욱 미궁 속으로 빠져들 것이다.

8장

마실 수 없는 공기

인간의 폐는 산소를 필요로 한다. 하지만 산소는 우리가 마시는 공기의 일부에 불과하며 공기 중에 이산화탄소 비중이 높아질수록 그 일부마저 줄어든다. 그렇다고 우리가 질식사할 위험에 놓여 있다는 뜻은 아니다. 그러기에는 산소가 굉장히 풍부한 편이기 때문이다. 그럼에도 고통은 받을 것이다. 이산화탄소 농도가 930ppm(오늘날의 2배)에 이르면 인지 능력은 21퍼센트 떨어진다.[1]

이산화탄소가 축적되는 경향이 있는 실내에서는 영향이 더욱 두드러지게 나타난다(이 때문에 창문을 닫은 채 실내에 오래 있을 때보다 밖에서 산책할 때 조금 더 뚜렷한 정신을 느낄 수 있다). 텍사스에 있는 초등학교를 조사한 한 연구에 따르면 교실의 이산화탄소 농도는 평균 1,000ppm에 달하며 4분의 1은 3,000ppm을 넘기도 했다.[2] 교실이 지적 활동을 장려하기 위해 설계된 환경이라는 점을 고려한다면 꽤 걱정스러운 수치다. 하지만 불행하게도 교실이 최악은 아니다. 다른 연구들에 따르면 비행기 실내 공기에는 그보다도 높은 이산화탄소 농도가 나타나며 과거 여행의 경험을 돌이켜 보면 나른한 기억이 떠오르는 것도 바로 그 때문이다.

하지만 기후변화가 공기에 미치는 영향 중 이산화탄소는 가장 사소한 문제에 가깝다. 앞으로 지구상의 공기는 더욱 뜨거워질 뿐만 아니라 더욱 더럽고 답답하고 건강에 나빠질 것이다. 가뭄은 공기 질에 직접적인 영향을 미쳐 현재는 '분진 노출dust exposure'이라고 불리고 미국 더스트볼 시기에는 '분진 폐렴dust pneumonia'이라고 불렸던 현상을 초래한다. 또한 더스트볼이 일어났던 대평원 지대에 기후변화로 새로운 모래 폭풍이 발생하면 분진으로 인한 사망률은 2배 이상, 입원율은 3배 이상 증가할 수 있다.[3] 지구가 뜨거워질수록 오존은 더 많이 형성되며 국립대기연구소National Center for Atmospheric Research에 따르면 21세기 중반에 미국인이 오존 스모그로 고통받는 날수는 70퍼센트 늘어날 것으로 예측된다.[4] 2090년대쯤에는 세계보건기구WHO 기준으로 '안전' 등급을 넘어서는 공기를 마시는 사람이 전 세계적으로 20억 명에 이를 것이다.[5] 지금도 대기오염으로 사망하는 사람 수가 매일 1만 명에 달한다.[6] 단 하루에 사망하는 사람 수가 여태까지 원자로 노심 용융으로 영향을 받은 사람 수 총합보다 훨씬 더 많다. 그렇다고 원자력이 확실한 정당성을 갖는다는 뜻은 아니다. 냉각 타워로 흰 증기 구름을 내뿜는 핵발전소에 비해 굴뚝으로 검은 연기 자국을 내뿜는 화석연료 발전소가 훨씬 더 많다는 점에서 동일한 선상에 놓고 비교하기는 어렵기 때문이다. 어쨌든 그런 수치는 대기오염의 영향이 얼마나 포괄적인지 선명하게 보여 준다. 지구 전체를 유독성 포대로 감싸고 있는 것이나 마찬가지다.

최근 몇 년 사이에 전문가들은 지난 50년간 완전히 숨겨져 있던 유연가솔린과 납페인트의 폐해를 밝혀냈다. 유연가솔린과 납페인트가 어느 곳에 사용되든 지적장애나 범죄율을 극적으로 높이는 반면 학업 성취나 평생 소득을 극적으로 낮출 가능성이 있다는 것이다. 대기오염의 영향은 이미 그보다 심각해졌다. 예를 들어 미세먼지 오염은 인지 수행 능력을 점차적으로 낮춰 결과적으로는 전문가들이 '심대하다'고 지적할 만큼 큰 영향을 미친다.[7] 중국에서는 대기오염을 환경보호청EPA 권고 수준으로만 낮춰도 중국인의 언어 성적이 13퍼센트, 수학 성적이 8퍼센트 오를 것이라고 한다(단순히 기온만 상승해도 시험을 치르는 데 부정적인 영향이 초래된다. 밖이 더울수록 시험 성적이 떨어지는 경향이 나타났다).[8] 대기오염은 아이에게는 정신 질환의 가능성을,[9] 성인에게는 치매의 가능성을 높일 수 있다.[10] 대기오염이 심각한 해에 태어난 사람은 30세가 됐을 때 소득 수준이나 노동 참여율이 상대적으로 떨어지는 것으로 나타났다.[11] 대기오염과 조산아 및 저체중아 출생률 사이의 상관관계는 너무나 뚜렷해서 미국에서는 도시 인근 톨게이트에 이지패스를 설치함으로써 요금을 내려고 정차할 때 나오는 배기가스를 줄인 것만으로도 조산아 출생률이 10.8퍼센트, 저체중아 출생률이 11.8퍼센트 감소할 정도였다.[12]

대기오염이 초래하는 위험 중에는 우리에게 좀 더 익숙한 건강 문제도 있다. 북극의 빙하가 녹아내리자 2013년에는 아시아 기상 패턴에 변화가 생겼는데 특히 산업화를 겪던 중국 입장에서 중요할 수밖에 없는 자연적인 통풍 현상이 약화됐다.[13] 결과적으로 숨을 쉴 수 없을 정도의 스모그가 중국 북부 지역 상당 부분을 뒤덮었다. '공기 질 지수AQI'라는 다소 막연해 보이는 지표는 갖가지 오염 물질이 얼마나 존재하는지 나타내는 고유의 척도 단위를 사용해 대기 질의 위험도를 분류한다. AQI 51~100범위부터 경고가 시작된다. 201~300범위에서는 '일반 대중의 호흡기에 미치는 악영향이 상당히 증가'할 수 있다고 경고한다. 가장 높은 단계인 301~500범위에서는 '심장 및 폐 질환이 급격히 악화되고 심폐 질환자나 고령자의 조기 사망률이 증가'할 수 있으며 '일반 대중의 호흡기에 미치는 악영향이 극도로 증가'할 수 있다고 경고한다. 따라서 이 단계에는 '모든 사람'이 '모든 종류의 외부 활동'을 피해야 한다. 2013년 중국에 닥친 '에어포칼립스airpocalyse'는 바로 그 최종 단계를 2배가량 뛰어넘어 AQI를 993까지 기록했다.[14] 현상을 연구한 학자들은 중국이 산업 시대 유럽이 겪었던 '완두콩 수프' 스모그와 최근 대다수 개발도상국이 겪는 미세먼지 오염을 합쳐 놓은 듯한 완전히 새로운 종류의 스모그를 의도치 않게 만들어 냈다고 주장했다.[15] 이 스모그는 그해 중국에서 137만 명의 목숨을 앗아가는 데 기여했다.[16]

중국의 급격한 경제성장 속도를 보면 세계 서열에서 어떤 위치를 차지하는지 분명히 드러난다. 그럼에도 중국 밖에 있는 수많은 사람들은 세계의 중심 도시가 태양을 가릴 정도로 두꺼운 잿빛 안개 속에 뒤덮인 사진이나 영상을 보고는 지구의 공기 상태를 걱정하지 않는다. 대신 한 나라가 얼마나 뒤떨어져 있는지, 즉 중국이 선진국 가운데 삶의 질 면에서 얼마나 뒤처져 있는지를 지적했다. 그러다가 2017년 캘리포니아 주에 기록적인 화재 철이 닥치자 샌프란시스코의 공기 질은 같은 날 베이징의 공기 질보다 나빠졌다.[17] 나파에서는 AQI가 486을 기록했다. 로스앤젤레스에서는 수술용 마스크 수요가 급등했다. 샌타바버라에서는 홈통에서 잿더미가 한 움큼씩 나왔다. 이듬해 시애틀에서는 산불에서 발생한 연기 때문에 어디에 사는 누구에게도 실외 호흡이 안전하지 않았다.[18] 자기 건강을 염려하느라 정신이 없었던 미국인은 2017년에 AQI 999를 달성한 델리의 상황에는 당연히 눈길을 줄 겨를이 없었다.[19]

인도의 수도 델리에는 2,600만 명의 사람이 살고 있다. 2017년에 델리 공기를 들이마신다는 것은 하루에 담배 두 갑 이상을 피는 것과 맞먹었다.[20] 지역 병원에서는 내원하는 환자가 20퍼센트 급증했다.[21] 하프마라톤 선수는 얼굴에 하얀 마스크를 두른 채 경주에 참가했다. 먼지가 가득한 공기는 다른 면에서도 위험했다. 시야가 너무나 흐려진 나머지 델리의 고속도로에서는 연쇄 충돌 사고가 발생했고[22] 유나이티드항공은 도시 내외 항공기 운행을 모두 취소했다.[23]

최신 연구에서는 미세 오염 물질에 단기적으로 노출되더라도 호흡기 질환 감염률이 비약적으로 상승할 수 있다고 밝힌다.[24] 예컨대 1세제곱미터당 미세 오염 물질이 10마이크로그램 증가할 때마다 호흡기 질환자는 15~32퍼센트 늘어나는 것으로 드러났다. 그뿐만 아니라 혈압 역시 상승할 수 있다. 2017년에 학술지 《란셋The Lancet》에서는 전 세계적으로 900만 건에 달하는 조기 사망이 미세 오염 물질 때문에 초래됐으며 그중 4분의 1 이상이 인도에서 발생했다고 보고했다.[25] 이는 심지어 최종 집계 전에 발표된 내용으로 수치가 급등한 기간은 빠져 있었다.

델리에서는 대부분의 미세 오염 물질이 인근 지역에서 농지를 태운 결과로 초래된다. 하지만 다른 지역에서는 일반적으로 자동차 배기가스나 그 밖의 산업 활동에서 나오는 오염 물질 때문에 미세 입자 스모그가 만들어진다. 미세 오염 물질이 사람의 건강에 미치는 악영향은 무차별적이어서 사실상 신체에서 취약한 부위 전부를 건드린다. 예컨대 뇌졸중,[26] 심장 질환,[27] 온갖 종류의 암,[28] 천식 같은 급성 및 만성 호흡기 질환,[29] 조산 같은 유해 임신 결과[30]가 발생할 확률을 높인다. 최신 연구에 따르면 행동 발달적인 측면에서는 더욱 끔찍한 영향을 미칠 수 있다. 예를 들어 대기오염이 심할수록 기억력, 주의력, 어휘력이 떨어졌으며[31] ADHD[32] 및 자폐스펙트럼장애[33] 발병률이 높아졌다. 또한 대기오염이 심할수록 뇌세포 발달이 저해됐으며[34] 석탄 공장에 가까울수록 DNA가 변형될 가능성이 높아졌다.[35]

개발도상국에서는 98퍼센트에 달하는 도시가 WHO에서 정한 안전 기준을 넘어서는 공기에 둘러싸여 있다.[36] 설령 도시 지역을 벗어나더라도 상황은 썩 나아지지 않는다. 이미 세계 인구의 95퍼센트가 위험할 정도로 오염된 공기를 마시고 있기 때문이다.[37] 2013년 이후 중국에서는 공기를 정화하기 위해 전례 없는 조처를 취해 왔지만 2015년에 발생한 오염만으로도 매년 중국인 100만 명 이상이 사망하고 있다.[38] 전 세계 사망자 가운데 6명 중 1명은 대기오염으로 사망한다.[39]

완전히 새로운 종류의 오염

사람들에게 대기오염은 전혀 의미 있는 뉴스거리가 되지 못한다. 환경론자라고는 생각되지도 않는 찰스 디킨스Charles Dickens의 작품만 보더라도 이미 스모그의 유해성과 시커먼 공기의 위험성을 우려하는 목소리를 내고 있었다. 그럼에도 우리는 해가 거듭할수록 어떻게 하면 산업 활동을 통해 지구를 더 오염시킬 수 있을지 궁리한다.

최근 완전히 새로운(혹은 이제야 밝혀진) 종류의 오염이 등장하면서 그나마 경종의 목소리가 울려 퍼졌다. 바로 미세플라스틱 오염이다. 딱히 지구온난화와 직접적인 관련은 없지만 미세플라스틱이 자연 세계를 빠르게 점령하고 있다는 사실은 우리 시대에 어떤 변화가 일어나기에 '인류세'라는 이름이 붙었는지 그리고 그에 대해 폭발적인 소비문화가 얼마나 막대한 책임을 가지고 있는지를 보여 준다는 점에서 도저히 무시할 수 없는 이야기로 자리 잡았다.

환경주의자라면 '태평양 거대 쓰레기 섬Great Pacific garbage patch(태평양을 이리저리 떠다니는 텍사스 주 2배 크기의 플라스틱 더미 지대)'을 알고 있을 것이다.[40] 엄밀히 따지면 섬은 아니다. 즉 안정적인 지대는 아니다. 단지 그런 식으로 생각하는 편이 수사적으로 용이할 뿐이다. 거대 쓰레기 섬은 대부분 사람의 눈에 보일 정도로 큰 플라스틱 쓰레기로 이루어져 있다. 세탁기를 한 번 돌리는 것만으로도 주변 환경에 70만 개씩 퍼지는 미세플라스틱 조각은 그보다 훨씬 은밀하게 숨어 있다.[41] 그리고 믿거나 말거나 훨씬 널리 퍼져 있다. 한 최신 연구에 따르면 인도네시아와 캘리포니아에서 판매되는 해산물 중 4분의 1에 플라스틱이 들어 있다고 한다.[42] 어떤 연구에서는 조개류를 섭취하는 유럽인이라면

매년 적어도 1만 1,000개에 달하는 미세플라스틱을 함께 섭취한다고 제시하기도 했다.[43]

미세플라스틱이 해양 생물에 직접적으로 미치는 영향은 더욱 심각하다. 미세플라스틱 오염으로 부정적인 영향을 받는다고 알려진 해양 생물종의 수는 처음 평가가 이루어진 1995년에 260종이었던 것이 2015년에는 690종으로, 2018년에는 1,450종으로 증가했다.[44] 오대호에서는 조사한 어류 중 과반수가, 북서대서양에서는 조사한 어류 중 73퍼센트가 미세플라스틱을 함유하고 있었다.[45] 한 영국 슈퍼마켓 조사에서는 홍합 100그램당 평균 70조각의 플라스틱이 검출됐다고 밝힌다.[46] 일부 어종은 플라스틱을 소화하는 법을 터득했으며[47] 특정 크릴새우 종은 마치 플라스틱 처리 공장처럼 미세플라스틱을 더 잘게 쪼개 소위 '나노플라스틱'으로 바꿔 놓는다.[48] 하지만 크릴새우가 플라스틱을 전부 갈아 없앨 수 있는 것은 아니다. 토론토 인근에서는 여전히 물 2.5제곱킬로미터당 미세플라스틱 조각이 340만 개 검출됐다.[49] 물론 바닷새들도 플라스틱에 면역되어 있지 않다. 한 연구자는 3개월짜리 새 한 마리의 위에서 225조각의 플라스틱을 발견했다.[50] 이는 새 몸무게의 10퍼센트에 달하는 양으로 평균적인 사람으로 따지면 4.5~9킬로그램의 플라스틱을 배 속에 빵빵하게 넣어 다니는 것이나 마찬가지다. 해당 연구자는 《파이낸셜타임스Financial Times》를 통해 "바다로 첫 비행을 떠나는데 위 속에 그만한 플라스틱을 전부 집어넣고 있다고 상상해 보라"며 "세계 전역에서 바닷새의 숫자는 다른 어떤 새보다 빠르게 감소하고 있다"고 덧붙였다.

8개의 서로 다른 국가를 조사한 결과 미세플라스틱은 맥주와 꿀은

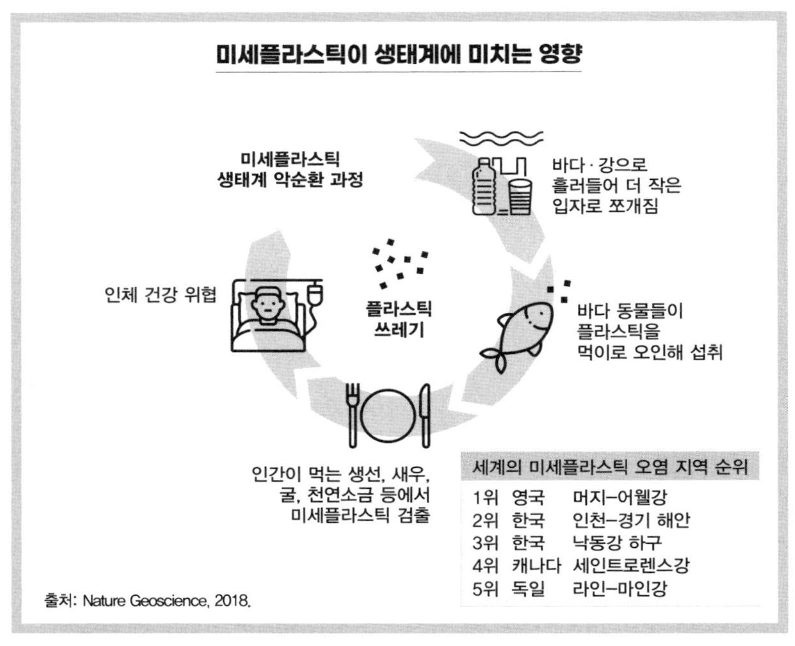

물론 바다 소금 브랜드 17종 가운데 16종에서도 발견됐다.[51] 조사를 하면 할수록 품목은 더 늘어난다. 아직 미세플라스틱이 신체 건강에 정확히 어떤 영향을 미치는지는 알려져 있지 않지만 바다에서는 미세플라스틱 조각이 주변의 물보다 100만 배 더 유독한 것으로 밝혀져 있다.[52] 만약 시체를 열어 미세플라스틱을 찾아본다면 인간의 몸에서도 플라스틱이 발견될 확률이 꽤 높다(만성외상성뇌병증과 알츠하이머의 표지로 추정되는 타우단백질 역시 그런 식으로 발견했다). 플라스틱이 감지되는 곳이라면 실내라도 공기를 통해 미세플라스틱을 들이마실 가능성이 있으며[53] 이미 물을 통해서는 충분히 들이마신다고 할 수 있다. 미국 도시 지역에서 수돗물을 조사한 결과 그중 94퍼센트에서 미세플라스틱스틱이 발견됐기 때문이다.[54] 게다가 세계 플라스틱 생산량은 2050년까지 3배 증가할 것으로 예측되며[55] 그때가 되면 바다에는 물고기보다 플라스틱이 더 많을 것이다.

에어로졸과 지구 온도 사이의 무시무시한 연관성

플라스틱 사태는 기후변화와 미묘한 관계를 형성한다. 환경오염에 관해 불길한 예감을 불러일으키면서도 정작 지구온난화와는 그리 상관없는 문제에 집중하도록 만드는 듯하기 때문이다. 하지만 탄소배출량만 기후변화와 관련되는 것은 아니다. 다른 오염 물질 역시 상관관계를 가진다. 우선 상대적으로 두드러지지 않는 연관성 하나는 플라스틱을 생산하는 공정에서 다른 오염 물질 역시 만들어지며 그중 이산화탄소가 포함된다는 점이다. 다음으로 좀 더 직접적이지만 전체 그림을 놓고 보면 사소한 연관성 하나는 플라스틱이 분해될 때 강력한 온실가스인 메탄과 에틸렌이 방출된다는 점이다.[56]

비탄소계 오염 물질과 지구 온도 사이의 훨씬 무시무시한 연관성은 따로 존재한다. 문제의 주인공은 플라스틱이 아니라 '에어로졸aerosol'이다. 지구 대기 중에 떠다니는 모든 종류의 입자를 포괄하는 에어로졸은 오히려 햇빛을 지구 밖으로 반사함으로써 지구온난화를 억제한다.[57] 다시 말해 우리가 발전소, 공장, 자동차를 통해 배출하는(결과적으로 세계 곳곳의 번영하는 거대도시를 숨 막히게 하며 운이 좋은 수많은 사람들을 병실 침대로 보내고 그렇지 않은 수많은 사람들을 조기 사망에 이르게 하는) 모든 비탄소계 오염 물질은 아이러니하게도 우리가 현재 겪는 지구온난화의 영향력을 줄여 왔다.

어느 정도나 줄였을까? 기온 상승을 약 0.5도 어쩌면 그 이상 줄였다. 에어로졸은 이미 꽤 많은 양의 햇빛을 지구 밖으로 돌려보냈기 때문에 산업 시대 이후로 지구는 원래 뜨거워졌어야 할 수준보다 3분의 2 정도만 뜨거워졌다.[58] 산업혁명 당시로 돌아가 여태까지와 정확히 똑같은 양의 이산화탄소를 배출하면서 동시에 어떤 식으로든 하늘에 에어로졸이 없는 상태를 유지한다면 지금 시점에 기온이 0.5도는 더 높았을 것이라는 뜻이다. 결과적으로 우리는 노벨상 수상자 파울 크뤼천Paul Crutzen이 언급한 '캐치 트웬티투Catch-22(동명의 소설에서 사용된 표현으로 이러지도 저러지도 못하는 모순된 상황을 일컫는 말 – 옮긴이)'[59] 내지는 기상학자 에릭 홀트하우스Eric Holthaus가 좀 더 신랄하게 지적한 '악마의 거래' 상황[60]에 놓였다. 한쪽에는 대중의 건강을 망가뜨리는 오염물질을 다른 한쪽에는 청명하고 건강한 대신 기후변화를 급격히 가속화하는 맑은 하늘을 두고 선택을 내려야 하는 상황인 셈이다. 에어로졸을 제거한다면 매년 수백만 명의 목숨을 살릴 수 있겠지만[61] 반대로 지구의 기온이 급격히 치솟는다. 구체적으로는 산업 시대 이전을 기준으로 잡을 때 그보다 1.5~2도 상승한다. 살 만한 미래와 기후재난이 닥치는 미래 사이를 구분하는 경계라고 오래전부터 여겨지던 '2도 한계선'에 당장이라도 다다를 수 있다.

거의 한 세대가 지나도록 공학자와 미래학자는 에어로졸에 어떤 실용적인 함의가 담겨 있을지, 더 나아가 미세 입자를 부유시킴으로써 기온 상승을 억제하는 프로그램을 시행할 수는 없을지 고민해 왔다. 즉 고의로 공기를 오염시킴으로써 지구를 차갑게 유지하겠다는 말이다. 이 프로젝트는 대개 '지구공학geoengineering'이라는 포괄적인 용어 아래 묶여 함께 논의 중인데 대중에게는 사실상 공상과학소설에 가까운 최악의 시나리오로 평가받는다(실제로 최근 기후변화 문제를 다루는 여러 공상과학 작품이 여기에 영향을 받았다). 하지만 기후변화를 심각하게 염려하는 기후학자들 사이에서는 상당히 진지하게 받아들여지며 그들 중 대다수는 파리기후협약에서 정한 목표가 꽤 무난한 수준임에도 (현재로서는 엄두도 못 낼 만큼 비싼) 마이너스 배출 없이는 목표를 하나도 달성할 수 없다는 사실을 알고 있다.

탄소포집 기술은 정말 '마법을 바라는 생각'에 불과하다고 밝혀질지도 모른다. 하지만 상대적으로 조악하더라도 더 확실한 효과를 내는 기술이 있다. 공기 중에서 탄소를 빨아들이는 대신 의도적으로 오염 물질을 공기 중에 분사하면 된다. 가장 그럴듯해 보이는 오염 물질은 이산화황이다. 그렇게 할 때 일몰은 더욱 빨개지고 하늘은 더욱 하얘지며 산성비는 더욱 자주 내릴 것이다. 또 이산화황이 공기 질에 미치는 영향 때문에 조기 사망자 수가 매년 수만 명씩 증가할 것이다.[62] 2018년에 발표된 논문에서는 아마존이 급속히 건조해져서 산불 역시 훨씬 자주 발생하리라고 지적한다.[63] 같은 해에 나온 다른 논문에서도 이산화황이 식물 성장에 미치는 부정적인 영향이 지구온난화에 미치는 긍정적인 영향을 모조리 상쇄할 것이라고 주장한다.[64] 적어도 농업 생산성 측면에서는 태양-지구공학이 아무런 순이익을 가져다주지 못한다는 뜻이다.

일단 프로그램을 시작하면 결코 중단할 수도 없다. 햇빛을 반사하던 황 방어벽이 잠깐만 흩어지더라도 기온이 갑자기 솟구쳐 헤어 나올 수 없는 기후 혼돈을 초래할 수 있다. 따라서 지구공학 지지자조차 인정하듯이 황 방어벽을 지탱하는 설비는 무엇이든 정치적 술수나 테러의 표적이 되기 쉬울 것이다. 그럼에도 여전히 많은 전문가들이 지구공학을 피할 수 없는 선택처럼 묘사한다. 일단 비용이 너무 저렴하다고 한다. 사실 환경주의자인 억만장자가 있다면 혼자서라도 독자적으로 프로그램을 시행할 수 있을 정도다.

The Uninhabitable Earth

9장

질병의 전파

돌은 행성의 역사를 담고 있는 기록물이다. 수백만 년에 달하는 세월이 지질학적인 시간의 힘에 납작하게 눌려 고작 몇 센티미터, 혹은 1센티미터, 어쩌면 그보다도 얇은 두께로 층층이 새겨져 있다. 마찬가지로 얼음도 일종의 기후 장부 역할을 한다. 하지만 얼음은 냉동된 역사이기도 하며 그중 일부는 얼음이 녹아내리면 다시 시작될 수도 있다. 현재 북극의 빙하에는 지난 수백만 년 동안 공기 중에 퍼진 적이 없는 질병이 갇혀 있다.[1] 인류가 한번도 마주친 적이 없는 질병도 있다. 그런 인류 역사 이전의 질병이 얼음 밖으로 나오면 오늘날 우리의 면역 체계는 대응하는 방법조차 모를 것이다.

이미 여러 종류의 미생물이 연구실에서 소생된 사례가 존재한다. 2005년에는 3만 2,000년 전의 극한 생물계 박테리아를 되살리는 데 성공했다.[2] 2007년에는 800만 년 된 미생물을 소생시켰다.[3] 어느 러시아 과학자는 호기심에 350만 년 된 박테리아를 자기 몸에 주입한 뒤 무슨 일이 일어나는지 관찰하기도 했다(목숨에 지장은 없었다).[4] 2018년에는 이전에 비해 덩치가 조금 더 큰, 4만 2,000년 동안 영구동토층에 갇혀 있던 선충을 되살렸다.[5]

북극에는 비교적 최근에 활약했던 무시무시한 질병 역시 저장돼 있다. 예컨대 알래스카에서는 1918년에 5억 명을 감염시키고 5,000만 명을 죽음에 이르게 한[6] 독감 바이러스의 자취가 발견됐다.[7] 5,000만 명이라는 숫자는 당시 세계 인구의 약 3퍼센트이자[8] 1차 세계대전 전사자 수의 6배에 달하는 수치로 독감이 세계대전에서 소름끼치는 절정 역할을 한 셈이다. 과학자들은 시베리아의 빙하 속에 천연두[9]와 선페스트균[10]은 물론 얼음 속에 갇히지 않았더라면 인류 역사의 일부가 됐을 다른 수많은 질병 역시 갇혀 있다고 추측한다.[11] 질병 역사의 축소판이 북극의 태양 아래 곤죽처럼 놓여 있는 것이다.

물론 얼어붙은 미생물 중 대다수는 해동 과정을 견뎌 내지 못할 것이다. 소생에 성공한 사례는 일반적으로 연구실에서 환경을 세심하게 조절한 덕분에 가능했던 일이다. 하지만 2016년, 영구동토층이 후퇴하면서 75년여 전에 탄저병으로 사망했던 순록 사체가 노출되는 일이 발생했다. 결과적으로 소년 하나가 사망했고 스무 명이 탄저균에 감염됐으며 2,000마리 이상의 순록이 떼죽음을 당했다.[12]

더욱 강하고 빨라진 바이러스

전염병학자들이 먼 옛날의 질병이 깨어나는 것보다 더 염려하는 상황은 지구온난화 때문에 현존하는 질병이 장소를 옮기고 관계망을 바꾸며 심지어 진화를 거듭하는 것이다. 일차적으로는 지리적인 영향이 나타난다. 현대에 들어서기 전에는 마을을 이루어 사는 인간의 특성이 전염병의 방어벽 역할을 했다. 전염병이 하나의 마을 혹은 왕국을 쓸어버리거나 극단적으로는 하나의 대륙을 황폐화할 수는 있었지만 대부분은 발병한 환자들 너머 멀리까지 이동할 수는 없었다. 흑사병이 유럽 인구의 60퍼센트를 죽였다고는 하지만 만약 진정한 의미의 흑사병이 지구촌에 창궐했다면 그 영향이 얼마나 무시무시했을지 생각해 보라.

물론 오늘날 수많은 사람이 지구촌 속에서 급속한 속도로 뒤엉켜 살아가고 있음에도 생태계는 대부분 안정된 편이며 그 덕분에 우리는 특정한 질병이 주로 어떤 환경에서 퍼지고 또 퍼지지 않는지 잘 알고 있다. 모험 관광을 떠나기 전에 감염원에 대비해 수십 가지의 백신과 예방 약물을 접종하거나 뉴욕 사람이 런던으로 여행을 갈 때 걱정할 필요가 없는 이유도 바로 이 때문이다.

하지만 지구온난화는 그처럼 안정된 생태 환경을 뒤죽박죽으로 만든다. 전염병이 마치 스페인의 정복자 코르테스처럼 경계를 넘나든다는 뜻이다. 지금으로서는 모기를 매개로 전염되는 질병이 모두 일정 경계 내에서 발병하지만 열대 지방의 범위가 10년에 48킬로미터꼴로 확대되면서 경계는 빠르게 사라지고 있다. 예컨대 브라질에서는 황열병 발생 범위가 하이마고구스Haemagogus 및 사베테스Sabethes 속屬 모기가 번성하는 아마존 분지 지역으로 몇 세대에 걸쳐 한정됐기 때문에[13] 밀림 깊숙한 곳에서 살거나 일하거나 여행하는 사람만이 황열병을 걱정하면 됐다. 그러나 2016년부터 모기가 밀림을 벗어나 산개하기 시작하면서 황열병의 발생 범위 역시 아마존 분지를 벗어났다. 결국 2017년에는 상파울루와 리우데자네이루 같은 거대도시 주변까지 확장됐다. 대다수가 판자촌에 살고 있는 3,000만 명 이상의 사람이[14] 치사율이 3~8퍼센트에 이르는 전염병을 마주하게 됐다.[15]

지구가 뜨거워짐에 따라 점점 더 널리 이동하는 모기들이 퍼뜨리게 될 질병은 황열병 말고도 많을 것이다. 전염병의 세계화가 이루어진다는 뜻이다. 현재 말라리아에 감염되는 사람은 점점 더 늘어나고 있고 이미 매년 100만 명이 사망하지만[16] 미국 메인 주나 프랑스에 사는 사람이라면 말라리아를 크게 걱정하지는 않는다. 그러나 열대 지방이 점점 북상하고 그에 따라 모기가 함께 이주해 온다면 걱정하게 될지도 모른다. 21세기가 지나가는 동안 점점 더 많은 사람이 그와 같은 전염병의 그늘 아래 놓일 것이다. 사실 몇 년 전만 하더라도 지카바이러스는 딱히 걱정의 대상이 아니었다.

마침 이야기가 나온 김에, 지카바이러스는 지구온난화가 질병에 미치는 또 다른 불길한 영향 하나를 잘 보여 준다. 바로 질병이 변이를 일으킨다는 점이다.[17] 지카바이러스가 최근에 와서야 유명해진 이유는 발병 지역이 우간다와 동남아시아로 한정돼 있었기 때문이다. 또 다른 이유는 얼마 전까지만 하더라도 지카바이러스가 선천성 장애를 유발하는 것 같지는 않았기 때문이다.[18] 전 세계가 소두증 공포에 사로잡힌 지도 여러 해가 지났지만 아직도 과학자들은 바이러스에 무슨 일이 일어났는지 혹은 자신들이 무엇을 놓쳤는지 온전히 이해하지 못한 상태다. 어쩌면 바이러스가 아메리카 대륙에 퍼지면서 유전적 돌연변이를 일으켰거나 새로운 환경에 보인 적응 반응일 수도 있고, 아프리카에는 흔치 않은 다른 질병과 상호작용했을 때만[19] 치명적인 태아 손상을 입히는 것일 수도 있다. 혹은 특유의 환경이나 면역학적 역사 덕분에 우간다에서만 산모와 태아가 바이러스로부터 보호받은 것일 수도 있다.

반면 기후변화가 질병에 어떤 영향을 미치는지 확실히 이해하는 점도 있다. 예를 들어 말라리아는 기온이 높은 지역일수록 파급력이 강해진다. 따라서 세계은행에서도 2030년이면 36억 명에 달하는 사람들이 말라리아로부터 자유롭지 못하리라 예측한다.[20] 그중 10억 명은 순전히 기온 상승 때문에 말라리아의 위험에 노출되는 것이다.

존재도 몰랐던 수많은 박테리아의 출현

이와 같은 예측은 기후변화 모델은 물론 유기체(정확히는 유기체들)에 대한 섬세한 이해에 달려 있다. 말라리아 전염에는 병원균 자체에 더해 모기가 필요하고 라임병 전염에는 병원균 자체에 더해 진드기(지구온난화 덕분에 세계를 빠르게 넓히고 있는 모기 이외의 또 다른 위협적인 감염원)가 필요하다. 메리 베스 파이퍼Mary Beth Pfeiffer가 지적하는 대로 라임병 환자 수는 일본, 터키, 대한민국에서 급격히 증가하고 있다.[21] 대한민국에서는 2010년까지만 하더라도 라임병이 아예 존재하지 않았지만(즉 발병 사례가 0건이었지만) 지금은 감염자가 매년 수백 명씩 늘어나고 있다. 네덜란드에서는 국토의 54퍼센트가 감염 위험 지대다. 유럽 전체를 놓고 보면 현재 라임병 담당 건수는 기준치의 3배에 달한다. 미국에서는 라임병 신규 감염자가 매년 30만 명 정도 늘어나고 있으며[22] 치료를 받은 사람조차 대부분 몇 년 뒤에 증상을 다시 보인다는 점을 고려할 때 수치는 더욱 불어날 수 있다. 종합적으로 보면 미국에서는 모기, 진드기, 벼룩을 매개로 한 질병 감염 건수가 불과 13년 사이에 3배 증가했으며[23] 지역 역사상 최초로 진드기를 접하게 된 카운티가 수십여 개에 달한다.[24] 한편 전염병의 영향은 인간 이외의 동물에게서 훨씬 두드러지게 나타난다. 예컨대 미네소타 주에서는 겨울진드기 때문에 2000년 이후로 10년간 무스 개체 수가 58퍼센트 감소했으며[25] 일부 환경운동가의 주장에 따르면 2020년까지 완전히 사라질지도 모른다. 뉴잉글랜드에서는 최대 9만 마리에 이르는 진드기가 피를 빨고 있는 새끼 무스의 사체가 발견되기도 했다.[26] 새끼 무스가 사망한 원인은 많은 경우 라임병 때문이 아니라 그저 수만 마리의 진드기에게 몇 밀리리터씩 피를 빨려 생긴 빈혈증 때문이었다. 살아남은 무스도 튼실함과는 거리가 멀었다. 대다수는 진드기를 떼어 내려고 끊임없이 가죽을 긁어 대다가 털이 완전히 벗겨져서 으스스한 회색빛 속살만 남았고 결과적으로 '유령 무스'라는 별칭이 붙었다.

라임병은 상대적으로 신생 질병에 속하며 따라서 아직 충분한 이해가 이루어지지는 않았다. 지금까지 알려진 라임병의 증상은 관절 통증, 피로, 기억 감퇴, 안면 마비 등으로 연관성이 모호하고 일관성이 부족하다. 환자가 병원균을 지닌 진드기에 물린 것으로 확인됐다면 원인을 정확히 규명할 수 없는 증상을 발견할 때마다 라임병 증상이라고 마구잡이로 가져다 붙이는 식이다. 물론 진드기 관련 질병은 말라리아만큼이나 연구가 잘 이루어진 편이다. 그보다 잘 이해하고 있는 기생균은 그리 많지 않다. 하지만 그보다 이해가 부족한 질병이 어마어마하게 많다는 점을 기억해야 한다. 기후변화가 전염병의 흐름이나 체계를 어떤 식으로 바꿀지가 무지 속에 암울하게 가려져 있다는 말이다. 더군다나 기후변화는 우리가 난생처음 마주하는 질병, 다시 말해 아예 존재 자체를 몰라서 걱정조차 할 수 없었던 완전히 새로운 차원의 질병 역시 불러일으킬 것이다.

'새로운 차원'이라는 표현은 과장이 아니다. 과학자들은 지구에 아직 발견되지 않은 바이러스가 100만 종 이상 존재한다고 추정한다.[27] 그보다도 발견하기가 까다로운 박테리아에 대해서는 이해가 훨씬 부족한 상태다.

우리 몸속에 살고 있는 박테리아 역시 지금은 평화롭게 공존하지만 앞으로 어떻게 돌변할지 모른다. 인간의 몸에 서식하는 박테리아 중 99퍼센트 이상은 아직 학계에도 알려지지 않았다.[28] 즉 우리 인간은 기후변화가 몸 안에, 예컨대 내장 안에 있는 박테리아에 어떤 영향을 미칠지 사실상 아예 모르는 채로 작동하고 있다. 음식을 소화하는 일부터 불안을 조절하는 일까지 거의 모든 면에서 현대 인류가 의존하는 온갖 박테리아 중 기온 상승에 의해 재구성되거나 감소하거나 완전히 박멸될 박테리아는 도대체 얼마나 될까?

물론 현재로서는 인간의 몸을 집으로 삼는 바이러스와 박테리아는 인간에게 전혀 위협이 되지 않는다. 추측건대 기온이 1~2도 상승하더라도 그 미생물은 대다수가(어쩌면 막대한 다수, 심지어 압도적인 다수가)

극적인 변화를 맞이하지는 않을 것이다. 하지만 귀여운 난쟁이처럼 생긴 중앙아시아 토착종 큰코영양의 사례를 생각해 보자.[29] 2015년 5월, 큰코영양의 전체 개체 수 가운데 거의 3분의 2가 불과 며칠 사이에 떼죽음을 당했다.[30] 넓이가 플로리다만 한 지역에서 큰코영양이 한 마리도 빠짐없이 모조리 사망해 수십만 구에 달하는 사체가 해당 지역을 뒤덮었다. 이와 같은 떼죽음을 가리켜 '대량 사망mega-death'이라고 하는데 이번 사태는 너무나 충격적이고 비현실적이어서 곧이어 외계인의 소행이라느니 방사능이나 로켓연료 때문이라느니 갖가지 음모론이 뒤따랐다. 하지만 사체, 토양, 식물 등 사태가 벌어진 지역을 여기저기 들쑤셔도 독성 물질은 발견되지 않았다. 범인은 파스테우렐라 물토키다Pasteurella multocida라는 평범한 박테리아로 드러났다. 큰코영양의 편도선에 기생하고 있던 파스테우렐라균은 여러 세대에 걸쳐 숙주에게 어떤 식으로도 해를 입힌 전력이 없었다. 그러다가 갑자기 급격히 확산하기 시작해 혈류를 타고 간, 신장, 비장까지 이동한 것이다. 어떻게 된 일일까? 《애틀랜틱The Atlantic》에서 에드 용Ed Yong은 이렇게 설명한다. "2015년 5월에 큰코영양이 떼죽음을 당한 지역에서는 기온과 습도가 극도로 높았다. 사실 습도는 1948년에 기록을 시작한 이후 역대 최고로 높았다. 1981년과 1988년에 발생한 두 차례의 떼죽음에서도 규모는 훨씬 작았지만 동일한 양상이 나타났다. 온도가 너무 뜨거워지고 공기가 너무 축축해지면 큰코영양은 죽음을 맞이하는 것이다. 기후변화가 방아쇠라면 파스테우렐라균이 총알과 같다."

그렇다고 해서 습도가 정확히 어떤 원리로 파스테우렐라균을 무기화하는지 이해하고 있다는 뜻은 아니다. 또한 인간 같은 포유류의 몸

속에 서식하는 다른 온갖 박테리아(오직 1퍼센트만 파악했으며 우려스럽게도 나머지 99퍼센트는 아무런 지식도 이해도 없이 몸에 지니고만 있는 박테리아) 가운데 얼마나 되는 박테리아가 기후변화에 비슷한 방식으로 반응해 수백만 년에 이를 수 있는 우호적인 공생 관계를 끝내고 병균으로 돌변할지도 여전히 미스터리다. 하지만 모르는 게 약은 아니다. 기후변화가 닥치면 답을 어느 정도 직접 체험하게 될 것이기 때문이다.

10장

무너지는 경제

냉전 시대가 막을 내린 때부터 대침체Great Recession(2008년 미국발 금융 위기로 시작된 세계 경제의 침체기－옮긴이)가 시작되기 전까지 세계시장은 영원한 군림을 장담하면서 경제성장이 인류를 모든 문제로부터 구원하리라는 주문을 외웠다.

하지만 2008년 금융 위기가 닥친 뒤 소위 '화석자본주의'를 연구하던 역사학자와 경제학자는 18세기부터 다소 갑작스레 전개된 급격한 경제성장의 역사가 혁신이나 자유무역의 결과가 아니라 단지 화석연료와 그 잠재적인 힘을 발견한 결과였을 뿐이라고, 다시 말해 한계 생존의 연속이던 기존 경제 체계에 새로운 '가치'를 단발성으로 주입한 결과였을 뿐이라고 주장하기 시작했다. 물론 이는 경제학계에서 소수 의견에 해당한다. 하지만 이 관점이 담고 있는 핵심 메시지는 꽤 강력하다. 흑사병 같은 대형 역병이 창궐한 직후 운 좋게 살아남은 사람이 망자가 남긴 자원을 쓸어 모으는 경우를 제외한다면 화석연료가 등장하기 이전에는 어느 누구도 자신의 부모나 조부모나 500년 전 조상보다 더 잘살 수는 없었다는 뜻이다.

특히 서양에서는 사람들이 증기기관이나 컴퓨터 등의 혁신을 이룸으로써 그리고 역동적인 자본주의 보상 체계를 발전시킴으로써 끝없는 제로섬 게임 같은 처절한 생존 경쟁에서 벗어나는 데 성공했다고 믿는 경향이 있다. 하지만 안드레아스 말름 같은 학자의 시각은 다르다. 인류가 진창 같은 삶에서 벗어난 이유는 단 하나의 혁신 덕분이었다. 이 혁신은 인간의 창조적인 손이 아니라 인간이 처음 땅을 파기 수백만 년도 전에 시간과 땅의 힘이 초기의 탄소 기반 생명체(식물과 작은 동물)를 착즙기로 레몬을 누르듯 꾹 눌러 석유로 바꿔 놓은 데서 비롯됐다. 석유는 인류가 존재하기도 전부터 전해져 내려온 유산인 셈이다. 누구도 방해하지 않았기에 지구가 생산할 수 있었던 에너지가 속에 담겨 있었다. 하지만 인간은 바로 그 에너지 저장고를 발견하자마자 마구 남용하기 시작했다. 지난 50년간 그 속도가 너무나 빨랐기 때문에 예측 전문가들은 석유가 고갈되지는 않을까 전전긍긍했다. 1968년에 노동 전문 역사가 에릭 홉스봄Eric Hobsbawm은 "산업혁명을 논하는 이라면 누구나 면화를 논한다"고 기록한 바 있다.[1] 오늘날에는 '면화' 자리에 '화석연료'를 대신 집어넣어야 할 것이다.

이론을 중시하는 경제학자들은 경제성장의 방정식에 화석연료보다 훨씬 많은 요소가 포함된다고 주장하겠지만 경제성장 추이는 화석연료 사용량 추이와 거의 완벽하게 일치한다. 세대는 계속 이어지지만 역사적인 기억은 그리 오래가지 않는 법이므로 사람들은 서구권 국가에서 부가 여러 세기에 걸쳐 꽤 확실하게 늘어나는 것처럼 보이자 경제성장이 영원할 것이라는 안도감을 품게 됐다. 적어도 경제성장이 영원하리라는 기대는 가지고 있기 때문에 기대가 이루어지지 않으면 지도자와 엘리트를 향해 분노를 표출하기도 한다. 하지만 지구의 역사는 유구하며 인류 역사 역시 그보다 짧다고는 하더라도 장대하다. 오늘날 기술 혁신의 속도가 정신없을 만큼 빠르고 기후변화의 일격을 완화할 만한 혁신이 여전히 남아 있을지도 모른다. 하지만 일부 국가가 다른 지역을 식민지 삼아 한껏 즐겼던 몇 세기의 호황기가 전체 역사 흐름 속에서는 일시적인 탈선에 불과하다고 받아들이는 것도 큰 무리가 없다. 그런 식의 일시적 호황기는 과거 무너진 제국에게도 있었다.

대침체나 대공황을 넘어서는 '대몰락'

경제성장이 화석연료에서 나온 신기루에 불과하다는 사실을 받아들이지 않는다 하더라도 기후변화가 경제성장을 위협한다고 걱정할 만한 이유는 충분하다. 사실 최근 10년 동안 축적된 관련 학술 문헌은 모두 이런 전제를 토대로 삼는다고 해도 과언이 아니다. 실제로 지구온난화가 경제에 미치는 영향에 관한 가장 흥미로운 연구는 화석자본주의 역사가가 아님에도 자신들만의 암울한 분석을 내놓은 솔로몬 시앙Solomon Hsiang, 마셜 버크Marshall Burke, 에드워드 미구엘Edward Miguel의 연구다. 이들의 분석에 따르면 다른 나라에 비해 상대적으로 따뜻한 나라에서는 기온이 1도 증가할 때마다 경제성장률이 평균적으로 약 1퍼센트포인트 감소한다.[2] 경제성장률이 낮은 한 자릿수만 나와도 '강한 성장세'라고 불린다는 점을 고려한다면 어마어마한 수치다. 이는 해당 분야에서도 신뢰성을 인정받는 연구 결과다. 결국 기후변화를 고려하지 않았을 때의 경제성장 곡선과 비교하자면 세계 각국의 1인당 소득은 21세기 말까지 평균적으로 23퍼센트 감소할 것으로 예측된다.[3]

확률 곡선을 그려 보면 전망은 더욱 끔찍해진다. 동일한 연구에 따르면 기후변화는 지구온난화가 없다고 가정할 때 대비 51퍼센트 확률로 2100년까지 전 세계 생산량을 20퍼센트 이상 감소시킬 수 있다.[4] 또한 탄소배출량이 줄어들지 않는 경우 12퍼센트 확률로 2100년까지 1인당 GDP를 50퍼센트 이상 감소시킬 수 있다. 대공황조차 세계 GDP를 약 15퍼센트 감소시킨 것으로 추정된다(당시에는 금융통계가 그리 뛰어나지 않았다). 최근 대침체가 시작되면서 닥친 일시적인 충격도 GDP를 약 2퍼센트 감소시키는 데 그쳤다. 시앙과 동료 연구진은 그보다 25배 치명적인 영향이 2100년까지 비가역적으로 지속될 가능성이 8분의 1이라고 추산하고 있다. 하지만 2018년 토머스 스토어크 Thomas Stoerk가 이끄는 연구진은 그 추산마저 심각한 과소평가일 수 있다고 주장했다.[5]

수치만으로 경제적 손실의 규모를 정확히 이해하기란 쉽지 않다. 심지어 실업률이나 경제성장률 같은 경제 지표만 가지고 삶의 의미를 논하는 서구권의 부유한 탈공업화 국가에서조차 최근 연구에 등장하는 수치를 온전히 헤아리지는 못한다. 경제적 안정과 꾸준한 성장에 너무나 익숙해진 나머지 우리가 이해할 수 있는 성장률의 범위는 대공황 역사를 공부하면서 접하는 마이너스 15퍼센트에서 1960년대 초에 세계적인 호황 덕분에 누릴 수 있었던 플러스 7퍼센트까지다.[6] 이마저도 몇 년 이상 이어지지 못한 일회적인 고점과 저점에 불과하며 대부분의 경우에는 '올해는 2.9퍼센트였고 그해는 2.7퍼센트였다'는 식으로 소수점 아래를 비교하면서 경제변동을 측정한다. 기후변화는 완전히 새로운 차원의 경제적 퇴보를 불러일으키는 것이다.

나라 단위로 쪼개서 보면 경각심이 훨씬 더 커질 수 있다. 기온이 따뜻해질수록 농업 및 경제 생산량이 증가할 수 있는 북쪽에는 캐나다, 러시아, 스칸디나비아, 그린란드 등 혜택을 얻는 지역이 존재한다.[7] 하지만 중위도에서는 세계 경제활동의 상당 부분을 차지하는 미국, 중국 같은 나라들이 잠재적인 생산량의 절반 가까이를 잃게 된다. 적도 인근에서는 피해가 더욱 막심하다. 아프리카 전역은 물론 멕시코에서 브라질까지 이르는 지역과 인도 그리고 동남아시아는 손실이 100퍼센트에 달할 것이다. 한 연구에서는 기후변화가 전 세계에 초래하는 경제적 손실 중 약 4분의 1을 인도 혼자 짊어져야 할 것이라고 주장한다.[8] 2018년에 세계은행에서는 탄소배출량이 현재 추세대로 유지되는 경우 남아시아 전역에 살고 있는 8억 명의 생활수준이 급격히 추락하리라고 예측했다.[9] 또한 기후변화 때문에 불과 10년 내에 1억 명이 극심한 빈곤으로 내몰릴 것이라고 보고했다.[10] 정확히는 빈곤으로 '되몰릴 것'이다. 기후변화에 가장 취약한 사람 가운데에는 최근 개발도상국이 산업화와 화석연료의 힘으로 성장한 덕분에 이제 막 빈곤이나 최저 생활에서 벗어난 사람이 대다수 포함되기 때문이다.

게다가 지금 우리에게는 기후변화의 충격을 완화하거나 상쇄할 만한 새로운 뉴딜 정책이나 마셜 플랜도 준비돼 있지 않다. 전 세계의 경제 자원은 영구적으로 절반가량 줄어들 것이다. 영구적인 변화이기 때문에 얼마 지나지 않아 손실이라고 느끼기는커녕 미미한 소수점 성장이 번영으로 여겨지는 잔혹한 일상일 뿐이라고 받아들이게 될 것이다. 이례적인 경제성장의 역사를 따라 전진하던 인류는 몇 년 전부터 경제적 후퇴에 꽤 익숙해진 편이다. 하지만 아직은 퇴보가 퇴보인 줄은 알고 있으며 탄력적인 회복이 뒤따르기를 기대하기도 한다. 기후변화가 불러일으킬 충격은 그런 차원의 문제가 아니다. 기후변화는 대침체나 대공황이 아니라 경제적인 측면에서 '대몰락Great Dying'을 가져올 것이다.

쌓여 가는 비용과 늘어나는 복리

어떻게 그런 일이 벌어지게 될까? 앞에 나오는 장에서 그 답을 어느 정도 살펴보았다. 자연재해, 범람, 공중 보건 위기 등 앞서 살펴본 문제는 모두 비극 자체로 끝나는 대신 막대한 비용을 동반하며 그 비용은 이미 전례 없는 속도로 쌓이기 시작했다. 우선 농업 부문에서 치르는 비용이 있다. 미국에서는 현재 300만 명 이상의 사람이 200만 개 이상의 농가에서 일하고 있다. 하지만 기후변화로 농업 생산량이 40퍼센트 감소하면 수익 역시 감소할 것이다. 수익이 아예 사라지는 경우도 많을 것이다. 소규모 농가부터 협동조합, 어쩌면 대규모 기업식 농가까지 손익분기점 아래(공교롭게도 금융업계식 비유로는 '수면 아래')로 가라앉는 것은 물론 불모지로 변한 농지를 소유하고 경작해야 하는 농부는 대다수가 풍요롭던 시절을 기억할 만큼 연로함에도 빚으로 허우적댈 것이기 때문이다. 다음으로는 땅이 문자 그대로 수중에 가라앉으면서 발생하는 비용이 있다. 참여과학자모임의 2018년도 보고에 따르면 2100년 미국에서는 오늘날 가치로 1조 달러에 해당하는 240만 채의 집과 상가가 고질적인 침수 문제를 겪을 것이다.[11] 2045년만 되더라도 마이애미비치의 부동산 가운데 14퍼센트가 물속으로 가라앉을 것이다. 미국 내의 상황만 고려한 수치라고 하지만 미국 내에서도 플로리다 남부 지역만 이런 문제를 겪지는 않을 것이다. 사실 뉴저지만 하더라도 앞으로 수십 년 내에 부동산 피해가 300억 달러에 이르리라 예상된다.[12]

폭염 역시 건강 문제뿐만 아니라 경제성장에도 비용을 초래한다. 지금도 그 영향을 일부 관찰할 수 있다. 예컨대 철로가 열을 받아 휘어지기도 하고, 폭염 때문에 기온이 지나치게 올라가 비행기를 띄우는 공기역학이 망가지면서 피닉스 공항에서처럼 이륙 금지 조치가 빈번히 발생하기도[13] 한다(뉴욕에서 런던으로 가는 왕복 비행기 표를 끊을 때마다 앞으로도 북극에서는 얼음이 3제곱미터씩 사라질 것이다).[14] 스위스에서 핀란드에 이르는 지역에서는 폭염으로 냉각액이 제 기능을 하지 못할 만큼 기온이 올라가 발전소를 폐쇄해야 하는 상황이 닥쳤다.[15] 2012년 인도에서는 우기가 찾아오지 않는 바람에 농부들이 농지에 물을 끌어다 대려고 전력망을 과도하게 압박했고 결과적으로 약 6억 7,000만 명이 정전 사태를 겪었다.[16] 엄청나게 부유한 지역에서 엄청나게 탁월한 대비책을 세우지 않는 이상 전 세계 어떤 지역에도 기후변화를 견딜 만한 기반 시설이 마련돼 있지는 않기 때문에 지구 어디를 보더라도 취약한 지점이 눈에 들어올 것이다.

두드러지지는 않지만 야금야금 비용을 치르는 부분도 있다. 바로 생산성이다. 경제학자들은 최근 수십 년 동안 컴퓨터 혁명과 인터넷 혁명이 있었음에도 어째서 선진국에 뚜렷한 생산성 증대가 이루어지지 않았는지 의문을 가졌다. 스프레드시트, 데이터베이스 관리 소프트웨어, 전자우편 같은 기술만 하더라도 사업 및 경제 부문에서 효율성을 극도로 높여 주리라 기대했기 때문이다. 하지만 그런 효율성 증대는 물질적인 실체로 나타나지는 않았다. 오히려 그 기술에 더해 수천 가지의 컴퓨터 관련 혁신을 받아들이는 동안 특히 서구권 선진국에서는 임금과 생산성이 정체되고 경제성장이 꺾이는 현상이 나타났다. 한 가지 가능성을 추측해 보자면 컴퓨터 덕분에 효율성과 생산성이 올라가기는 했지만 동시에 기후변화 때문에 기술 혁신의 영향력이 줄어들거나 완전히 상쇄돼서 정반대의 효과가 나타났을 수 있다. 어떻게 그런 일이 가능할까? 한 가설에서는 폭염과 대기오염이 인간의 인지 기능에 부정적인 영향을 미칠 수 있다고 지적하며 실제로 이를 지지하는 연구 결과가 나날이 쌓여 간다. 이런 가설만 가지고는 지난 수십 년에 걸쳐 이어진 심각한 정체 현상을 충분히 설명하지 못할 수 있다. 하지만 지구온난화가 전 세계적으로 노동생산성을 약화시킨다는 사실은 분명하다.

억지스러우면서도 동시에 직관적인 주장처럼 느껴질 것이다. 한편으로는 기온이 몇 도 올라간다고 온 세계 경제가 좀비 시장으로 변할 리가 있을까 싶으면서도 다른 한편으로는 무더운 날씨에 에어컨으로 버티며 일한 경험이 있다 보니 더위가 노동을 얼마나 힘들게 만드는

지 이해가 가기 때문이다. 물론 그 이상 큰 그림을 한눈에 이해하기는 어려울 수 있다. 마치 '지리적 결정론geographic determinism(지리적 요인이 인류의 생활양식을 규정한다는 주장-옮긴이)'처럼 느껴지기 때문이다. 하지만 실제로 시앙, 버크, 미구엘은 경제적 생산성에 요구되는 최적의 연평균 기온을 찾아냈다. 공교롭게도 미국 같은 경제 대국의 역대 기온 중앙값인 13도였다.[17] 오늘날 미국의 연평균 기온은 13.4도를 맴돌고 있으므로 최적의 조건과 비교할 때 GDP 손실은 1퍼센트를 넘지 않는다. 하지만 손실은 복리처럼 누적되므로 시간이 지날수록 영향은 심대해질 수 있다. 물론 지난 수십 년에 걸쳐 기온이 상승함에 따라 이전에 최적의 기온에 달하지 못했던 지역은 오히려 기후학적으로 이상적인 환경으로 바뀌기도 했다. 예를 들어 샌프란시스코 만안 지역은 현재 평균 기온이 정확히 13도로 상황이 딱 좋은 편이다.

이처럼 기후변화는 오늘날 우리가 지구 위에서 살아가는 방식을 모든 측면에서 바꾸어 놓는다는 점에서 총망라적인 위기라고 할 수 있다. 하지만 세계가 겪을 고통은 오늘날 이윤이 분배된 만큼이나 불평등하게 분배될 것이다. 국가와 국가 사이의 격차는 물론 국가 내 사람 사이의 격차도 거대할 것이다. 세계 내에서는 인도나 파키스탄처럼 이미 더운 국가가 가장 극심한 고통을 겪을 것이고[18] 미국 내에서는 자체적인 소득이 20퍼센트까지 감소할 수 있는 남부와 중서부가 대부분의 고통을 짊어질 것이다.[19]

미국은 기후변화의 충격을 크게 받기는 하겠지만 전반적으로 볼 때 충격을 가장 잘 견딜 만한 위치에 자리 잡고 있다. 무덥고 가난한 국가에는 이미 전염병처럼 퍼진 기후변화의 영향이 미국에서는 이제야 감

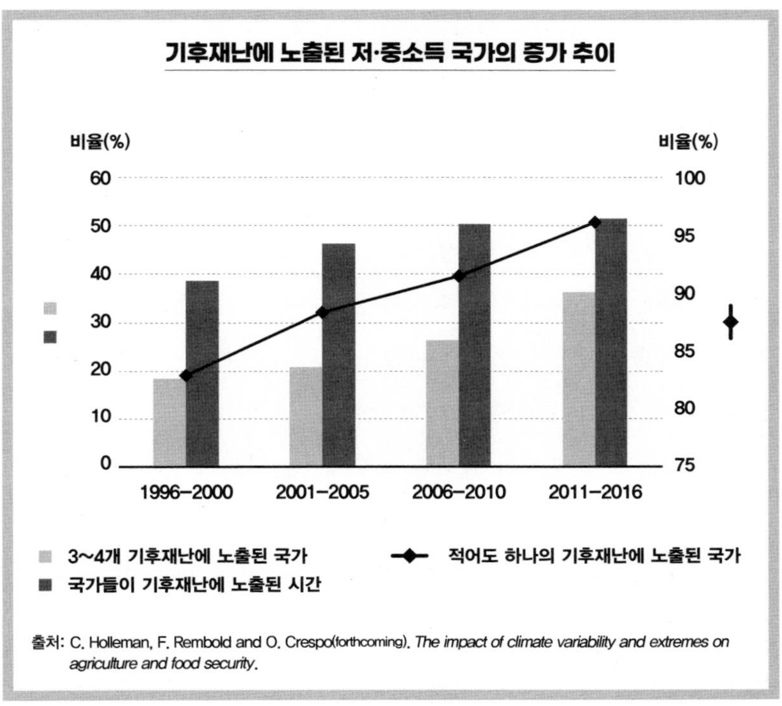

출처: C. Holleman, F. Rembold and O. Crespo(forthcoming). *The impact of climate variability and extremes on agriculture and food security*.

지되기 시작한 이유도 방대한 부와 지리적 이점 덕분이었다. 그럼에도 미국은 잃을 것이 워낙 많다는 점에서 또한 기나긴 해안 지대를 지나치게 공격적으로 개발해 왔다는 점에서 인도를 제외하면 기후변화의 충격에 가장 취약한 국가이기도 하다. 특히 세계화 시대에는 장정타오Zhang Zhengtao 등의 학자들이 말하는 '경제적 파급 효과economic ripple effect'가 나타난다.[20] 학자들은 이 효과를 수치로도 정리했으며 지구온난화가 진행될수록 파급 효과 역시 커진다는 사실을 밝혀냈다. 기온이 1도 증가해 미국 GDP가 0.88퍼센트 감소하면 미국이 입은 손실이 물결처럼 전 세계로 퍼져 나가 세계 GDP는 0.12퍼센트 감소한다. 기온이 2도 증가하면 경제적 파급 효과는 3배 증가한다. 물론 이 경우에도 파급 효과의 영향은 지역에 따라 불균등하게 나타난다. 예컨대 기온이 2도 증가했을 때 미국이 중국에 미치는 경제적 파급 효과는 기온이 1도 증가했을 때에 비해 4.5배나 증가한다. 경제 규모가 작은 나라가 내뿜는 파급 효과는 미국에 비하면 소소한 편이지만 충격파가 사실상 전 세계 모든 나라에서 나온다는 사실을 기억해야 한다. 마치 세계 곳곳의 온갖 송신탑에서 뿜어져 나오는 전파 신호처럼 파급 효과는 사방팔방에서 경제적 손실을 초래할 것이다.

좋든 싫든 간에 부유한 서구권 국가에서는 사회가 얼마나 건강한지 나타내는 유일무이한 지표로 (실제로는 한없이 결함이 많은) 경제성장률을 택했다. 그런데 바로 그 경제성장률이라는 지표에서조차 기후변화의 영향력이 드러난다. 기후변화가 산불, 가뭄, 기근을 불러일으킬 때마다 그래프는 요동을 치는 수준이다. 한 차례의 허리케인만으로도 수천억 달러의 피해가 발생하는 현재 경제적인 비용은 천문학적으로 쌓여 간다. 한 추산에 따르면 기온이 3.7도 상승하면 기후변화가 초래하는 피해액은 총 551조 달러(오늘날 전 세계에 존재하는 자산의 거의 2배)에 이른다고 한다. 그럼에도 우리는 그보다도 더 뜨거운 미래를 향해 나아가고 있다.

지난 수십 년 동안 정치권에서는 기후변화 대응책이 비용을 필요로 하지 않거나 도리어 경제적인 기회를 창출하지 않는 이상 세계가 기후변화에 대응하는 일은 없을 것이라고 합의를 보았다. 그런 식의 시장 논리는 항상 근시안적인 태도에서 비롯된다. 하지만 최근 몇 년 사이에 사회가 녹색에너지에 적응하는 데 드는 비용이 비약적으로 감소하면서 계산이 완전히 뒤집혔다. 기후변화에 아무런 조치를 취하지 않는 것이 지금 당장 가장 적극적인 조치를 취하는 것보다 월등히 많은 비용을 초래한다는 사실이 분명해졌다. 주식이나 국채로 수익을 얻을 수 있는데도 이를 사는 데 비용이 든다고 해서 무작정 수익을 포기할 필요는 없는 것처럼 기후변화에 적응하는 데 드는 비용 역시 무조건 비싸다고 생각할 필요는 없다. 2018년에 한 논문에서는 세계가 2030년까지 신속히 에너지 전환을 시도하는 경우 비용이 26조 달러 줄어든다고 추산했다.[21] 거꾸로 말해 현재 체제를 유지하는 대신 전 세계가 앞으로 10여 년 내에 에너지 기반 시설을 재구축하는 경우 26조 달러에 달하는 돈을 벌 수 있다는 뜻이다.

아무런 조치를 취하지 않은 채 하루를 흘려보낼 때마다 비용은 계속 쌓이고 숫자는 복리로 늘어난다. 시앙, 버크, 미구엘의 연구에서 지적하는 GDP가 50퍼센트 감소할 가능성은 사실상 확률 곡선 끝부분(기후변화가 경제성장에 초래할 수 있는 최악의 시나리오)에서 가져온 수치였다. 하지만 2018년에 버크와 동료 연구자들은 현재 우리가 처한 상황에 좀 더 가까운 시나리오를 바탕으로 경제성장 추이를 예측하는 논문을 발표했다.[22] 논문에서는 세계가 파리기후협약에 따라 온난화를 2.5~3도 사이로 제한한다는, 충분히 가능성은 있지만 다소 낙관적인 시나리오를 고려했다. 합리적인 기대 범위 내에서는 사실상 가장 이상적인 시나리오라고 할 수 있다. 연구진의 추산에 따르면 이 시나리오에서 21세기 말까지 전 세계 1인당 경제 생산량은 기온 상승이 없을 때 대비 평균 15~25퍼센트 감소할 것이다. 현재 탄소배출량 추세를 기준으로 계산하면 극히 낮은 확률이기는 하지만 21세기 말까지 기온이 4도 상승한다면 생산량은 30퍼센트 이상 감소할 것이다. 30퍼센트라는 수치는 1930년대를 살아가던 윗세대 사람에게 큰 상처를 남겼으며 결과적으로 파시즘, 독재, 인종 말살의 물결을 불러일으키는 데 기여했던 대공황 사태보다 2배 더 깊은 저점에 해당한다. 하지만 '저점'이라는 표현도 거기서 빠져나와 고점으로 올라간 뒤 안심하며 뒤를 돌아볼 때에나 내뱉을 수 있는 말이다. 기후변화가 초래하는 몰락은 빠져나오거나 안심할 기회조차 주지 않을 수 있다. 물론 늘 그랬듯이 경제가 몰락하는 와중에도 어떻게든 이익을 얻을 방법을 찾아내는 사람이 극소수 존재하겠지만 대다수가 경험하는 현실은 갱도 바닥에 기약 없이 파묻힌 광부의 현실과 다르지 않을 것이다.

The Uninhabitable Earth

11장

기후 분쟁

기후학자들은 시리아에 관해 이야기할 때 신중에 신중을 기한다. 기후변화가 초래한 가뭄이 시리아 내전에 어느 정도 기여한 것은 사실이지만 내전 자체가 기후변화의 결과라고 말하는 것은 전혀 타당하지 않기 때문이다. 이웃 나라인 레바논만 보더라도 똑같이 흉작을 겪었지만 내전이 일어나지는 않았다.

하지만 기후변화가 전쟁의 원인이 아니라는 말은 어디까지나 기후변화가 허리케인의 원인이 아니라는 말과 맥락을 같이한다. 다시 말해 기후변화가 전쟁이 일어날 가능성을 높이는 것은 사실이며 따라서 원인이냐 아니냐를 따지는 것은 언어상의 구분에 불과하다는 뜻이다. 기후변화가 특정한 나라에 분쟁이 일어날 가능성을 불과 3퍼센트 올린다 하더라도 간과할 문제는 아니다. 전 세계에는 거의 200개의 나라가 존재하므로 실질적으로는 기후변화에 따라 전쟁이 서너 번 내지는 대여섯 번 더 발발할 수 있기 때문이다. 지난 10년 동안 일부 전문가들은 기온과 폭력성 사이의 모호한 상관관계를 수치화하기도 했다. 예컨대 기온이 0.5도 상승할 때마다 무력 분쟁이 일어날 가능성은 10~20퍼센트 증가할 수 있다고 한다.[1] 물론 기후학에서 어떤 문제도 그처럼 단순화할 수는 없지만 수치 자체는 굉장히 충격적이다. 기온이 4도 증가하면 오늘날보다 분쟁이 2배 더 늘어날 수 있다는 뜻이니까 말이다. 어쩌면 그 이상 늘어날 수도 있다.

거의 모든 기후재난이 그렇지만 파리기후협약에서 설정한 목표를 달성하더라도 이런 유혈 사태를 피할 수는 없을 것이다. 피하기는커녕 상상 이상으로 막대한 노력을 기울여 온난화를 2도 밑으로 억제한다 해도 전쟁 가능성은 최소 40퍼센트에서 최대 80퍼센트까지 증가할 것이다. 이게 최상의 시나리오다. 아무리 미래를 낙관하더라도 지금보다 분쟁이 적어도 절반 가까이 늘어날 것이며 밤에 뉴스를 보면서 평화가 가득한 시대라고 말할 수 있는 사람이 거의 없을 것이다. 이미 아프리카에서는 기후변화로 분쟁 가능성이 10퍼센트 이상 올라갔으며[2] 2030년이면 분쟁 가운데 사망하는 사람 수가 39만 3,000명 늘어나리라 예상된다.[3]

헐벗은 지구 위에서 빽빽한 인구가 벌일 자원 전쟁

오늘날 '전투'라는 표현을 보면 유물을 발견한 느낌이 든다. 특히 서구권 국가에서는 전쟁이 소아마비가 사라지듯 현대 일상에서 완전히 사라진 것처럼 보이기 때문에 전쟁을 변칙적인 사건처럼 받아들이게 됐다. 하지만 전 세계에는 아직 19건의 무력 분쟁이 매년 1,000명 이상의 목숨을 앗아갈 만큼 격렬하게 진행 중이다. 그중 2010년 이후에 시작된 분쟁이 9건이며 비교적 작은 규모의 폭력 사태는 훨씬 더 많이 벌어지고 있다.

내가 대화를 나눠 본 거의 모든 기후학자는 그처럼 분쟁 관련 수치가 수십 년에 걸쳐 솟구칠 것으로 예상되기 때문에 오늘날 미군 당국도 국방부를 통해 기후변화의 위험도를 정기적으로 평가하고 온난화가 전쟁을 좌우하는 새로운 시대에 대비하는 등 기후변화에 집착하는 것이라고 지적한다. 트럼프 집권기에도 예외는 아니어서 비교적 수는 적지만 미국회계감사원Government Accountability Office 같은 연방 기관에서는 기후변화를 엄중히 경고하고 있다. 해수면 상승으로 미국 해군기지가 침수된다는 사실[4] 역시 꽤나 곤혹스러운 문제며, 북극에서는 빙하가 녹아내리면서 거의 우주 개발 경쟁만큼이나 생경한 새로운 전쟁의 장이 펼쳐질 것으로 보인다(이번에도 미국과 그 오랜 숙적인 러시아가 대립하는 구도가 주가 될 것이다).

전쟁놀이를 한다는 마음가짐으로 상황을 뜯어보면 중국이 남중국해에서 군사적인 목적으로 새로운 인공 섬을 적극 구축하는 것 역시 물바다가 된 세계에서 초강대국으로 군림하기 위한 일종의 예행연습 같다. 전략적 유인도 충분해 보인다. 미국이 제국을 태평양 전역으로 넓히기 위한 발판으로 사용했던 고도가 낮은 섬과 마찬가지로 현존하는 거점 가운데 상당수는 늦어도 21세기 말까지 사라지리라 예상되기 때문이다. 예컨대 미국지질조사국에서는 2차 세계대전 중 미국이 장

악했던 마셜제도의 섬들이 21세기 중반만 되더라도 해수면 상승으로 인해 사람이 거주할 수 없는 상태가 될 것이라 경고한다. 파리기후협약을 충족하더라도 수중에 잠길 것이다.[5] 게다가 이 섬들은 물속으로 무시무시한 것을 함께 데리고 들어갈 것이다. 2차 세계대전 직후 비키니 섬을 필두로 마셜제도의 섬들은 미국의 원폭 투하 실험 장소로 쓰였다. 그중 미군이 방사능을 '정화'한 곳은 단 한 군데에 불과하기 때문에 마셜제도는 사실상 세계에서 가장 큰 핵 폐기장이다.[6]

하지만 군대 입장에서 기후변화는 재편된 지도 위에서 펼쳐지는 강대국 간의 기 싸움 이상을 의미한다. 미군 세력 가운데 미국의 주도권이 영원히 지속되리라 생각하는 사람들마저 기후변화를 골칫거리로 인식한다. 범죄율이 곱절로 늘어난다면 세계의 경찰 노릇이 한층 더 어려워지기 때문이다. 게다가 시리아에서만 기후변화가 분쟁에 기여하는 것은 아니다. 일부 학자들은 최근 수십 년간 중동 지역에서 갈등이 심화되는 데는 지구온난화의 압력이 반영됐을 수 있다고 추측한다. 선진 공업 국가가 중동 지역의 석유를 추출해 사용하면서 온난화가 가속화되기 시작했다는 점을 고려한다면 더욱 잔혹하게 느껴지는 가설이다. 가뭄 및 흉작은 보코하람(나이지리아의 이슬람 극단주의 테러 조직 – 옮긴이), 이슬람 국가, 탈레반, 파키스탄의 이슬람 무장 단체 등 과격한 급진주의와 관련되며[7] 특히 민족 간 분쟁에서는 상관관계가 더욱 두드러지게 나타날 수 있다. 예컨대 2016년에 발표된 한 연구에서는 1980년부터 2010년 사이에 민족 구성이 다양한 국가에서 벌어진 분쟁 중 23퍼센트가 기상 재난이 닥친 시기에 발발했다고 보고한다.[8] 또 다른 추산에서도 아이티, 필리핀, 인도, 캄보디아 등 농업에 상당한

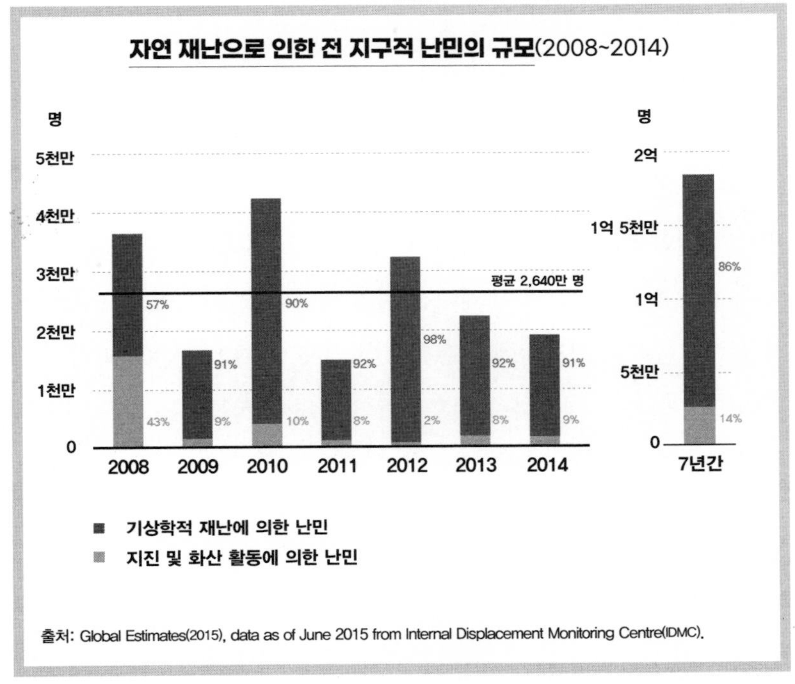

비중을 둔 32개국이 앞으로 약 30년 동안 기후변화가 촉발하는 분쟁 및 소요 사태를 겪을 가능성이 '극도로 높다'고 지적한다.[9]

기후변화와 분쟁 사이에 상관관계가 존재하는[10] 이유는 무엇일까? 일단은 농업과 경제 때문이라고 요약할 수 있다. 수확량이 감소하고 생산성이 하락하면 사회가 불안정해질 수 있으며, 가뭄과 폭염이 닥치면 정치적 분열을 비롯해 이전에는 걱정할 필요가 없었던 갈등이 드러나면서 사회가 훨씬 깊은 충격에 빠질 수 있다. 그 충격이 강제 피난 사태를 야기하고 강제 피난 사태가 다시 정치적·사회적 불안을 야기하는 과정 속에서 분쟁 가능성은 더욱 높아진다.[11] 게다가 피난에 성공한 사람이 해당 지역에서 언제나 환영받는 입장은 아니다. 오히려 최근 역사를 보면 정반대의 상황이 펼쳐지는 경우가 많았다. 이주민 숫자는 이미 역대 최고치를 경신하고 있다. 2018년 기준 정처 없이 지구를 떠도는 난민의 수는 약 7,000만 명에 달한다.[12] 난민 문제가 나라 밖에 영향을 미치는 요소라면 나라 안에서 벌어지는 상황은 종종 더 심각하다. 기상이변으로 피폐해진 지역에 남아 있는 사람들은 혼란에서 살아남는다는 가정하에 보통 완전히 낯선 종류의 정치사회 구조에 맞닥뜨리게 된다. 더군다나 기후변화의 압력에 굴복하는 것은 약소국만이 아니다. 실제로 몇 년 전부터 학자들은 이집트, 아카드, 로마 등 기후 환경이나 재난에 (적어도 부분적으로나마) 영향을 받아 주저앉게 된 제국들을 쭉 나열해 왔다.[13]

이처럼 고려해야 할 요소가 워낙 복잡하게 얽혀 있으므로 연구자들 역시 분쟁의 원인을 함부로 특정하지는 않는다. 하지만 지구온난화는 본래 그 잔혹성을 복잡하게 드러내는 법이다. 경제적 손실과 마찬가지로 분쟁 역시 기온 상승 자체가 독립적으로 작용한 결과라기보다는 기후변화가 초래하는 온갖 끔찍한 여파와 연쇄 작용이 종합적으로 작용한 결과라고 봐야 한다. 국가 단위 문제에 초점을 맞춘 싱크탱크인 기후안전센터The Center for Climate and Security에서는 기후변화가 초래하는 위협을 여섯 가지 범주로 정리한다.[14] 우선 '캐치 트웬티투 국가'는 정부가 농업 생산량 감소 같은 기후 문제에 대응하기는 하지만 이전 어느 때보다 기후변화에 취약해진 세계시장에 의존하는 방식으로 대응하려는 국가를 가리킨다. 둘째로 '불안 국가'는 단지 기후적으로 유리한 위치에 있기 때문에 겉으로만 안정돼 보이는 국가에 해당한다. 셋째로 '취약 국가'는 수단, 예멘, 방글라데시처럼 이미 기후변화의 영향으로 국가의 권위가 위태롭거나 바닥에 떨어진 상태인 국가를 가리킨다. 넷째로 남중국해나 북극 같은 '국가 간 분쟁 지역'이 있다. 다섯째로 몰디브 같은 '실종 국가'는 말 그대로 지구상에서 사라지고 있는 국가를 가리킨다. 마지막으로 이슬람 국가 등의 '비국가 활동 세력'은 담수 같은 지역 자원을 장악함으로써 정부나 지역 주민에게 명목상 영향력을 행사하려는 단체를 가리킨다. 어떤 경우에서든 기후는 단독 요인으로 작용한다기보다 복잡하게 얽힌 온갖 사회적 불안 요소에 불을 붙이는 불꽃 역할을 한다.

이런 복잡성 때문인지 사람들은 늘어나는 전쟁의 위협을 명확하게 이해하지 못한 채 정치와 경제가 전쟁을 일으키는 주된 요인이라고 결론 내린다. 실상 전쟁은 물론 정치와 경제마저 다른 모든 것과 마찬가지로 급변하는 기후가 만들어 낸 조건에 따라 좌우되는데도 말이다. 약 10여 년 전부터 언어학자 스티븐 핑커Steven Pinker는 사람들, 특히 서구권 사람이 인류가 이룬 진보를 제대로 인정해 주지 않는다는 주장을 제시함으로써[15] 제2의 커리어를 시작했다. 인류가 폭력, 전쟁, 가난을 줄이고 유아사망률을 낮추며 기대 수명을 늘리는 면에서 단기간에 어마어마한 발전을 이뤘다는 사실을 전혀 알아보지 못한다는 것이다. 맞는 말이다. 도표를 모아 놓고 그래프가 그리는 궤적을 들여다보면 이견의 여지가 없다. 비명횡사하는 사람 수가 감소했고 극심한 빈곤이 훨씬 줄어들었으며 중산층 비중이 수억 명은 늘어났다. 그러나 다시 한번 강조하지만, 그런 번영이 가능한 이유는 화석연료라는 새롭게 발견된 동력이 산업화와 사회 변화에 불을 지피고 있기 때문이다. 현재 그 중심에는 중국이 자리 잡고 있으며 산업화를 치르는 그 밖의 개발도상국 역시 어느 정도 지분을 차지한다. 그 발전의 대가는, 즉 산업화를 통해 개발도상국의 수십 억 인구를 중산층으로 끌어올린 대신 치르게 될 대가는 바로 기후변화다. 하지만 의아하게도 핑커를 포함해 우리 모두는 상황을 지나치게 낙관하고 있다. 더욱 큰 문제는 인류의 진보에서 비롯된 지구온난화가 우리를 다시 폭력으로 몰아넣으리라는 점이다.

전쟁과 같이 비교적 최근의 역사적 기억이라 할지라도 인생의 절반 정도로 지극히 짧은 기간의 일이기 때문에 전쟁의 공포와 명분은 한 세대가 지나기도 전에 옛날이야기 수준으로 쪼그라들고는 한다. 하지만 역사를 통틀어 대부분의 전쟁이 자원 부족 사태로 촉발된 분쟁이었다는 사실을 잊어서는 안 된다. 기후변화로 헐벗은 땅 위에 인구만 빽빽이 들어찰 지구에서 바로 그 자원 부족 사태가 벌어질 것이기 때문이다. 게다가 자원 전쟁은 보통 자원을 늘려 주지 않는다. 많은 경우 오히려 자원을 소멸시킨다.

개인 간에 발생하는 분노와 폭력

국가 간의 충돌만 하더라도 우리에게 미치는 영향은 막대하다. 조각보처럼 하나로 연결됐던 나라들이 난잡하게 뜯어져 서로에게 끔찍한 피해를 입히는 것이다. 하지만 기후변화는 각각의 천 조각 안에서 개인이라는 실을 뜯어내기도 한다. 사람들이 쉽게 화를 내고 서로 간에 마찰이 발생하며 가정 내에 폭력이 발생하는 것이다.

열기는 온 신경을 날카롭게 만든다. 강력 범죄율을 높이고[16] 소셜 미디어상의 욕설 빈도를 높이며[17] 팀 동료가 공에 맞는 것을 본 메이저리그 투수가 마운드에 올라가 상대 타자에게 앙갚음할 확률을 높인다.[18] 기온이 높을수록 운전자는 불만을 표출할 때 경적을 더 오랜 시간 울린다.[19] 모의 훈련이 더운 날씨에 시행될수록 경찰관이 강도를 향해 발포할 가능성도 올라간다.[20] 한 추산에 따르면 2099년 미국에서는 기후변화가 살인을 2만 2,000건, 강간을 18만 건, 폭행을 350만 건, 온갖 종류의 절도 행위를 376만 건 늘릴 것으로 예상된다.[21] 과거 통계자료를 보면 기후변화의 영향력은 더욱 확실하게 드러나며 20세기 중반 선진국에 등장한 에어컨조차 여름철 범죄 급증 문제를 해결하는 데 거의 기여하지 못했다.

단지 기온 문제만은 아니다. 2018년에 한 연구진은 미국 도시 9,000개 이상을 대상으로 한 방대한 데이터를 조사한 결과 대기오염 수준이 차량 절도, 강도, 도둑질, 폭행, 강간, 살인 등 그들이 살펴본 모든 종류의 범죄율과 양의 상관관계를 가진다는 사실을 발견했다.[22] 기후변화는 좀 더 우회적인 방식으로 폭력에 영향을 미치기도 한다. 2008년에서 2010년 사이에 과테말라에는 열대 폭풍 아서Arthur, 허리케인 돌리Dolly, 열대 폭풍 애거사Agatha, 열대 폭풍 허민Hermine이 연달아 닥쳤다. 과테말라는 이미 이상기후의 영향을 가장 심각하게 받고 있던 10개 국가 중 하나였으며 같은 시기에 화산 분출과 지진까지 겪은 상태였다. 피해를 모두 종합하면 약 300만 명이 불안정한 식량 안보 상태에 놓였으며 적어도 40만 명 이상이 인도적 지원을 필요로 했다.[23] 2010년에 발생한 재난만으로도 도로가 파괴되고 공급망이 끊어지는 등 피해 규모가 과테말라 국가 예산 4분의 1에 해당하는 10억 달러 이상에 달했다. 2011년에는 12호 열대 폭풍이 닥쳤다. 재난이 휩쓸고 간 뒤 과테말라 농부들은 양귀비를 재배하기 시작했다. 이미 막대한 문제였던 조직범죄가 폭발적으로 증가했다[24](시칠리아 마피아가 가뭄에서 비롯됐다는 최근 연구를 고려하면 놀랄 일도 아니다).[25] 과테말라는 높은 살인율을 기록하고 있으며[26] 유니세프UNICEF 보고에 따르면 세계에서 두 번째로 아동에게 가장 위험한 나라이기도 하다.[27] 과테말라에서는 전통적으로 커피와 사탕수수가 주력 상품이었다. 하지만 두 작물 모두 기후변화로 인해 앞으로 수십 년 내에 재배가 불가능해질 것이다.[28]

The Uninhabitable Earth

12장

시스템의 붕괴

내가 연쇄적인 재난이라고 부르는 것을 기후학자들은 보통 '시스템의 위기systems crises'라고 부른다. 같은 맥락에서 미군은 기후변화에 '위협 증폭기threat multiplier'라는 별칭을 붙였다. 기후변화가 일으키는 증폭 현상은 분쟁이 없는 상황에서도 피난민을 초래할 수 있다. 말 그대로 '기후'난민이 발생하는 것이다. 한 추산에 따르면 2008년 이후로 기후 난민은 이미 2,200만 명 생겨났다.[1]

서구권에서는 난민을 '파탄 국가failed state'가 일으키는 문제라고 생각하는 경향이 있다. 제 기능을 못하는 빈곤한 사회 때문에 상대적으로 안정된 부유한 사회가 짐을 져야 한다는 것이다. 하지만 허리케인 하비는 텍사스 주에서만 적어도 6만 명 이상의 기후 피난민을 발생시켰고[2] 허리케인 어마는 약 700만 명을 강제 대피하도록 만들었다.[3] 다른 문제와 마찬가지로 기후난민 문제 역시 앞으로 계속 악화될 것이다. 2100년 미국에서는 해수면 상승만으로 전체 인구의 족히 몇 퍼센트를 차지하는 1,300만 명이 거처를 잃을 것이다.[4] 그중 대다수는 미국 남동부, 특히 마이애미 권역에서만 250만 명이 쫓겨나는 플로리다주와 뉴올리언스에서만 50만 명이 사라지는 루이지애나 주에서 나올 것이다.

유별나게 부유한 나라인 미국은 아직까지는 그런 혼란을 유별나게 잘 견디는 편이다. 21세기가 지나가면서 해안 지대가 쑥대밭이 되고 지형이 완전히 바뀌더라도 수천만 명의 미국인 이주민은 어쩌면 새로운 환경에 그런대로 적응할지도 모른다. '어쩌면' 말이다. 하지만 지구온난화는 해수면 문제로 끝나지 않으며 미국이 첫 표적도 아니다. 오히려 온난화는 세계에서 가장 후진적이고 가장 빈곤하며 가장 회복력이 떨어지는 나라에 가장 큰 충격을 안길 것이다.[5] 사실상 부유한 자가 넘쳐 나는 욕심 속에 가난한 자를 빠뜨리는 것이나 마찬가지다. 영국은 최초로 산업화를 시작해 온실가스를 대규모로 생산한 나라임에도 기후변화의 충격을 가장 덜 받을 것으로 예상된다. 반면 개발 속도가 가장 더디고 탄소배출량도 가장 적은 나라들은 기후변화의 충격을 가장 심하게 받을 것이다. 대표적으로 세계 최빈국 중 하나인 콩고민주공화국은 유난히 심각한 기후 시스템 교란 문제를 겪을 예정이다.

콩고는 거의 내륙국에 가까우며 국토가 대부분 산으로 이루어졌지만 그런 지형적 특징만으로는 다가올 온난화의 영향을 막을 수 없다. 어떤 나라에서는 풍부한 부가 완충 장치 역할은 하겠지만 역시 보호 장치가 되지는 못할 것이다. 호주에서는 이미 이 사실이 분명히 드러나고 있다. 21세기 후반에 본격적으로 압박을 받기 시작할 다른 부유한 나라 입장에서, 온난화로부터 가장 강렬하고도 즉각적인 포화 세례를 받는 국가 중 압도적으로 부유함을 자랑하는 호주는 풍요로운 사회가 기후변화의 압력에 어떤 식으로 억눌리고 주저앉고 재건하게 될지 미리 보여 주는 선례와도 같다. 현지 자연환경을 무시하고 원주민을 학살하는 가운데 세워진 만큼 현대 호주의 야망에는 늘 위태로운 구석이 있었다. 생태적으로 너무나 혹독하고 까다로운 환경임에도 그 위에 날림으로 막대한 부를 쌓아 올린 것이다. 결국 2011년 호주에서는 단 한 차례의 폭염으로 대규모 고사 현상 및 산호 백화 현상, 식생의 죽음, 토종 새 및 특정 곤충의 개체 수 급감, 해양 및 육지 생태계 변형 같은 일이 벌어졌다.[6] 호주 정부에서 탄소세를 부과하자 탄소배출량은 떨어졌다. 반면 정치적 압력으로 탄소세를 폐지하자 탄소배출량은 다시 증가했다. 2018년 호주 의회에서는 지구온난화를 '현재 진행 중이며 실제 존재하는 국가 안전상의 위기'라고 선언했다.[7] 하지만 몇 달 뒤 기후변화 문제에 깨어 있던 당시 호주 총리는 파리기후협약을 이행하려 시도했다는 이유로 사임해야 했다.

모든 사회는 풍부한 자원이라는 윤활유로 돌아가는 수레와 같다. 따라서 윤활유가 말라 버리면 사회는 더 이상 나아가지 못하고 금이 가기 시작한다. 평생 풍요밖에 모르고 산 사람조차 흐름을 벗어날 수는 없다. 그들의 삶은 유흥이 가져다주는 자극을 제외하면 윤활유를 바른 것처럼 매끄러웠겠지만 결국 사회가 그리는 내리막길을 따라가게 될 것이다. 그들이 지켜보는 가운데 시장은 붕괴하고 가격에는 거품이 끼며 부유한 자와 무장한 자는 재화와 서비스를 독점하고 법 집행 기관은 이익 기관으로 퇴보하며 정의에 대한 기대 자체가 사라지면서 생존은 개인의 수완에 달린 문제로 급변할 것이다.

2018년 세계은행 보고에 따르면 2050년까지 현재 탄소배출량 추세가 지속되는 경우 단 세 지역만 고려하더라도 기후난민이 1억 4,000만 명 이상 발생한다.[8] 연구 대상인 세 지역은 사하라 이남 아프리카, 남아시아, 라틴아메리카로 각각 8,600만 명, 4,000만 명, 1,700만 명의 난민이 발생할 것이다. 가장 보편적으로 인용되는 유엔국제이주기구United Nations' International Organization for Migration 추산에 따르면 2050년 기준 총 기후난민 수는 2억 명으로 그보다 조금 더 높다. 물론 이 수치는 비운동권 전문가들의 생각에 비하면 꽤 높은 편이다. 하지만 유엔국제이주기구에서는 2050년까지 기후난민이 최대로는 10억 명까지 발생할 수 있다고 주장한다.[9] 10억 명이면 현재 북아메리카와 남아메리카 인구를 합친 숫자다. 한때 신세계라 불렸던 두 대륙이 갑자기 물에 잠긴다고 상상해 보자. 아메리카 대륙 위에 살던 모두가 이제 수면 위를 둥둥 떠다니면서 어디든 발 디딜 곳을 찾아 다른 누구보다 먼저 차지하려고 쟁탈전을 벌이는 것이다.

비인간적 생활 조건이 '일상'이 되는 순간

위기가 '사회'라는 시스템에만 닥치지는 않는다. '몸'이라는 시스템에도 닥칠 수 있다. 역사적으로 미국에서 수인성 질병(위장 문제를 일으키는 조류나 박테리아를 통해 인간의 몸에 들어올 수 있는 질병)이 발생한 경우 그중 3분의 2 이상은 강렬한 폭우가 해당 지역의 상수도를 어지럽힌 뒤에 발생했다.[10] 예컨대 개울에서는 폭우가 지나간 뒤에 살모넬라균 농도가 급격히 증가하는 것으로 나타난다. 또한 1993년 밀워키에서도 폭풍이 지나간 직후에 40만 명 이상이 크립토스포리디움cryptosporidium에 감염되는 일이 있었으며[11] 이는 미국 최대의 수인성 질병 창궐 사태로 알려졌다.

홍수든 가뭄이든 갑작스런 이상 강우 현상은 농업 공동체를 경제적으로 무너뜨릴 수도 있지만 태아나 유아에게 '영양 부족nutritional deficiency' 현상을 초래할 수도 있다. 이름만 보면 무난해 보이지만 베트남에서는 어릴 때 영양 부족을 겪고 살아남은 아이들이 학교에 늦게 들어가고 들어가서도 좋은 성적을 거두지 못하며 또래에 비해 신장이 덜 자라는 것으로 나타났다.[12] 인도에서도 동일한 방식으로 가난이 대물림된다.[13] 만성적인 영양 부족이 일평생 미치는 영향은 인지 능력의 감퇴, 잠재적인 임금 감소, 질병 확률의 증가 등 영구적인 만큼 더욱 고통스럽다.[14] 에콰도르에서는 기후변화의 충격이 중산층 아이에게서도 나타났다.[15] 어린 시절 극심한 폭우나 폭염을 경험한 경우 그 흔적이 20~60년 뒤에 임금 격차로 드러난 것이다. 아기가 자궁에 있는 9개월 중 기온이 32도 이상인 날수가 증가할수록 평생 소득이 눈에 띄게 감소한다는 점에서 기후변화의 영향은 태아 때부터 시작해 보편적으로 나타난다고 할 수 있다.[16] 또한 기후변화의 영향은 인생 후반기까지 축적될 수 있다. 대만에서 진행된 대규모 조사에서는 대기오염이 한 단위씩 증가할 때마다 알츠하이머가 발병할 가능성은 2배 증가했다.[17] 온타리오와 멕시코시티에서도 유사한 양상이 관찰됐다.[18]

환경 파괴가 점점 더 세계적인 추세로 자리를 잡다 보니 그 대가를 예측하는 데 더 풍부한 상상력이 요구된다. 빈곤이 더 이상 특이한 사회만의 전유물이 아니라 모든 지역 및 국가의 공통된 특징으로 바뀌면, 오늘날 우리 입장에서는 비인간적인 생활 조건처럼 보이는 환경이 미래 세대 입장에서는 그게 아는 전부이므로 그저 '일상'처럼 느껴질 것이다. 여태까지 우리는 수단이나 소말리아처럼 자연적인 기근 때문에 혹은 예멘이나 북한처럼 인공적인 기근 때문에 발육이 멎은 각 나라 국민을 보며 경악하고는 했다. 하지만 앞으로는 기후변화 때문에 어떤 식으로든 모두의 발육이 멈춰서 애초에 비교할 대조군 자체가 존재하지 않을 것이다.

혹자는 이런 경각심이 자연스럽게 가족계획으로 이어지지 않을까 기대한다. 실제로 출산 여부를 선택함으로써 정치적 의사를 전달할 수 있다고 생각하는 유럽 및 미국의 부유한 청장년층은 가족계획에 주의를 기울이기 시작했다. 언뜻 깨어 있는 사람처럼 보이는 이들 무리는 고난이 득실거리는 타락한 세상에 새 아이를 내놓아도 괜찮을지, 오히려 기후변화 무대에 조그만 소비 기계나 다름없는 녀석들을 가득 채워 넣어 문제를 가중시키는 건 아닐지 깊은 우려에 빠져 있다. 《가디언The Guardian》에서는 2017년에 이렇게 자문자답했다. "기후변화에 맞서 싸우고 싶은가? 아이를 적게 낳아라."[19] 동일한 주제가 같은 해에 그리고 다음 해에도 다양한 방식으로 변주돼 《가디언》을 비롯한 온갖 라이프 스타일 잡지에서 다뤄졌다. 《뉴욕타임스》에서는 이렇게 권했다. "기후변화에 대비해 결정해야 할 문제 목록 가운데 '자녀를 낳아야 하나?'라는 질문을 추가해라."[20]

지구온난화가 이런 식으로 소비자 계층 개인의 결정에 영향을 미친다는 사실은 물론 잘사는 사람들 사이에 피어오르는 묘한 금욕적 자부심을 드러내기는 하지만 지구온난화를 지나치게 좁은 시야로 바라본다는 뜻일지도 모른다(소설가 실라 헤티Sheila Heti는 《마더후드Motherhood》의 대표적인 대목에서 본인은 선택하지 않기로 한 '부모가 된다는 것'의 의미에 관해 숙고하면서 "출산에서 자부심을 찾는 행위는 식민지를 세우는 데서 자부심을 찾는 행위나 마찬가지"라고까지 말한다). 하지만 지구환경의 몰락은 불가피한 미래가 아니라 선택권이 남아 있는 미래다. 완전히 뒤바뀐 세상에 아이들 하나하나가 나올 때마다 그들에게는 온갖 가능성이 열려 있을 것이다. 순진한 생각이 아니다. 우리가 아이 곁을 지키면서 그들을 위한 세상, 그들과 함께하는 세상, 그리고 우리 자신을 위한 세상을 만들도록 손을 보탤 것이기 때문이다. 다가올 수십 년이 어떤 식으로 흘러갈지는 아직 정해지지 않았다. 새로운 아이가 태어날 때마다 지구와 지구 위를 살아가는 아이의 삶에 얼마나 많은 피해가 더해질지 고려해 타이머도 다시 맞춰야 한다. 미래가 굳게 막힌 듯하고 운명이 이미 정해진 듯하겠지만 사실 가능성은 우리에게도 충분히 열려 있다. 그럼에도 미래를 조금도 바꿀 수 없다는 말만 반복하다가는 그 가능성마저 정말로 닫혀 버릴 것이다. 언뜻 냉철한 지혜를 담은 것처럼 들리는 말은 많은 경우 무관심을 덮으려는 핑계에 불과하다.

인류의 정신 건강에 미치는 충격적인 영향

세상에 고난이 가득할 때 인간의 이기적인 정신은 현실을 마음 한구석에 떼어 놓으려고 애쓴다. 실제로 지구온난화의 영향력이 인류가 고안한 온갖 대처 방안을 압도할 때 인간의 심리 상태에 어떤 흔적이 남을지는 기후학자들 사이에서 새롭게 떠오른 흥미로운 연구 분야 중 하나다. 간단히 말해 불타는 지구는 우리의 정신 건강에 어떤 영향을 미칠까? 가장 예측하기 쉬운 변수는 트라우마다. 극단적인 기상 환경에 노출되는 사람 중 4분의 1에서 2분의 1이 트라우마로 정신 건강에 지속적인 충격을 받을 것이다.[21] 영국에서는 자신이 거주하는 동네에 홍수가 발생하면 직접적인 피해를 겪지 않더라도 심리적 고통이 4배 증가하는 것으로 나타났다.[22] 허리케인 카트리나가 휩쓸고 지나간 곳에서는 피난민 가운데 62퍼센트가 급성스트레스장애 진단 기준을 넘어서는 고통을 느꼈다. 피해 지역 전체를 기준으로 보면 거의 3분의 1에 달하는 사람이 외상후스트레스장애PTSD를 얻었다.[23] 의외로 산불은 트라우마를 남길 가능성이 비교적 낮았다.[24] 일례로 캘리포니아에 일련의 산불이 휩쓸고 지나간 뒤에는 피난민 24퍼센트만이 PTSD를 겪었다. 하지만 산불을 경험한 사람 가운데 3분의 1은 그 대신 우울증 진단을 받았다.

밖에서 기후재난을 지켜보는 사람들 역시 트라우마를 겪을 수 있다. 2007년에 앨 고어와 노벨평화상을 공동 수상한 카밀 파미잔Camille Parmesan은 "우리가 잃어버리는 것을 보고서도 감정적인 반응을 보이지 않는 과학자는 한번도 본 적이 없다"고 말했다.[25] 이런 현상을 가리켜 《그리스트Grist》에서는 '기후 우울증'이라는 표현을,[26] 《사이언티픽 아메리칸Scientific American》에서는 '환경적 비애'라는 표현을[27] 사용했다. 세상의 끝을 연구하는 사람들이 경고의 목소리에 거의 아무도 주의를 기울이지 않는 상황 속에서 특히 절망감을 느낀다는 사실은 어쩌면 당연한 일처럼 보일지 모른다. 하지만 한편으로는 기후변화의 파괴력이 서서히 모습을 드러냄에 따라 세상 사람이 얼마나 끔찍한 참상을 겪을지 예상이 되기도 한다. 현재 정신적 고통을 겪는 수많은 기후학자들은 일종의 '탄광 속 카나리아' 역할을 하는 셈이다. 그렇기 때문에 기후변화에 경각심을 불러일으키려다 자칫 양치기 소년이 되지는 않을까 걱정하는 학자도 많다. 대중이 얼마나 무관심해질 수 있는지 너무 잘 알다 보니 정확히 언제 어떤 식으로 경종을 울려야 하는지 전전긍긍하는 것이다.

어떤 지역에서는 경종이 알아서 울리고 있다. 지구온난화가 정신 건강에 미치는 영향을 연구하는 학자들은 그 고통을 간접적으로 경험할 뿐이다. 바꿔 말해 고통을 직접 경험한 사람은 훨씬 큰 충격을 받았다는 뜻이다. 당연한 말이지만 기후 트라우마는 특히 어린 사람에게 영향을 미친다. 어린아이일수록 외부의 영향에 쉽게 휘둘린다는 민간 지식이 이 경우에는 꽤 맞아떨어진다. 1992년 5등급 허리케인 앤드류Andrew가 플로리다 주를 강타해 40명의 목숨을 앗아간 지 32주 후에 진행된 설문조사에서는 아이들 중 2분의 1 이상이 중간 단계의 PTSD 증상을 보였고 3분의 1 이상이 고위험 단계의 PTSD 증상을 보였다. 피해가 막심했던 지역에서는 허리케인이 휩쓸고 간 지 21개월이 지난 뒤에도 아이들 중 70퍼센트가 중간에서 고위험 단계에 이르는 PTSD를 지니고 있었다.[28] 썩 기분 좋은 비교는 아니지만 전쟁에서 돌아온 군인 중 PTSD를 겪는 비율은 11~31퍼센트 사이에 불과하다.[29]

한 연구에서는 5등급 허리케인이자 기록상 두 번째로 높은 사상자를 낸 대서양 허리케인 미치Mitch가 1998년에 중앙아메리카를 강타해 약 1만 1,000명의 목숨을 앗아간 뒤 사람들의 정신 건강에 어떤 여파를 미쳤는지 아주 세세하게 조사했다.[30] 니카라과에서 가장 큰 피해를 입은 포솔테가라는 마을에서는 아이들 중 심각한 부상을 입은 아이가 27퍼센트, 가족 구성원을 잃은 아이가 31퍼센트, 집이 부서지거나 무너진 아이가 63퍼센트로 추산된다. 후유증이 어떨지 짐작이 갈 것이다. 포솔테가에 사는 청소년 중 90퍼센트가 PTSD를 얻었으며, 그중 남자아이들은 평균적으로 '고위험' 단계에서도 최고 수준에 달했고 여자아이들은 평균적으로 '최고위험' 단계를 넘어섰다. 허리케인이 지나간 지 6개월 뒤에도 포솔테가의 청소년 생존자 가운데 80퍼센트는 우울증을 겪고 있었다. 또한 연구에 나오는 대로 다소 완곡하게 표현하자면 절반 이상은 '앙심'에 사로잡혀 있었다.

기후변화가 정신 건강에 미치는 충격적인 영향은 또 있다. 《란셋》에서는 기후변화가 우울증의 발병 및 악화에 영향을 미친다고 밝힌다.[31] 데이터를 보면 기온과 습도가 상승할수록 정신 건강 문제로 응급실을 방문하는 사례가 늘어났기 때문이다.[32] 또한 밖이 더울수록 정신병원에서 입원 치료가 필요한 경우가 크게 늘어나기도 했다.[33] 특히 조현병 환자는 기온이 높을수록 입원율이 훨씬 높아졌으며 입원한 병원 내에서조차 병실 온도가 높을수록 증상이 심각해졌다.[34] 폭염은 그 밖에도 기분 장애, 불안 장애, 치매 같은 질환을 악화시킨다.[35]

앞에서 살펴본 것처럼 기온 상승은 사람들 사이에 갈등과 폭력이 발생할 가능성을 높인다. 따라서 기온이 상승할수록 스스로에게 위해를 가할 가능성이 높아진다는 사실도 그리 놀랄 일이 아니다. 월평균 기온이 1도 상승할 때마다 자살률이 미국에서는 1퍼센트포인트, 멕시코에서는 2퍼센트포인트 이상 증가하는 것으로 나타난다.[36] 탄소 배출 추세가 지속되는 경우 미국과 멕시코에서는 4만 명이 추가로 자살할 수 있다는 뜻이다. 탐마 칼튼Tamma Carleton의 충격적인 논문에 따르면 지구온난화는 이미 5만 9,000건의 자살을 초래했다고 한다.[37] 그중 대다수는 인도의 농부들로, 현재 전 세계 자살 건수의 5분의 1이 인도에서 발생하며 불과 1980년 이후로 인도의 자살률은 2배 증가했다. 칼튼은 기온이 이미 높은 지역에서는 1도만 뜨거워지더라도 스스로 목숨을 끊는 농부의 시신이 매일 70구 늘어날 수 있다고 지적한다.

여기까지 읽는 데 성공했다는 말은 당신이 정말 용감한 독자라는 뜻이다. 앞서 나온 열두 장을 읽다 보면 아무리 낙천적인 사람이라도 패닉 상태에 빠질 만한 공포심을 느낄 것이기 때문이다. 하지만 당신은 뜨거운 지구에 관해 '읽는 것'만으로 그치지 않을 것이다. 당장이라도 그 위를 '살아갈 것'이다. 이미 수많은 지역의 수많은 사람에게는 현재진행형인 이야기다.

지금까지 소개한 온갖 연구 자료(기후난민, 신체 건강, 정신 건강, 분쟁, 식량 공급, 해수면 문제 등 앞으로의 혼돈을 구성할 온갖 요소에 관한 연구 자료)를 통틀어 가장 주목할 만한 사실은 연구의 기반이 오늘날 우리가 알고 있는 세계, 즉 단 1도만 뜨거워진 세계에 있다는 점이다. 세계는 아직 알아보지 못할 정도로 변형되거나 훼손되지는 않았으며 여전히 '기후 평형의 시대'에 맞춰 고안된 관례를 따르고 있다. 이제 막 '기후 혼돈의 시대'를 향해 맹렬히 달려가면서 혼란을 감지하기 시작했을 뿐이다.

물론 일부 연구는 추측에 기반을 둔다. 인류 역사상 누구도 경험한 적 없는 지구환경에서 어떤 물리적 작용이 발생하며 인간이 어떤 식으로 상호작용할지 최대한 잘 예측한 것이다. 따라서 어떤 예측은 틀릴 수도 있다. 애초에 과학이 작동하는 방식이 그렇다. 하지만 모든 과학 연구는 선례로부터 나오며 다음 기후변화의 시대에는 선례라고 할 만한 것이 전혀 없다. 의외로 유용하게 쓰이는 도널드 럼스펠드Donald Rumsfeld의 표현을 빌리자면, 앞서 살펴본 기후 혼돈의 열두 가지 요소는 적어도 '알려진 지식known knowns(안다는 사실을 알고 있는 지식 – 옮긴이)'에 속한다. 이런 지식은 연구하기가 그나마 덜 까다롭지만 지식의 범주는 두 가지 더 존재한다.

우리가 대강 훑어본 내용만으로도 감정적으로 지치거나 심하면 압박감을 느낄 수도 있다. 하지만 그 내용은 결국 윤곽 수준에 불과하며 앞으로 수십 년에 걸쳐 빈틈을 채우기도 하고 살을 붙이기도 해야 할 것이다. 지난 수십 년간의 양상을 고려한다면 위안이 되는 발견보다는 주로 암울한 발견이 더해질 것이다. 우리는 기후변화가 실재한다는 사실, 인간이 기후변화를 초래한다는 사실, 기후변화가 해수면을 높이고 북극 빙하를 녹인다는 사실 등 지구온난화에 관해 꽤 많은 지식을 알게 됐다고 자신하지만 아직 딱 그 정도 알고 있을 뿐이다. 10년 전에는 기후변화와 분쟁의 관계를 다루는 논문이 거의 없었다. 20년 전에는 기후변화와 경제성장의 관계를 다루는 유의미한 논문이 전혀 없었다. 50년 전에는 기후변화 연구 자체가 거의 이루어지지 않았다.

기후변화에 관한 학문이 발전해 온 속도를 보면 흥분이 느껴지기도 하지만 겸손한 마음이 들기도 한다. 지구온난화가 오늘날 우리가 살아가는 방식을 어떻게 바꿔 놓을지 아직도 모르는 내용이 너무나 많기 때문이다. 이제 지금으로부터 50년 뒤에 우리가 얼마나 되는 지식을 알고 있을지 상상해 보자. 그리고 우리가 최악의 결과를 피한다 하더라도 세계가 얼마나 더 심각하게 불타고 있을지 상상해 보자. 북극에서 메탄이 방출되거나 해류 순환 시스템이 급격히 둔화된 탓에 기후변화의 피드백 고리가 활성화돼 있지는 않을까? 결코 확실한 대답을 내놓을 수 없다. 대륙 크기만 한 탄소포집 시설을 세우거나 온 인류가 건강 문제에 노출될 위험을 감수하더라도 이산화황을 붉은 하늘에 퍼뜨림으로써 인류를 보호할 수 있을까? 역시 예측하기 어렵다. 따라서 이런 지식은 '알려진 미지known unknowns(모른다는 사실을 알고 있는 지식 - 옮긴이)'에 속한다. 럼스펠드의 혜안에 따르면 그보다도 무시무시한 개념(알려지지 않은 미지unknown unknowns) 역시 하나 남아 있다.

결국 열두 개 챕터에 묘사된 열두 가지 위협은 기껏해야 현재로서 내놓을 수 있는 미래 모습이라는 뜻이다. 우리가 실제로 맞이할 미래는 훨씬 더 끔찍할지도 모른다. 물론 반대로 덜 끔찍할 수도 있다. 새로운 세계의 모습은 부분적으로는 아직 미지의 존재에 가까운 자연의 힘에 달려 있지만 결정적으로는 인간의 손에 달렸다. 기후변화가 초래하는 위기는 어느 시점에 부정할 수 없을 만큼, 외면할 수 없을 만큼 분명해질까? 인간의 이기심은 지구환경에 얼마나 많은 피해를 입힐까? 인류는 스스로를 구원하기 위해 그리고 지금 누리는 생활양식을 최대한 보존하기 위해 얼마나 빨리 행동을 취할까? 책에서는 명료한 설명을 위해 기후변화가 초래하는 재난(해수면 상승, 식량 부족, 경제적 부진 등)을 각각 독립된 문제처럼 다뤘다. 하지만 실제로는 그렇지 않다.

어떤 문제는 서로 영향을 상쇄시킬 수도 있고 어떤 문제는 서로 영향을 강화시킬 수도 있으며 어떤 문제는 그냥 겹쳐서 일어날 수도 있다. 어쨌든 모든 재난은 하나의 격자처럼 얽혀 복합적인 기후 위기를 초래할 것이며 그 속에서 아마 수십억에 달하는 일부 인류가 살아갈 것이다. 그 모습은 어떠할까?

"지구온난화 수준이 돌이킬 수 없는 티핑포인트에 근접했다. 트럼프의 파리기후협정 탈퇴 결정은 벼랑 끝에 있던 지구를 밀어 넘어뜨릴 것이다. 금성처럼 기온이 250도까지 치솟게 되는 것은 물론 매일 황산 비가 내리는 지구를 맞이하게 될 것이다."

_스티븐 호킹Stephen Hawking

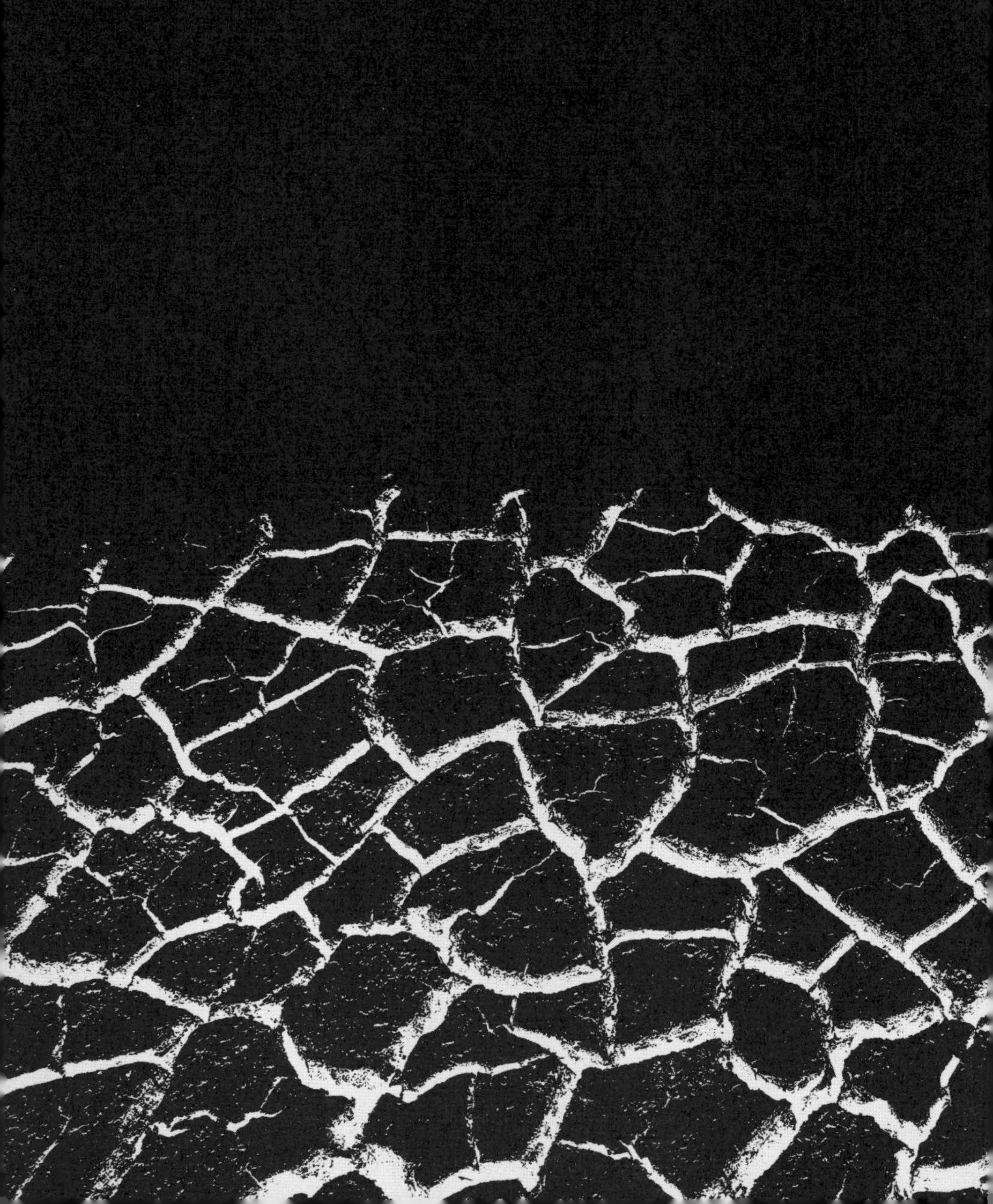

3부
기후변화 시대는 사회를 어떻게 바꾸는가

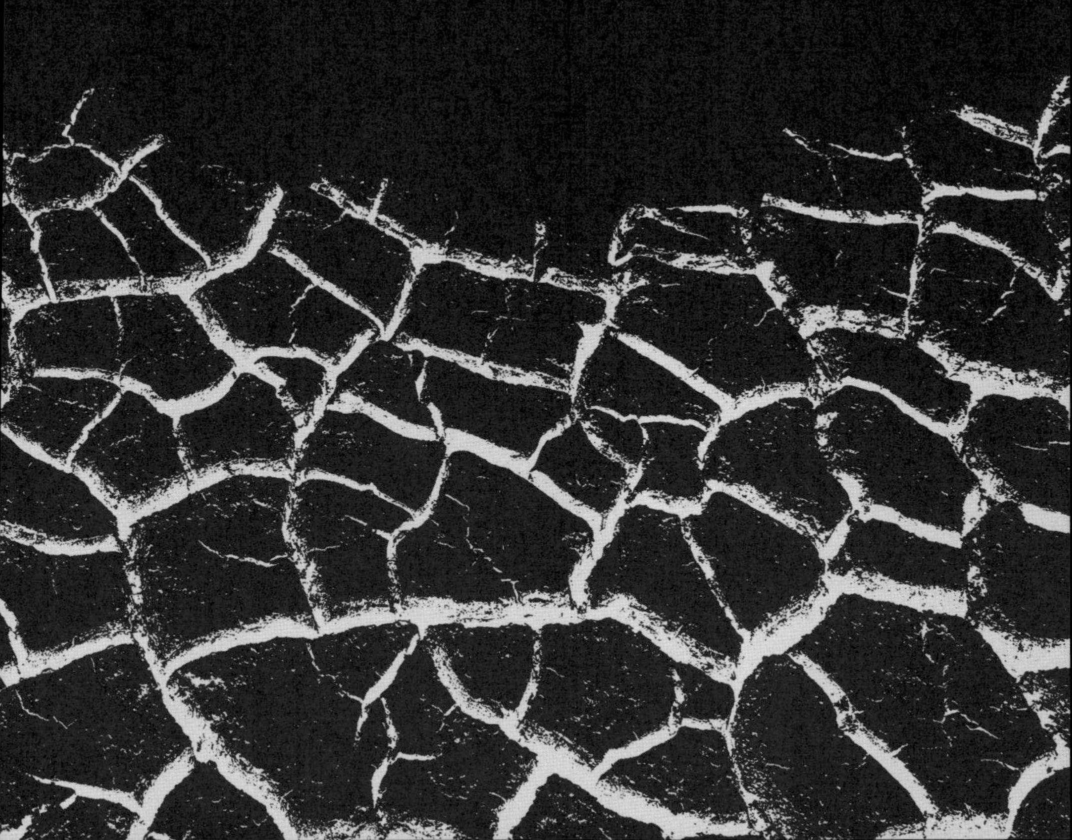

The Uninhabitable Earth

1장

'아포칼립스'에 그칠 수 없는 이야기

세상의 종말을 알아맞힌다고 해서 크게 기뻐할 사람은 없다. 그럼에도 인류는 수천 년에 걸쳐 끊임없이 종말을 이야기해 왔으며 어떤 끝을 상상하는지에 따라 전하고자 하는 교훈도 달라졌다. 인류 문화가 형성되는 과정에 이처럼 종말에 관한 암시가 늘 깔려 있었으므로 인간이 환경재난을 경고하는 목소리에도 주의를 기울이리라고 생각하기 쉽다. 하지만 사람들은 과학자들이 살려 달라는 지구의 외침을 대신 전할 때마다 오히려 그들이 지나치게 유난을 떤다고 응수했다. 또 최근 미래를 다루는 영화는 많았지만 실제 현실에 닥친 온난화의 위협을 다루는 면에서는 의아할 정도로 상상력이 결여돼 있었다. 바로 기후변화가 지닌 변화무쌍한 모습 때문이다. 바로 눈앞에 닥친 위험을 보고서도 제대로 인식하기는커녕 그 광경에 홀리기라도 한 듯 정신을 못 차리고 있다.

영화나 TV 화면을 보면 기후재난이 곳곳에 등장하지만 제대로 초점을 맞춘 경우는 하나도 없다.[1] 지구의 종말이 '판타지'로만 남기를 바라는 마음에서 지구온난화에 대한 불안감을 인간이 설계하고 통제할 수 있는 화면 속으로 던져 넣는 것만 같다. 〈왕좌의 게임Game of Thrones〉은 시작부터 의심의 여지없이 기후 예언을 선포하지만 정작 '겨울이 오고 있다'는 경고를 한다. 〈인터스텔라Interstellar〉도 환경재난을 전제하지만 여기서 재난이란 병충해에 의한 식량난을 가리킨다. 〈칠드런 오브 맨Children of Men〉은 반쯤 붕괴된 인간 문명을 묘사하지만 그 원인은 생식력에 닥친 위기다. 〈매드맥스: 분노의 도로Mad Max: Fury Road〉는 사막화된 세계에서 펼쳐지는 모험 이야기로 언뜻 지구온난화가 초래한 전경이 펼쳐지는 듯하지만 실제로는 석유 부족 사태가 초래한 정치적 위기를 다룬다. 〈라스트 맨 온 어스The Last Man on Earth〉의 주인공이 지구에 혼자 남은 이유는 바이러스가 세계를 휩쓸었기 때문이고 〈콰이어트 플레이스A Quiet Place〉의 주인공 가족이 숨죽이고 다니는 이유는 황야를 어슬렁거리는 거대 곤충을 피하기 위해서며 〈아메리칸 호러 스토리American Horror Story〉의 '아포칼립스Apocalypse' 시즌에 대재앙이 닥친 이유는 오래전 걱정하던 핵겨울 때문이다. 생태 환경을 향한 우려가 불러일으킨 수많은 좀비 이야기에서 좀비는 언제나 외래적인 존재로 여겨지지 토착적인 존재로 여겨지지는 않는다. 우리와는 상관없는 이야기다.

진짜로 종말을 맞이할 가능성을 마주하는 상황에 가상의 종말을 구경하며 즐거워한다는 사실은 무엇을 뜻할까? 대중문화의 한 가지 역할은 겉으로는 문제에 주의를 이끄는 듯해도 실제로는 늘 주의를 돌릴 만한 이야기를 제공하는 것이다. 가상의 이야기를 즐기면서 감정을 승화하고 기분을 전환하는 것이다. 기후변화가 연쇄적인 파장을 일으키는 오늘날, 할리우드에서도 인간과 자연 사이의 변화하는 관계를 이해하기 위해 애쓰고 있다. 기후변화가 닥치기 전에는 적어도 팔을 뻗으면 닿을 거리에서 자연을 이해하고 있다고 생각했는데, 어느 정도는 우리 인간의 잘못으로 인해 자연이 다시 결코 이해할 수 없는 혼란스러운 존재처럼 여겨지고 있다. 엔터테인먼트 업계가 할 수 있는 또 다른 역할은 법률이나 공공 정책이 실패할 때 바로 그 잘못을 심판하는 것이다. 하지만 정치계가 그렇듯 문화계 역시 잘못을 받아들이기보다는 다른 존재에게 투사하는 데 훨씬 특화돼 있다. 한편 대중문화 속에서는 일종의 감정적 예방 처치도 이루어진다. 기후재난에 관한 가상의 이야기를 통해 카타르시스를 느낌으로써 스스로에게 인류가 재난에서 살아남으리라는 집단적인 확신을 불어넣는다.

기온이 불과 1도 올라간 오늘날 세상에서 산불, 폭염, 허리케인 소식은 이미 뉴스를 잠식했으며 머지않아 우리의 이야기와 일상생활로까지 넘쳐흐를 것이다. 그때가 되면 지금은 종말론에 물든 문화처럼 보이는 현상이 상대적으로 평범한 유행처럼 느껴질 것이다. 한때 아이들이 죽음이라는 개념, 신의 부재가 갖는 의미, 기나긴 핵전쟁의 가능성에 관해 속삭이던 침실에서는 세상의 종말에 관한 악몽이 만개할 것이다. 어른들의 대화에서는 때때로 개인적인 좌절감이나 불안감을 감추기 위해 기후 트라우마가 대표적인 대중심리학 소재로 떠오를 것이다. 기온이 2도 혹은 3도 증가하면 어떤 일이 벌어질까? 기후변화가 일상과 세계를 정복하고 어둠을 드리움에 따라 논픽션 작품에도 그런 모습이 반영될 것이다. 그래서 적어도 일부 사람들에게는 기후변화만이 진정으로 심각한 문제로 받아들여질 것이다.

소설과 대중문화는 물론 한때 '상류 문화'라 칭송하던 분야에서는 좀 더 색다르고 기이한 흐름이 나타날 것이다. 일단은 '죽어 가는 지구Dying Earth'라는 낡은 장르[2]가 부활할지도 모른다. 이 장르는 영국의 시인 조지 고든 바이런George Gordon Byron이 동인도 화산 폭발로 북반구가 '여름 없는 해'를 겪는 것을 목격하고 난 뒤 〈어둠Darkness〉이라는 시를 쓰면서 시작됐다. 자연환경에 대한 경각심은 빅토리아시대의 소설 작품에도 비슷하게 나타난다. 예컨대 허버트 조지 웰스Herbert George Wells의 《타임머신The Time Machine》은 지상에서 호의호식하며 지내는 극소수 엘리트를 위해 인류 대다수가 지하에서 퇴화한 노예처럼 일하는 먼 미래를 그린다. 거기서 더 먼 미래로 가면 지구상의 생명체가 거의 다 멸종된 상태가 묘사된다. 앞으로는 지금도 이미 '기후실존주의climate existentialism'라는 이름으로 불리는 태도[3]가 무성해지면서 장편 비가 같은 작품이 새롭게 등장할 것이다. 최근에 어느 과학자는 자신이 작업 중인 책을 가리켜 "《세상과 나 사이Between the World and Me》가 《로드The Road》를 만난 책"이라고 소개하기도 했다.

하지만 기후변화가 가져올 변화는 규모가 막대한 만큼 순식간에 서사 장르 자체를 없애 버릴지도 모른다. 시간이 지날수록 온난화의 영향력이 너무나도 광범위한 지역에 뚜렷이 나타날 것이므로 할리우드에서조차 지구온난화를 소재로 이야기를 만들 생각을 하지 않는 것이다. 기후변화가 아직 자신의 삶에 미미한 영향을 미치는 듯하거나 자신이 아닌 다른 사람의 삶에서나 강력한 영향을 미치는 것 같다면 기후변화에 '관한' 이야기를 늘어놓을 수 있을지 모른다. 하지만 기온이 3도 혹은 4도 증가한다면 누구도 자신이 기후변화의 영향에서 자유롭다고 생각하지 못하며 창밖으로 볼 수 있는 광경을 굳이 스크린에서까지 보고 싶지 않을 것이다. 따라서 기후변화의 영향이 눈앞을 가릴 정도로 커지면, 즉 너무나도 전면적이어서 피할 방법이 없어 보이면 기후변화는 더 이상 이야깃거리가 아니라 삶 전체를 감싸는 배경으로 바뀐다. 그 자체로 서사를 구성하는 대신 문학이론가들이 말하는 '거대 담론meta-narrative'[4] 자리로 물러나 (종교적 진리나 신념처럼) 이전 시대의 문화를 지배했던 이야기 틀을 대체할 것이다. 그때는 석유와 탐욕 같은 소재를 다루는 서사극이 거의 인기를 얻지 못한다. 또 과거 대공황 시기의 불안감 속에서 스크루볼코미디가 틀 잡혔던 것처럼[5] 앞으로 로맨틱코미디 역시 온난화의 징후를 배경으로 전개될 것이다. 공상과학 작품은 거의 예언서에 가까워 보이겠지만 기후재난을 극도로 암울하게 예측한 책조차 읽히지 않을 것이다. 오늘날 《정글The Jungle》이나 《시스터캐리Sister Carrie》 같은 책이 읽히지 않는 이유와 비슷하다. 어차피 창밖을 보면 똑똑히 확인할 수 있는 세상인데 굳이 책으로 읽어야 할 필요가 어딨을까? 지금으로서는 지구온난화를 묘사하는 이야기를 읽더라도 그리고 거기서 공포감이 느껴진다 하더라도 아직 현실도피적인 만족감을 얻을 수 있다. 하지만 더 이상 기후재난을 먼 미래의 일 혹은 먼 나라의 일인 척할 수 없어진다면 우리의 상상은 '기후변화에 대해서'가 아니라' 기후변화 안에서' 이루어질 것이다.

누구 하나만 악당으로 몰아갈 수 없는 이야기

인도 출신 작가 아미타브 고시Amitav Ghosh는 장편 에세이 《거대한 착란The Great Derangement》에서 지구온난화와 자연재해가 어째서 현대 문학의 주된 관심사가 되지 못했는지, 우리가 왜 현실 세계의 기후재난에 관해 충분히 상상하지 못하는지, 문학이 어째서 아직도 온난화의 위협을 충분히 현실적으로 느끼게 만들지 못했는지, 사실상 그가 반쯤 지어내고 '환경 불가사의environmental uncanny'라는 이름을 붙인 장르에 왜 소설이 쏟아져 나오지 않았는지 의문을 표한다.[6]

다른 사람은 그런 장르를 '기후 소설cli-fi'이라고 부른다.[7] 기후 소설이란 때때로 정치적으로 가르치려 드는 듯한 교훈적인 모험 이야기를 통해 환경 파괴를 경고하는 장르 소설을 가리킨다. 하지만 고시가 염두에 둔 소설은 그와는 다르다. 그는 일종의 기후 대하소설을 기대한다. "일례로 '베를린장벽이 무너질 때 당신은 어디에 있었나?'라든가 '9월 11일에 당신은 어디에 있었나?' 같은 전형적인 소설에 등장하는 질문을 생각해 보자. 동일한 맥락에서 '탄소 농도가 400ppm일 때 당신은 어디에 있었나?'라든가 '라르센B 빙붕이 무너질 때 당신은 어디에 있었나?' 같은 질문을 할 수는 없을까?"

아마 그럴 수 없으리라는 게 고시 본인의 대답이다. 기후변화가 초래하는 딜레마와 드라마는 늘 우리 자신에게 해 오던 이야기에 등장하는 딜레마나 드라마와는 너무나 상이하기 때문이다. 특히 전통적인 소설은 긍정적이고 희망적인 결말로 끝을 맺는 경우가 많으며 사회의 운명에 대한 불안한 기운을 전달하기보다는 개인의 양심이 변화하는 여정을 강조하려는 경향이 있다.[8] 물론 이는 좁은 의미의 소설에 해당

되는 말이지만 더 넓은 서사 문화로 눈을 돌리더라도 현재 우리 손에 있는 도구가 기후변화라는 소재를 다루기에는 지나치게 부적합하다는 사실이 드러날 뿐이다. 고시의 의문은 이론적으로는 지구온난화를 묘사하는 듯이 보이는 코믹스 원작 영화에도 적용된다. 여기서 영웅은 누구일까? 그리고 영웅은 어떤 행동을 하고 있어야 할까? 이런 의문에 해답을 찾기 어렵다는 사실은 〈투모로우〉 이후 기후변화에 문제 제기를 하려고 시도했던 수많은 대중예술 작품이 진부한 탁상공론으로 비춰질 수밖에 없었던 이유를 설명해 준다. 드라마적인 관점에서 집단행동은 너무나 지루한 소재다.

최근 소설, 영화, TV와 어깨를 나란히 맞대기 시작한, 더 나아가 그 자리를 대체할 기세인 게임 장르에서도 문제는 극심하게 드러난다. 서사 장르로서의 게임은 주인공(결국 플레이어 본인)의 책무에 과도하게 집착할 수밖에 없기 때문이다. 물론 게임은 적어도 모의 연습은 하게 해 준다. 우리가 아무 생각 없이 파멸을 향해 나아간다는 점을 고려할 때 모의 연습이 그나마 위안거리가 될지도 모른다. 이미 세계에서 가장 인기 있는 게임인 〈포트나이트Fortnite〉에서는 플레이어로 하여금 극심한 기상이변 사태 중에 한정된 자원을 두고 경쟁을 벌이도록 만든다. 마치 당신 자신이 세상을 제패하고 문제를 완전히 해결할 수 있다는 듯이 말이다.

영웅 문제 이면에는 악당 문제도 있다. 문학적인 소설에서는 기후변화가 자연적인 배경을 구성하는 장대한 서사 구조를 받아들이지 않을지 모르지만, 적어도 장르 소설이나 블록버스터 영화에서는 슈퍼히어로의 모험담이라거나 외계인 침공 이야기 등 기후변화를 다룰 만한 몇 가지 이야기 모델이 존재한다. 그중에서도 가장 기초적이고 친숙한 서사 구조는 '인간 대 자연' 구도 이야기다.[9] 하지만 《모비딕Moby Dick》이나 《노인과 바다The Old Man and the Sea》 같은 사례에서 자연은 일반적으로 신적인 혹은 형이상학적인 힘을 암시하는 비유적인 존재로 그려진다. 당시에는 자연이 신비하고 불가사의한 대상이었기 때문이다. 하지만 기후변화는 그조차 바꿔 놓았다. 아직 미신적인 위엄 같은 게 완전히 사라지진 않았지만 우리는 이제 이상기후와 자연재해가 어떤 사실을 의미하는지 잘 알고 있다. 앞으로 더 많은 재난이 닥치며 이 결과를 우리 손으로 초래했다는 사실 말이다. 〈인디펜던스 데이Independence Day〉를 기후재난 장르 영화로 리부트한다면 각색하는 데 그리 많은 노력이 필요하지는 않을 것이다. 하지만 외계인을 대신해 영웅이 맞서 싸워야 할 악당은 누가 되어야 할까? 우리 자신?

직관적으로는 기후변화와 유사한 재앙처럼 보이는, 그리고 실제로 한 세대 내내 미국 문화를 지배했던 핵전쟁 시나리오에서는 악당을 설정하기가 비교적 쉽다. 〈닥터 스트레인지러브Dr. Strangelove〉에서는 그 사실이 작품 내내 드러난다. 세계의 운명은 몇몇 정신 나간 사람에게 달려 있으며 따라서 대폭발이 일어나면 누구를 탓해야 할지 정확히 집어낼 수 있다. 그런 도덕적 명료성은 스탠리 큐브릭Stanley Kubrick의 의도라든가 큐브릭 특유의 허무주의가 투영된 결과라기보다는 갓 핵무기 시대에 접어든 당시 사회의 지정학적 통념이 반영된 결과였다. 동일한 책임 논리가 로버트 케네디Robert Kennedy의 쿠바 미사일 위기 회고록을 담은 《13일Thirteen Days》에도 등장한다. 이 책이 오래 읽힐 수 있었던 한 가지 이유는 책에 담긴 내용이, 다시 말해 두 남자가 각자 얼마

되지도 않은 참모진과 함께 세상의 존망을 두고 전화기 너머로 심리전을 벌인다는 내용이 1962년에 실제로 13일간의 위기를 목격한 평균 독자의 경험과 너무나 잘 맞아떨어졌기 때문이다.

하지만 기후변화 문제에서 도덕적 책임을 묻기란 훨씬 모호하다. 지구온난화는 몇몇 사람이 근시안적인 판단 착오를 일으킨다고 벌어질 수도 있는 무언가가 아니기 때문이다. 온난화는 이미 전 지구상에 벌어지고 있으며 여기에는 직접적인 관리자 같은 사람이 존재하지 않는다. 핵전쟁에서는 이론적으로 열댓 명 정도의 장본인이 존재한다. 하지만 기후재난에서는 수십억 명이 존재하기 때문에 도덕적 책임이 전 지역에 여러 세대에 걸쳐 분산된다. 물론 책임이 균등하게 분산된다는 뜻은 아니다. 앞으로 기후변화가 최종 단계에 접어드는 것은 개발도상국의 산업화 흐름 때문이겠지만 상위 10퍼센트 부자들이 탄소 배출량의 절반을 차지하는 지금으로서는[10] 상당 부분의 책임이 부유한 사람들에게 있다. 이처럼 책임 분배가 소득이 불평등하게 분배된 양상과 밀접히 관련되기 때문에 좌파 진영에는 전반적인 시스템, 즉 산업자본주의 시스템 자체에 책임을 물어야 한다고 지적하는 사람이 많다.[11] 맞는 말이다. 하지만 시스템이 문제라고 말한다고 악당의 이름이 딱 떠오르지는 않는다. 사실상 세상 사람들 전체가 주주에 해당하고 그중 대다수는 좀 더 열성적으로 주식을 사들였을 뿐인 불량한 투자자들이 떠오를 뿐이다. 게다가 그 대다수는 현재 자신의 생활양식을 꽤 즐기고 있기도 하다. 분명 그중에는 당신과 나는 물론 현실을 피해 넷플릭스를 구독하는 다른 모든 사람도 포함될 것이다. 그렇다고 해서 사회주의 국가가 현대나 과거에 탄소 배출 면에서 더 책임감 있게 행

동해 온 것도 아니다.[12]

연대책임은 좋은 드라마 소재가 못 된다. 현대 교훈극에는 반드시 악당이 필요하며 앞으로 책임을 분배하는 일이 정치적으로 불가피한 일이 된다면(틀림없이 그렇게 될 것이다) 악당을 찾고자 하는 욕구는 더욱 강해질 것이다. 서로 논리와 원동력을 공유하는 만큼 픽션이든 논픽션이든 이런 문제를 똑같이 겪을 것이다. 가장 그럴듯한 악당은 석유 회사일 것이다.[13] 실제로 기후 종말을 묘사하는 영화를 조사한 한 연구에 따르면 대다수 영화가 기업의 탐욕을 겨냥하고 있었다.[14] 하지만 전 세계 탄소배출량에서 운송업과 공업이 차지하는 비중이 40퍼센트 미만이라는 사실을[15] 고려한다면 더 이상 기업에 모든 책임을 부과하고 끝낼 문제가 아니다. 차라리 기후변화에 관해 잘못된 정보를 퍼뜨리거나 기후변화를 대대적으로 부인하는 기업이라면 충분히 악당이라고 부를 만하다. 기업이 저지를 만한 악행 중에 그보다 끔찍한 악행은 거의 없으며 앞으로 한 세대만 지나도 석유 회사의 지원을 받은 기후부인주의는 현대에 자행된 만행 중에서도 인류의 건강과 복지를 해치는 면에서 가장 악랄했던 사기극으로 여겨질 것이다. 하지만 악랄함이 곧 책임으로 이어지진 않으며 단 한 개의 나라(세계 10대 석유 회사 중 2개만이 존재하는 나라)[16]에서 한 개의 정당만이 기후부인주의에 사로잡혀 있을 뿐이다. 세상에 초강대국이 미국 하나였던 시절에는 미국의 소극적인 태도가 기후변화에 대처하는 세계의 움직임을 저해할 수 있었을 것이다. 하지만 2017년에 미국은 세계 탄소배출량의 15퍼센트만을 차지하며[17] 미국 국경을 넘어서면 기후부인주의 같은 것은 존재하지도 않는다. 따라서 지구온난화의 책임을 오로지 미국 공화당이나 공화당의 뒤를 봐주는 석유 회사에게만 돌리는 것은 미국 중심주의적인 생각에 가깝다.

아마도 기후변화가 바로 그 미국 중심주의를 깨부술 것이다. 미국 이외의 국가 역시 탄소 배출 문제에 늦장 대응을 하고 있고 실질적인 정책 변화를 강하게 거부하는 상황 속에서 부인주의적인 태도는 문제 축에도 못 낀다. 물론 화석연료 사용에 기업이 미치는 영향은 실재한다. 하지만 타성에 젖어 단기적인 이익을 좇고 기호를 포기하지 않으려는 전 세계 노동자 및 소비자의 태도 역시 무시할 수 없다. 이들 가운데는 다 알면서도 이기심을 부리는 사람부터 시작해 아예 무지한 사람은 물론 나태해 보일지언정 현실에 안주하는 본능에 충실할 뿐인 사람까지 책임 수준이 다양한 온갖 사람이 포함된다. 이를 이야기에 담아낼 수 있을까?

자연에 대한 감상적인 태도

다음으로는 자연과 인간의 관계에 관한 이야기가 있다.[18] 둘 사이의 관계는 아주 오래전부터 단순한 논리 구조를 지닌 설화나 우화에 등장해 왔다. 하지만 기후변화는 그런 이야기에 깔려 있는 교훈적 기반을 포함해 우리가 자연에 관해 알고 있다고 생각했던 모든 것을 바꾸어 놓을 것이다. 물론 우리는 아직도 어린아이들이 알파벳을 떼기도 전에 보는 애니메이션, 예전부터 전해 내려온 동화, 재난 영화나 멸종될 위기에 놓인 생물에 관한 특집 기사, 온난화를 지적하는 경우는 드물지만 이상기후 현상 소식을 다루는 저녁 뉴스 꼭지 등 사실상 나이와 상관없이 자연과 관련한 이야기를 접하고 있다.

우화는 교훈을 전달하는 도구이자 자연사 박물관 유리 진열장에 들어 있는 입체 모형 역할을 한다. 옆을 지나다가 모형을 보고는 박제된 장면 속에 무언가 배울 점이 있다고 생각하는 것이다. 하지만 여기서 교훈은 순전히 유추를 통해 습득된다. 우리는 박제된 동물도 아닐뿐더러 그런 장면 속을 살아가는 입장이 아니라 장면 너머 밖에서 관찰하는 입장에 있기 때문이다. 하지만 기후변화는 자신과 입체 모형 사이의 거리, 즉 인간과 자연 사이의 거리감을 무너뜨림으로써 교훈이 전달되는 논리 구조를 비틀어 버릴 것이다. 기후변화가 전달하는 메시지 한 가지는 인간이 장면 밖에서 관찰하는 존재가 아니라 장면 속을 살아가는 존재로서 동물들이 겪던 참상을 그대로 겪으리라는 점이다. 사실 온난화는 이미 인간의 삶에 크나큰 영향을 미치고 있기 때문에 기후변화의 늘어나는 공세를 확인하기 위해 굳이 멸종 위기에 놓인 동물이나 위험에 빠진 생태계 등 다른 곳으로 눈을 돌릴 필요가 없다. 그럼에도 사람들은 얼음 조각 위에 고립된 북극곰 이야기나 생존을 위해 몸부림치는 산호초 이야기를 보며 슬퍼하는 등 애써 주의를 돌린다. 우리는 기후변화를 우화로 다룰 때면 우리의 목소리를 투영하지 않는 이상 입을 다물고 있는, 그리고 우리 손에 죽어 가고 있는 동물을 주인공으로 내세우기 좋아하는 것 같다(에드워드 윌슨은 2100년까지 그중 절반이 멸종되리라고 추정한다).[19] 오늘날 우리는 기후변화가 인간의 삶에 미치는 심대한 영향을 직접 경험하고 있음에도 동물에게 주의를 돌린다. 존 러스킨John Ruskin이 남긴 '감상적 오류pathetic fallacy'라는 표현으로 그 이유를 어느 정도 설명할 수 있다. 자신의 책임을 외면하는 대신 짧게나마 동물의 고통에 공감만 하면 된다는 점에서 동물에게 감정이입하는 편이 이상할 만큼 쉽게 느껴지는 것이다. 우리는 우리 손으로 직접 폭풍을 일으켰고 지금도 매일 그러고 있지만 오히려 무기력한 태도를 학습함으로써 안도감을 얻으려 한다.

'우화' 속에 문제를 가둬 두기

플라스틱 공포 역시 사람들의 주의를 다른 곳으로 돌린다는 점에서 전형적인 기후 우화라고 할 수 있다. 이는 지구상에 남기는 인간의 흔적을 줄이고 싶다는 기특한 열망과 공기나 음식을 통해 몸속으로 들어올지도 모르는 플라스틱 잔해가 자연환경을 오염시키고 있다는 자연스러운 두려움에서 비롯됐다. 이런 측면에서 플라스틱 공포의 기저에는 품격 있는 소비자로서 위생과 절약에 집착하는 현대인의 태도(재활용에 대한 현대인의 강박과 유사한 태도)가 깔려 있다. 하지만 플라스틱이 탄소발자국을 남긴다고 한들 플라스틱은 지구온난화 차원의 문제는 아니다. 그럼에도 플라스틱을 향한 공포는 은근슬쩍 사람들이 플라스틱 빨대를 금지하는 데 집중하게 함으로써 훨씬 거대하고 광범위한 문제인 기후변화의 위협을 잠깐이나마 보지 못하도록 만든다.

사람들 사이에 돌고 도는 이야기 중에는 벌의 죽음에 관한 우화도 있다.[20] 2006년을 기점으로 호기심 많은 독자는 미국의 꿀벌 군락이 거의 매년 대량 멸종 사태를 겪고 있다는 새로운 환경 우화를 접했다. 꿀벌 군락이 어느 해에는 36퍼센트, 다음해에는 29퍼센트, 다음해에는 46퍼센트, 다음해에는 34퍼센트 사라졌다는 소식이었다. 계산해 보면 알겠지만 말이 안 되는 수치다. 매년 그렇게나 많은 봉군이 자취를 감췄다면 총 군락 수는 순식간에 0에 수렴해야 했다. 하지만 군락 수는 오히려 꾸준히 증가했다. 주로 소박한 양봉꾼이 아니라 미국 전역에 수분용 벌을 끊임없이 납품하는 기업 경영자로 이루어진 미국 양봉업자들이 기업 수준의 수익을 벌어다 주는 봉군을 줄어든 숫자만큼 다시 채워 넣기 위해 매년 벌을 새로 번식시켰기 때문이다.

사실 동물의 의인화는 자연스러운 일이다. 미국 애니메이션 산업만 하더라도 그렇게 먹고산다. 하지만 인간처럼 자의식이 강한 존재가 자유의지도 개체 자율성도 아예 없어서 전문가조차 독립된 유기체로 볼 수 있을지 확신하지 못하는 꿀벌 같은 생물과 스스로를 이토록 강하게 동일시한다는 사실에서는 묘한 체념 같은 게 느껴진다. 내가 봉군 붕괴 현상을 보도하는 내내 꿀벌 애호가들은 벌의 복지에 그토록 많은 관심이 쏟아지는 이유가 사람들이 꿀벌 사회가 이루는 장관에 진정으로 감탄했기 때문이라고 주장했다. 하지만 나는 봉군 붕괴 현상이 우화로 자리 잡은 데는 오히려 정반대의 특성이 작용한 것 같다는 생각을 지울 수 없었다. 문명 차원의 자멸을 앞두고 있는 개인들이 느끼는 철저한 무력감 말이다. 다시 말해 사람들은 단지 꿀벌에 반해서 감정이입을 하는 것이 아니다. 에볼라나 조류독감 같은 전염병이 의문사를 일으키고, 로봇의 발전이 종말로 이어지지는 않을까 걱정되며, 이슬람 국가나 중국 같은 외부 세력은 물론 텍사스에서 벌어진 계엄령 훈련을 보면서 미국 정부조차 두려움을 자아내고, 그랬던 적이 없는데 양적 완화 정책으로 인플레이션이 극심하게 발생하며, 그러자 겁이 난 사람들이 금 매입에 혈안이 되는 등 인류 사회가 쓸려 나가는 모습을 꿀벌 군락이 쇠퇴하는 모습 속에서 보는 것이다. 물론 위키피디아에서 '꿀벌' 항목을 검색해 놓고 종말론을 마주치리라 기대하는 사람은 없다. 하지만 인터넷으로 봉군 붕괴 현상에 관한 글을 읽으면 읽을수록 인터넷이라는 공간이 인류의 종말을 점치는 점대 같다는 생각이 들면서 묘한 공포감이 느껴질 것이다.

밝혀진 바로는 벌떼가 죽어 나가는 데도 미스터리 같은 건 존재하지 않는다. 꿀벌의 근무 환경을 고려한다면 충분히 납득되는 현상이기 때문이다. 대표적으로 최근에 꿀벌은 새로운 종류의 살충제인 네오니코티노이드neonicotinoid에 노출되고 있었다. 이름에서 추측할 수 있듯이 이 살충제에 접촉한 벌은 모두 사실상 골초 상태로 죽어 갔다. 날벌레 수가 줄어드는 것은 온난화 때문일 수 있다.[21] 최신 연구에 따르면 날벌레 수는 이미 75퍼센트 줄어들었을 가능성이 있으며 머지않아 세상에서 꽃가루 공급원이 완전히 사라지는 '생태 아마겟돈'이 닥칠지도 모른다. 하지만 기본적으로 봉군 붕괴 현상은 이런 흐름과 아무 관련이 없다. 그럼에도 2018년까지 여러 잡지에서는 벌의 죽음에 관한 우화를 소개하는 데 특집 기사 지면을 죄다 할애했다.[22] 추측건대 이런 일이 벌어지는 이유는 사람들이 꿀벌에 관한 허위 정보를 즐기기 때문이 아니라 눈에 보이는 위기를 우화로 다루는 것이 어떤 식으로인가 안심이 되기 때문이다. 마치 우리가 의미를 통제할 수 있는 이야기 속에 문제를 가둬 두려는 것과 같다.

'인류세'에 담긴 핵심적인 메시지

1989년에 '자연의 종말'을 선언했을 때 빌 맥키번Bill McKibben은 사실상 인식론적인 수수께끼를 제시하는 것이나 마찬가지였다. 야생과 기후가, 동물의 왕국과 식물의 세계가 인간의 활동에 의해 더 이상 진정한 의미에서 '자연'이라고 부를 수 없을 만큼 변형됐다면 결과물이 무엇이든 간에 그것을 뭐라고 불러야 할까?

몇십 년 뒤에 '인류세'라는 대답이 나왔다. 환경 파괴의 경각심 속에 탄생한 '인류세'라는 표현은 '종말'보다는 훨씬 지저분하고 불안정한 상태를 나타냈다. 환경운동가, 야외 활동 애호가, 자연 애호가, 다양한 종류의 낭만주의자 등 분명 자연의 종말에 애통해할 사람도 꽤 존재한다. 하지만 인류세가 폭발시키는 힘에 순식간에 압도당할 사람은 말 그대로 수십억 명이 존재한다. 이미 세계 여러 지역에서 수많은 사람이 압도당하고 있다. 중동과 남아시아에서는 거의 매년 살인적인 폭염이 닥친다. 2018년에 인도 케랄라를 덮쳐 수백 명을 죽음에 이르게 한 홍수는 언제 어디서 일어나도 이상하지 않다. 하지만 미국이나 유럽에서는 그런 재난이 거의 주목받지 못했다. 수십 년간 뉴스로 단련된 선진국 소비자는 그 재난을 비극이기는 하지만 저개발 지역의 어쩔 수 없는 숙명이라고(따라서 자신과는 거리가 먼 '자연적인' 재해라고) 받아들이는 데 익숙했기 때문이다.

하지만 앞으로는 현대 서구권 사회가 대규모 기후재난을 겪는 이야기가 가장 훌륭하면서도 끔찍한 이야깃거리 중 하나가 될 것이다. 적어도 서구권 세계에서는 오래전부터 공장에 공장을 늘어뜨리고 상점에 상점을 늘어뜨리는 식으로 근대성이 자연을 완전히 덮어 버렸다고 여겨져 왔다. 지구공학을 지지하는 사람들은 이제 하늘을 덮어 버릴 마음을 품고 있다. 단지 지구의 기온을 안정시키기 위해서가 아니라 여기서는 산호초를 살리고 저기서는 곡창지대를 지키는 등 특정한 지역의 필요에 맞춰 '디자인된 기후designer climate'를 만들기 위해서다.[23] 어쩌면 기후 디자인은 특정 농장, 경기장, 리조트 등 상당히 좁은 지역에도 적용될 수 있을지 모른다.

이처럼 인간이 기후에 개입하는 일은 혹시 실현 가능성이 있다 하더라도 수십 년은 기다려야 할 것이다. 하지만 비교적 평범해 보이는 단기성 프로젝트조차 세상의 모습을 완전히 다른 느낌으로 바꾸어 놓을 것이다. 19세기에 가장 발전된 국가들을 보면 산업의 우선순위를 인조 환경에 두는 풍조가 반영돼 있었다. 석탄을 운반하기 위해 온 대륙에 깔아 놓은 철로가 대표적인 예다. 20세기에는 인조 환경에 자본의 요구가 반영돼 있었다. 예컨대 서비스 경제를 위한 노동력을 집약하기 위해 전 세계적으로 도시화 흐름이 나타났다. 하지만 21세기에는 기후 위기의 요구가 반영될 것이다. 수많은 방조제, 탄소포집 시설, 나라만 한 태양전지판 등이 중심이 된다. 정부가 기후변화를 명분으로 토지 수용권(공공의 목적을 위해 강제로 사유지를 사들일 수 있는 정부의 권리-옮긴이)을 주장하는 경우, 물론 기후재난의 시대에도 어떻게든 자기 이익을 추구하는 사람은 존재하기 때문에 님비 현상이 사라지지는 않겠지만, 정부가 권리를 남용하는 것처럼 비춰지지는 않을 것이다.

우리는 이미 변형된 환경, 꽤나 기형적인 환경에서 살아가고 있다. 미국은 한창 위세를 뽐내던 20세기에 두 곳의 지상낙원을 만들었다. 음침한 습지에서 플로리다를, 황량한 사막에서 남부 캘리포니아를 만들어 냈다. 하지만 2100년에는 둘 중 어느 곳도 엽서에 나올 법한 풍경은 아닐 것이다.

인류가 하나의 지질학적 시대를 끝맺을 만큼 자연 세계를 재설계했다는 사실, 바로 그 사실이 인류세에 담긴 핵심적인 교훈이다. 인류가 초래한 변화의 규모는 심지어 온갖 특혜를 누리며 변화의 시대를 직접 경험한 사람에게조차 놀라움을 자아낸다. 광활한 대지 가운데 22퍼센트는 불과 1992년에서 2015년 사이에 변화를 겪었다.[24] 전 세계 포유류의 무게를 모두 합하면 그중 96퍼센트는 인간과 인간이 기르는 가축의 무게에 해당한다.[25] 나머지 4퍼센트만이 야생 포유류의 무게라는 뜻이다. 단지 인간이 너무 많아졌기 때문에, 어쩌면 인간이 괴롭히고 학대했기 때문에 다른 모든 생물종은 은둔과 멸종 사이를 오가고 있다. 따라서 에드워드 윌슨은 고독의 시대를 뜻하는 '에레모세Eremocine' 라는 이름이 우리 시대에 더 어울릴지 모른다고 생각한다.[26]

하지만 지구온난화는 그보다도 훨씬 우려스러운 메시지를 전달한다. 바로 우리가 자연환경을 전혀 극복하지 못했다는 사실이다. 인류는 정복을 끝마치지도 못했고 통제력을 확립하지도 못했다. 오히려 정반대였다. 지구상의 다른 동물에게는 어떤 의미가 있는지 모르겠으나 지구온난화는 인류가 꾸준히 통제하지도 길들이지도 못하는 시스템에 아무 생각도 없이 소유권을 주장했다는 사실을 분명히 드러내고 있다. 그뿐만이 아니다. 인간의 활동이 지속되는 만큼 기후 시스템은 더욱더 통제를 벗어나고 있다. '과거'에 그랬듯이 인류는 여전히 자연을 넘어서지도 벗어나지도 못했으며 오히려 자연이 인간을 압도하며 응징하고 있다. 이것이 기후변화가 거의 매일같이 우리에게 가르치는 핵심적인 교훈이다. 만약 지구온난화가 지금과 같은 추세로 계속된다면 농사, 이주, 사업, 정신 건강 등 인간이 지구상에서 하는 모든 활동이 새롭게 틀 잡힐 것이고 인간이 자연, 정치, 역사와 맺고 있는 관계가 뒤바뀔 것이며 '근대성'이라 불리는 지식 체계 전체가 시험대에 오를 것이다.

아무도 이야기를 들어 주지 않는 이유

과학자들이 이런 사실을 깨달은 지는 꽤 오래됐다. 하지만 그들이 하는 말은 그런 사실을 아는 사람이 하는 말 같지 않았다.

지난 수십 년간 기후변화를 연구하는 전문가 사이에서 '경각주의alarmism'만큼 평판이 나쁜 존재가 거의 없었다. 기후변화를 우려하는 사람들 입장에서는 다소 의아한 일이다. 일례로 발암물질과 비교하자면 공중 보건 전문가가 발암물질의 위험성을 함부로 언급하면 안 된다고 주장하지는 않으니까 말이다. 1988년에 미국 의회에 나가 최초로 지구온난화에 관해 증언한 인물인 제임스 핸슨은 그런 현상을 가리켜 '과학의 침묵scientific reticence' 현상이라고 불렀으며,[27] 2007년에는 관찰한 내용을 과도한 정성을 들여 편집하느라 정작 기후변화의 위험성을 전달하는 데 실패한 동료 연구자를 비판하기도 했다. 아이러니하게도 기후변화 연구를 통해 드러나는 내용이 암울해질수록 전문가의 조심성은 점점 더 유행을 타기 시작했다. 결국 주요 논문이나 서적이 나올 때마다 학계에서는 글의 균형감이나 어조가 적절한지를 두고 끊임없이 논평을 쏟아 냈다. 수많은 논문과 기사가 나쁜 소식과 낙관론

사이에서 균형을 잡을 줄도 모르는 '체념적인' 글이라는 비판을 받았다. '기후 포르노'라는 조롱을 듣는 글도 있었다.

아무리 표현이 좋다고 한들 그런 비난은 무책임한 평가에 불과하다. 그럼에도 학계의 지나친 경계심은 기후변화를 다루는 '합리적인' 선을 제한하고야 말았다. 이런 맥락에서 과학의 침묵은 사람들이 기후변화의 위험성을 명확히 보지 못하게 만드는 또 다른 요인이라고 할 수 있다. 전문가들은 사실상 좀 더 심각한 종류의 기후변화 시나리오에 관해 숨김없이 이야기하는 것이 무책임한 태도라는 신호를 보내고 있는 셈이다. 마치 자신들이 손에 쥐고 있는 정보를 세상에 맡길 수는 없다고 생각하거나 적어도 대중이 그 정보를 제대로 해석하고 대응하지 못하리라고 생각하는 듯하다. 결과적으로 핸슨의 첫 증언과 함께 IPCC가 설립된 지 벌써 30년이 지났지만 기후변화를 향한 관심은 소소하게 오르고 내리고를 반복했을 뿐 제대로 솟구친 적이 단 한 번도 없었다. 대중의 반응을 놓고 보자면 결과는 더욱 비참하다. 미국에서는 기후부인주의가 주요 정당 둘 중 하나를 잠식했으며 대대적인 입법 조치가 이루어지지 못하도록 가로막고 있다. 세계적으로는 온갖 기후변화 관련 회담, 조약, 협정이 세간의 이목을 끌었지만 시간이 지날수록 정치적 쇼에 불과했다는 사실이 드러나고 있다. 탄소배출량은 줄어들기는커녕 계속해서 늘어나고 있다.

물론 과학이 침묵을 지키는 데도 나름 합리적인 이유가 있다. 우선 기질적인 특성이다. 기후학자들도 결국 스스로 과학의 길을 택해 통찰력을 발휘하도록 훈련을 받은 과학자다. 다음으로는 경험적인 이유가 있다. 상당수의 기후학자들, 특히 미국의 기후학자들은 이제 막 기후부인주의 세력과의 싸움을 끝냈으며 그중에는 수십 년 동안 투쟁에 참여한 학자도 있다. 그 과정에서 조금이라도 과장하거나 잘못된 예측을 하는 경우 부인주의자에게 빌미를 잡혀 비논리적이라거나 부정직하다는 소리를 들어야 했기 때문에 기후학자들은 당연히 더 조심할 수밖에 없었다. 안타깝게도 그들은 지나치게 유난을 떨까 봐 걱정하느라 지나치게 조심(사실상 현실에 안주)하게 됐고 그런 태도는 습관적으로 반복되다가 일종의 직업적인 원칙으로 굳어져 버렸다.

과학의 침묵에는 개인적인 지혜도 담겨 있었다. 설령 정치적으로는 역행처럼 보일지라도 새로운 발견이 암시하는 무시무시한 가능성을 대중에게서 숨기는 편이 낫다고 판단한 것이다. 한편으로 환경운동가이기도 한 기후학자들은 기후변화가 몰고 올 폭풍이 얼마나 거대한지 그럼에도 세계가 얼마나 손을 놓고 있는지를 직접 확인하는 사람들이다. 그러다 보니 동료 연구자나 공동 연구자의 영혼이 어두운 밤을 보내는 광경을 수없이 지켜본 것은 물론 스스로도 그런 어둠 속에서 좌절해 왔다. 결과적으로 기후학자들은 번아웃 사태를 특히 경계하게 됐으며, 기후변화에 관해 솔직하게 이야기를 털어놓았다가 너무나 많은 사람을 낙담에 빠뜨려 위기에 맞설 원동력 자체가 사라지지는 않을까 걱정하게 됐다. 또한 기후학자들은 자신의 경험을 일반화하기 위해 '두려움'보다 '희망'이 동기를 자극하는 면에서 더 효과적이라는 사회과학 분야의 발견을 명분으로 제시했다. 하지만 이는 '경고'와 '체념'은 다르다는 사실, 더 심각한 문제에 침묵한다고 희망이 생기지는 않는다는 사실, 두려움도 동기를 자극할 수 있다는 사실을 전부 무시한 생각이었다. 2017년에 《네이처》에 실린 한 논문에서 학계 문헌을 광범위하게 조사한 뒤 내린 결론도 그와 같았다.[28] 기후학자들이 희망과 두려움에 대해 그리고 어떤 이야기 방식이 합리적인지에 대해 뚜렷한 합의에 이르기는 했지만, 사실 기후변화를 제대로 다루는 유일한 이야기 방식이나 대중에게 효과가 있는 유일한 수사법 따위는 존재하지 않으며 너무 위험해서 시도조차 해서는 안 되는 이야기도 존재하지 않는다. 어떤 이야기든 기억에만 남는다면 훌륭한 이야기가 될 수 있다.

2018년에 IPCC 보고에서는 기온이 1.5도 상승할 때에 비해 2도 상승할 때 상황이 얼마나 더 심각해질 수 있는지 자세히 경고했다.[29] 살인적인 폭염, 물 부족, 홍수에 노출되는 사람이 수천만 명 더 늘어난다는 내용이었다. 바로 이때부터 과학자들도 두려움을 받아들이기 시작했다. 그런데 사실 보고서에 요약된 연구 자료는 새롭게 밝혀진 내용이 아니었으며 기온이 2도 이상 상승하는 경우는 들어 있지도 않았다. 더욱 무시무시한 온난화 시나리오를 다루지 않은 것이다. 그 대신 IPCC 보고서는 전 세계 과학자에게 일종의 허가를 내주고 있었다. 바로 '이제는 깜짝 놀라도 괜찮다'는 메시지였다. 그 덕분에 마침내 원하는 만큼 소리를 지를 수 있게 된 기후학자들은 당연히도 두려움을 마구 쏟아 냈다.

그럼에도 기후학자들이 이전에 보인 조심성은 충분히 이해할 만하다. 수십 년 전부터 그들은 확실한 데이터만 골라 인류가 아무런 조치를 취하지 않을 때 지구상에 어떤 종류의 재난이 닥칠 수 있는지 곳곳에서 설명해 왔지만 매년 변하는 것은 없었다. 그때마다 그들은 대기실로 돌아가 머리를 싸매고 어떤 수사법 그리고 어떤 전달법이 좋을지 재차 고심하는 수밖에 없었다. 차라리 책임자 위치에 있었다면 정확히 무슨 일을 해야 할지도 알고 겁먹을 필요도 없었겠지만 그들은 책임자가 아니었다. 그렇다면 아무도 그들의 이야기를 들어 주지 않는 이유는? 이야기하는 방식에 문제가 있다고 생각하는 수밖에 없었다. 달리 어떤 이유를 찾을 수 있을까?

2장

걷잡을 수 없는 자본주의의 위기

지난 반세기 동안 행동심리학자들과 그에 동조하는 사람들이 발견한 인지 편향을 목록으로 쭉 나열하면 소셜미디어 피드만큼이나 끝없이 이어질 것이다.[1] 바로 그 인지 편향 하나하나가 기후변화에 대한 우리의 인식을 왜곡하고 과장한다. 기후변화는 마치 맹수처럼 긴박하게 다가오는데도 우리는 늘 가리개를 쓴 채로 볼 수밖에 없다.

우선 인간은 '앵커링 효과anchoring effect' 때문에 설령 대표성이 떨어지더라도 처음 한두 개 사례만 보고 심적 모형을 구축하는 경향이 있다. 이를 지구온난화에 적용하자면 자신이 경험한 세계만 가지고 기후가 온화하다고 안심하는 것이다. 다음으로 '모호성 효과ambiguity effect'에 따르면 대부분 사람은 불확실한 상황을 고려할 때 극심한 불안감을 느끼기 때문에 불안감을 느낄 상황 자체를 회피하기 위해 최소한의 결과만 받아들이는 경향이 있다. 이론상 기후변화 문제에서 불확실성은 행동을 취해야 할 근거가 돼야 정상이다. 불확실성의 상당 부분이 인간의 투입 값에서 비롯되는데 이는 의욕을 꺾는 난제가 아니라 우리가 처리할 수 있는 꽤 구체적인 자극에 해당하기 때문이다.

'인간중심적 사고anthropocentric thinking'는 우리가 경험하지 못한 세계를 이해할 때 인간을 기준에 놓고 생각하려는 반사적인 경향성을 가리키며 일부 환경론자는 가차 없이 '인간우월주의'라고 비난하기도 한다. 인간중심적 사고 때문에 우리는 인류에게 닥친 존재론적 위기를 이해하는 데 어려움을 겪을 수 있다. 이런 착각을 두고 많은 기후학자들은 '살아남지 못하는 것은 인간이지 지구가 아니'라고 지적한다.

한편 '자동화 편향automation bias'은 인간이 컴퓨터 알고리즘 같은 비인간적인 의사 결정 과정을 선호하도록 만든다. 우리가 여러 세대에 걸쳐 시장의 힘을 완전무결한 감독관 혹은 적어도 가장 탁월한 감독관이라고 찬양한 것도 이와 관련 있다. 자동화 편향을 기후 문제에 작용하면 우리는 아무런 규제나 제약을 받지 않는 자유로운 경제 시스템이 환경오염, 불평등, 분배 정의, 분쟁은 물론 지구온난화마저 자연스럽게 해결해 주리라고 맹신할 수 있다.

알파벳 'A'로 시작하는 인지 편향, 그중에서도 몇 가지만 샘플로 가져온 게 이만큼이다. 뒤쪽에 등장하는 인지 편향 가운데 가장 파괴적인 영향을 미치는 몇 가지를 더 꼽자면, 우선 '방관자 효과bystander effect'가 있다. 이는 자신이 나서서 행동하기보다는 다른 사람이 먼저 행동하기를 기다리는 경향을 가리킨다. '확증 편향confirmation bias'은 이미 진실이라고 믿고 있는 생각을 뒷받침하는 증거를 찾으려는 경향이다. 예컨대 우리는 세계를 머릿속에서 재구성하는 인지적 수고를 감당하는 대신 삶이 그대로 지속되리라는 약속을 찾으려 한다. '디폴트 효과default effect'는 새로운 대안보다 기존 선택지를 선택하려는 경향을 말한다. 비슷한 인지 편향으로는 현재 상황이 얼마나 나쁘든 현상을 유지하는 쪽을 선호하는 '현상 유지 편향status quo bias'과 이미 소유한 대상을 포기할 때 대상이 지닌 실제 가치(혹은 지불한 가치)보다 더 큰 가치를 요구하는 '소유 효과endowment effect'가 있다. 행동경제학자들은 인간이 '통제의 환상illusion of control'이나 '과잉 확신overconfidence', '긍정 편향optimism bias'도 가지고 있다고 말한다. 반대로 '부정 편향pessimism bias'도 존재한다. 긍정 편향을 상쇄하는 것이 아니라 오히려 위기를 예정된 패배로 인식하게 만들며 기후변화 같은 경고의 소식을 전하더라도 체념에 찬 울부짖음으로 듣게 만든다. 다시 말해 어떤 인지 편향의 반대쪽을 보더라도 명확한 사고는커녕 또 다른 인지 편향에 빠져든다는 뜻이다. 인간은 '자기기만'이라는 렌즈를 통하지 않고는 아무것도 보지 못한다.

인간의 인식에 관한 이런 통찰은 대부분 민간에 떠도는 지식처럼 직관적이고 친숙하게 느껴질 것이다. 실제로 몇몇 경우에는 학술적인 언어로 포장됐을 뿐 민간 지식이 맞다. 행동경제학은 경제학과 학부생 내지는 믿는 사람들만 믿었을 신념, 즉 인간이 온전히 합리적인 주체라는 신념을 뒤집는다는 점에서 반지성주의 운동만큼이나 특이한 학문적 흐름이다. 하지만 행동경제학이 단지 기존 경제학을 수정한 학문 분야에 불과한 것은 아니다. 행동경제학은 기존 학문 체계에 깔려 있던 핵심적인 전제, 즉 공교롭게도 산업화 시대 초기의 대학을 통해 등장한 근대 서양의 지극히 합리적인 자아상을 전면적으로 반박했다. 다시 말해 행동경제학에서 인간의 이성이란 맹목적일 만큼 자기중심적이고 자멸적이며 어떤 일을 처리하는 면에선 신기할 정도로 탁월하면서도 또 어떤 일을 처리하는 면에선 짜증날 정도로 무능력한, 어설프게 설계된 시스템으로 그려졌다. 나사가 빠져서 너덜너덜해진 채 쉽게 잘못을 저지르는 시스템인 셈이다. 대체 인간이 어떻게 달에 갔는지 이해가 안 될 정도다.

기후변화에 대처하기 위해 전문성과 그에 대한 믿음이 요구되는 바로 지금 시점에 하필 전문가를 향한 대중의 믿음이 무너지고 있다는 사실은 또 다른 역사적 아이러니다. 오늘날 기후변화가 인간의 편향적인 인식을 자극한다는 사실은 신기한 일도, 우연한 일도, 이상한 일도 아니다. 그저 기후변화가 얼마나 거대한 문제인지 그리고 기후변화가 인간의 삶에 얼마나 지대한 영향을 미치는지를 드러낼 뿐이다. 미리 답하자면, 사실상 모든 면에 영향을 미친다.

너무나 거대하고 심각해서 외면하고 싶은 문제

알파벳 'B'로 시작하는 인지 편향 리스트를 만든다면 '규모bigness' 편향 같은 것을 맨 앞자리에 집어넣고 싶을지 모른다. 기후변화는 너무나 규모가 거대하고 영향이 강렬해서 우리로 하여금 마치 태양을 보고 피하듯 반사적으로 눈을 돌리게 만든다.[2]

학생들이 자본주의를 주제로 토론하는 것을 들어 본 적이 있는 사람이라면 '규모' 개념이 어떻게 현상을 유지해야 한다는 구실이 될 수 있는지 잘 알 것이다. 문제의 규모가 거대하다는 사실, 문제가 모든 면을 아우른다는 사실, 달리 준비된 대안이 보이지 않는다는 사실, 문제를 외면할 때 얻는 이득이 탐스럽다는 사실은 지난 수십 년 동안 서구권 선진국의 전문직 중산층이 점차 쌓여 가는 불만에도 무의식적으로 현실을 합리화하게 만드는 기초적인 근거가 됐다. 만약 그들이 다른 행성에 살았더라면 끝없는 금융화의 흐름과 무한한 자유를 가진 시장에 맞서기 위해 지식인의 선봉에 서서 운동을 주도했을지도 모른다. 문학비평가 프레드릭 제임슨Fredric Jameson은 어딘가 민망했는지 발언의 출처를 다른 '누군가'에게 돌리면서 "자본주의의 종말을 상상하느니 세상의 종말을 상상하는 편이 더 쉽다"고 말했다.[3] 그 '누군가'가 오늘날 상황을 본다면 이렇게 말할 것이다. "굳이 둘 중 하나를 골라야 하나?"

권한과 책임에 관해 논할 때면 규모와 크기의 문제가 우리를 혼란스럽게 만들 수 있다. 러시아 인형에 빗대자면 어느 인형이 어느 인형 속에 들어가는지 혹은 애초에 인형이 어느 선반 위에 놓여 있는지 알아보지 못한다는 뜻이다. 거대한 문제를 마주치면 설령 명목상 '책임'을 진다 하더라도 스스로가 작고 무력한 존재처럼 느껴진다. 또 적어도 현대에는 기후처럼 실제로 우리를 둘러싼 자연적인 시스템보다 인터넷이나 경제 같은 인위적인 시스템을 더욱 견고한 존재라고 인식하거나 심지어 아예 건드릴 수조차 없는 존재라고 인식하는 경향이 있다. 그렇기 때문에 화석연료를 채굴하더라도 이익이 되지 않는 방향으로 자본주의 시스템을 개혁하느니 차라리 공기 중에 이산화황을 퍼뜨려 하늘을 빨갛게 물들이고 기온을 1~2도 낮추는 쪽이 더 그럴싸하게 느껴지는 것이다. 심지어 어떤 사람에게는 어마어마한 화석연료 보조금의 지급 중단이 전 지구상에서 이산화탄소를 빨아들일 수 있는 기술을 개발하는 것보다 어렵게 느껴질 정도다.

이런 상황은 일종의 프랑켄슈타인 딜레마라고 할 수 있으며 인공지능에 대한 대중의 두려움과도 비슷한 측면이 있다. 인간은 자신이 선천적으로 물려받은 문제보다 직접 창조한 괴물에게 더 큰 위협을 느끼는 것이다. 에어컨을 틀어 놓고 컴퓨터 앞에 앉아 신문 과학기술 면의 특보를 읽다 보면 마치 우리가 자연환경을 통제한다는 착각에 사로잡힌다. 마음만 먹으면 멸종 위기에 처한 동물과 그들의 서식지를 지킬 능력을 갖출 수 있다고 기대하며 물이 우리 입으로 들어오기까지 얼마나 낭비되는지는 보지 못한 채 역시 마음만 먹으면 풍부한 수자원을 이용할 능력을 갖출 수 있다고 기대한다. 하지만 인터넷에 대해서는 그런 기대를 하지 않는다. 불과 얼마 전에 우리 힘으로 설계하고 구축했음에도 우리의 통제를 벗어났다고 생각한다. 매일 매분마다 우리 손으로 직접 확대시키고 있는 지구온난화에 대해서는 한층 더 그렇게 느낀다. 시장자본주의의 규모가 거대하다는 인식 역시 적어도 지난 세대에게는 자본주의를 비판하는 데 장애가 됐다. 시장 실패에 익숙한 사람에게조차 그 규모가 너무 거대해서 결코 무너지지 않을 것처럼 보였기 때문이다.

지금은 상황이 꽤 바뀌었다. 금융 위기가 기나긴 그림자를 드리우며 지구온난화가 전망을 더욱 어둡게 만들고 있기 때문이다. 그럼에도 극단적인 진보주의자부터 순진할 정도로 낙천적이고 시야가 좁은 과학기술 전문가는 물론 지대 추구와 부정 축재에 맛이 들려 성장만이 답이라고 외치는 보수주의자까지 우리 모두는 이미 자본주의를 바라보던 익숙한 관점을 기후변화를 바라볼 때도 그대로 적용한다. 그 때문인지 자본주의 시스템 내에서 기후를 억제하고 통제할 수 있다고 생각하는 경향이 있다. 하지만 실상은 자본주의 시스템이 기후를 위험에 빠뜨리고 있다.

기후변화 시대를 맞이한 자본주의 제국

서구 자본주의가 화석연료의 힘 덕분에 지배력을 갖게 됐다는 생각은 경제학자 사이에서 전혀 주류 의견이라고는 할 수 없지만 그저 사회주의 좌파 진영만의 지론에 불과한 것도 아니다.[4] 그런 생각은 케네스 포메란츠Kenneth Pomeranz가 《대분기The Great Divergence》에서 제시하는 핵심 주장이다. 《대분기》는 중국, 인도, 중동의 제국에 비하면 사실상 오래도록 변두리 지역에 불과했던 유럽이 어떻게 19세기부터 그처럼 독보적으로 돋보이게 됐는지에 관한 설명 중에서 가장 권위를 인정받아 온 책이다. '왜 유럽인가?'라는 커다란 의문에 포메란츠는 사실상 한 단어로 요약할 수 있는 해답을 내놓는다. 바로 '석탄'이다.

산업 시대의 역사를 설명하는 데 '화석자본주의'라는 표현에 함축된 환원주의적인 이야기(오늘날 생각하는 현대 경제 시스템이 실은 화석연료로 돌아가는 시스템이라는 이야기)는 여러 면에서 설득력이 있지만 불완전하기도 하다. 당연히 우리가 슈퍼마켓에서 온갖 종류의 요구르트를 고를 수 있게 해 주는 시스템에는 그저 화석연료를 태우는 것보다 많은 것이 포함된다(물론 당신 생각만큼 '많은 것'이 필요하지는 않다). 그럼에도 '화석'과 '자본주의'가 서로 얼마나 깊이 얽혀 있는지 서로의 운명에 얼마나 큰 영향을 미치는지를 묘사하는 데는 '화석자본주의'라는 표현이 아주 유용한 지름길이 될 수 있다. 동시에 이 표현은 이제 일부 진보주의자만이 수사적인 목적으로 외치는 의문 한 가지를 제기한다. '자본주의는 기후변화에서 살아남을 수 있을까?'[5]

이런 질문은 마치 프리즘과 같아서 정치적 스펙트럼에 따라 즉 자본주의를 무엇이라고 생각하는지에 따라 다양한 대답이 도출된다. 스펙트럼의 한쪽 끝에는 새로운 형태의 생태사회주의가, 반대쪽 끝에는 오직 시장만이 붕괴하지 않고 살아남는다는 강한 신념이 나타날 수 있다. 물론 거래 행위는 남아 있을 것이다. 오히려 자본주의가 등장하기 전에 그랬던 것처럼 더 번성할지도 모른다. 사람들은 거래 행위를 총괄하는 단일한 시스템이 없더라도 매매를 하고 교환을 한다. 지대 추구 행위도 계속될 것이다. 이윤을 창출하는 것이라면 무엇이든 사들이고 축적하려는 사람이 존재하기 때문이다. 자원이 더욱 부족해지고 얼마 전까지 누리던 풍요가 사라져 더욱 비참해지는 상황 속에서 오히려 지대 추구 유인은 점점 증가할 것이다.

나오미 클라인Naomi Klein이 《쇼크 독트린The Shock Doctrine》에서 개략적으로 소개하는 시나리오도 그와 비슷하다. 클라인은 자본을 가진 세력이 모든 종류의 위기에 얼마나 융통성 없이 반응하는지 서술한다.[6] 그들은 자본을 위해 그저 더 많은 공간, 더 많은 힘, 더 많은 자유를 요구한다. 물론 《쇼크 독트린》은 기후재난보다는 주로 정치계의 몰락이나 기술 관료가 스스로 초래한 위기에 초점을 맞춘다. 하지만 책을 통해 금융 엘리트가 지금 펼쳐지는 환경 위기에 어떤 전략으로 대응할지도

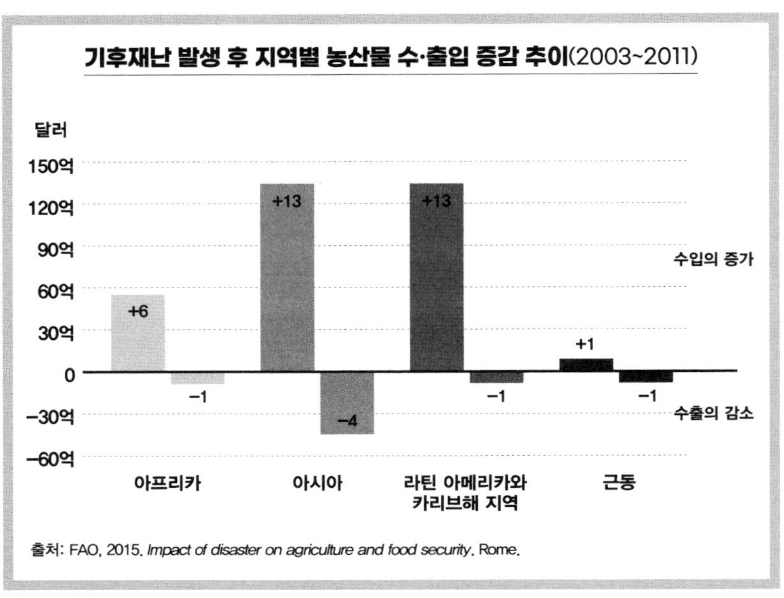

또렷하게 예측할 수 있다. 클라인은 아직 허리케인 마리아의 여파로 비틀거리는 푸에르토리코를 한 가지 사례로 제시한다.[7] 단지 운이 나쁘게도 허리케인 경로에 위치해서 비틀거리는 것이 아니다. 푸에르토리코는 녹색에너지가 풍부한데도 석유를 전부 수입하며 농업적으로 최상의 조건을 갖췄는데도 식량까지 수입하고 있다. 양쪽 다 푸에르토리코를 그저 식민지 시장 정도로 취급하는 본토로부터 들여온다. 바로 그 본토 세력은 부채 상환에만 관심이 있는 전력 회사와 채권단의 손에 푸에르토리코 정부를 사실상 넘겨준 상태다.

기후변화의 시대에 자본주의 제국의 모습이 어떨지 이만큼 잘 묘사하기도 어려울 것이다. 게다가 표현만 그렇다는 것이 아니다. 2017년 허리케인 마리아가 지나간 직후 솔로몬 시앙과 트레버 하우저Trevor

Houser가 시행한 연구에 따르면, 마리아 자체로만 앞으로 15년에 걸쳐 푸에르토리코 사람의 수입이 21퍼센트 감소할 수 있으며 경제가 마리아 직전 수준(클라인이 강조하듯이 이미 삐걱거리던 수준)으로 회복되려면 26년이 소요될 수 있다.[8] 그럼에도 미국은 사회적 비용을 크게 증가시키지도 원조 계획을 카리브해 전역으로 확대시키지도 않았다. 오히려 트럼프는 산후안 시민 앞에 가서 두루마리 휴지를 몇 개 던져 준 다음 시민들이 푸에르토리코 정부 재원을 쥐고 있는 외지인에게 오지도 않을 도움을 호소하도록 내버려뒀다. 시앙과 하우저가 지적하듯이 경제적 위기의 여파는 착오를 일으킬 일이 없기 때문에 기후변화가 가하는 형벌을 개념화하기에 최상의 모형이 될 수 있다. 둘은 이렇게 설명한다. “마리아가 푸에르토리코에 입힌 경제적 비용은 1997년도 아시아 금융 위기가 인도네시아와 태국에 초래한 비용과 동일하며 1994년도 페소 위기가 멕시코에 초래한 비용의 2배에 해당한다.”

자본주의 시스템이 흔들리고 있다는 증거들

자본주의 시스템의 충격요법은 다가올 기후 집권기, 즉 이상기후와 자연재해가 전례 없는 속도로(허리케인, 홍수, 폭염, 가뭄 등 재난과 재난 사이에 휴지기도 거의 없이) 세계 경제를 공격하고 농업 생산량과 노동생산성을 위협하는 시대를 얼마나 잘 버틸 수 있을까? 다른 여러 문제와 마찬가지로 현재와 미래에 인류가 지구온난화에 어떻게 대응하는지에 따라 대답은 달라진다. 하지만 기업 및 금융 자본주의를 지향하는 서구권 문화의 근원적인 성향은 무엇이 가능하고 무엇이 불가능한지에 대한 집단적인 의식을 틀 잡아 온 만큼 비교적 지엽적인 조정만으로도 어마어마한 여파를 초래할 수 있다.

한 가지 가능성은 전반적인 이익이 감소함에 따라 힘을 가진 자들이 이익을 축적하려는 경향이 더욱 강해지고 자본의 지배가 더욱 고착화되는 것이다. 지난 몇십 년을 되돌아보면 충분히 추측할 수 있는 결론이다. 그럼에도 바로 그 몇십 년 동안 자본가는 경제성장을 약속함으로써 여론을 잠재울 수 있었다. 실제로 세계에는 정말 다양한 부류의 시장이 존재하지만 적어도 1989년 이후(공교롭게도 탄소배출량이 폭발적으로 증가한 시기)부터는[9] '경제성장의 약속'이 전 세계 시장의 공통적인 이념 기반으로 작용해 왔다.

기후변화는 그런 약속을 뒤흔들고 있는 두 가지 흐름을 더욱 가속화시킬 것이다. 첫째로는 세계적인 경기침체가 발생하며 그로 인해 일부 지역에 숨 쉴 틈조차 없는 영구적인 불경기가 닥칠 것이다. 둘째로는 전 세계적으로나 특정 정치조직 내에서나 부유한 자보다 가난한 자가 훨씬 심각한 피해를 입음으로써 이미 터무니없는 수준인 소득 불평등이 점점 더 노골적으로 더 많은 사람에게 나타날 것이다. 이 두 가지 흐름에 경제가 두 배로 망가질 미래에는 사회적인 권력을 독점하다시피 쥐게 될 어마어마한 부자들에게 최소한 해명을 요구하는 목소리가 더욱 높아질 것이다.

어떻게 해명할 수 있을까? 이미 우리에게 익숙한 상위 1퍼센트 세계관, 즉 소득 불평등이 '공정한' 불평등이라는 사회다윈주의적인 세계관에 기대지 않는다면 자본가 세력이 내놓을 만한 해명은 거의 없을 것이다. 자본주의 시장은 누구에게나 성공의 가능성이 열려 있다고 강조하고 새로운 성공이 모두에게 혜택으로 돌아간다고 세뇌하면서 여러 세대에 걸쳐 불평등을 정당화해 왔다. 그런 주장은 언제나 진리가 아니라 프로파간다로서나 설득력이 있었으며, 대침체와 그 이후에 나타난 불균등한 회복 속도는 선진 자본주의 국가가 벌어들이는 소득이 지난 수십 년 동안 가장 부유한 자에게만 돌아갔다는 사실을 명확히 드러냈다. 대침체 이후로 유럽과 미국에서는 격렬한 포퓰리즘이 진보나 보수를 가리지 않고 위세를 떨쳤고 자유 시장의 요새에서는 혹독한 회의론과 자기비판이 쏟아져 나온 것을 볼 때 전체 시스템 자체가 위기에 빠진 것이 분명해 보인다. 2016년에는 무려 IMF에서 '신자유주의는 과대평가되었나?'라는 제목의 보고서를 발표했다.[10] 또 이후 세계은행의 수석 경제 전문가 자리에 오른 폴 로머Paul Romer는 자본주의의 '학문'이라 불리는 거시경제학이 끈 이론에 비견될 만큼 공상적인 분야에 불과하다며 실물경제의 작동 방식을 기술하기에는 너무나 부적절하다고 주장했다.[11] 로머는 2018년에 노벨경제학상을 수상했다. 공동 수상자는 기후변화가 경제에 미치는 영향을 처음으로 연구한 윌리엄 노드하우스였다. 경제학자인 노드하우스는 탄소세에 찬성하는 입장이다.[12] 물론 노드하우스가 말하는 '최적'의 탄소세는 여전히 3.5도의 기온 상승을 허락할 만큼 낮은 편이다.

지금으로서는 기후변화가 초래하는 경제적 비용이 상대적으로 가벼운 편이다. 예컨대 2017년 미국의 경우에는 기후변화가 초래한 비용이 3,060억 달러로 추정된다.[13] 하지만 앞으로는 훨씬 무거운 비용이 발생할 것이다. 또 과거에는 불평등, 불공정, 착취를 정당화하기 위해 경제성장을 약속하면 충분했지만, 머지않은 기후변화 시대에는 자연재해, 가뭄, 기근, 전쟁, 국제 난민, 정치적 혼란 등 정당화해야 할 문제가 지나치게 늘어날 것이다. 게다가 애초에 경제성장을 명분으로 내세우지도 못할 것이다. 세계 경제는 거의 성장하지 않으며 오히려 대부분 지역에서는 극심한 마이너스 성장이 일어날 것이기 때문이다.

비록 인류에게 재난을 극복할 회복력이 있다고 믿는 사람이 아직 많지만 그런 회복력은 화석연료를 이용해 쌓은 산업 시대의 풍요 덕분에 존재한다. 중세 시대의 왕은 자신이 전염병이나 기근을 극복할 방법을 찾을 수 있으리라고 기대하지 않았고 크라카타우 산이나 베수비오 산 근처에 살던 사람은 자신이 화산 폭발을 견딜 수 있으리라고 기대하지 않았다. 어쩌면 우리에게도 지금 부가 줄어든다는 사실을 걱정하기보다 미래에 대한 기대를 하향조정하는 것이 더 중요할지도 모른다. 또 '자본주의'를 단지 시장의 힘이 작동하는 방식이라고만 생각하는 것이 아니라 자유 시장만이 공정하고 완벽한 사회 시스템임을 가르치는 종교라고 생각한다면 최소한 엄청난 종교개혁이 다가오고 있다는 사실 정도는 기대해야 한다. 경제적 피해가 막대하리라는 예측을 잊지 말자. 기온이 3.7도 증가하면 피해액이 551조 달러에 달하며[14] 2100년까지 현재 추세가 이어진다면 잠재적인 소득은 전 세계적으로 23퍼센트 감소할 것이다.[15] 대공황보다도 훨씬 더 심각한 충격이며 지금까지 여파를 미치는 대침체보다도 10배 더 심각한 충격이다. 그리고 그 충격은 잠깐으로 끝나지 않는다. 아무리 규모가 거대한 시스템이라 하더라도 기후변화가 초래하는 몰락을 무사히 넘기지는 못할 것이다.

시스템의 생존에 따른 대가와 책임

만약 자본주의 시스템이 살아남는다면 대가는 누가 치를까?

이미 미국 법정에는 기후변화를 근거로 손해배상금을 뜯어내려는 소송이 줄을 잇는다. 소송에서 주장하는 피해 내용 대부분이 아직 일어나지도 않았다는 점을 고려한다면 대담한 수를 두고 있다고 하겠다. 가장 눈에 띄는 사례는 개혁적인 사법당국에서 석유 회사를 상대로 제기하는 소송이다. 보통 허위 정보를 퍼뜨리거나 정치적인 압력을 넣는다고 알려진 회사를 상대로 대중 명의 혹은 독자적으로, 대중의 건강에 미친 악영향에 대해 보상을 청구하는 식이다. 정리하자면 기후변화의 책임이 향하는 첫 번째 대상은 여태까지 이득을 본 기업이다.

또 다른 종류의 고발이 '아이들 대 기후 소송'이라고도 알려진 '줄리애나 대 미국 소송'에서 이루어졌다. 미국 정부가 지구온난화에 대한 대응 조치를 취하지 않음으로써 사실상 수십 년치에 달하는 환경 비용을 오늘날의 젊은 세대에게 미룬 것이나 마찬가지라는 독창적인 평등 보호 요구 소송이었다. 소수의 아이들이 자기네 세대와 뒤따라 나올 세대 전체를 대표해 자신들의 부모와 조부모가 뽑은 정부를 상대로 소송을 제기했다는 점에서 나름대로 고무적인 일이었다. 이처럼 기후변화의 책임이 향하는 두 번째 대상은 여태까지 이득을 본 이전 세대들이다.

기후변화의 책임이 향하는 세 번째 대상도 있다. 이들은 파리기후협약을 협상한 회의실에서 지적당한 것을 제외하면 아직 어떤 식으로든 공식적으로 고발당하지는 않았다. 바로 화석연료를 태움으로써 여태까지 이득을 본 국가들이다. 몇몇 경우에는 그 대가로 전 세계의 희생을 초래해야 했다. 이는 특히 자극적인 문제다. 가장 충격적인 기후 트라우마를 겪어야 할 이들은 바로 그 제국 국민의 후손이기 때문이다. 이미 이에 자극을 받은 사람들은 '기후 정의'라는 간판 아래 조직적으로 모여 정치적 분노를 내뿜고 있다.

그들의 요구는 어떻게 전개될까? 앞으로 수십 년 동안 인간이 어떤 선택과 행동을 하는지에 따라 다양한 시나리오가 나올 수 있다. 과거 착취를 일삼던 제국은 배상, 과실 송금, 진상 조사, 조정 같은 완충 장치를 통해 복수심을 완화함으로써 비교적 평화로운 화해 분위기에 들어갔다. 기후변화가 초래하는 고통에 대해서도 그런 방식이 지배적인 접근법으로 떠오를 수 있다. 과실을 인정하는 분위기 속에 협력적인 지원망을 형성하는 것이다. 하지만 서구권의 부유한 국가가 지구온난화의 고통을 가장 심하게 겪을 가난한 국가에게 기후 부채를 지고 있다고 시인한 적은 아직 거의 없다. 게다가 기후변화의 고통과 그 속에 드러나는 과거의 만행은 너무나 끔찍한 충격을 가져다줄 것이다. 때문에 국가들은 고상한 협력 관계를 맺기는커녕 대부분 문제를 외면하거나 책임을 부인할 것이다.

물론 지구온난화가 얼마나 큰 고통을 안겨 줄지 아직 우리는 정확히 알지 못한다. 하지만 어느 민족이나 국가가 다른 민족이나 국가에게 진 어떤 역사적인 빚(심지어 제대로 상환된 경우도 거의 없는 빚)보다도 틀림없이 더 큰 빚이 생길 만큼, 온난화가 초래하는 파괴의 규모는 막대할 것이다.

이런 주장이 지나친 과장으로 들린다면 대영제국을 탄생시키기 위해 태운 화석연료를 생각해 보라. 거기서 나온 연기 때문에 오늘날 방글라데시의 늪지대는 머지않아 물에 잠기고 인도의 도시는 이번 세대만 지나가더라도 불에 구운 듯이 달아오를 것이다. 20세기 미국은 영국만큼 뚜렷하게 정치적 지배력을 확립하지는 않았지만 그럼에도 세계 판도를 주도함으로써 중동 지역의 수많은 국가를 송유관에 의존하는 나라로 만들었다. 현재 중동 국가들은 매년 여름마다 일부 지역 기준으로는 사람이 거주할 수 없을 만큼 뜨거운 열기로 불타오른다. 앞으로는 가장 신성한 메카가 위치한 지역마저 기온이 너무 높아져 수백만 명에 달하는 무슬림의 연례 행사였던 성지순례가 대량 학살극으로 바뀔 것이다. 엄청나게 이상적인 세계관을 가지고 있지 않는 이상 그 고통의 책임 소재를 찾는 문제가 오늘날의 지정학적 관계를 기후 위기 속으로 몰아가지 않으리라고 확신하지는 못할 것이다. 게다가 애초에 위기를 틀어막지 못한다면 이후에 뒤따르는 연쇄적인 재앙이 이 상론의 설 자리 자체를 없애 버릴 것이다.

오늘날의 정치적 협의체는 파산법을 활용하는 것은 물론이고 석유 회사, 정부, 국가에 유리한 쪽으로 기후 부채를 제한하기 위해 공모할 것이다. 이 협의체는 정치적 압력에 의해 혹은 심지어 내란에 의해 흔들리고 무너질지도 모른다. 이는 가장 명백한 악당과 후견인을 무대에서 아예 없애 버리는 의도치 않은 결과를 가져올 수 있으며 결국 책임을 지우고 보상을 요구할 만한 만만한 표적이 사라질 것이다. 그때가 되면 책임 소재의 문제는 강력하고 무차별적인 정치적 탄약으로 뒤바뀔 것이다. 해소되지 않는 분노만 남는 것이다.

적응과 완화 명목으로 청구될 엄청난 비용

만약 기온 상승을 2도 혹은 3도에서 멈추는 데 성공하더라도 부채 명목이 아니라 적응 및 완화 명목으로 거대한 비용이 청구될 것이다. 인류 모두가 거주할 만한 유일한 행성에 산업자본주의라는 시스템이 지난 100여 년에 걸쳐 입힌 손상을 복구하기 위해 급하게 시스템을 고안한다 하더라도 이를 구축하고 관리하는 데 비용이 든다는 뜻이다.

비용은 어마어마할 것이다. 화석연료 없이 돌아가는 경제 시스템을 구축해야 하고 완벽히 재생 가능한 에너지를 개발해야 하며 농업 체계를 새롭게 구상해야 하고 심지어 육식을 포기해야 할 수도 있기 때문이다. 2018년 IPCC 보고서에서는 그처럼 필수적인 변화를 수행하는 것이 전 지구상에 2차 세계대전 긴급 동원령을 내리는 것에 필적한다고 지적한다. 뉴욕 시가 지하철 1개 노선에 정류장 3개를 새로 짓는 데 45년이 걸렸다. 기후변화의 위협에 대응하려면 그보다 훨씬 짧은 시간 안에 전 세계의 기반 시설을 재구축해야 한다는 뜻이다.

상황이 이렇기 때문에 한 방에 문제를 해결해 준다는 만병통치약이 끌릴 수밖에 없다. 결국 우리는 '마이너스 배출'이라는 마법 같은 단어를 다시 찾게 된다. 숲을 되살리거나 새로운 농업 기술을 개발하는 것 같은 '자연적인' 접근법이든 공기 중에서 탄소를 제거하는 기계를 활용하는 기술적인 접근법이든 마이너스 배출은 전 세계 경제를 통째로 바꾸라고 요구하지는 않는다. 따라서 한때는 모든 게 실패하는 경우에만 사용하는 최후의 수단처럼 여겨졌던 마이너스 배출이 최근에는 온갖 기후 대책 목표 가운데 포함돼 있다. 기온 상승을 2도 이하로 막는 것을 목표로 하는 400개의 IPCC 탄소 배출 모델 가운데 344개가 마이너스 배출을 전제하며 대다수가 마이너스 배출을 핵심적인 요소로 내세운다.[16] 안타깝게도 마이너스 배출 역시 지금으로서는 이론에 불과하다. 어떤 형태의 접근법도 앞으로 요구되는 범위만큼 효과가 있는지는 증명된 바가 없다. 특히 자연적인 접근법은 환경론자들의 관심을 받고는 있지만 훨씬 까다로운 난관에 부딪혀 있다. 예컨대 한 연구에 따르면 자연적인 접근법이 성과를 거두는 데 전 세계 경작지의 3분의 1이 요구된다고 한다.[17] 또 다른 연구에서는 어떤 식으로 시스템이 설계되고 활용되는지에 따라 의도와는 정반대의 효과, 즉 공기 중에 탄소를 더하는 효과가 나타날 수 있다고 지적한다.

그보다는 사이버펑크 영화에서 튀어나온 듯한 반산업적인 시설로 지구를 덮어 버리는 탄소포집 노선이 좀 더 솔깃할지도 모른다. 가격이 비싸기는 하지만 일단 지금도 기술을 가지고 있으니까 말이다. 월러스 스미스 브뢰커가 버릇처럼 말했듯이 탄소포집 장치는 자동차와 유사한 기계적 복잡성을 가지며 비용도 한 대당 약 3만 달러로 비슷하다. 브뢰커가 추산하기로는 현재 대기 중에 배출되는 탄소량만큼을 빨아들이는 데만 탄소포집 장치가 1억 대 요구된다. 인류에게 시간만 조금 벌어다 줄 뿐인데 전 세계 GDP의 40퍼센트에 해당하는 30조 달러가 들어간다. 대기 중 탄소 농도를 고작 몇 ppm이라도 줄이기 위해서는(현재 탄소배출량을 넘어 몇 년 뒤 수준까지 맞춤으로써 시간을 조금 더 벌기 위해서는) 탄소포집 장치가 5억 대 요구된다. 더 나아가 탄소 농도를 1년당 20ppm씩 줄이려면 10억 대가 필요하다. 이 경우 탄소 농도를 즉시 한계선 아래로 낮출 수 있으며, 일부 진보적인 환경론자들은 반대하겠지만, 탄소 기반 성장을 할 시간을 조금 더 벌 수 있을지도 모른다. 그러나 이미 계산해 봤으면 알겠지만 그렇게 하는 데는 전 세계 GDP의 약 4배에 해당하는 300조 달러가 필요하다.

물론 탄소포집 장치에 드는 비용은 앞으로 떨어질 것이다. 문제는 그동안 탄소배출량과 대기 중 탄소 농도 역시 계속 증가한다. 2018년에 데이비드 키스David Keith의 논문에서 이산화탄소를 1톤당 고작 94달러의 비용으로 제거하는 새로운 방법을 소개했다.[18] 전 세계 연간 탄소 배출량인 32기가톤을 상쇄하는 데 약 3조 달러가 든다는 뜻이다. 그 정도 비용조차 부담감이 느껴진다면, 매년 전 세계에서 화석연료 보조금으로 나가는 비용이 무려 5조 달러에 달한다고 추정된다는 사실을 명심하자.[19] 물론 키스 본인은 수조 달러를 들여 탄소포집 장치를 전 세계에 배치함으로써 혜택을 얻는 것도 괜찮다고 찬성하지만 그러지 않는 편이 더 좋다고 생각한다. 애초에 그만한 탄소를 대기 중에 배출하지 않는 것이 탄소를 다시 제거하는 것보다 훨씬 비용이 적게 들기 때문이다. 하지만 제트기 여행 같은 몇몇 특수한 영역에서는 이산화탄소를 완전히 배제하기가 매우 어렵거나 아주 먼 이야기일 수 있다. 때문에 적어도 탄소포집 기술이 시간은 벌어다 줄 수 있다. 시작은 빠르면 빠를수록 좋다. 2017년에 미국이 파리기후협약에서 탈퇴했을 뿐만 아니라 특히 세금을 줄여 달라고 요구하는 가장 부유한 자들을 위해 2조 3,000억 달러에 달하는 세금 감면을 승인했기 때문이다.[20]

The Uninhabitable Earth

3장

기술이 종교처럼 되었을 때

무언가 우리를 구원할 수 있다면 그것은 '기술'일 것이다. 하지만 지구를 구원하려면 당연한 말 이상이 필요하다. 특히나 실리콘밸리의 기술 전문가조차 동화 같은 이야기 말고는 할 말이 거의 없는 상황에서는 말이다. 지난 10년 동안 소비자는 실리콘밸리의 창업자와 벤처 투자가를 미래 세계의 청사진을 알아맞히는 주술사 같은 존재로 떠받들었다. 하지만 그중 기후변화에 진정으로 관심이 있는 전문가는 손에 꼽을 만큼 부족했다. 그들은 (일론 머스크Elon Musk와 빌 게이츠Bill Gates를 제외하면) 녹색에너지에 인색한 양의 돈을 투자하거나 (역시 빌 게이츠를 제외하면) 그보다 인색한 양의 돈을 기부할 뿐이었다. 오히려 많은 경우 한때 에릭 슈미트Eric Schmidt가 대략적으로 소개했던 관점,[1] 즉 급속한 기술 발전에 의해서 혹은 자가 발전하는 인공지능 기술의 도입에 의해서 해결책이 나올 수밖에 없기 때문에 기후변화는 이미 해결된 것이나 마찬가지라는 관점을 표출하기도 했다.

이런 세계관을 묘사하는 한 가지 표현은 '근거 없는 맹신'일 것이다. 물론 실리콘밸리에는 인공지능을 '근거 없는 두려움'으로 대하는 사람도 많다. 혹은 세계의 미래학자들이 기술을 모든 문제와 해결책이 담겨 있는 최상위 구조로 받아들이기 시작했다고 표현할 수도 있다. 그 관점에 따르면 기술을 위협하는 존재는 오직 기술에서 나올 수밖에 없다. 그렇기 때문에 수많은 기술 전문가가 통제를 벗어난 기후변화보다는 통제를 벗어난 인공지능을 더 두려워하는 것일지도 모른다. 아무리 무시무시한 힘이라도 그들은 자신들이 직접 불러일으킨 힘만을 심각하게 받아들이는 것이다. 샌프란시스코 만안의 오랜 반체제 히피 문화 속에서 온갖 잡다한 지식의 바이블이라 불리는 스튜어트 브랜드Stewart Brand의 《지구 백과Whole Earth Catalog》에 의해 탄생한 세계관이라기에는 너무도 특이한 단계에 와 있는 세계관이다. 이 때문에 현실 세계 정치인이 소셜미디어 플랫폼에 위협을 가하더라도 플랫폼 관리자가 그처럼 늦게 대처하는 것일지도 모른다. 또한 이 때문에 공상과학소설 작가 테드 창Ted Chiang이 지적하듯이 인공지능이 지배하는 미래는 실리콘밸리의 두려움에서 무의식적으로 탄생한 자조적 자화상처럼 보이는 것일지도 모른다. 기술 거물들이 본인이 체화한 일처리 방식에 스스로 공포를 느끼는 것이다. 테드 창은 이렇게 말한다.

> 생각해 보라. 부정적인 결과를 초래할 가능성을 보지 못한 채 강박적으로 자신의 목표만을 추구하는 사람은 누구인가? 시장 점유율을 높이기

위해 지구를 뜨겁게 달구는 방식을 택하는 사람은 누구인가? 이 가상의 딸기를 따는 인공지능은 스타트업 기술 회사가 하고 싶어 하는 모든 일을 해낼 수 있다. 기하급수적인 성장세를 보이면서 경쟁자를 모두 물리친 다음에 완전한 독점을 이루는 것이다. 슈퍼 인공지능이라는 개념은 정의가 너무 빈약해서 거의 어떤 모습을 상상하더라도 말이 되는 수준이다. 세상의 모든 문제를 해결하는 인자한 지니가 될 수도 있고 인간은 이해조차 할 수 없는 난해한 정리를 증명하기 위해 온 시간을 쏟는 수학자가 될 수도 있다. 하지만 실리콘밸리 기술자가 슈퍼 인공지능을 상상할 때 떠올리는 것은 어떤 제한에도 얽매이지 않는 자본주의다.[2]

때로는 머릿속에 멸종 위기 수준의 위협을 한 번에 둘 이상 떠올리기가 어려울 수 있다. 하지만 인공지능 관련 철학의 개척자인 닉 보스트롬Nick Bostrom은 성공했다. 보스트롬이 2002년에 발표한 영향력 있는 논문에서는 존재론적 위기, 즉 위기가 초래하는 "부정적인 결과 때문에 지구에 근원을 둔 지적 생명체가 말살되거나 그 지적 생명체의 잠재력이 영구적으로 급격히 축소되는" 위기 23개를 소개한 바 있다.[3]

보스트롬은 세상의 종말을 연구하는 유일한 지식인은 아니지만, 조종 불능의 인공지능이 초래할 수 있는 멸종 수준의 위협을 정리하거나 개념화하는 방법을 구상하는 면에서 선두에 있는 사상가 중 한 명이다. 하지만 보스트롬은 전체적인 위기 목록 가운데 기후변화를 포함시키지 않았다. 그 대신 기후변화를 "우연한 사고나 고의적인 파괴 행위가 비교적 갑작스러운 재난을 초래해 지구에 근원을 둔 지적 생명체를 멸종"시킬 가능성을 의미하는 "폭발"이라는 하위 범주에 포함시켰다. '폭발' 범주는 하위 목록 가운데 가장 긴 위기 목록에 해당하며, 여기에 기후변화와 함께 들어 있는 위기 중에는 "잘못된 프로그램이 입력된 슈퍼 인공지능"과 "우리가 모의 현실 속에 살고 있는데 모의 현실이 종료되는 일"이 있다.

보스트롬의 논문에서는 기후변화와 밀접한 관련이 있는 위기인 "자원 고갈 혹은 생태계 파괴"도 고려한다. 그런 위기는 "바스러짐" 이라는 다음 범주에 들어간다. '바스러짐' 범주에 들어가는 위기가 닥치면 "인간 생명체가 특정한 형태로 남아 있기는 하지만 인간이 포스트 휴먼으로 발전할 가능성이 좌절"된다. 가장 대표적인 바스러짐 위기는 "기술 발전의 한계"인데 "포스트휴먼으로 이행하는 것이 순전히 기술적으로 너무 어려워서 결코 그 단계에 도달할 수 없다는 사실이 증명"될 수 있다. 마지막 두 범주 중 "비명"이라는 범주는 "컴퓨터에 전송된 인간 정신의 반란"이나 ("잘못된 프로그램이 입력"되는 것과 달리) "결함이 있는 슈퍼 인공지능" 등 "일정 형태의 포스트휴머니즘을 달성하지만 가능함과 바람직함의 범위가 극도로 협소"한 수준에 머무를 가능성을 가리킨다. "흐느낌"이라는 범주는 "포스트휴먼 문명이 출현하지만 우리가 가치 있게 여기던 것이 완전히 소멸되거나 이전에 비해 극히 일부만 실현되는 방향으로 점진적이면서도 돌이킬 수 없이 발달"할 가능성을 가리킨다.

이미 눈치를 챈 사람도 있겠지만 보스트롬의 논문은 "인류 멸종 시나리오"를 분석하겠다는 목표로 출발했음에도 '폭발' 범주 이후로는 위기를 평가하는 과정에서 딱히 "인류"를 언급하지 않는다. 오히려 위기 평가 내용은 보스트롬이 "포스트휴머니즘posthumanism"이라 부르고 다른 학자들이 "트랜스휴머니즘transhumanism"이라고 부르는 존재에 초점이 맞춰져 있다. 다시 말해 급속한 기술의 발전이 인류 진화의 줄기에서 아예 떨어져 나왔다고 생각할 수밖에 없을 만큼 우리를 오늘날 인류로부터 완전히 분리된 새로운 존재로 거듭나게 할 수 있는가에 집중한다. 포스트휴먼은 어떤 사람에게는 그저 미세 로봇이 우리 혈관 속을 헤엄쳐 다니면서 독소를 걸러 내고 종양을 검사하는 전망을 의미할 수 있다. 또 어떤 사람에게는 인간의 생명을 유형의 현실 세계에서 추출해 컴퓨터 속으로 온전히 이식하는 전망을 의미할 수도 있다. 여기에서도 인류세의 흔적이 드러난다. 하지만 이런 전망 속에서 인간은 환경이 파괴되고 그 속을 살아가야 하는 짐을 짊어지지는 않는다. 그 대신 엄청난 속도의 기술적 탈출에 성공할 뿐이다.

얼마나 진지하게 받아들여야 하는지 판단하기 어려울 수 있다. 하지만 나사와 벨연구소의 뒤를 이어 미래 상상도의 설계 역할을 맡은 실리콘밸리의 선두적인 미래학자 사이에서 이런 전망은 보편적이라고 할 만큼 흔한 편이다.[4] 물론 전망이 실현되기까지 얼마나 많은 시간이 걸릴지에 대해서는 그들 사이에서도 의견이 다양하다. 예컨대 피터 틸Peter Thiel은 기술 발전이 환경이나 정치가 무너지는 속도를 앞지르지 못할까 봐 걱정하면서 기술 발전의 속도가 느리다고 불만을 표출할지도 모른다. 지금도 틸은 불로장생의 비법을 찾겠다는 수상쩍은 연구 프로젝트에 투자하며 인류 문명이 무너질 때를 대비해 뉴질랜드에 땅을 사들이고 있다. 한편 기본소득 제도 시범 프로젝트를 지원한 기술 자선가로 이름을 알리기 시작했으며 직접 투자했을 가능성이 있는 지구공학 기술 프로젝트에 공개적인 주의를 이끌기도 한 와이콤비네이터Y Combinator의 샘 알트먼Sam Altman은 최근 자신의 정신을 현실 세계로부터 빼내기 위한 두뇌 업로드 프로젝트에 계약금을 지불한 것으로 알려져 있다. 물론 이 프로젝트에도 투자가로서 참여했다.

보스트롬이 보기에 인간의 궁극적인 목적은 '포스트휴먼'이 아니라 그냥 '인류'라고 불러도 될 만큼 명명백백한 포스트휴먼 상태를 만들어 내는 것이다. 단순한 착각이 아니라 실리콘밸리에서 호소력을 발휘하고 있는 생각이다. 즉 기술자 앞에 놓인 가장 웅장한 과업이란, 인류를 위한 번영이나 복지를 만들어 내는 것이 아니라 인류를 (가능하다면 영속적인) 다른 존재 상태로 보내는 포털을 제작해 기술적 전이를 이루는 것이다. 물론 광대역 인터넷을 사용하지 못하는 사람이 수십억에 달한다는 사실만 고려하더라도 많은 사람은 뒤에 남겨질 것이다. 선불심 카드를 사야 데이터를 쓸 수 있는 사람 입장에서 클라우드에 두뇌를 업로드한다는 것은 굉장히 어려울 테니까 말이다.

뒤에 남겨진 세상은 끊임없이 기후변화의 공격을 받는 세상이다. 물론 보스트롬만이 기후 위기를 멸종 수준의 위기라고 인식한 것은 아니다. 수천 명, 어쩌면 수십만 명에 달하는 과학자들이 이상기후 사태와 새로운 연구 결과로 대중의 주의를 이끌기 위해 매일같이 소리를 지르고 있다. 버락 오바마Barack Obama조차 '존재론적 위기'라는 말을 습관처럼 사용하면서 누구보다 감정적으로 경각심을 드러냈다. 그럼에도 우리는 다른 행성으로 인류를 이주시키겠다는 계획이나 인류를 대부분의 생물학적 환경적 필요로부터 해방시키겠다는 전망을 세울 뿐이다. 멸종 위기를 앞둔 인류에게 기후변화의 종교적 의미를 제시함으로써 위안이나 목적을 가져다줄 생각이나 노력은 전혀 하고 있지 않다. 이런 사실은 우리가 기술에 얼마나 맹목적으로 의지하는가를 보여 준다.

세상의 고통으로부터 벗어나게 해주겠다는 약속

물론 인간의 몸을 벗어나고 세계를 초월한다는 생각 자체도 종교적인 판타지다.

몸을 벗어난다는 생각은 특권층적인 사고방식을 노골적으로 드러내며, 그 생각이 신흥 재벌 계층이 꿈꾸는 삶 가운데 포함되는 것은 어찌 보면 당연한 일처럼 보인다. 세계를 벗어난다는 생각은 기후변화에 대한 두려움에서 나타나는 전략적인 반응일 수 있다. 이미 기술 옹호자가 자세히 묘사했듯이 지금 우리가 살고 있는 세계가 무너질 가능성에 대비해 예비 세계를 확보하겠다는 것이다.

하지만 전혀 이성적인 해결책은 아니다. 기후변화가 이곳 지구에서의 삶의 기반을 위협하는 것은 사실이다. 그럼에도 화성의 바싹 마른 붉은 토양 위에서 무언가를 시도하는 것보다는 차라리 지구의 황폐한 환경 위에서 살아가는 것이 훨씬 더 생존 가능성이 높다. 화성의 적도에서는 여름에도 밤 기온이 영하 73도까지 떨어진다. 화성의 표면에는 물도 없고 식물도 없다. 충분한 자금을 지원받는다면 혹시 화성이나 다른 행성에 한정된 범위로 작은 마을 정도는 세울 수 있을지 모른다. 하지만 지구에서 드는 비용에 비해 금액이 훨씬 많이 들기 때문에 규모가 극도로 제한된다. 따라서 기후변화 대책으로 우주여행을 제안하는 사람은 뭔가 단단히 착각하고 있다고 생각할 수밖에 없을 정도다. 현재 애서턴(실리콘밸리 기업가를 비롯한 부유층이 모여 있는 고급 주택지 – 옮긴이)에서 기술 재벌이 즐기는 풍요로운 부를 그처럼 제한적인 마을에서 누릴 수 있다고 기대하는 사람은 아예 망상에 빠져 사는 사람이나 다름없다. 호사스런 물건을 화성으로 챙겨 가는 것을 기껏해야 버닝맨Burning Man(5만 명 정도가 약 일주일간 '플라야playa'라 불리는 염전에서 공동 생활을 하는 연중행사 – 옮긴이) 행사에 챙겨 가는 것쯤으로 생각한다는 뜻이다.

우주로 떠나는 표를 살 여력이 없는 일반 대중 사이에서는 기술 신앙이 다른 형태를 취한다. 물론 그 안에서도 얼마를 지불하는지에 따라 스마트폰, 스트리밍 서비스, 승차 공유 서비스, 인터넷 등 각기 다른 신조가 지급된다. 하지만 결국 전부 황폐한 세상의 고통과 문제로부터 벗어나게 해 주겠다는 공통된 약속을 제공한다.

2017년 캘리포니아의 화재 철(동시에 허리케인 하비, 어마, 마리아가 닥친 시기)에 샌프란시스코 만안 지역에서 집을 보러 다니다 기후 종말의 위기를 실감한 크리스티나 니콜Christina Nichol의 회고록 〈내 오두막 이야기An Account of My Hut〉에서는 니콜이 기술업계에 종사하는 한 어린 친척과 나눈 대화가 등장한다.[5] 니콜은 친척에게 기후변화의 위기가 전례 없는 수준으로 펼쳐지고 있음을 설명하려 애쓰지만 별다른 성과를 거두지 못한다. 오히려 친척은 "뭐가 걱정이야?"라며 이렇게 답한다.

> 기술이 모든 걸 해결해 줄 거야. 지구가 끝나면 그냥 우주선에서 살면 되고. 음식은 3D프린터로 출력하면 돼. 아마 배양육을 먹고 있겠지. 소 한 마리면 전부를 먹일 수 있어. 물이나 산소는 원자를 재배열하면 언

을 수 있고. 일론 머스크가 있잖아.

일론 머스크. 그것은 그저 한 남자의 이름이 아니라 종적인 규모의 생존 전략인 셈이다. 니콜은 이렇게 답한다. "하지만 난 우주선에서 사는 걸 '원하지' 않아."

친척은 진심으로 놀란 표정이었다. 기술업계에서 일하다 보니 우주선에서 살기 싫다는 사람을 한번도 만나 본 적이 없었던 것이다.

기술이 집단으로서의 인류를 수고스러운 노동과 물질적 궁핍으로부터 해방시키리라는 기대는 적어도 존 메이너드 케인스John Maynard Keynes 때부터 시작된 오랜 염원이었다.[6] 케인스는 자신의 손주 세대가 매주 15시간만 일하리라 예측했지만 아직은 먼 나라 이야기다. 경제학자 로버트 솔로Robert Solow는 노벨상을 수상한 1987년에 이런 유명한 말을 남겼다. "오늘날이 컴퓨터의 시대라는 사실이 곳곳에서 드러나고 있지만 생산성 지표에서만큼은 드러나지 않는다."[7]

그때 이후 몇십 년 동안 선진국에 살고 있는 대부분의 사람이 경험했던 상황도 그와 비슷하거나 더욱 심각했다. 급속한 기술의 발전이 일상의 거의 모든 측면을 바꿔 놓았지만 경제적 복지 수준을 측정하는 어떤 관습적인 기준을 들이대 봐도 실질적인 개선이 거의 혹은 전혀 나타나지 않았다. 오늘날 정치적 불만이 늘어난 이유 중 하나이기도 하다. 세상이 거의 완전히 뒤바뀌었음에도 넷플릭스, 아마존, 인스타그램, 구글지도를 보며 즐거워하는 일 외에는 자신이 예전 그 자리에 거의 그대로 서 있다고 인식하는 것이다.

믿을지 모르겠지만, 널리 알려진 녹색에너지 '혁명'에 대해서도 똑같이 얘기할 수 있다. 순진한 낙관론자의 예측을 뛰어넘을 만큼 에너지 생산성을 높이고 비용을 절감하는 데 성공한 것은 사실이나 아직 치솟는 탄소배출량 곡선을 아래로 꺾지도 못했기 때문이다. 설령 앞으로 천문학적인 비용을 들이고 수많은 혁신을 이루더라도 우리는 히피족이 돔 지붕에 태양전지판을 붙이던 바로 그 시절에 그대로 멈춰 있을 것이다. 녹색에너지 기술이 발전하더라도 시장에서는 더러운 에너지원을 하나하나 깨끗한 에너지원으로 대체할 생각이 없기 때문이다. 시스템은 그대로인데 용량만 늘어난 셈이다.

지난 25년에 걸쳐 재생에너지 한 단위당 가격은 크게 감소해 왔다. 지금은 이전 측정 단위로는 가격을 매기기 어려울 정도다(예컨대 불과 2009년 이후로 태양에너지 가격은 80퍼센트 이상 감소했다). 하지만 동일한 25년에 걸쳐 전 세계 에너지 사용량 중 재생에너지 사용량 비율은 거의 조금도 증가하지 않았다. 즉 태양에너지가 화석연료를 점차적으로라도 대체한 것이 아니라 그저 보강했을 뿐이라는 말이다. 시장 입장에서는 이 또한 성장이기는 하다. 하지만 인류 문명 입장에서는 자살행위에 가깝다. 2000년 이후로만 석탄 사용량은 80퍼센트 증가했다.

사실 에너지 문제는 새 발의 피다. 미래학자 알렉스 스테픈Alex Steffen은 기후변화에 있어서 '십의 제곱수' 같은 역할을 하는 문제를 트위터를 이용해 소개하면서 전력 에너지원을 화석에너지에서 청정에너지로 전환하는 것이 문제의 끝은 아니라고 신랄하게 비판했다. 오히려 가장 쉽게 달성할 수 있는 목표에 불과하며 '동력이 필요한 거의 모든 것을 전력으로 돌아가게 만들어야 하는 문제에 비하면 작은' 문제다. 전력이 아니라 훨씬 더러운 가스엔진을 동력원으로 삼는 것이 존재하기 때문이다. 끝이 아니다. 동력원을 전기로 바꾸는 작업은 에너지 수요를 줄이는 문제에 비하면 작은 문제다. 또 에너지 수요를 줄이는 작업은 상품과 서비스를 공급하는 방식을 재구축해야 하는 문제(전 세계 공급망이 환경에 좋지 못한 방식으로 구축돼 있으며 노동 시장이 아직도 더러운 에너지로 작동하기 때문에 발생하는 문제)에 비하면 작은 문제다. 게다가 벌채, 농사, 축산, 매립 같은 분야에서 무공해 수준으로 탄소 배출을 줄여 나가야 하는 문제도 있다. 다음으로는 다가올 자연재해와 기상이변의 학살극으로부터 인간이 만든 모든 종류의 시스템을 보호해야 하는 문제가 있고, 다음으로는 그런 프로젝트를 조정하기 위해 세계정부 시스템이나 적어도 국가 간 협력체를 설립해야 하는 문제가 있다. 이 모든 일조차 '실현 가능하면서도 힘쓸 가치가 있다고 느껴지는 미래, 번영하고 역동적이면서도 지속 가능한 미래를 함께 구상해야 하는 역사에 남을 만한 문화적 과업에 비하면' 작은 문제다.

마지막 지점에 대한 내 생각은 다르다. 구상하는 것은 어려운 부분이 아니다. 특히 인류에게 주어진 문제를 스테픈만큼 잘 알지 못하는 사람들 입장에서는 더더욱 그렇다. 상상력만으로 해결책을 현실에 내놓을 수 있다면 문제는 진즉에 해결됐다. 사실 우리는 '이미' 해결책을 구상했다. 더 나아가 적어도 녹색에너지의 형태로는 해결책을 개발하기까지 했다. 그런 해결책을 설치하고 작동시키는 데는 상상력보다 훨씬 더 거대하고 구체적인 무언가가 필요함에도 정치적 의지, 경제적 힘, 문화적 유연성을 아직 충분히 갖추지 못했을 뿐이다. 기후변화 대응책을 실현한다는 것은 전 세계의 에너지, 교통, 인프라, 공업, 농업 시스템을 완벽하게 정비해야 한다는 말이나 다름없다. 물론 식단도 바꿔야 하며 비트코인 집착도 포기해야 한다. 2018년 가상화폐 채굴로 생성되는 연간 이산화탄소 양은 대서양 횡단 비행을 백만 번 하는 것과 맞먹는다.[8]

문제 해결에 요구되는 기술 혁신의 규모

우리는 기후변화가 느리게 나아간다고 생각하지만 불안할 만큼 빠르게 나아간다. 기후변화를 막아 줄 혁신이 빠르게 다가온다고 생각하지만 믿기 힘들 만큼 느리게 다가온다. 우리가 얼마나 급한 상황인가를 고려한다면 특히 더 느려 보인다. 같은 취지로 빌 맥키번은 천천히 거둔 성공은 실패나 다름없다며 이렇게 말한다. "우리가 세계적인 규모로 재빨리 행동하지 않으면 문제는 말 그대로 해결 불능 상태가 된다. … 우리가 2075년에 내리는 결정은 아무 의미가 없다."[9]

많은 경우 혁신 자체는 쉬운 부분이다. 소설가 윌리엄 깁슨William Gibson도 이렇게 말한다. "미래는 이미 와 있다. 단지 고르게 퍼져 있지 않을 뿐이다."[10] 기술자의 부적이라고 할 수 있는 아이폰 같은 도구는 인류가 혁신에 빠르게 적응하고 있다는 착각을 준다. 예컨대 잘사는 미국인, 스웨덴인, 일본인에게는 아이폰이 시장 전반에 침투한 것처럼 보일 수 있다. 하지만 출시된 지 10년이 넘었음에도 아이폰 사용자 수는 전 세계 인구의 10퍼센트에 미치지 않는다.[11] 소위 '싸구려'까지 포함해 스마트폰 전체를 보더라도 사용자 수는 전 세계 인구 4분의 1에서 3분의 1 사이에 위치한다.[12] 휴대폰이나 인터넷 등 훨씬 기본적인 기술을 기준으로 통계를 확인해 봐도 전 세계에 퍼지기까지는 최소한 수십 년이 걸렸다. 하지만 전 지구상에서 탄소 배출을 완전히 제거하기까지 우리에게 주어진 시간은 고작 20~30년에 불과하다. IPCC 보고에 따르면 불과 12년 내에 탄소배출량을 절반으로 줄여야 한다. 시간이 지체될수록 목표를 달성하기는 더 어려워진다. 앨 고어가 근소한 표차로 대통령 당선에 실패했던 2000년부터 인류가 세계적인 탈탄소화를 추진했다면 탄소배출량을 1년에 약 3퍼센트씩만 줄여도 기온 상승을 무난히 2도 이하로 억제했을 것이다.[13] 하지만 탄소배출량이 여전히 증가하는 지금부터 탈탄소화를 추진한다면 탄소배출량을 반드시 1년에 10퍼센트씩 줄여야 한다. 10년을 더 지체한다면 요구치는 1년에 30퍼센트로 늘어날 것이다. 그렇기 때문에 유엔 사무총장 안토니우 구테흐스는 우리가 1년 내로 진로를 바꾸고 행동을 취해야 한다고 주장한다.[14]

기후변화에 대처하는 데 요구되는 기술 혁신의 규모 앞에서는 실리콘밸리에서 이룬 어떤 업적도 왜소해 보인다. 사실 전기와 전화의 발명은 물론 1만 년 전 농업의 발명까지 포함해 인류 역사상의 모든 기술적 혁신이 그 앞에서는 왜소해 보인다. 본질적으로 당연한 일이다. 기후변화에 필요한 기술 혁신은 여태까지 인류가 이룬 모든 기술을 아우르기 때문이다. 모든 기술에 이산화탄소가 전제되기 때문에 하나하나 뿌리째 새로운 기술로 대체해야 한다.

그처럼 시스템을 하나하나 갈아엎는 것은 스마트폰을 보급하거나 (구글이 시도하려는 것처럼) 케냐나 푸에르토리코에 와이파이 풍선을 띄우는 작업과는 다르다. 오히려 주간 고속도로 체계를 세우거나 지하철 네트워크를 설계하거나 새로운 종류의 전력망을 구축해 새로운 부류의 에너지 생산자 및 소비자와 연결하는 작업에 가깝다. 정확히는 가까운 게 아니라 똑같다. 그런 일에 더해 훨씬 더 많은 작업이 포함될 뿐이다. 비행기를 전부 교체하고 토지 이용 계획을 다시 세우며 콘크리트를 만드는 새로운 방법을 개발하는 등 모든 종류의 인간 활동을 모든 차원에서 완전히 새롭게 뜯어고쳐야 할 것이다. 여담이지만 시멘트 제작 산업은 현재 전 세계에서 두 번째로 탄소 집약적인 산업으로 알려져 있다. 그럼에도 미국이 20세기 전반에 걸쳐 사용한 시멘트 양을 3년 만에 추월한 중국 덕분에[15] 시멘트 산업에는 오히려 붐이 일고 있다. 시멘트 산업을 하나의 나라로 친다면 '시멘트국'은 세계에서 세 번째로 탄소를 많이 배출하는 나라일 것이다.

이처럼 우리에게 요구되는 기반 재구축 프로젝트의 규모가 최소한 미국 기준으로는 경험한 적이 없을 만큼 너무나 거대하다. 때문에 기존에 딸려 오던 부수적인 요소는 더 이상 보수할 엄두조차 내지 못하며 차라리 도로에 구멍이 나든 서비스가 늦든 참고 사는 편을 택하게 될 것이다. 설상가상으로 인터넷이나 스마트폰과 달리 필수적인 기술 혁신은 기존 기술에 더해지는 것이 아니라 기존 기술을 대체해야 한다. 생각이 있다면 오염을 유발하는 낡은 기술을 없애 버리기로 결정할 테니 당연히 그럴 것이다. 하지만 이는 새로운 대안을 도입할 때마다 기존에 자리 잡고 있던 기업체는 물론 이전 생활양식에 만족하던 소비자층의 현상 유지 편향과도 싸워야 한다는 뜻이다.

거의 무의식적으로 내뱉는 판타지

다행히 전문가의 말에 따르면 녹색에너지 혁명은 이미 '진행 중'이라고 한다. 실제로 앞서 살펴본 광대한 무공해 혁명의 필수 요소 가운데 가장 진척도가 높은 요소가 바로 청정에너지다. 얼마나 많이 진행됐을까? 지금은 카네기과학연구소Carnegie Institution for Science 소속인 켄 칼데이라Ken Caldeira의 2003년 연구에 따르면 재난 수준의 기후변화를 피하기 위해서는 2000년부터 2050년까지 매일 핵발전소 한 기 총용량에 맞먹는 청정에너지원을 추가로 생산해야 한다.[16] 그리고 2018년, 《MIT테크놀로지리뷰MIT Technology Review》에서 지금까지의 진척 상황을 조사했다. 그 결과 우리에게 남은 시간은 30년인데 반해 세계가 현재 추세대로 나아간다면 에너지 혁명은 400년 뒤에나 완수된다는 결론이 나왔다.[17]

두 시간 사이의 틈이 너무 커져서 온 인류 문명을 다 삼켜 버릴 것만 같다. 그리고 실제로 집어삼키려 한다. 우리가 제 시간 안에 현대 인류 문명의 기반 구조를 전부 재건하지 못할 상황이라면 대기 중에서 탄소를 좀 빨아들임으로써 적어도 시간이라도 벌 수 있지 않을까? 이 탄소포집의 기대는 이미 그 시간 틈 사이로 기어들어 간 수준이다. 정석적인 해결책의 규모가 엄두도 안 날 만큼 막대한 반면 주어진 시간마저 너무 촉박하다는 점을 고려할 때 마이너스 배출 정도로 시간을 벌겠다는 건 마법이 펼쳐지길 바라는 생각이나 마찬가지다. 그럼에도 최후의, 최선의 희망처럼 보이기도 한다. 혹시라도 탄소포집 기술이 실효를 거둔다면 산업사회는 결국 면죄부를 얻을 것이다. 결과적으로 기술의 힘에 대한 종교적인 애정이 다시 새롭게 싹틀 것이다.

탄소포집의 몽상을 거쳐 꿰어져 나오는 이야기는 산업계가 죄를 씻을 수 있다는 판타지다. 기술 혁신의 꿈을 품다 보면 실제로 모종의 기술이 현실에 나타나서 근대성이 우리에게 물려준 황폐한 자연을 정화시키고 심지어는 탄소발자국을 완벽히 제거할지도 모른다고 기대하는 것이다.

풍력에너지나 태양에너지를 홍보하는 사람들이 거의 무의식적으로 내뱉는 이야기도 크게 다르지 않다. 청정한, 자연적인, 재생 가능하고 따라서 지속 가능한, 고갈되기는커녕 줄어들지도 않는, 채취한다기보다는 이용하는, 풍부한, 돈이 들지 않는 에너지……. 마치 원자력에너지를 홍보할 때 하는 이야기처럼 들린다. 적어도 원자력을 처음 소개하고 도입할 때 기준으로는 말이다. 물론 그때는 1950년대였고 원자력이 에너지 구원에 이르는 길로 받아들여진 것은 이미 수십 년 전 이야기다. 오늘날에는 그저 정신에 새겨진 흉터를 통해 두려운 존재로 여겨질 뿐이다.

언제나 그랬던 것은 아니다. 1953년에 드와이트 아이젠하워Dwight Eisenhower는 유엔에서 '평화를 위한 원자력'이라는 제목으로 연설하면서, 일종의 도의적 협상이기도 했던 무기한 무기 거래 계약의 골자를 제시했다. 핵무기 비축을 포기하는 국가에게 베푸는 보상으로써 또한 애초에 그처럼 끔찍한 무기를 개발한 잘못에 대한 속죄로써 미국이 원자력에너지 형태의 원조를 제공하겠다는 내용이었다. 물론 원자력에너지는 자국 내에서도 개발할 것이었다.

군인 출신 대통령이 한 연설 치고는 굉장히 인상 깊다. 안타까움을 한껏 담아 평화의 시대를 촉구하는 한 편의 시처럼 들리기 때문이다.

심지어 오늘날 독자가 듣기에는 마치 기후변화의 위험성을 꽤나 유려하게 표현했다는 느낌이 들지도 모른다. 아이젠하워는 미국이 핵무기 군사력을 얼마나 급격히 확장해 왔는지(세계대전 이후 8년간 위력이 25퍼센트 증가했으며 아이젠하워는 분명 이 때문에 두려움을 느낀 듯하다) 그리고 소련이 미국의 핵 경쟁국으로 부상한 것이 어떤 의미가 있는지 간략히 설명한 뒤 이렇게 발언을 이어 나간다.

> 거기서 멈춘다는 것은 인류 문명이 파괴되는 가능성을, 세대를 거듭해 우리에게 전해져 내려왔으며 그 무엇으로도 대체할 수 없는 인류의 유산이 말살되는 상황을, 야만적인 상태로부터 품위, 도덕, 정의를 갖추기 위해 오랜 세월 투쟁해 온 인류의 노력을 처음부터 다시 시작해야 한다는 사실을 무력하게 받아들이겠다는 것이나 마찬가지입니다. 인류 구성원 가운데 그처럼 황량한 폐허 속에서 승리를 발견할 수 있는 사람은 분명 아무도 없을 것입니다. 과연 인류가 타락하고 파멸한 역사 바로 옆에 자신의 이름이 기록되기를 바라는 사람이 있을까요? 물론 역사책의 몇몇 페이지에는 '뛰어난 파괴자'라며 얼굴이 남아 있는 사람도 있습니다. 하지만 결국 역사책 전체가 밝혀 주는 것은 평화를 찾기 위한 인류의 끝없는 여정과 신이 부여한 인류의 창조 능력입니다.

미국인이 '신이 부여한 인류의 창조 능력'이라는 대목에서 무심코 '원자력'을 떠올렸던 때로부터 적어도 한 세대가 지났다. 원자력이 환경적인 측면에서 '무료'라는 믿음을 저버리고 오히려 핵전쟁, 노심 용융, 돌연변이, 암과 관련지어 생각하게 된 지 한 세대가 지났다는 뜻이다. 스리마일 섬, 체르노빌, 후쿠시마. 원전 사고 명칭이 아직도 기억난다는 사실은 그런 재난이 우리에게 얼마나 큰 흉터를 남겼는지 짐작하게 한다.

하지만 사상자 수를 고려할 때 흉터는 거의 환영에 가까워 보인다. 스리마일 섬 원전 사고 사망자 수에 대해서는 아직 의견이 분분하다. 원전 반대 운동가 대부분은 방사능이 미친 실제 영향이 과소평가됐다고 믿기 때문이다. 공식적인 기록에서는 건강에 아무런 악영향이 없었다고 주장하고 있으니 꽤 합리적인 의심이다. 하지만 가장 권위 있는 연구에서는 사고 16킬로미터 반경 내에 발암 위험이 0.1퍼센트 이하 증가했을 뿐이라고 지적한다. 체르노빌 원전 사고에서 공식적으로 집계된 사망자 수는 47명이다.[18] 물론 그보다 높게(심지어 4,000명이라고) 추산하는 보고도 존재한다.[19] 후쿠시마 원전 사고는 유엔에서 '방사능에 노출된 시민과 그 후손에게서 방사능과 관련된 건강상의 부작용이 나타날 확률이 식별 가능할 만큼 증가하지 않을 것으로 기대'한다고 밝혔다.[20] 대피령이 내려진 지역의 주민 10만 명이 해당 지역을 떠나지 않았더라면 수백 명 정도가 방사능 관련 암 발병으로 사망했을 수 있다.

사망자 수치를 보면 전부 비극 수준은 아니다. 하지만 화석연료를 태울 때 나오는 미세 입자 오염으로 사망하는 사람 수는 매일 세계적으로 1만 명이 넘는다. 심지어 이 정도로는 지구온난화가 초래하는 영향을 꺼내 놓기 시작한 축에도 못 낀다. 2018년에 트럼프 정부의 환경보호청은 석탄 생산 회사의 오염 기준 완화를 제안했으며 이는 환경보호청 측에서도 시인했듯이 매년 미국인 1,400명을 추가로 죽음에 이르게 할 수 있다.[21] 2017년 기준 대기오염으로 사망하는 사람 수는 전 세계적으로 매년 900만 명에 달한다.[22]

대기오염 물질과 그로 인한 사망자 수는 늘 우리 곁에 존재하지만 그럼에도 우리는 거의 알아차리지 못한다. 반면 핵발전소의 오목한 콘크리트 타워는 결국에는 발포되고야 말 '체호프의 총(작품에 등장한 장치는 반드시 사용돼야 한다는 안톤 체호프의 극 이론 – 옮긴이)'처럼 지평선 위에 떡하니 서 있다고 여겨진다. 현재 값싼 원자력에너지를 생산하기 위해 다양한 프로젝트를 시도하고 있지만 여전히 원전을 새로 건설하는 비용은 거대한 편이다. 따라서 풍력에너지나 태양에너지보다 원자력에너지에 더 많은 '녹색' 투자를 해야 한다는 주장은 설득력을 갖기 어려워 보인다. 하지만 이미 존재하는 핵발전소를 폐쇄하거나 해체해야 한다는 주장은 훨씬 더 설득력이 떨어진다. 하지만 지금 바로 그런 일들이 벌어지고 있다. 미국에서는 스리마일 섬 원전과 인디언포인트 원전이 문을 닫았다. 독일에서는 앙겔라 메르켈Angela Merkel을 '기후 총리'로 불리게 만든 녹색에너지 프로그램을 확장하는 수준에 비해 훨씬 과도한 수준으로 원전을 줄이고 있다.

기술이라는 종교가 가르치는 핵심 교리

원자력을 오염의 근원으로 보는 관점은 현실을 잘못 파악한 기후 우화이지만 그래도 깨어 있는 환경주의적인 관점에서 비롯된 이야기이기도 하다. 건강하고 깨끗한 자연 세계가 인간 산업의 침범과 개입으로 더럽혀진다는 사실을 파악하고 있는 것이다. 하지만 '기술'이라는 종교가 가르치는 핵심 교리는 우리를 정반대로 이끈다. 때로는 교묘하게, 때로는 대놓고, 휴대폰 화면 밖의 세계가 하필 기후재난의 영향을 받지 않는 화면 속의 세계보다 덜 현실적이고 덜 긴급하며 덜 중요하다고 생각하게 만드는 것이다. 하지만 안드레아스 말름은 이렇게 질문한다. "6도 더 뜨거운 행성에서는 얼마나 많은 사람이 증강현실 게임을 즐기려 할까?"[23] 시인이자 음악가인 케이트 템페스트Kate Tempest는 조금 더 신랄하게 표현한다. "화면 속을 뚫어지게 바라봐. 그럼 지구가 죽어 가는 모습을 보지 않아도 되니까."[24]

추측건대 당신은 이미 이런 변화를 일상에서 느낄 수 있을 것이다. 진짜 아기가 바로 앞에 있는데도 휴대폰으로 아기 사진을 보고 옆에서 남편이나 아내가 이야기하고 있는데도 휴대폰으로 시시콜콜한 트윗을 하나하나 훑는다. 심지어 실리콘밸리의 기술비평가마저 이런 현상을 '중독' 문제로 인식하는 경우가 있다. 하지만 여느 중독과 마찬가지로 중독에서 벗어나는 것이 불편함을 초래한다면 가치판단이 개입하기 시작한다. 기술 중독의 경우에는, 화면 속 세상이 더 만족스럽거나 안전하게 느껴지는 상황을 정당화하거나 납득하기가 너무 어렵다 보니 '선호'라는 단어를 갖다 붙일 수밖에 없다. '선호'는 점점 더 늘어날 확률이 높으며, 이 양상은 특히 쇠퇴론자에게는 문화적 퇴보 현상처럼 보일 것이다. 어쩌면 자본주의 소비문화를 유지하면서도 극도로 황폐한 자연 세계를 살아가는 데 유용한 심리적 대응 기제가 될지도 모르겠다. 상상도 하고 싶지 않지만 앞으로 한 세대 뒤에는 기술 중독이 심지어 환경에 '적응'한 현상으로 여겨질지도 모른다.

4장

소비할 것인가, 정치할 것인가

2018년 4월 14일 토요일 동이 트기 직전, 브루클린에 있는 프로스펙트 공원에 60세 남자가 걸어 들어왔다. 그는 자기 몸에 휘발유를 들이부은 다음 몸에 불을 붙였다. 동그란 모양으로 까맣게 그을린 잔디밭 근처에는 손으로 쓴 메모지가 시신 옆에 놓여 있었다.[1] 내용은 이랬다. "제 이름은 데이비드 버클David Buckel입니다. 저는 방금 저항의 표시로 분신자살을 했습니다. 난장판을 만들어 놓아서 죄송합니다." 난장판이라기에는 현장이 소박했다. 불이 멀리 번지는 것을 막기 위해 원형으로 흙을 뿌려 놓았기 때문이다.

타자로 쳐서 브루클린 신문사들에 보낸 조금 더 긴 편지에서 버클은 자신의 행동을 더 자세히 설명한다.[2] "지구상에 살고 있는 대부분의 사람이 현재 화석연료로 더럽혀진 공기를 마시고 있습니다. 그 결과 많은 사람이 조기에 사망하고 있습니다. 제가 화석연료를 사용해 이른 죽음을 택한 것은 오늘날 우리 모두가 스스로에게 저지르는 일을 그대로 나타냅니다. … 오염이 우리 지구를 망가뜨리고 있습니다." 그러면서 이렇게 강조한다. "우리의 현재는 점점 더 절망에 빠지고 있으며 미래는 우리가 과거부터 지금까지 해 온 것보다 더 많은 일을 필요로 합니다."

미국인은 베트남전쟁 때부터 정치적 의도가 담긴 분신자살에 익숙해지기 시작했다. 당시 불교 승려 틱꽝득Thích Quảng Đức은 전통적인 종교 의식이었던 소신공양 행위를 정치적인 저항 목적으로 활용해 사이공에서 분신자살했다. 몇 해 뒤에 이에 영감을 받은 31세의 퀘이커 교도 노먼 모리슨Norman Morrison은 펜타곤 밖에서 한 살배기 딸을 옆에 둔 채 역시 분신자살했다. 그로부터 일주일 뒤 신학교 학생이자 가톨릭워커Catholic Worker 소속이었던 22세의 로저 앨런 러포트Roger Allen LaPorte는 유엔 건물 앞에서 몸에 불을 붙였다. 생각도 하고 싶지 않은 일이지만 전통은 계속 이어졌다. 미국에서는 2014년 이후로 분신 행위에 의한 시위가 6건 있었다. 특히 정부의 티베트 정책에 반대하며 분신자살을 시도하는 경우가 잦은 중국에서는 2011년 마지막 세 달 동안에만 12건, 2012년 처음 세 달 동안에만 20건 발생했다. 물론 '아랍의 봄' 사태에 도화선이 된 튀니지 과일 노점상의 분신자살 사건도 빼놓을 수 없다.

데이비드 버클은 늦깎이 환경운동가였다. 생애 대부분은 대표적인 성소수자 인권운동가로 활동했다. 버클이 남긴 편지에는 두 가지 확고한 신념이 드러난다. 바로 인간의 산업 활동이 자연 세계를 병들게 했다는 확신과 자연에 가해지는 손상을 멈추기 위해 더 나아가 자연을 이상적인 상태로 되돌리기 위해 프로스펙트 공원을 지나다니는 일반적인 행인이 생각할 법한 일보다 훨씬 많은 일을 행해야 한다는 확신이다. 버클이 목숨을 끊은 이후로 며칠간 사람들의 관심을 끈 것은 주로 첫 번째 신념이었다. 버클의 죽음이 일종의 경고 내지는 전조로 작용해 지구의 건강과 그에 대한 브루클린 사람들의 평균적인 인식에 변화 비슷한 것을 만들긴 한 셈이다. 하지만 버클의 두 번째 신념은 훨씬 어려운 도전을 제기했다. 기후 위기에 대처하기 위해서는 말로만 하는 동정, 편리한 진영 논리, 윤리적 소비에 참여하는 수준을 한참 넘어서는 정치적 참여가 필요하다는 신념이었으니까 말이다.

진보적인 환경론자가 흔히 받는 비판은 그들이 위선적인 삶을 살고 있다는 주장이다. 그들도 고기를 먹고 비행기를 타고 다니며 정작 전기자동차는 사지도 않았으면서 민주당에 투표하기 때문이다. 하지만 소위 깨어 있는 진보주의자가 역으로 가하는 비판 역시 그만큼 일리가 있다. 사람들은 '정치'라는 북극성을 기준으로 어떤 식단을 고르고 어떤 친구를 사귀며 심지어 어떤 대중문화를 소비할지까지 결정한다. 하지만 자신의 이익에 반하는 명분이나 자신이 특별한(특히 계몽된) 존재라는 느낌을 주지 않는 명분에 대해서는 의미 있다고 할 만한 정치적 목소리를 거의 내지 않는다는 것이다. 결국 앞으로 대학, 도시, 국가는 서로 간의 '도덕성 확장 경쟁'의 서막으로 시민의 권리를 박탈하려 들 것이다.[3] 도시는 최초로 자동차 운행을 금지하기 위해, 최초로 모든 건물 지붕을 하얗게 칠하기 위해, 최초로 모든 농산물을 수확 후 운송 과정이 필요 없는 수직 농법으로 생산하기 위해 경쟁을 벌일 것이다. 하지만 자유주의자의 집단 이기주의도 2018년 때처럼 건재할 것이다. 당시 진보 성향이 강한 워싱턴 주에서는 시민이 정작 투표함 앞에서는 탄소세를 반대했으며 프랑스에서는 휘발유에 세금을 붙이려 하자 1968년의 유사 혁명 이래 최악의 시위가 발발했다. 부유하고 깨어 있는 자유주의자로 하여금 기후변화 문제만큼 방어기제를 강하게 작동시키는 문제가 없는 셈이다. 어떤 정치적 성향을 가지고 있는지, 어떤 소비 선택을 하는지, 얼마나 부유한지, 얼마나 많은 탄소발자국을 남기고 있는지 사실상 아무 상관이 없다.

그렇다고 앨 고어 비판가들이 고어의 전기 사용량을 일반적인 우간다 사람의 전기 사용량과 비교하는 궁극적인 의도가 일개 개인의 화려하고 위선적인 소비 성향을 부각시킴으로써 고어를 폄하하려는 것만은 아니다. 그보다는 오늘날의 정치 및 경제 시스템이 그런 불평등을 허용할 뿐만 아니라 불평등을 유발하고 그로부터 이익을 얻는다는 사실을 강조하는 것이다. 토마 피케티Thomas Piketty는 이를 가리켜 '정당화 장치'라고 부르며[4] 실제로 꽤나 많은 것을 정당화하고 있다. 세상에서 이산화탄소를 가장 두드러지게 배출하는 상위 10퍼센트가 탄소배출량을 유럽연합 평균 수준으로만 낮춰도 전 세계 탄소배출량은 35퍼센트나 떨어진다. 개인이 식단을 바꾸는 정도로는 그 수준에 도달할 수 없다. 하지만 정책을 바꾼다면 가능하다. '개인 정치'의 시대에는 위선이 엄중한 죄처럼 보일 수 있다. 하지만 이는 대중의 열망을 드러내기도 한다. 다시 말해 유기농 음식을 먹는 것도 좋은 일이지만 진정으로 염원하는 목표가 기후를 구제하는 일이라면 투표가 훨씬 더 중요하다. 정치는 도덕적 증폭기와 같기 때문이다. 병든 세상을 인식하더라도 정치적 참여로 마무리 짓지 않는다면 '웰니스wellness('웰빙'과 '피트니스'를 아우르는 표현으로 신체적 · 정신적 · 사회적으로 건강한 라이프스타일을 추구하는 트렌드 – 옮긴이)'를 얻는 데서 그치고 만다.

책임 회피에 불과한 선택적 소비

언뜻 보기에는 '웰니스'를 진지한 사회운동으로 받아들이기 어려울 수 있다. 지난 여러 해 동안 소울사이클SoulCycle, 구프Goop, 문주스Moon Juice 같은 브랜드를 겨냥한 조롱이 넘쳐 났던 이유도 그 때문이다.[5] 하지만 설령 웰니스가 마케팅적인 속임수에 불과하고 정말로 건강에 기여하는지 의구심이 들지라도 한 가지 확실하게 드러나는 사실이 있다. 바로 기후변화의 초기 공격을 차단할 만큼 충분히 부유한 사람들 사이에서조차(오히려 그들 사이에서 특히) 오늘날 세상이 건강에 해로운 상태며 그런 세상에서 인내하고 번성하려면 차원이 다른 수준의 자기관리와 정화가 필요하다는 인식이 자라나고 있다는 사실이다.

비슷한 맥락 속에서 '신뉴에이지new New Age'라고 불리는 움직임이 나타나고 있다. 명상, 아야와스카 환각 체험, 크리스털메스 흡입, 버닝맨 행사, 소량의 LSD 섭취 등은 전부 더욱 순수하고 깨끗하며 지속적인 듯한 세상, 무엇보다 더욱 완벽하게 느껴지는 세상으로 나아가기 위한 통로 역할을 하고 있다. 기후변화가 눈에 보일 만큼의 파괴를 초래하면 할수록 이런 '순수의 장'은 점점 더, 어쩌면 급격히 확장될 것이다. 소비자는 할 수 있는 방법을 모두 동원해 진창 같은 세상에서 스스로를 뽑아내려 애쓸 것이다. 슈퍼마켓 진열대에는 '유기농'이나 '자연 방목' 라벨이 붙은 식품 옆에 '무탄소' 라벨이 붙은 식품이 바로 내년에라도 나올 수 있다. 사실 GMO 식품은 지구가 병들었다는 증거라기보다는 다가올 농업 위기에 대비하는 부분적인 해결책에 불과하며 원자력에너지는 다가올 에너지 위기에 대비하는 부분적인 해결책에 불과하다. 하지만 점점 더 늘어나는 규모로 환경에 대한 불안감을 표출하는 청결 지향적인 사람에게는 양쪽 다 발암물질 수준의 혐오를 불러일으킬 뿐이다.

그런 환경 염려증은 나름 일리가 있으며 합리적이기까지 하다. 현재 미국에서는 치리오스Cheerios나 퀘이커오츠Quaker Oats 등 오트밀이 들어가는 여러 브랜드 제품이 암 발병률과 관련된 제초제인 라운드업Roundup을 사용하고 있다는 사실이 밝혀지고 있다.[6] 또 미국기상청에서는 시중에 나온 마스크 중 어떤 마스크가 북미 전역을 집어삼키는 산불 연기를 막아 주는지 자세히 안내하고 있다.[7] 다시 말해 청결에 대한 강박이 특정 문화 영역의 성장으로 드러난다는 사실은 직관적으로 말이 되기는 한다. 자연환경의 종말에 대한 염려가 커질수록 주변적인 문화가 점점 더 중심부로 팽창해 들어올 것이다.

하지만 선택적 소비와 웰니스 추구는 둘 다 책임 회피에 불과하다. 이런 태도의 근원에는 신자유주의 정신에 의해 다시금 보장된 기본적인 약속이 깔려 있다. 바로 소비자가 정치적 참여 행위 대신 소비 행위를 통해 정치적인 성향은 물론 미덕까지 자랑스럽게 드러낼 수 있다는 약속이다. 또 논란의 여지가 있는 정책의 결정을 이념적인 논쟁 대신 시장의 합의에 전적으로 맡기는 것이 시장 세력과 정치 세력이 공동으로 추구하는 목표여야 한다는 약속이다. 그리고 그동안에 소비자는 슈퍼마켓과 백화점 진열대에서 상품을 잘 고르기만 하면 괜찮다는 약속이다.

신자유주의 생존 전략의 한계

진보 진영에서는 대침체가 닥치고 나서야 '신자유주의'라는 용어를 욕설로 듣기 시작했다. 그전에는 많은 경우 현상을 있는 그대로 묘사하는 표현에 불과했다. 즉 20세기 후반부터 서구 자유민주주의 국가에서 시장의 힘, 특히 금융시장의 힘이 증대되는 상황을 묘사했다. 또 그 시장의 힘을 민영화, 탈규제화, 기업 친화적인 세금 정책, 자유무역의 촉진을 통해 확장하자는 움직임에 진영 간 합의가 공고해지는 상황을 묘사했다.

이런 움직임은 반세기 동안 경제성장의 약속 아래(일부에게는 그 이상을 위해) 광범위한 지지를 받았다. 결과적으로 신자유주의는 절대적인 정치철학으로 자리 잡았다. 단 하나의 단순한 정치 이념이 마치 하늘하늘한 온실가스 장막처럼 온 지구를 광범위하게 덮어 버렸다.

단지 범위 면에서만 절대적인 것은 아니었다. 신자유주의는 주가 폭락 사태가 닥친 영국이나 허리케인이 닥친 푸에르토리코 등 온갖 다양한 상황을 전혀 고려하지 못한 채 무차별적으로 적용됐다. 또 결점, 모순, 맹점이 드러나더라도 물러나기는커녕 더욱 강력한 형태의 신자유주의를 제시했다. 이런 신자유주의의 절대성 덕분에 기후변화를 불러일으킨 시스템(이른바 '억제되지 않는 시장의 지혜')이 도리어 기후변화의 공격으로부터 지구를 구원할 시스템으로 제시될 수 있었다.

어마어마한 부자들 사이에서 대를 위해 소를 희생하는 식의 도의적인 자선 행위 대신 개인의 이윤과 인류의 혜택을 동시에 추구한다는 '자선자본주의philanthrocapitalism'가 등장했다.[8] 승자 독식 성향이 점점 강해지는 경쟁적인 시스템 속에서 승자는 자선을 베풂으로써 자신의 지위를 정당화할 수 있었다. 이윤을 의도하지 않은 자선 행위조차 금융 이익으로 환산하는 '효율적 이타주의effective altruism'가 널리 퍼지면서 기부 문화가 억만장자 계층 너머까지 확대됐다. 빌 게이츠 같은 자본가는 한때 자본주의를 근본적으로 비판하는 쐐기 표현이었던 '도덕경제moral economy'를 스스로를 자선가로 소개하는 명함처럼 내밀 수 있었다.[9] 반대로 하위 계층에서는 오직 끝없는 경쟁만이 존재하는 소모적인 사회 시스템 내에서 아등바등 살아가는 시민에게 기업가가 되라고, 근면한 기업가 정신을 통해 시민으로서의 가치를 증명하라고 요구했다.[10]

적어도 진보 진영에서는 그런 식으로 신자유주의를 비판한다. 전부 나름대로 옳은 주장이다. 하지만 신자유주의는 시장을 통해 모든 종류의 갈등과 경쟁을 정당화함으로써 세계 무대에 새로운 방식의 사업모델을 제시하기도 했다. 이는 민족국가로서의 경쟁 구도와는 별개의 문제다.

상관관계와 인과관계를 혼동해서는 안 된다. 특히나 2차 세계대전에서 비롯된 소요 상태는 너무나 광범위하게 얽혀 있으므로 어떤 결과에 대해서든 독자적인 원인을 분리해 내기가 매우 어렵다. 그럼에도 전쟁 이후의 평화와 번영 가운데 확립된(혹은 출현한) 국제적인 협력관계가 세계를 주도해 온 흐름과 (오늘날 '신자유주의'로 묶어서 설명하는)

'세계화' 및 '금융자본'이 세계를 지배해 온 흐름이 역사적으로 깔끔하게 일치한다는 사실을 부정할 수는 없다. 또한 설령 상관관계와 인과관계를 혼동하더라도 우리에게는 혼동을 무마할 만한 꽤 직관적이고 그럴싸한 논리가 존재한다. 물론 시장은 문제가 많아 보일 수 있지만 사실 안전과 안정을 중요시하며 다른 조건이 모두 같다면 확실한 경제성장을 특히 높이 평가한다. 신자유주의는 바로 그 경제성장을 강조함으로써 협력에 보상이 따른다는 점을 약속할 수 있다. 제로섬 게임을 벌이던 경쟁자 관계가 적어도 이론상으로는 포지티브섬 게임을 벌이는 협력자 관계로 뒤바뀔 수 있는 것이다.

최근에 발생한 경제 위기에서 마침내 드러났듯이 신자유주의는 그런 약속을 지키는 면에서 전혀 성공을 거두지 못했다. '양적으로나 질적으로 부가 끊임없이 팽창하는 사회'라는 신자유주의의 간판은(그리고 그 목표를 지향하는 정치경제학적 기반은) 너덜너덜하게 닳아 버렸다. 그 간판을 아직도 높이 치켜들고 있는 사람은 10년 혹은 20년 전에 비하면 마치 전성기가 훅 지나간 운동선수처럼 다리를 후들후들 떨고 있다. 게다가 앞으로는 지구온난화가 또 다른 일격을, 그것도 아주 치명적인 일격을 날릴 것이다. 방글라데시는 홍수로 피해를 입는데 러시아는 이득을 본다면 신자유주의의 이상(특히 줄곧 신자유주의의 보좌관 역할을 한 자유국제주의의 이상)을 실현하는 데 전혀 도움이 되지 않을 것이다.

경제성장의 전망이 희미해지면서 어떤 종류의 정치학이 발전하게 될까? 온갖 가능성이 우리 앞에 놓여 있다. 탄소 배출을 얼마나 감축하고 제재하는지에 따라 교역 여부를 결정하는 등 기후변화 시대에 맞춘 새로운 도덕적 기반 위에서 무역협정이 이루어질 수 있다. 세계를 아우르는 법적 제도가 새로 등장해 2차 세계대전 이후 적어도 명분상으로는 세계를 이끌었던 핵심적인 인권 원칙을 보충하거나 대체할 수도 있다. 하지만 신자유주의가 이미 포지티브섬 협력을 전제함으로써 인기를 얻었다는 사실을 고려한다면 자연스럽게 그다음 후계자는 제로섬 정치학이 될지도 모른다. 오늘날 우리는 그때 모습이 어떨지 추측하기 위해 굳이 미래를 내다보면서 기후변화가 어떤 식으로 작용할지 상상할 필요가 없다. 나라 안에서는 집단 이기주의가 나타나고 나라 밖으로는 국가주의가 드러나며 밖에서 안으로는 파탄 국가가 불쏘시개가 되어 테러리즘의 불길이 들이닥치는 지금, 미래는 적어도 예고편 형태로 이미 도착해 있기 때문이다. 앞으로는 본편을 기다리기만 하면 된다.

온난화의 충격 속에서 나타날 정치권력

신자유주의가 기후변화에 대처하는 데 실패했다면 다음 후계자로는 무엇이 등장할까? 제프 만Geoff Mann과 조엘 웨인라이트Joel Wainwright는 《기후 리바이어던: 미래 지구의 정치 이론Climate Leviathan: A Political Theory of Our Planetary Future》을 통해 이 질문에 답하고자 한다.[11] 책에서는 지구온난화의 지속적인 충격 속에서 가장 나타날 법한 정치 형태를 개략적으로 묘사하기 위해 토머스 홉스Thomas Hobbes의 이론을 재활용한다.

홉스는 《리바이어던Leviathan》에서 국가의 권력에 근본이 되는 계약을 설명하기 위해 정치적 합의가 도출되는 가상의 역사적 사건을 이야기한다. 사람이 왕으로부터 보호를 제공받는 대신 자신의 자유를 포기했다는 이야기다. 지구온난화는 잠재적인 군주에게 동일한 계약을 제시한다. 만과 웨인라이트의 설명에 따르면, 새로운 위험이 도사리는 세상에서 시민은 안전과 안정을 보장받기 위해 그리고 기후변화가 초래하는 손해를 보상받기 위해 자신의 자유를 내놓으며 결과적으로 새로운 위협에 대신 맞서 싸울 새로운 형태의 권력이 탄생할 것이다. 새롭게 탄생한 군주는 국가적 차원의 존재가 아니라 지구적 차원의 존재일 것이다. 지구적 차원의 위협에 해답을 내놓을 만한 존재가 필요하기 때문이다.

만과 웨인라이트는 좌파 성향이 강하며 따라서 책 역시 행동을 촉구하는 측면이 있다. 하지만 둘은 우리가 의지할 확률이 가장 높은 군주가 애초에 우리에게 기후변화를 부추긴 존재라는 사실에 유감을 표한다. 바로 신자유주의다. 정확히는 신자유주의를 넘어서는 신자유주의다. 비로소 진정한 의미에서 오로지 자본의 흐름에만 관심이 있는 세계 상태가 도래할 것이다. 강박에 사로잡힌 신자유주의는 기후변화가 초래하는 피해와 퇴보에 제대로 대처하지 못하겠지만 권위에 전혀 손상을 입지 않을 것이다. 이런 존재가 바로 책 제목에서 말하는 '기후 리바이어던'이다. 물론 만과 웨인라이트는 기후 리바이어던이 필연적으로 집권에 성공하리라 기대하지는 않는다. 오히려 세 가지 변형 형태도 가능하다고 본다. 이렇게 총 네 가지 형태의 군주는 '자본주의에 대한 신뢰도'라는 축과 '국가권력에 대한 지지도'라는 축에 따라 각각의 기후 미래를 나타내는 사분면으로 나뉘게 된다.

자본주의와 양의 상관관계를 가지지만 국가권력을 부정적인 관점으로 바라보는 사분면에는 '기후 리바이어던'이 존재한다. 자본주의와 국가권력 모두를 지지하는 사분면에는 오늘날 상황과 유사한 '기후 베헤모스Climate Behemoth'가 존재한다. 이 경우에는 자본이 지구적인 위기에 대처하기 위해 국경을 넘어 다니기는 하지만 자기 이익을 보호하는 선에서 그렇게 한다.

다음으로 국가권력 간에 호혜적인 관계를 유지하지만 반자본주의적인 독재자가 기존 국경 내에서 권위를 행사하는 사분면에는 '기후 마오Climate Mao'가 존재한다.

마지막 사분면에서는 자본주의 국가가 아무런 계획 없이 우연히 기후 외교 관계를 확립하게 된다. 자본주의와 국가권력 모두를 부정적으로 인식하는 국제적인 시스템이 탄생하는 것이다. 이 시스템은 안정과 안보를 보증하겠다고 자처한다. 적어도 최소한의 생계를 유지할 만큼 자원을 배분하고 극심한 기상이변의 피해로부터 보호하며 희소해진 식량, 물, 토지를 두고 벌어지는 불가피한 분쟁을 중재하겠다고 보장한다. 더 나아가 나라 간의 국경을 완전히 제거함으로써 자기 자신에게 주어진 권한과 권력만을 인정할 것이다. 책에서는 이런 가능성을 '기후 엑스Climate X'라고 지칭하면서 크나큰 기대를 표출한다. 자본이나 국가의 이익이 아니라 인류가 공유하는 인간성을 명분으로 국제적 협력이 이루어지기 때문이다. 물론 암울한 버전도 존재한다. 동일한 과정을 거쳐, 마피아 보스 같은 형태의 독재 체제가 전 지구를 지배하는 상황이 나타날 수도 있고 자선 목적이 아니라 노골적인 대가를 요구하려고 보호를 제공하는 통치 체제가 등장할 수도 있다.

적어도 이론상의 미래는 이와 같다. 이미 세상에는 기후 마오가 적어도 둘 이상 존재한다고 할 수 있다. 바로 시진핑과 푸틴이다. 양쪽 다 자본주의 국가는 아니지만 그렇다고 반자본주의 국가도 아니기 때문에 기후 마오의 전형에는 미치지 못한다. 그런데 둘 사이에서도 기후변화의 미래를 어떻게 인식하며 대처하고자 하는지가 굉장히 다르다는 점을 고려한다면 정부 형태를 넘어서는 또 다른 변수가 존재함을 추측할 수 있다. 바로 '기후 이데올로기'라는 축이다. 그렇기 때문에 메르켈과 트럼프 둘 다 기후 베헤모스 시스템 내에서 움직이면서도 그처럼 판이하게 달라 보일 수 있다. 물론 독일이 여전히 석탄에 대응하는 면에서 소극적이라는 사실을 고려할 때 미국과 상극이라고까지 할 수는 없겠지만 말이다.

기후 이념상의 격차는 중국과 러시아 사이에서 더 명확하게 드러난다. 러시아는 산유국인 동시에 지구온난화가 계속되더라도 지리적 이점 덕에 이득을 보는 몇 안 되는 국가 중 하나다. 때문에 사령관인 푸틴 입장에서는 러시아 내외로 탄소배출량을 억제하거나 경제 시스템을 친환경적으로 바꾸기 위해 애쓸 유인이 사실상 전혀 없다. 반면 떠오르는 세계 강국의 종신 지도자인 중국 시진핑 입장에서는 지속적인 경제적 번영과 국민의 건강 및 안전을 동시에 책임져야 한다는 의무감을 느끼는 것으로 보인다. 물론 책임져야 할 국민이 너무 많다는 사실을 잊어서는 안 되겠지만 말이다.

트럼프의 영향 때문인지 중국은 (적어도 목소리로는) 훨씬 더 단호한 녹색에너지 선두 주자가 됐다. 하지만 유인을 고려한다면 중국 역시 약속을 반드시 잘 이행할 것 같지는 않다. 이해를 돕는 연구가 2018년에 나왔다.[12] 연구에서는 지구온난화가 특정 국가에 초래할 것으로 예상되는 경제적 피해를 지구온난화에 대한 해당 국가의 책임 비중, 즉 해당 국가의 탄소배출량과 비교한다. 인도가 맞이할 운명은 기후변화의 책임 논리가 얼마나 무작위적인지 가장 끔찍한 수준으로 드러낸다. 규모 면에서도 가장 심각한 피해를 겪을(다음 순위 국가보다 거의 2배 더 심각한 피해를 겪을) 인도는 기후변화에 대한 책임 비중에 비해 4배 더 큰 경제적 피해를 입을 것으로 추정된다. 중국은 정확히 정반대 상황에 놓여 있다. 경제적 피해에 비해 책임 비중이 4배 더 크다. 안타깝게도 중국이 녹색에너지 혁명에 소극적인 태도를 보일 유인이 존재한다는 뜻이다. 미국은 기이할 만큼 균형이 맞는 업보를 거둘 것으로 보인다. 기후변화로 입을 경제적 피해가 전 세계 탄소배출량에 기여하는 비중과 거의 정확히 일치한다. 그렇다고 절대적인 수치 자체가 낮다는 말은 아니다. 오히려 미국은 전 세계에서 두 번째로 심각한 피해를 입으리라 예측된다.

몇십 년 전부터 중국의 성장세를 보면서 불길한 예상을 너무 자주 그리고 너무 이르게 토로하는 경우가 많았다. 그러다 보니 서양인 특히 미국인은 그 예상이 일종의 거짓 경보처럼 여겨질까 봐, 즉 언제 어떤 강국이 나타날지를 제대로 예측해서가 아니라 서구권의 몰락을 막연히 직감해서 내뱉은 자기 회의적인 표현처럼 여겨질까 봐 걱정했다 하더라도 충분히 이해할 만하다. 하지만 기후변화 문제에서는 확실히 중국이 거의 모든 패를 쥐고 있다. 온 세상이 존속과 번영을 위해 안정적인 기후를 필요로 하는 이상, 이미 탄소배출량 증가세가 멈췄으며 머지않아 줄어들기 시작할(얼마나 빨리 얼마나 급격히 줄어들지는 아직 아무것도 정해진 바가 없다) 미국과 유럽의 탄소배출량 궤적보다는 개발도상국의 탄소배출량 궤적이 세상의 운명을 결정하는 데 훨씬 더 큰 영향을 미칠 것이다. '탄소 아웃소싱'이라는 표현이 암시하듯이 물론 지금으로서는 중국 탄소배출량의 상당 부분이 미국인과 유럽인이 소비할 상품을 제조하는 과정에서 발생한다. 그처럼 어마어마한 탄소배출량의 책임은 누구에게 물어야 할까? 만약 파리기후협약에서 이전에 의도했던 대로 전 세계 탄소 배출 행위를 더욱 엄격하게 감시하는 관리 시스템을 내놓는다면 또 그 과정에서 군대 등의 형태로 강제 집행 기구까지 추가한다면, 얼마 지나지 않아 그런 질문은 수사적인 질문에 지나지 않게 될 것이다.

중국이 탈공업화 사회로 어떻게 얼마나 빨리 넘어갈지, 남아 있는 산업을 어떻게 얼마나 빨리 '친환경' 산업으로 바꿀지, 농경법과 식단을 어떻게 얼마나 빨리 고칠지, 폭발적으로 늘어나는 중산층과 상류층의 소비 성향을 어떻게 얼마나 빨리 탄소 지향적이지 않은 방향으로 이끌지 등이 21세기 기후의 모습을 결정하는 유일한 요소는 물론 아니다. 인도를 비롯한 남아시아 지역, 나이지리아를 비롯한 사하라 이남 아프리카 지역이 어떤 노선을 택할지 역시 매우 중요한 문제다. 하지만 현재로서는 그중에서도 중국이 가장 거대하고 압도적으로 부유하며 매우 강력하다. 중국은 '일대일로 전략Belt and Road Initiative'을 통해 이미 상당수의 개발도상국에 기반 시설, 에너지 시설, 운송 시설을 공급하는 주요 공급자(몇몇 경우에는 최대 공급자) 위치에 올라섰다.[13] 따라서 중국의 시대가 끝에 달하면 전 세계가 만장일치로 한 가지 결론에 도달할 것이다. 바로 세계에서 가장 거대한 경제(즉 세계에 가장 많은 에너지를 산출한 책임)를 보유하며 가장 많은 인구(즉 인류의 건강과 복지에 가장 큰 관심을 기울여야 할 책임)를 보유하는 미래의 중국이 '국가 공동체' 전체를 아우르는 기후 정책에 국가권력 차원을 넘어서는 어마어마한 힘을 발휘하며 나머지는 그 뒤를 따를 것이라는 결론이다.

지금까지 살펴본 시나리오들은 가장 암울한 시나리오라 할지라도 전부 새로운 정치적 균형을 전제한다. 당연히 불균형(우리가 평소에 '무질서'나 '분쟁'이라고 부르는 상태)이 초래될 가능성도 존재한다. 그런 분석을 내놓는 학자 중에는 하랄트 벨처Harald Welzer가 있다.[14] 벨처의 저서인《기후 전쟁Climate Wars》에서는 앞으로 다가올 수십 년이 폭력 분쟁의 '부흥기'가 되리라고 예측한다. 흥미롭게도 책의 부제는 '21세기에 사람들이 죽임을 당하는 이유'다.

이미 국지적인 범위 내에서는 기후 위기로 비롯된 정치적 충돌이 꽤 흔한 현상이다. 우리는 그런 충돌을 '내전'이라고 부른다. 또한 다르푸르, 시리아, 예멘을 보며 그랬던 것처럼 충돌을 이념적으로만 해석하려 한다. 물론 엄밀히 따지면 '세계적인' 현상이라기보다는 '국지적인' 현상이 맞다. 하지만 진정한 의미에서 기후 위기의 시대가 닥치면 충돌은 지금과 달리 순식간에 낡은 국경을 넘어 곳곳으로 퍼질 것이다. 아무리 파괴적인 기후변화가 닥치더라도 정치권력이 모두 무너지지는 않으며 오히려 그중에서도 승자가 탄생하기 때문에 진짜 '매드맥스' 같은 세계가 나타날 가능성을 점치는 것도 아주 정신 나간 소리는 아니다. 승자 가운데 일부는 꽤나 거대한 군대를 거느린 채 빠르게 감시 체계를 넓힐지도 모른다. 지금만 하더라도 중국은 얼굴 인식 소프트웨어를 사용해 대중음악 공연장에서도 범죄자를 색출해 내며[15]

새와 전혀 구별되지 않는 드론을 자국 내 감찰용으로 배치하기도 한다.[16] 자기 영토가 황무지가 되리라고 예상하는 제국의 모습으로는 전혀 보이지 않는다.

다른 곳에 생겨나는 '매드맥스' 지역도 문제를 야기한다. 어떤 면에서는 소말리아, 이라크, 남수단 일부 지역에 이미 생겨났다고도 할 수 있다. 이는 지난 10년 사이에 산발적으로 벌어진 일이며 심지어 로스앤젤레스나 런던 입장에서 보기에는 세계의 지정학적 체제가 안정된 것처럼 보이던 시점에 벌어지기도 했다. 지난 수십 년에 걸쳐 자유국제주의, 세계화, 미국의 영향력이 한데 모여 우리가 세계 질서를 향해 한 뼘 나아가도록 만든 것은 사실이나 진정한 의미에서의 '세계 질서' 개념은 늘 허상 내지는 열망에 가까웠다. 앞으로 수십 년에 걸쳐서는 기후변화가 흐름을 정반대로 뒤집어 놓을 것이다.

5장

'역사가 진보한다'는 믿음의 붕괴

현대 서구 사회의 가장 굳건한 신념 중 하나는 역사가 한 방향을 향해 나아가는 이야기라는 믿음이다.[1] 대량 학살과 강제수용소, 기근과 전염병, 세계적인 규모의 자연재해 등이 수천만 명 단위의 사망자를 초래함으로써 여러 세기에 걸쳐 반론을 제시했는데도 그런 믿음은 대개 살짝 수정되기만 했을 뿐 끝까지 살아남았다. 이런 식의 역사 서술 구조가 사람들의 정치적 상상력을 꽉 붙잡고 있다 보니 참혹한 불의나 불공정이 발생하더라도 사람들은 역사가 굴곡을 그리진 않을까 의심하는 대신 직선을 그린다는 믿음을 다시금 떠올렸다. 다시 말해 우리는 인류 역사에 나타나는 문제를 목격하더라도 어차피 역사가 '옳은 방향으로 나아가고 있'으며 진보의 힘이 (비유를 이어 가자면) '역사의 옳은 편에 서 있기' 때문에 크게 동요할 필요가 없다는 것이다. 그렇다면 기후변화는 어느 편에 서 있을까?

자신의 편에, 자기 흐름의 편에 서 있을 것이다. 지구온난화가 세상에서 더 풍부하게 만드는 것 혹은 더 널리 퍼뜨리는 것 중에 좋은 것은 하나도 없다. 반대로 나쁜 것은 일일이 열거할 수 없을 만큼 많다. 기후 위기가 막 시작된 오늘날에도 우리는 이미 완전히 새로운 종류의 회의론이 깊게 자리 잡았음을 확인할 수 있다. 역사가 거꾸로 나아갈 수 있다는 사실은 물론 인류가 문명을 건설하고 발전시킨(결과적으로 기후변화를 초래한) '역사'가 실제로 거꾸로 나아가고 있었다는 사실을 인식하기 시작했다. 기후변화가 초래하는 공포가 쌓여 갈수록 역사가 진보한다는 관점에 대한 반발도 틀림없이 만개할 것이다.

현대판 카산드라(불길한 일을 예언하지만 들어 주는 사람이 없는 예언자—옮긴이)는 이미 몇몇 존재한다. 역사가 유발 노아 하라리Yuval Noah Harari는《사피엔스Sapiens》에서 인류 문명이 부상하는 과정을 외계인의 관점에서 기술하면서 그런 부상을 신화가 계승되는 과정으로 이해해야 한다고 지적한다.[2] 첫 시작은 소위 '신석기 혁명' 중에 일어난 농업의 발명이 진보로 이어졌다는 신화였다(하라리는 '우리가 밀을 길들인 것이 아니라 밀이 우리를 길들인 것'이라고 간략히 정리한다). 무정부 상태를 연구하는 정치학자이자 인류학자 제임스 스콧James Scott은《농경의 배신Against the Grain》에서 동일한 문제를 더욱 집중적으로 파고든다.[3] 스콧의 주장에 따르면 바로 밀 경작 때문에 오늘날 '국가권력'이라고 부르는 존재가 출현했으며 결과적으로 관료주의, 억압, 불평등까지 뒤따라 나왔다. 이런 설명은 더 이상 농업혁명을 인류 역사의 시작으로 보는 기존 흐름에 비해 변칙적인 존재로 취급받지 않는다. 사실 현생 인류는 20만 년 전부터 존재했지만 농업(수렵과 채집에 의존하는 삶을 끝냈으며 도시와 정치 체계는 물론 오늘날 우리가 '문명'이라고 여기는 대상을 불러일으킨 혁신)은 불과 1만 2,000년 전에 시작됐다. 심지어 《총, 균, 쇠Guns, Germs, and Steel》에서 서구 산업사회가 부상하는 과정을 지리생태학적으로 설명하고 《문명의 붕괴Collapse》에서 다시 생각하자는 흐름의 전신을 마련한 재레드 다이아몬드Jared Diamond조차 신석기 혁명을 가리켜 '인류 역사상 최악의 실수'라고 부른다.[4]

이처럼 새로운 부류의 회의론자들이 제시하는 반론이 신석기 혁명 이후의 역사(산업화 도래와 화석연료 사용, 그로 인해 지구에 초래된 위험, 그처럼 불안정한 기반 위에 잠깐 서 있는 연약한 인류 문명 등)에 근거를 두고 있는 것도 아니다. 오히려 문명에 대한 반론은 농업에 대한 반론을 제시함으로써 직접적으로 뒷받침할 수 있다. 농업이 야기한 정착 생활 때문에 사람들이 비교적 밀집된 정착지가 형성되기는 했지만 이후 수천 년 동안 인구는 크게 늘어나지 않았다. 농사 덕분에 올라간 성장 잠재력이 새로운 차원의 질병과 전쟁으로 상쇄됐기 때문이다. 이런 고통의 시기는 인류가 풍요의 시대를 맞이하기까지 잠깐 거쳐 가는 수준이 아니라 굉장히 오랜 시간 지속됐다. 사실 오늘날까지 지속되고 있다. 여전히 세계의 수많은 지역에서는 수렵하고 채집하며 살아가던 조상에 비해 사람들이 더 굶주리고 더 아파하며 더 일찍 죽는다. 게다가 조상들은 지구의 관리자로서도 우리보다 훨씬 탁월했으며 훨씬 오랜 기간(거의 20만 년 내내) 지구를 보살폈다. 그처럼 장대한 시대는 한때 '선사시대'라고 격하되기도 했지만 사실 인류 역사의 약 95퍼센트를 차지한다. 그처럼 긴 시간 내내 인간은 지구 곳곳을 누비면서도 이렇다 할 흔적을 남기지 않았다. 이런 맥락에서 본다면 오늘날의 '흔적 남기기' 역사(인류 문명의 역사이자 우리가 '역사'로 인식하는 역사)는 필연적인 진보의 흐름이라기보다는 잠깐의 변칙에 가까워 보인다. 더 나아가 현대인으로 하여금 물질적 진보의 속도를 확신하게 했던 산업화와 경제성장의 역사는 잠깐을 넘어 찰나에 가깝다. 그 찰나 사이에 우리는 끝이 보이지 않는 기후재난의 시대에 다다른 것이다.

제임스 스콧은 《조미아, 지배받지 않는 사람들The Art of Not Being Governed》, 《지배와 저항의 기예Domination and the Arts of Resistance》, 《우리는 모두 아나키스트다Two Cheers for Anarchism》처럼 학계에 반기를 드는 재기 넘치는 연구를 내놓은 뒤 오랜 경력이 끝날 무렵에는 급진적인 반정부주의자로서 역사 인식 문제를 다뤘다. 그에 비하면 유발 하라리의 접근법은 더욱 특이하지만 그만큼 효과적이기도 하다. 우리가 스스로 자초한 환경 위기가 닥치고 있는 와중에 인류 진보에 대한 집단적인 신념을 뿌리부터 다시 생각하도록 권하기 때문이다. 하라리는 자신이 동성애자로서 커밍아웃한 일이 어떻게 이성애나 진보 개념 등 널리 퍼진 거대 담론에 대한 회의론으로 이어졌는지 감동적인 방식으로 이야기한다. 또한 자신이 군사역사학을 공부했음에도 어떻게 신화를 까발리는 해설자로서 빌 게이츠, 버락 오바마, 마크 주커버그를 비롯한 대중의 찬사를 받게 됐는지 설명한다. 하라리의 핵심적인 통찰은, 집단이 공유하는 허구적인 이야기가 사회를 줄곧 하나로 묶어 왔으며 지금이라고 해서 전혀 다르지 않다는 사실이다. 단지 종교나 미신이 차지하던 자리를 진보나 이성 같은 가치가 대체했을 뿐이다. 물론 하라리는 역사가지만 그의 세계관은 데이비드 흄David Hume이나 존 그레이John Gray 같은 다양한 비주류 학자의 철학적 회의론에 '과학'이라는 가면을 씌워 준다. 그의 세계관을 접하면 리오타르Jean-Francois Lyotard나 푸코Michel Foucault 등 프랑스 사상가의 이름도 쭉 떠오를지 모른다.

2016년 트럼프가 당선되기 한 달 전에 하라리는 한 에세이에서 사실상 트럼프의 당선을 예측하면서 그 사건이 제도권을 향한 세계의 집단적인 신념에 어떤 영향을 미칠지 다룬 바 있다. 그러는 가운데 하라리는 이렇게 말한다. "지난 몇십 년 동안 우리 세계를 지배해 온 이야기는 '자유주의 이야기'다. 자유주의 이야기는 단순하고 매력적이지만 이제 무너지고 있는 중이다. 그리고 아직 우리는 그 빈자리를 채울 만한 새로운 이야기를 찾지 못했다."[5]

진보라는 가면을 벗겨 낸 역사의 민낯

역사에서 '진보'라는 인식을 벗겨 내면 그다음에는 무엇이 남을까?

지구온난화를 둘러싼 불확실성의 연기를 뚫고 무엇이 나타날지 정확히 예측하기란 불가능하지는 않더라도 지금으로서는 어려운 일이다. 우리 행동에 따라 기후변화가 어떤 형태를 취할지 달라질뿐더러 각각의 형태가 어떤 영향을 미칠지도 분명하지 않기 때문이다. 하지만 굳이 최악의 시나리오를 들여다보지 않더라도 온난화가 초래하는 참상은 '시간이 지남에 따라 필연적으로 삶이 증진될 것'이라는 태평한 인식을 뒤흔들 만큼 충분히 끔찍할 것이다. 참상은 신속하게 전개되기 시작할 것이다. 도시가 물에 잠기면서 해안선이 안쪽으로 밀려들고 불안정한 사회에서 수백만 명의 난민이 쏟아져 나와 이미 자원 고갈 문제를 겪는 주변 사회로 넘어갈 것이다. 지난 몇백 년 동안 수많은 서양 사람이 진보와 번영을 나타낸다고 생각했던 요소가 사실 거대한 기후 재난의 전조에 불과했다는 사실이 드러날 것이다. 우리가 기후변화의 시대에 역사의 형태를 정확히 어떻게 받아들일지는 기후변화를 막기 위해 얼마나 많은 행동을 취할지와 기후변화가 우리 삶의 모든 면을 어느 정도나 바꾸게 내버려둘지에 달렸다. 그 사이에 펼쳐진 경우의 수는 색상환 위에 펼쳐진 색상 표본만큼이나 무궁무진하다.

농업, 국가, 문명이 도래하기 전의 인류가 역사의 흐름을 어떻게 인식했는지에 대해서는 아직도 밝혀진 바가 그리 많지 않다. 그럼에도 근대 철학자는 문명 이전의 삶이 어떠했을지, 즉 '더럽고 야만적이며 짧은' 삶을 살았을지 혹은 목가적이고 태평하며 자유로운 삶을 살았을지 상상하면서 시간 보내기를 좋아했다.

역사를 바라보는 다른 관점 중에는 순환적인 역사관이 있다. 이미 익숙한 사례가 많다. 과거에는 수확 시기를 나타내는 달력, 그리스 스토아학파의 에크피로시스,[6] 중국의 왕조 순환론[7]이 있었다. 현대에는 프리드리히 니체Friedrich Nietzsche 같은 사상가가 특정한 목적을 위해 순환적인 관점을 이용했는데, 니체는 순환하는 시간에 바탕을 둔 '영원회귀eternal recurrence'라는 도덕적 우화를 지어냈다.[8] 알베르트 아인슈타인Albert Einstein은 우주가 순환적인 구조를 가지고 있을 가능성에 대해 고려했다. 아서 슐레진저Arthur Schlesinger는 미국의 역사를 '공공의 목적'과 '개인의 이익'이 중요시되는 시기가 번갈아 나타나는 것으로 이해했다.[9] 《강대국의 흥망The Rise and Fall of the Great Powers》에서 폴 케네디Paul Kennedy는 지나간 역사를 신중히 탐구해 얻은 교훈을 냉전 이후 미래에 적용했다.[10] 오늘날에도 산업화의 영향을 많이 받지 않은 지역 혹은 서구권과 달리 산업화로 부정적인 영향을 받은 지역에서는 순환적인 시각이 많이 발견된다. 따라서 오늘날의 미국인이 역사를 진보하는 것으로 생각하는 이유는 단지 그들이 미 제국의 시대에 자라났기 때문일지도 모른다. 영국인이 대영제국 시대에 가지고 있던 관점을 어느 정도 차용한 셈이다.

하지만 기후변화가 적어도 전근대적인 의미에서 깔끔한 혹은 온전한 형태의 순환적인 역사관을 되살리지는 못할 듯하다. 일단 기후변화의 시대에는 깔끔한 구석이 전혀 없을 것이기 때문이다. 목적론이 더 이상 종합적인 이론으로 기능하지 못하고 그 대신 온갖 모순적인 이야기가 우리에서 풀려난 짐승처럼 동시에 사방팔방으로 펼쳐지면서 훨씬 지저분한 관점이 필요할 것이다. 게다가 지구가 3~4도 더 뜨거워지면 인류는 어마어마한 규모의 고통(엄청난 수의 기후난민, 절반 이상 늘어나는 전쟁, 가뭄, 기근, 대부분 지역이 겪을 마이너스 성장 등)으로 몸부림칠 것이다. 때문에 사람들은 자신들이 진보의 흐름 속이나 특정한 순환 단계에 있다고 받아들이기는커녕 진정한 의미의 역행에 들어섰다고 느낄 수밖에 없다.

인류의 진보나 세대 간의 질적 격차를 장담하는 프로파간다가 여전히 지배적이므로 현 시점에서는 우리 후손 세대가 훨씬 부유하고 평화로웠던 오늘날의 세상을 뒤로 한 채 평생 폐허 속에서 살아갈 수 있다는 사실을 받아들이지 못할 것이다. 물론 산업화가 등장하기 전의 인류 역사에서는 비교적 흔히 일어난 광경이었다. 해상 민족 침략 이후의 이집트인, 피사로 정복 이후의 잉카인, 아카드제국 이후의 메소

포타미아인, 당나라 이후의 중국인이 그와 같은 폐허를 경험했다. 로마제국 몰락 이후의 유럽인도 마찬가지였다(다만 이는 너무 유명해져서 과장을 불러일으켰고 결국 수십 년 동안 논쟁의 대상이 됐다). 하지만 기후변화의 경우에는 암흑시대가 불과 한 세대 안에, 영향을 느끼고 이야기를 나누며 책임을 물을 수 있을 만큼 가까이 닥칠 것이다.

더 이상 '과거'에 책임을 물을 수 없는 이유

기후변화를 시간이 가하는 복수처럼 묘사하는 이유도 이 때문이다. 기후변화 시대의 정치 이론을 설명한 책《폭풍의 진전The Progress of This Storm》에서 안드레아스 말름은 '인간이 만든 기후는 결코 현재 만들어진 것이 아니'라며 '지구온난화는 과거에 저지른 행동의 결과'라고 지적한다.[11]

깔끔한 논리다. 또 기후 문제의 규모와 범위도 명확히 납득시키는 논리다. 탄소를 여러 세기에 걸쳐 태웠기 때문에 현대 생활양식이 편리해지기도 했지만 동시에 기후 문제 역시 산물로서 나타났다는 것이다. 이런 맥락에서 기후변화의 시대에는 우리 모두가 '산업혁명'이라는 죄목으로 형을 살고 있는 죄수가 되며 역사는 일종의 교도소로 여겨진다. 과거에 저지른 행동의 결과에 진보가 갇힌 셈이다. 하지만 기후 문제가 어느 정도 과거에서 비롯된 것이 사실이라 하더라도 대부분은 가까운 과거에 만들어졌다. 또한 기후변화가 우리 손주들이 살 세상을 얼마나 바꿔 놓을지는 19세기 맨체스터에서 결정된 것이 아니라 오늘날 결정되고 있으며 앞으로 몇십 년에 걸쳐서도 결정될 것이다.

혼란스럽게도 기후변화는 우리를 미지의 미래로 순식간에 보내 버릴 것이다. 아무런 억제가 없다면 너무 빠르게 너무 먼 미래로 보내서 지금으로서는 그 규모를 상상하기도 어려울 수 있다. 빅토리아시대 사람이 점점 더 빨라지는 발전 속도를 보고 나서 한 생애 내에 겪을 엄청난 변화의 양에 대해 느꼈던 '기술 충격' 정도를 말하는 것이 아니다. 물론 우리는 그런 종류의 변화에도 점점 익숙해지고 있지만, 기후변화는 과거 박물학자가 고대 너머의 고대에 이르는 지구의 장엄한 역사를 떠올리며 '심오한 시간'이라고 불렀을 때 느꼈던 압도적인 외경심을 불러일으킬 것이다.

하지만 관점은 얼마 지나지 않아 뒤집힐 것이다. 즉 우리는 '영속성의 심오함'에 압도당하는 것이 아니라 지구상에 존재하는 모든 형태의 영속성을 비웃을 만큼 연쇄적이고 혼란스러운 '변화의 심오함'에 압도당할 것이다. 마이애미비치처럼 불과 몇십 년 전에 세워진 호화도시는 물론 2차 세계대전 이후 부를 보호하기 위해 세계 곳곳에 세워진 군사 시설들 역시 사라질 것이다. 암스테르담처럼 훨씬 오래된 도시 역시 물에 잠길 위험에 놓여 있으며, 지금도 이미 물에 잠기지 않으려면 방글라데시의 마을이나 사원에서는 이용할 수 없는 특별한 기반시설을 이용해야 한다. 동일한 품종의 곡식과 포도를 여러 세기에 걸쳐 생산해 왔던 농지에서는 운이 좋아야 아예 새로운 작물이라도 재배할 수 있을 것이다. 고대의 곡창지대라 불리는 시실리에서는 실제로 농부들이 열대 과일을 재배하는 쪽으로 돌아서고 있다. 수백만 년에 걸쳐 형성된 북극의 빙하는 물로 녹아내려서 말 그대로 지구의 얼굴을 바꿔 놓으며 세계화 개념의 근간이라 할 수 있는 항로 역시 뒤바꿀 것이다. 또한 대규모 이주 사태로 수백만 어쩌면 수천만 명으로 이루어진 공동체가 오래전부터 살아온 고향땅에서 영원히 떠날 것이다.

지구 생태계가 기후변화로 인한 변천과 혼란을 얼마나 오래 겪을지는 앞으로 우리가 얼마나 더 큰 기후변화를 만들어 낼지에 달렸다. 어쩌면 기후변화를 얼마나 되돌릴 수 있을지에 달릴 수도 있다. 하지만 빙상과 빙하를 완전히 녹이고 해수면을 수백 미터 높일 만한 수준의 지구온난화는 수십, 수백, 수천 년이 아니라 수백만 년 이상 지속될 근본적인 변화를 개시할 것이다. 그런 기간을 옆에 놓고 본다면 인류 문명의 수명은 사실상 머릿속에 떠오르지도 않을 것이다. 반면 훨씬 장대한 기후변화의 시간은 영원처럼 느껴질 것이다.

6장

절망 끝의 허무주의

벨리즈에 있는 자매 마을인 산이그나시오와 산타엘레나는 바다에서 80킬로미터 떨어져 있으며 76미터의 해발고도에 위치한다. 그럼에도 경각주의자이자 기후학자인 가이 맥퍼슨Guy McPherson은 물이 무섭다는 이유로 마을 주변 밀림에 있는 농가에 이사하지 않기로 결정했다. 맥퍼슨은 어차피 물이 아니더라도 다른 것들이 먼저 자신을 덮치리라고 말한다. 기후변화에서 살아남을 수 있다는 희망을 포기한 것이다. 그리고 그는 다른 사람도 포기해야 한다고 믿는다. 맥퍼슨은 나와 스카이프로 통화하면서 인류가 10년 내로 멸종하리라고 말했다. 내가 맥퍼슨과 동거 중인 폴린Pauline에게 같은 생각이냐고 묻자 폴린은 웃으면서 답했다. "전 10개월이라고 봐요." 물론 2년 전 일이었다.

맥퍼슨은 애리조나대학에서 보존생물학자로 커리어를 시작했다.

그리고 본인 입으로 여러 번 강조하듯이 그곳에서 29세에 정교수가 됐다. 또 역시 본인 입으로 여러 번 강조하듯이 그곳에서 1996년부터 '딥스테이트'라는 조직에게 감시당했다고 한다. 2009년에는 학과장이 바뀌면서 대학에서 강제로 나오게 됐다. 하지만 이미 그전부터 뉴멕시코의 농장(전 부인과 그나마 절충한 장소)에서 일하고 있던 상태였다. 2016년에는 폴린과 함께 살면서 다자간 연애를 실천하기 위해 중앙아시아 밀림 지역에 있는 '스타더스트 보호 농장'으로 이사했다.

지난 10년 동안 맥퍼슨은 주로 유튜브를 통해 (빌 맥키번의 절제된 표현에 의하면) '팬'을 좀 얻었다. 요즘에는 본인이 직접 이름을 붙이고 뿌듯해하면서 'NTHE'라고 줄여서 부르기도 하는 '단기 인류 멸종 사태 near-term human extinction'에 대해 이따금 출장 강의를 다니기도 한다. 하지만 점차 맥퍼슨의 관심은 세상의 끝을 아는 사람으로서 무슨 일을 해야 하는지 가르치는 워크숍을 개최하는 방향으로 옮겨 가고 있다. 워크숍 제목은 '사랑만이 남으리'로 무엇이 신학적인 차원을 넘어서는 구원이 될 수 있는지 제시하겠다고 주장한다. 과거 뉴에이지 운동에서 얘기하던 내용과 비슷하다. 워크숍의 핵심 교훈은, 인류의 멸망이 임박했다는 사실을 이해하는 데서 이끌어 내는 삶의 의미가 자신의 죽음이 임박했다는 사실을 이해하는 데서 이끌어 내는 삶의 의미(달라이 라마의 가르침)와 동일해야 한다는 점이다. 즉 연민을 느끼고 경이를 느끼며 무엇보다 사랑을 느껴야 한다. 세 가지 가치를 중심으로 윤리관을 세워야 하는 경우 연민, 경이, 사랑 정도면 분명 최악은 아니다. 게다가 자세히 들여다보면 그런 가치를 바탕으로 거의 윤리학 수업도 만들 수 있을 듯하다. 하지만 지구가 벼랑 끝에 서 있다고 믿는 사람에게는 그 믿음이 확신에 가까워질수록 정치로부터(결국 기후 문제로부터) 도망칠 구실이 늘어난다. 일상적인 쾌락을 위해 침묵을 유지하겠다는 것이다.

요컨대 맥퍼슨은 꽤나 전형적인, 그러면서도 수상쩍은 구석이 금방 드러나는 자연인 부류처럼 보인다. 그런데도 왜 굳이 소개했을까? 사실 우리는 너무나 오래전부터(수백 년 전은 아니더라도 수십 년 전부터) 문명의 붕괴나 세상의 종말에 대한 예측을 정신이상의 증거쯤으로 생각했으며 그런 예측을 중심으로 생겨난 공동체를 '컬트'라고 여겼기 때문에 재난에 대한 어떤 경고도 그리 진지하게 받아들이지 않게 됐다. 특히나 경고를 외치는 사람 본인마저 포기한 상태라면 말이다. 현대 사회에서 중도 포기만큼 미움을 받는 행동이 없다. 하지만 그런 선입견은 온난화를 그리 오래 버텨 내지 못할 것이다. 기후재난이 예정된 대로 펼쳐진다면 새로운 컬트 모임이 출현하고 제도권 문화 곳곳에 컬트적인 생각이 파고들면서 종말론을 터부시하는 우리의 태도는 무너질 것이다. 물론 세상이 멸망하지는 않으며 인류 문명 역시 아마도 맥퍼슨의 생각보다는 내성이 강하겠지만 그럼에도 지구가 쇠퇴한다는 사실은 뚜렷이 드러날 것이다. 때문에 맥퍼슨 같은 예언자는 훨씬 더 많이 나타나며 임박한 종말을 경고하는 그들의 목소리는 훨씬 더 많은 사람에게 합리적인 이야기로 들리기 시작할 것이다.

심지어 오늘날 기준으로도 그런 경고가 그리 비합리적인 이야기로 들리지는 않는다. 맥퍼슨의 웹사이트 '네이처 배츠 라스트Nature Bats Last'의 요약 페이지만 하더라도(현재 "2016년 8월 2일 마지막으로 최신 업데이트됨"이라는 문구가 달려 있음) 기후변화 종말론 입문서로서 최악은 아니다. 이 페이지는 인쇄본 기준으로 68페이지에 달하며 단락마다 하이퍼링크가 가득하다. 전반적으로 보면 중요 연구 내용을 오도하는 식으로 설명하는 경우도 있고 객관성과 신뢰성이 떨어지는 블로그 기사를 과학적인 출처마냥 링크로 걸어 놓은 경우도 있다. 또한 '기후 되먹임' 같은 개념은 순전히 잘못 이해하고 있다. 기후 되먹임 현상이 재난을 가중시키기는 하지만 맥퍼슨이 써 놓은 대로 '곱 연산으로 증식'시키지는 않는다. 온건한 기후 단체를 가리켜 정치적으로 타협했다고 비난하는 부분도 있다. 데이터 양으로 승부하겠다는 심산인지 허위라고 드러난 관찰 데이터를 일부 가져다 쓰는 경우도 있다. 예컨대 맥퍼슨은 북극에서 메탄이 동시에 터져 나올 가능성을 걱정하지만 이는 전문가들이 이미 5년 전에 등을 돌린 가설이다.

하지만 이처럼 과장된 공포를 불러일으키는 연구 자료 목록에서조차 제대로 된 경종을 울릴 만한 과학적인 자료를 꽤 찾을 수 있다. 맥퍼슨은 알베도 효과에 대해 잘 요약해 놓았으며 북극 빙상에 관한 탄탄한 자료를 한자리에 모아 놓는 등 기후재난의 미래를 예측할 만한 괜찮은 근거 자료를 제공한다.

지적 스타일 면에서는 전반적으로 강박적인 경향이 나타난다. 대중에게 의미 있는 분석 틀을 제공하도록 인과 논리의 뼈대를 명확히 잡아야 할 상황에서도 때로는 막대한 데이터의 양으로 대체하거나 오히려 데이터의 양 때문에 논리가 흐려지기도 한다. 오늘날 인터넷에는 이처럼 극단적인 방식으로 논리를 전개하는 글이 넘쳐 나며 결과적으로 이제 막 기후라는 제물을 쉴 새 없이 물어뜯기 시작한 음모론의 황금기에 떡밥을 제공하고 있다. 이런 사고방식이 정치적 스펙트럼의 오른쪽 끝에 있는 기후 부인론자에게서 어떤 형태로 나타났는지 이미 잘 알고 있을 것이다. 하지만 이는 반대쪽 끝에 있는 환경론자에게도 두드러지게 나타날 수 있다. 존 B. 맥레모어John B. McLemore가 그랬다. 카리스마가 넘치는 숨은 환경쇠퇴론자이자 자기혐오가 심한 남부 사람인 맥레모어는 지구환경에 대한 공포에 사로잡혀 결국 자살하기에 이르렀으며 그 과정이 팟캐스트 '에스타운S-Town'에 담겨 있다.[1] 맥레모어가 논평자로 일했던 포스트카본연구소Post Carbon Institute의 리처드 하인버그Richard Heinberg는 이렇게 말한다. "저는 가끔씩 '해로운 앎'이라고 불러요. 인구 과잉, 과도한 적자, 자원 고갈, 기후변화, 사회 붕괴의 원리 등 일단 '알고' 나면 다시 '모를' 수가 없죠. 결국 이후에 하게 되는 모든 생각에 스며듭니다."[2]

문명의 기반을 갉아먹는 종말론

맥퍼슨은 세상의 온갖 문제가 어떻게 인류 멸종을 초래하는지 명확히 밝히고 있지 않다. 먼저 식량 위기나 경제 붕괴가 문명을 무너뜨리고 나면 결국 인간도 멸망하리라고 추측하는 정도다. 그런 일이 불과 10년 뒤에 일어난다고 추리하려면 종말론적인 상상력을 발휘할 수밖에 없을 것이다. 그럼에도 현재 인류가 나타내는 일반적인 동향을 보고 있자면 맥퍼슨 같은 사람을 제외한 나머지들은 왜 좀 더 종말론적인 상상을 하지 못하는지 의문이 생긴다.

하지만 분명 우리도 머지않아 그렇게 될 것이다. 우리는 이미 맥레모어나 맥퍼슨 같은 인물에게서(거의 다 남성이기 때문에 '남자들에게서'라고 바꾸고 싶을지 모른다) 기후에 대한 심오한 전망이 무럭무럭 자라는 것을 확인할 수 있다. 꼭 그들이 아니더라도 사실상 종말론 세력을 응원하면서 다가오는 재난을 지켜보는 비슷한 작가와 사상가를 수없이 찾아볼 수도 있다.

가끔씩은 거의 문자 그대로 응원하는 경우도 있다. 맥레모어 같은 일부 사람은 마치 기후변화 시대의 트래비스 비클Travis Bickle(영화 〈택시 드라이버〉에 등장하는 고뇌에 찬 반항적인 택시 운전사 – 옮긴이)이라도 된 것처럼, 비가 억수같이 쏟아져 세상의 쓰레기를 다 쓸어버리기를 바란다. 또한 젬 벤델Jem Bendell 같은 사람은 지구온난화에 의한 인류 문명의 몰락을 거의 필연적인 비극으로 받아들이기는 하지만 동시에 거의 신이 난 것처럼 보이기도 한다. 제이슨 히켈Jason Hickel처럼 급진적인 환경론자이자 무정부주의자인 경우에는 기후변화만이 마침내 경제성장을 향한 인류의 중독을 끊어 버릴 수 있으리라고 기대한다. 심지어 과학자 사이에서도 지구온난화를 극단적으로 낙관하는 사람들이 있다. 예를 들어 생태학자인 크리스 D. 토머스Chris D. Thomas는 여섯 번째 대멸종이 순식간에 지구를 청소하고 나면 새로운 종이 생겨나고 새로운 생태적 지위가 형성되면서 오히려 '자연은 번성할 것'이라고 주장한다.[3] 일부 기술 전문가와 그 추종자는 한 발 더 나아가서 우리가 현재(혹은 좀 더 넓게 지질학적 관점에서의 현대)에 대한 집착을 버리고 미래 지향적인 태도에 더해 도가적인 낙천성을 입어야 한다고 주장한다. 스웨덴 저널리스트 토릴 콘펠트Torill Kornfeldt는 공룡이나 매머드 같은 생물을 '복원de-extinct'해야 할 필요성에 대해 논하는 《종의 복원The Re-Origin of Species》에서 이렇게 질문한다. "오늘날의 자연 세계가 1만 년 전의 자연 세계보다, 혹은 오늘날 존재하는 종이 1만 년 전에 존재하던 종보다 더 월등한 가치를 지녀야 할 이유가 있을까?"

하지만 이미 펼쳐지는 기후재난을 인식하는 것은 물론 앞으로 다가올 세계의 전면적인 변화 역시 직감하는 사람들은 대부분 암울한 전망을 가지고 있다. 그런 전망은 종종 종말에 대한 서양인의 어쩔 수 없는 불안감의 근원인 묵시록 등 현존하는 종말론적인 텍스트가 불러일으키는 끝없는 상상력과 결합되기도 한다. 윌리엄 버틀러 예이츠William Butler Yeats가 속세의 대중을 위해 〈재림The Second Coming〉이라는 시로 옮기기도 했던[4] 과대망상적인 이야기는(마치 중산층의 일상에 들어와 있는 영지주의 스타일의 배경 화면처럼) 서양 사람의 상상력을 너무나 강력하게 사로잡았다. 그래서 사실 이야기가 기록될 당시에는 다가올 일과 바뀔 세상을 예언한 실제 예언서였다는 사실을 망각할 정도다.

이처럼 새롭게 떠오르는 기후영지주의자 가운데 가장 두드러진 인물은 아마 영국 작가이자 '다크마운틴 프로젝트Dark Mountain Project'의 공동 창립자 겸 대표 겸 계관시인인 폴 킹스노스Paul Kingsnorth일 것이다. 다크마운틴은 환경론자들이 현실에 불만을 품고 설립한 자유로운 금욕 공동체로 미국 시인 로빈슨 제퍼스Robinson Jeffers의 1935년도 작품 〈재무장Rearmament〉에서 이름을 따왔다. 시는 이렇게 끝난다.

> 나는 서서히 타오르는 불에 내 오른손을 태우리
> 미래를 바꾸기 위해 … 어리석게도 그래야 하네.
> 오늘날의 인간의 아름다움은
> 사람에게 있는 것이 아니라

사람들이 만들어 내는 비참한 리듬에 있으니,
빽빽하게 모여 움직이는 군중,
꿈에 사로잡힌 군중은 춤을 추며 어두운 산을 따라 내려가네.

제퍼스는 미국 문학계에서 유명 인사였던 시절이 잠깐 있었다.《로스앤젤레스타임스Los Angeles Times》에는 그의 연애 이야기가 상세히 실렸고 캘리포니아 해변에는 제퍼스가 화강암으로 직접 지은 집으로 유명한 '토르하우스와 호크타워Tor House and Hawk Tower'가 있었다. 하지만 오늘날 제퍼스는 주로 인류 문명의 쇠퇴를 예언한 선지자로 알려져 있으며 '비인간주의inhumanism'라는 노골적인 이름의 철학으로 유명하다. 제퍼스의 사상을 간단히 요약하자면, 사람들이 비인간적인 우주에 속해 있으면서도 장엄한 자연보다는 인간의 지위에만 지나치게 주의를 기울인다며 이를 거부하는 신념이다. 특히 현대 사회는 그런 인간 중심적인 관점을 한층 더 강화시킨다고 비판한다.

에드워드 애비Edward Abbey는 생전에 제퍼스의 시를 흠모했고 찰스 부코스키Charles Bukowski는 제퍼스를 가장 좋아하는 시인이라고 말했다. 미국 최고의 풍경사진작가인 안셀 애덤스Ansel Adams와 에드워드 웨스턴Edward Weston 역시 제퍼스로부터 영향을 받았다. 철학자인 찰스 테일러Charles Taylor는 《세속 시대A Secular Age》에서 제퍼스가 '내재적인 반인간주의'를 대표하는 면에서 니체와 코맥 매카시Cormac McCarthy에 버금가는 중요한 인물이라고 평했다.[5] 제퍼스는 가장 악명 높은 시 〈양날도끼The Double Axe〉에서 그런 반인간주의 세계관을 '비인간The Inhumanist'이라는 단일 화자의 입에 집어넣는다. 화자는 '인간이 아니라 비인간에서 중요성과 의의를 찾는 것'과 '인간 유아론을 거부하고 인간을 넘어서는 장엄함을 인식하는 것'에 대해 말한다. 제퍼스는 '합리적 무심함을 사랑, 미움, 질투를 대신하는 행동 원칙으로 제안'한다는 점에서 이것이 진정한 혁명이라고 지적한다.

바로 그 '무심함'이 다크마운틴의 핵심 원칙을 형성한다(어쩌면 '충동'이라는 표현이 더 어울릴지도 모른다). 다가올 수십 년 동안 지구온난화가 지구상에 벌어지는 광범위한 삶의 양상을 미디어를 거쳐서 보더라도 지켜보기 힘들 만큼 끔찍하게 만든다면 더욱더 많은 환경회피주의자 집단이 생기를 얻을 것이다. 다크마운틴 선언문은 이렇게 시작한다. "극심한 사회적 붕괴를 두 눈으로 목격한 사람들 중 인간 존재의 진실에 대해 심오한 비밀을 밝히는 사람은 거의 없다. 다만 누군가로부터 질문을 받으면, 죽는다는 것이 얼마나 쉬운 일인지 확인하고 깜짝 놀랐다는 말을 할 뿐이다. 어제와 오늘이 거의 다르지 않은 일상적인 삶 속에서는 삶의 취약성이 쉽게 드러나지 않는다."

킹스노스와 두걸드 하인Dougald Hine이 2009년에 처음 발표한 이 선언문에서 둘은 조지프 콘래드Joseph Conrad를 다크마운틴의 지적 후견인으로 내세운다. 특히 콘래드가 산업화와 제국주의 흐름이 절정에 달했던 시기에 유럽 문명의 자아도취적인 착각을 신랄하게 비판했기 때문이다. 킹스노스와 하인은 콘래드를 부연하기 위해 버트런드 러셀Bertrand Russell의 말을 인용한다. 러셀의 표현에 따르면《암흑의 핵심Heart of Darkness》과《로드 짐Lord Jim》의 작가인 콘래드는 '문명화된 그리고 도덕적으로 용인되는 인간의 삶'을 가리켜 '제대로 굳지도 않아 언제라도 부주의한 사람을 갈라진 틈 아래 불구덩이 속으로 빠뜨릴 수 있는 얇은 용암 지대 위를 위태롭게 걸어 다니는 것'과 같다고 생각한다. 어느 시대라도 상관없겠지만 특히 환경이 붕괴할 시간이 다가오는 오늘날 사용하기에 아주 생생한 비유다.[6] 킹스노스와 하인은 '이런 위기의 근원이 우리가 스스로에게 들려주던 이야기에 있다고 생각'한다며 그 이야기 가운데 "진보의 신화, 인간중심주의의 신화, 인간이 '자연'과 분리돼 있다는 신화"가 들어 있다고 주장한다.[7] 또 그 신화들은 모두 '우리가 그 이야기들이 신화라는 사실을 잊어버렸기 때문에 더욱 위험'하다고 덧붙인다.

사실 우리를 향해 달려오는 변화를 인식하는 것만으로도 삶의 거의 모든 면이 달라질 수 있다. 부부가 자녀를 가질지 고민하는 양상이 바뀌고 정치적인 보상 체계도 바뀔 것이다. 게다가 굳이 인류의 멸종이나 문명의 붕괴가 닥쳐야지만 허무주의나 종말론이 꽃피는 것은 아니다. 그저 익숙한 일상을 잃어버리기만 해도 종말을 예고하면서 사람을 홀리는 예언자가 충분히 눈에 보일 것이다. 물론 예언자 몇 명으로는 '충분'하지 않으리라고, 허무주의로 사회가 전복될 수준이 되려면 허무주의가 일반 시민의 보편적인 인식이 돼야 하리라고 생각하면서 스스로를 위안할지도 모른다. 하지만 종말론은 마치 흰개미나 호박벌처럼 변두리에서부터 문명의 기반을 야금야금 갉아먹을 수도 있다.

세속적인 위안을 찾는 회피와 금욕주의

2012년에 킹스노스는 《오리온Orion》에 '암흑생태학Dark Ecology'이라는 제목의 새로운 선언문(정확히는 선언문 같은 에세이)을 내놓았다.[8] 몇 년 사이에 킹스노스의 희망은 한층 더 꺾인 상태였다. '암흑생태학'은 레너드 코헨Leonard Cohen과 D. H. 로렌스D. H. Lawrence에게서 따온 명구로 시작된다. 각각 "마지막 남은 나무 한 그루를 뽑아 / 너의 문명에 생긴 구멍에 채워 넣어"와 "황무지로 도망가, 그리고 싸워"이다. 그러고 나서 두 번째 절부터 본론에 들어간다. 킹스노스는 이렇게 말한다. "최근 시어도어 카진스키Theodore Kaczynski 전집을 계속 읽고 있다. 이 책이 내 삶을 바꿀까 걱정이 된다."

잡지 독자에게서 어마어마한 반응을 이끌어 낸 킹스노스의 에세이는 사실상 카진스키를 '폭파범'이 아니라 '선전가'로서 변호하기 위한 논증이라고 요약할 수 있다. 킹스노스는 카진스키를 허무주의자나 회의주의자가 아니라 예리한 관찰자로서 묘사한다. 다만 사회를 바꿀 수 있다는 생각에 지나치게 사로잡힌 과도한 낙관론이 문제였다고 지적한다. 그에 비하면 킹스노스는 훨씬 스토아학파에 가까워 보인다. "그래서 자문해 보았다. 역사의 바로 이 시점에 내가 무슨 일을 해야 그나마 시간 낭비가 되지 않을까?"

킹스노스는 잠재적인 대답을 다섯 가지 내놓는다. 2번, 3번, 4번 대답은 초월주의적인 문제에 대한 서로 다른 대답을 제시한다. 각각 '비인간 생명을 보존하는 것, 자신의 손을 더럽히는 것, 자연에 유용성을 넘어서는 가치가 존재한다고 주장하는 것'이다. 1번과 5번은 각각 '물러나는 것'과 '안식처를 건설하는 것'으로 좀 더 극단적이며 서로 짝을 이룬다. 후자가 건설적이라는 점에서 혹은 종말의 시대에 건설적으로 여겨진다는 점에서 더 긍정적인 사명에 해당한다. 말하자면 '밖에서는 제국이 번영하고 쇠퇴하는 와중에 수도원 안에서 묵묵히 고서를 지킨 중세 시대의 사서처럼 생각하고 행동할 수 있겠는가?'라고 묻는 셈이다.

반면 '물러나는 것'은 방금 살펴본 추궁에서 어두운 부분만 골라서 보면 된다.

> 당신이 이렇게 행동한다면, 많은 사람은 당신을 '패배주의자'나 '종말주의자' 혹은 '못 쓰게 된 사람'이라고 부를 것이다. 그들은 당신에게 기후 정의나 세계 평화를 위해 곳곳에서 벌어지는 불행을 끝내기 위해 힘써야 할 의무가 있다고 말하거나 '싸우는 것'이 언제나 '그만두는 것'보다 낫다고 말할 것이다. 무시해라. 그리고 아주 오래전부터 내려온 실용적·정신적 전통에 참여해라. 바로 싸움에서 물러나는 것이다. 냉소적인 태도가 아니라 탐구적인 정신을 가지고 물러나라. 가만히 앉아 당신에게 무엇이 옳은 일인지 그리고 자연이 당신으로부터 무엇을 필요로 하는지 느끼고 통찰하고 연구하기 위해 물러나라. 기계 문명의 발전을 돕기를 거부하는 것, 즉 톱니바퀴를 단단히 조이기를 거부하는 것이 지극히 도덕적인 자세이기 때문에 물러나라. 행동하는 것이 행동하지 않는 것보다 늘 더 효과적이지는 않기 때문에 물러나라. 당신의 세계관, 즉 우주론과 패러다임과 전제와 여정의 방향을 검토하기 위해 물러나라. 진정한 변화는 언제나 물러나는 것으로부터 시작된다.

기풍이라 부를 만하다. 그리고 이미 족보가 있는 기풍이다. 첫눈에는 킹스노스가 새로운 위기의 시대에 직면해 극단적인 반응을 나타내는 것으로 보일 수 있겠지만, 사실 그는 젊은 시절의 석가모니에게서 시작해 기독교 주상고행자(중세 시대에 높은 기둥 위에서 금욕을 실천하던 수행자 – 옮긴이)를 지나 이후까지 쭉 이어진 풍부한 금욕주의 전통을 새롭게 적용하고 있을 뿐이다. 다만 전통적으로는 금욕적인 행동이 구도자로 하여금 세상의 쾌락으로부터 거리를 두고 고통의 본질 등 영적인 의미를 탐구하도록 만들었지만, 킹스노스의 '물러남'은 마치 맥퍼슨이 그랬던 것처럼 정신적인 고통으로 몸부림치는 세상을 탈출해 소박하고 세속적인 위안을 찾아 도망가도록 만든다. 결국 킹스노스는 우리 모두가 고통을 마주했을 때 일반적으로 나타내는 반사적인 대응기제, 간단히 말해 '회피'를 원대한 야심을 담아 선보였을 뿐이다. 도대체 왜? 문명이라는 신화를 인식하는 것만으로는 다른 사람의 고통도, 행동해야 할 긴급성도 느낄 수 없는 것 아닌가?

새로운 용어를 만들기 위한 암울한 경쟁

다크마운틴, 가이 맥퍼슨, 존 B. 맥레모어 모두 주류는 아니다. 하지만 기후재난이 제기하는 위협 한 가지는 환경허무주의의 흐름이 일반적인 상식으로 자리 잡을 수 있다는 점이다. 사실 극단론자들이 내놓는 불길한 예감이 익숙하게 느껴진다는 사실은 이미 어느 정도의 불안과 절망이 우리가 미래를 바라보는 방식에 스며들고 있음을 암시한다. 기후변화에 대한 위기감으로 온라인에서는 생태계를 위해 어떤 희생도 마다하지 않는 '에코파시즘eco-fascism'이 출현해 백인우월주의를 불러들이거나 특정 집단의 기후적 필요를 우선시하고 있다. 또한 진보진영에서는 시진핑의 권위주의적인 기후 정책을 선망하는 사람이 늘어나고 있다.

미국에서는 독립적인 태도에서 비롯된 환경분리주의가 보수 극단론자들 사이에 지배적으로 나타났다. 대표적으로 클리븐 번디Cliven Bundy와 그의 가족이 있으며, 그 밖에도 정부 공여 농지가 제공되고 방목 전쟁이 벌어지던 여러 세기 전부터 신격화되기 시작한 제왕적인 정착민이 모두 여기 들어간다. 이에 대한 반응인지, 진보 진영의 환경주의는 일부 극단론자를 제외하면 대개 더 많은 참여를 지향하는 실용주의적인 방향으로 나아갔다.[9] 물론 도피성 공동체를 형성한 뒤 공동체 밖의 사람들이 어떤 무시무시한 짓을 벌여서 지구에 광범위한 변화를 초래하든 감수하겠다는 식의 요구가 나타나자 단지 이에 대응한 것일 수도 있다.

하지만 실용주의 노선에는 그 나름의 흥미로운 지점이 있다. 예컨대 자신을 중도좌파 환경론자라고 인식하는 실용주의 기술자 중 많은 사람은 기후재난을 피하기 위해 반드시 필요한 일이 2차 세계대전 수준의 세계 동원령이라고 믿는다.[10] 맞는 말이다. 2018년에 IPCC조차 인정한 대로 이는 문제의 규모를 정확히 평가하는 것이다. 하지만 비록 IPCC 보고 이후 놀랄 만한 항의의 물결이 나타났다고는 하나, 그처럼 야심찬 과업에 부합할 만한 정치적 움직임이 나타나는 곳은 지금으로서 사실상 세계 어디에도 없다. 따라서 결국 동원령이 일어나지 않았을 때 지구에는 물론 문제에 가장 적극적으로 참여한 사람들의 정치적 열심에도 어떤 영향이 미칠지 충분히 걱정할 만하다. 그러므로 우리는 바로 지금 세계 동원령을 요구하는 목소리를 내고 있는 기술자들, 또한 행진하고 시위하면서 동일한 요구를 외치는 세계 전역 수백만 명의 사람들, 그들을 기억해야 한다. 그들은 '실용주의적 환경론자'라고 여겨질 만하다.

한편 그보다 더 왼쪽에는 정치적 혁명을 배제한 해결책은 생각도 하지 않는 이들이 존재한다. 최근에는 경각심을 강하게 불러일으키는 기후 서적 덕분에 그처럼 적극적인 환경운동가 사이에도 자리가 없을 정도다. 어쩌면 당신이 손에 들고 있는 이 책도 그런 책 중 하나라고 느껴질지 모르겠다. 그래도 괜찮다. 실제로 나는 경각심을 느끼고 있기 때문이다.

나 혼자만 느끼는 것은 아니다. 그리고 이처럼 널리 퍼진 경고가 서로를 향한 우리의 도덕적 충동을, 그리고 도덕적 충동에서 비롯되는 정치적 행동을 어떻게 틀 잡을지가 기후변화 시대에 우리가 직면한 가장 근원적인 문제들 중 하나다. 이런 문제에 비춰 보면 왜 캘리포니아 주에서 주지사 제리 브라운Jerry Brown이 공직을 떠나기 직전에 아주 야심찬 기후 프로그램을 수립했는데도 환경운동가들이 그에게 크게 실망했는지 이해할 수 있다. 브라운이 화석연료 생산량을 줄이는 면에서 충분히 적극적으로 행동하지 않았기 때문이다. 다른 곳에서 다른 지도자가 불러일으킨 실망도 설명할 수 있다. 저스틴 트뤼도Justin Trudeau는 기후 대책을 촉구하는 역할을 나서서 맡았지만 정작 캐나다 송유관 건설을 승인하기도 했다. 앙겔라 메르켈은 감독자로서 독일의 녹색에너지 생산량을 증진하는 데 기여했지만 동시에 원자력에너지를 지나치게 빨리 감축해서 화석연료로 빈틈을 채우는 수밖에 없었다. 평범한 시민 입장에서는 이런 비판이 너무 가혹해 보일지 모른다. 하지만 지극히 합리적인 계산에서 나온 비판이다. 세계가 아무리 늦어도

30년 이내에 온전한 탈탄소화에 성공하지 못하면 진정한 의미의 기후 재난이 시작될 것이기 때문이다. 결코 '적당히'로는 그처럼 거대한 규모의 위기를 해결할 수 없다.

그러는 동안 환경을 향한 공포는 커져 간다. 절망도 마찬가지다. 최근 여러 해 동안 전례 없는 이상기후와 가차 없이 쏟아지는 연구 결과를 목격한 사람들이 공포에 질린 목소리를 내는 데 새롭게 동참했다. 그에 따라 기후 문제를 다루는 저술가들은 (마치 리처드 하인버그가 '해로운 앎'이라 표현하고 크리스 바트커스가 '맬서스의 비극'이라 표현했던 것처럼) 그 외의 사람들이 나타내는 사기를 꺾는 혹은 사기가 꺾인 반응을 명확하게 묘사할 수 있는 새로운 용어를 만들기 위해 침울한 경쟁을 벌이기 시작했다. 예컨대 철학자이자 운동가인 웬디 린 리Wendy Lynne Lee는 현대 소비자가 나타낼 법한 무관심한 환경적 태도에 '환경허무주의eco-nihilism'라는 이름을 붙였다.[11] 스튜어트 파커의 '기후허무주의'라는 표현이 입에 더 잘 붙기는 한다.[12] 반항가적 기질을 타고난 브뤼노 라투르Bruno Latour는 정치적 무관심이 촉발하는 자연환경의 맹렬한 위협을 가리켜 '기후 집권기climatic regime'라 부른다.[13] 또한 '기후 숙명론climate fatalism'이나 '환경적 살해ecocide'라는 표현도 있다. 샘 크리스Sam Kriss와 앨리 메이 오헤이건Ellie Mae O'Hagan은 대중이 끊임없이 접하는 환경보호 운동 낙관론에 대해 심리분석학적인 반론을 펼치면서 '인간무익론human futilitarianism'을 언급한다.[14]

결국 너무 많은 사람이 아니라 부족한 인간성이 문제다. 기후변화와 인류세는 아무 생각 없이 발을 질질 끌며 멸종을 향해 나아가는 영혼 없는 생명체의 업적이라고 할 수 있다. 하지만 이는 우리의 진짜 모습 중 한 가지 극단적인 부분만을 모방한 설명에 불과하다. 그렇기 때문에 정치적 우울감에 주목해야 한다. 좀비는 슬픔을 느끼지도, 분명 무력감을 느끼지도 않는다. 그저 존재할 뿐이다. 정치적 우울감은 기본적으로 하나의 생명체가 자기 자신으로 존재하지 못할 때 경험하는 감정을 뜻한다. 절망감과 무력감마저 사실은 항의의 절규인 셈이다. 그렇다. 정치적 우울감은 자신이 어떻게 인간으로서 존재할 수 있는지 모르겠다는 느낌이 들도록 만든다. 그런 절망과 회의 속에는 중요한 깨달음이 하나 묻혀 있다. 우리에게 주어진 환경 내에서 의미 있는 행동을 할 수 있는 능력이 곧 '인간성'이라면 우리는 아직 진정한 의미에서 인간이 되지 못했다는 사실이다.

소설가 리처드 파워스Richard Powers는 또 다른 종류의 절망감인 '종적 고독감species loneliness'을 지적한다.[15] 이는 환경 파괴 때문에 받는 느낌이 아니라 우리가 남긴 흔적을 보고도 계속해서 나아가도록 만드는 느낌, 즉 '우리는 우리 힘으로 여기까지 왔으며 스스로를 만족시키는 것 외에는 행동에 어떠한 목적도 있을 수 없다는 느낌'을 말한다. 파워스는 마치 좀 더 타협적인 버전의 다크마운틴을 소개하려는 듯 현대 문명에서 물러나는 것이 아니라 인간중심주의에서 물러날 것을 제안한다. "우리는 인간이 예외적인 존재라는 착각을 벗어던져야 한다. 그것이 우리가 진정으로 직면한 문제다. 숲의 건강을 우리의 건강이라고 생각하지 못하면 우리는 결코 욕구를 동기로 세상을 살아가는 태도를 극복하지 못할 것이다." 그러면서 파워스는 우리에게 주어진 '흥미로운 과제'가 사람들을 '지구 의식적plant-conscious'으로 만드는 것이라고 덧붙인다.

차라리 '체념'하는 방향으로 나아갈 가능성

이런 용어에 담겨 있는 장대한 포부를 보자면 다가올 세계에 완전히 새로운 종류의 철학, 새로운 종류의 윤리학이 나타날 전망이 엿보인다. 최근 쏟아져 나오는 대중 서적들 역시 동일한 목표를 가지고 있다. 제목부터 너무 애처로워서 마치 묵주를 만지작거리듯 책등을 하나하나 쓰다듬을 수 있을 정도다. 그중에서도 가장 노골적인 책은 아마 로이 스크랜턴Roy Scranton의 《인류세에 죽음을 맞이하는 방법Learning to Die in the Anthropocene》일 것이다. 이라크 전쟁 참전 용사인 저자는 이렇게 말한다. "우리가 직면한 가장 거대한 과제는 철학적인 과제다. 바로 오늘날의 문명이 이미 죽었다는 점을 이해하는 것이다." 스크랜턴이 이어서 발표한 에세이 서적은 《우리는 망했다, 이제 어떡하지?We're Doomed. Now What?》이다.

이런 작품은 우리의 삶의 태도가 문학, 문화, 정치, 윤리 등 어떤 면에서든 종말론적인 방향으로 나아가고 있음을 암시한다. 하지만 또 다른 방향으로 나아갈 가능성도 있다. 심지어 개연성도 높아서 그만큼 더 비극적이다. 바로 인류적 차원의 문제에 직면한 절대다수의 반응이 정반대 방향, 즉 기후 순응적인 방향으로 나아갈 가능성이다.

기후 순응적인 태도를 가리키는 '기후 무관심climate apathy'이라는 표현은 너무 무난해 보여서 그저 현상을 있는 그대로 기술하는 것 같지만 사실 순응적인 태도로 방향을 꺾을 때 발생하는 굉음은 어마어마하다. 우리는 기후라는 것이 원래 이렇다고 납득하거나, 현실적으로 예산을 고려해야 한다는 논리를 펼치거나, 받아 마땅한 결과라며 기괴한 안락함을 느끼거나, 공감할 수 있는 영역을 점차 줄여 나가거나, 아니면 그냥 현실을 보고도 모른 체함으로써 새로운 종류의 무감정 상태를 만들어 낼지도 모른다. 지구가 1도 뜨거워진 오늘날의 벼랑 끝에서서 미래를 내다보면 2도 뜨거워진 지구는 악몽 같아 보인다. 3도, 4도, 5도 뜨거워진 미래는 더욱더 그로테스크해 보일 것이다. 절망 속에서 집단 붕괴를 일으키지 않으면서 그런 미래를 헤쳐 나가려면 아이러니하게도 우리가 기후변화를 가속화한 속도에 맞춰 기후재난을 평범한 일로 받아들이는 것이 한 가지 해답이 될지도 모른다. 지난 여러 세기 동안 인류가 수많은 고통에 대처해 온 것처럼 말이다. 그렇게 함으로써 우리는 끊임없이 당장 바로 앞에 놓인 미래에만 타협하면서 그 뒤에 이어질 미래를 이전보다 별일 아닌 것처럼 여길 수 있다. 그러다 보면 과거에 지금 상태를 내다보면서 윤리적으로 절대 받아들일 수 없다고 말했던 기억은 까맣게 잊어버린 채 오늘을 유쾌하게 살아갈 수 있을지도 모른다.

“우리에게는 ‘차선책으로 택할 행성Planet B’이 없기 때문에 ‘두 번째 계획Plan B’도 있을 수 없다.”

_반기문 전 유엔사무총장, 뉴욕 ‘기후의 주간’ 회의에서

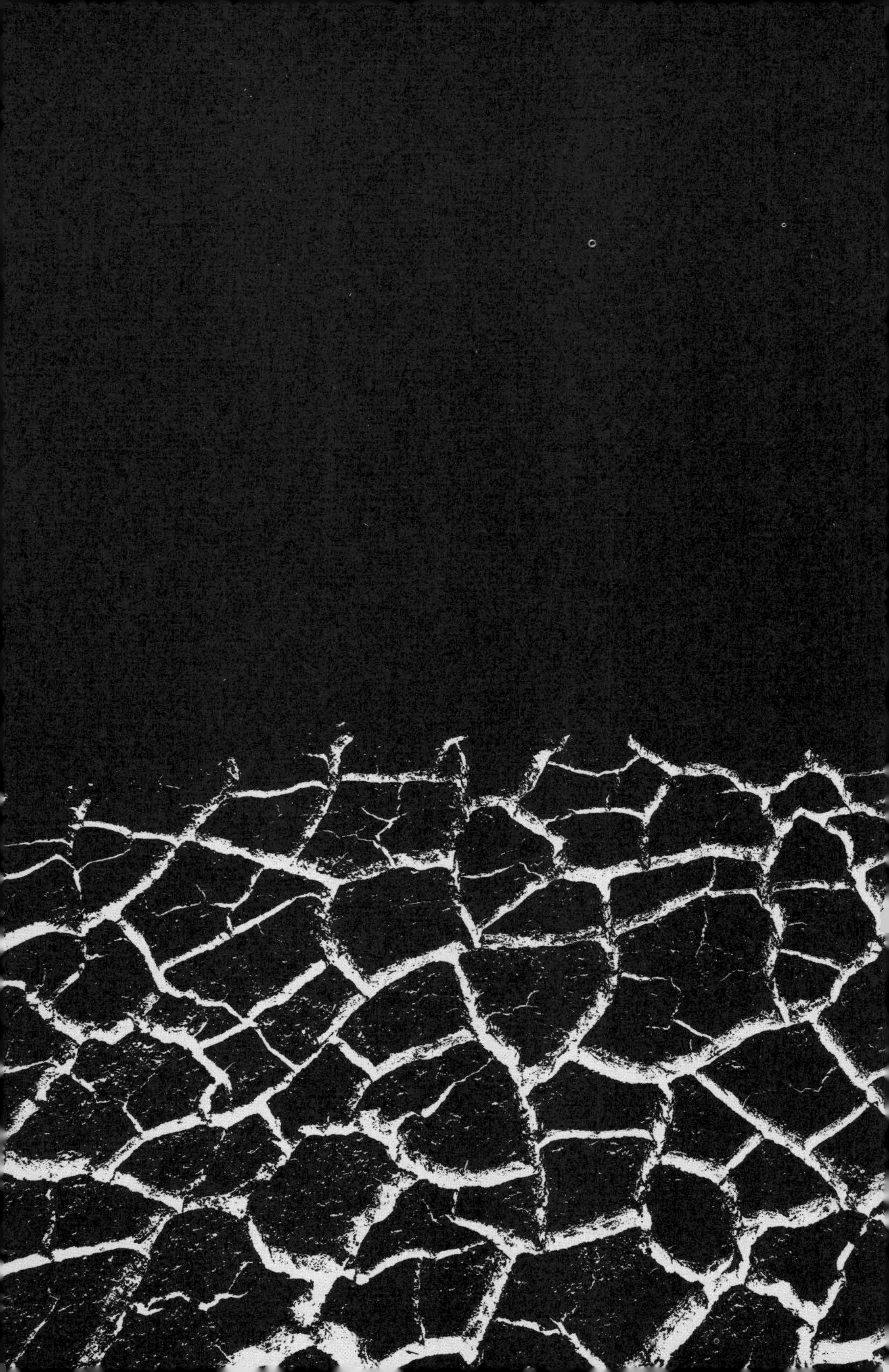

4부

인류 원리, '한 사람'처럼 생각하기

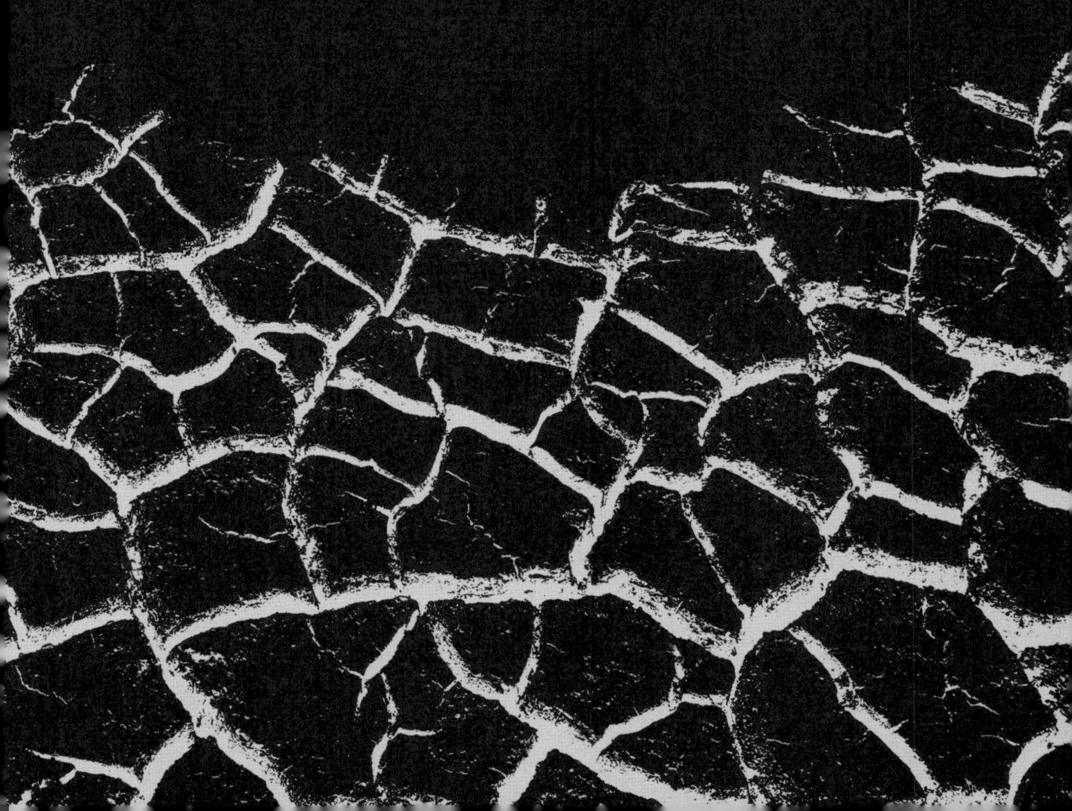

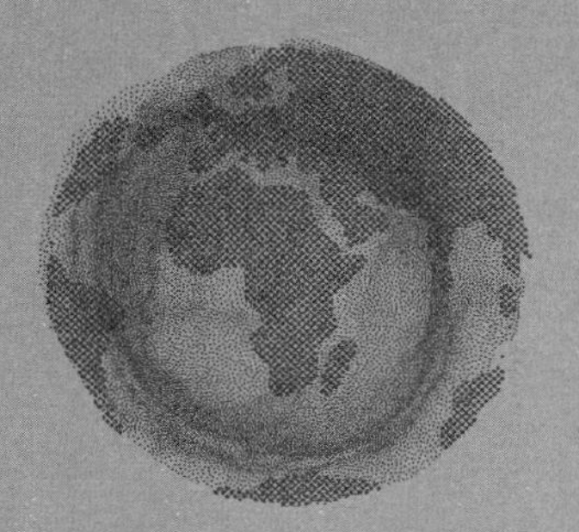

만약 우리가 틀렸다면? 수십 년에 걸친 기후부인주의와 허위 정보 공세는 지구온난화를 생태적 위기 수준으로 끌어올렸다. 뿐만 아니라 교활하게도 위험 부담이 엄청나게 큰 '지구온난화'라는 판돈을 걸면서 과학 및 과학적 방법론 자체의 적법성과 타당성에 의문을 제기했다. 과학 입장에서는 붙어보지 않고서는 이길 수가 없는 내기다. 게다가 기후를 가지고 하는 테스트는 표본이 단 하나밖에 없다.

누구도 재앙이 다가오는 장면이 눈에 보이기를 바라지 않는다. 하지만 보고자 하는 자에게는 보일 것이다. 기후 과학은 이처럼 무서운 결론을 무심코 내놓지도 재미로 내놓지도 않았다. 기온이 올라가는 현상을 설명할 만한 가설을 하나하나 배제해 가면서 내놓은 결론이다. 물론 온난화 현상은 미국의 산업 시대가 첫 정점을 찍은 1850년대에 존 틴들John Tyndall과 유니스 푸트Eunice Foote가 제기했던 온실효과에 대한 기초적인 이해만으로도 꽤나 정확히 예상할 수 있었다.[1] 이제 남은 것은 반증 가능해 보일 수 있는 일련의 예측이다. 예컨대 지구 온도에 대한 예측과 해수면 상승에 대한 예측은 물론 심지어 허리케인 빈도와 산불 규모에 대한 예측도 있다. 하지만 큰 그림을 보자면 '상황이 얼마나 나빠질까'는 사실 과학에 달린 문제가 아니라 인간 활동에 달린 문제다. 재앙을 멈추기 위해 우리는 얼마나 많은 노력을 할까? 그리고 얼마나 빨리 그렇게 할까?

우리에게 의미가 있는 질문은 이 두 가지밖에 없다. 물론 우리는 기후의 되먹임 고리가 어떤 식으로 작동할지 이해하지 못하며 과학자는 온난화의 역동적인 전개 추이가 어떤 식으로 펼쳐질지 아직 정확히 설명하지 못한다. 하지만 기후변화가 불확실성의 안갯속에 가려져 있다 한들 그 안개는 자연 세계에 대한 집단적인 무지에서 피어난 것이 아니라 인간세계에 대한 무지에서 피어난 것이며 인간의 행동에 의해 널리 퍼질 수 있다. 이런 이해에 이를 때 우리는 '자연의 끝' 너머를 살 수 있다. 기후의 미래를 결정짓는 요소는 인간 통제 밖의 시스템이 아니라 인간의 행동 자체라는 사실을 받아들이는 것이다. 과학이 내놓는 예측이 오해의 여지 없이 명확한 편임에도 이 책에 등장하는 잠정적인 기후변화 시나리오에 '아마도, 어쩌면, 추측건대'와 같은 단어가 강박적으로 따라붙는 이유도 그처럼 인간 행동이라는 변수가 존재하기 때문이다. 당신이 책을 보고 떠올리는 재난의 모습이 부디 끔찍하기를 바란다. 한편 기후재난은 전적으로 선택에 달렸기도 하다. 만약 지구온난화가 계속 불어나도록 내버려두고 불어난 만큼 잔혹한 형벌을 받는다면 그것은 바로 우리가 형벌을 받기를 선택했기 때문이다. 우리 모두가 집단적으로 자살이라는 목적지를 향해 나아간 것이다. 반면 우리가 지구온난화의 형벌을 피한다면 그것은 바로 우리가 다른 길로 나아가 생존하기로 선택했기 때문이다.

지구온난화가 가르쳐 주는 교훈은 서로 모순적이어서 우리를 어리둥절하게 만든다. 동일한 위기로부터 인간이 얼마나 하찮은 존재이며 또한 얼마나 위대한 존재인지 동시에 배울 수 있기 때문이다. 인간 생명체와 문명을 일으킨 기후 시스템은 불과 한 세대의 인간 활동 때문에 온전히 불안정한 상태에 다다를 만큼 연약한 시스템이다. 하지만 이는 그만큼의 불안정성을 (사실상 우연히) 초래한 인간의 힘이 얼마나 강력한지를 뜻하기도 하며, 이제 우리는 바로 그 힘을 가지고 동일한 시간 내에 손상을 멈춰야 한다. 인간이 문제를 초래했다면 되돌릴 수도 있어야 한다. 사람들은 오늘날 우리처럼 세상의 운명을 쥐고 있는 자를 가리켜 으레 '신'이라는 이름을 붙인다. 하지만 적어도 지금으로서는 우리 중 대다수가 신으로서 마땅히 해야 할 일을 받아들이기보다는 도망치고 있는 듯하다. 심지어는 눈앞에 대놓고 핸들이 놓여 있는데도 보이지 않는 것처럼 행동하고 있는 것 같다.

오히려 우리는 우리의 책임을 다음 세대 후손에게, 마법 같은 혁신을 일으킬 기술자에게, 당장의 폭리에 집중하는 정치인에게 미루고 있다. 설령 강압적으로 느껴지더라도 이 책에 '우리'라는 단어가 강박적으로 많이 등장하는 이유도 바로 이 때문이다. 기후변화가 총망라적인 재앙이라는 사실은 우리 모두를 표적으로 삼고 있다는 뜻이다. 따라서 우리 모두가 고통을 나눠 갖지 않으려면, 적어도 숨이 막힐 정도로 거대한 고통을 나눠 갖지 않으려면, 우리 모두는 책임을 나눠 가져야 한다.

우리는 다가올 수십 년 동안 우리가 겪을 고통이 정확히 어떤 모습을 취할지 알지 못한다. 매년 얼마나 많은 숲이 불타오를지, 거기에 오래도록 쌓여 있던 이산화탄소가 얼마나 많이 방출될지, 얼마나 많은 허리케인이 카리브해의 섬을 평평하게 쓸어버릴지, 초장기 가뭄이 어느 곳에서 가장 먼저 초대형 기근 사태를 불러일으킬지, 지구온난화가 초래할 최초의 대규모 전염병은 무엇이 될지 확실하게 예측할 수는 없다. 하지만 우리는 지금 이미 알고 있는 정보만으로도 우리가 들어서는 세계가 아예 다른 행성으로 떠나는 편이 낫겠다 싶을 정도로 현재 살아가는 세계와 동떨어져 있다는 사실을 충분히 내다볼 수 있다.

우리가 알고 있는 딱 하나의 문명

1950년 로스앨러모스. 원자폭탄 설계에 참여한 인물 중 하나인 이탈리아 출신 물리학자 엔리코 페르미Enrico Fermi는 에드워드 텔러Edward Teller, 에밀 코노핀스키Emil Konopinski, 허버트 요크Herbert York와 함께 점심을 먹으러 가는 도중에 UFO에 관한 대화에 빠져들었다. 너무 깊이 빠져든 나머지 혼자 생각에 잠겨 있다가 한참 뒤에야 정신을 차리고서는 모두 다른 화제로 넘어갔는데도 이런 의문을 내뱉었다. "다들 어디에 있는 거지?"[2] 이 이야기는 과학계에서 유명한 일화로 남았으며 페르미가 내뱉은 탄식은 '페르미의 역설Fermi's paradox'로 알려지게 됐다. 우주가 그렇게나 광활하다면 왜 우리는 아직도 다른 지적 생명체를 마주치지 못했냐는 의문이었다.

의외로 대답은 간단할지도 모른다. '기후'다. 적어도 우리에게 알려진 우주 내에서 인간과 같은 부류의 생명체를 만들어 내기에 지구만큼 적합한 곳은 어디에도 없다. 하지만 지구온난화는 그 명제의 성립마저 더욱 위태롭게 만들고 있다. 인류 진화 역사를 통틀어 지구는 거의 전역이 기후학적으로 볼 때 인간에게 꽤 편안한 조건이었다.[3] 그렇기에 우리가 여기까지 진화해 올 수 있었던 것이다. 하지만 이제 지구조차 무조건 인간에게 편안한 환경이라고 말할 수 없다. 오히려 점점 덜 편안해지고 있다. 어떤 단계의 인류도 이처럼 뜨거운 지역에서 거주한 적은 없으며 지구는 앞으로 점점 더 뜨거워질 것이다. 가까이 다가온 미래에 대해 동료 기후학자들과 대화를 나누다 보면 지구온난화가 페르미의 역설에 해답이 되리라고 주장하는 학자가 여럿 있다. 문명의 자연적인 수명이 수천 년밖에 되지 않고 추측건대 산업 문명의 자연적인 수명 역시 수백 년밖에 되지 않기 때문이다. 따라서 수백억 년의 역사를 자랑하는 우주 속에서 항성계 역시 시공간 면에서 그만큼 방대한 거리로 떨어져 있다는 사실을 고려할 때, 서로 다른 행성에서 문명이 출현하고 발전해 서로를 발견하기에는 너무도 빨리 스스로를 불태워 자멸하고 있는 것이다.

페르미의 역설은 '위대한 침묵Great Silence'이라 불리기도 한다. 우리는 우주를 향해 소리를 내질러 보지만 어떠한 메아리도, 대답도 돌아오지 않는다. 통념을 깨뜨리기 좋아하는 경제학자 로빈 핸슨Robin Hanson은 이를 '거대한 필터Great Filter'라고 부르기도 한다.[4] 이 설명에 따르면 모든 문명은 마치 벌레가 그물망을 빠져나가지 못하는 것처럼 지구온난화라는 필터에 걸러지고 있다. 여러 차례의 지구 대멸종이 온실가스에 의해 발생했다는 사실을 밝혀낸 학자 중 하나인 고생물학자 피터 워드Peter Ward는 내게 이렇게 말했다. "여러 문명이 생겨나지만 환경적인 필터 때문에 다시 하나하나 사라지는 것이죠. 그것도 꽤 빨리요. … 과거에 지구가 겪었던 필터링 현상은 이런 대멸종 가운데 벌어졌어요." 현재 우리가 겪고 있는 대멸종은 이제 막 시작됐으며 앞으로 훨씬 더 많은 죽음을 초래할 것이다.

외계 생명체를 찾으려는 노력에는 모든 존재를 망각시키는 광활한 우주 속에서 인류라는 존재의 중요성을 확인받고자 하는 열망이 언제나 깔려 있었다. 우리가 존재한다는 사실을 자각할 수 있도록 다른 누군가가 우리를 보아 주기를 바랐던 것이다. 그런데 종교나 국가주의나 음모론과 달리 특이하게도 외계 생명체를 향한 상상은 인류를 웅장한 이야기의 중심에 두지 않는다. 오히려 인류를 중심에서 몰아낸다. 코페르니쿠스가 꿈꾸던 것과 비슷하다. 코페르니쿠스는 지구가 태양 주위를 돈다고 발표하면서 순간 자기 자신이 온 세계의 중심에 서 있다고 느꼈을 것이다. 하지만 동시에 그는 인류 전체를 상대적으로 주변부에 위치하도록 만들기도 했다. 마치 내 장인어른께서 자식과 손자가 생길 때 남자에게 일어나는 일을 가리켜 '둘레화 법칙'이라고 부르신 것과 비슷하다. 이 표현은 외계인을 만난다고 가정했을 때 우리에게 어떤 일이 벌어질지 꽤 잘 설명해 준다. 일순간에 인간은 거의 규모를 상상조차 할 수 없는 거대한 연극 속의 주연배우가 된다. 다만 안타깝게도 이 연극의 잊을 수 없는 교훈은 우리가 아무것도 아니라는 점이다. 혹은 기껏해야, 우리가 생각했던 것보다 훨씬 덜 특별하고 덜 중요한 존재라는 점이다. 아폴로 8호에 탑승한 우주비행사들이 양철 깡통 속에서 최초로 지구의 모습(달 위로 떠오르는 반쯤 그림자가 진 지구의 모습)을 잠깐 포착했을 때 그들은 서로를 쳐다보면서 자기네를 그곳 궤도로 쏘아 올린 행성에 대해 농담조로 물었다. "저기 사람이 산다고?"[5]

최근 망원경이 이전보다 멀리 내다볼 수 있게 되면서 천문학자들은 지구와 흡사한 행성을 한 세대 전에 기대했던 것보다 훨씬 더 많이 무더기로 발견했다. 결과적으로 프랭크 드레이크Frank Drake가 '드레이크 방정식Drake equation'에 확립해 놓은 예측 조건을 한바탕 재검토하게 됐다(드레이크 방정식에서는 생명체가 존재할 것으로 예상되는 행성에 실제로 생명체가 존재할 확률, 생명체가 존재하는 행성에 지적 생명체가 진화할 확률, 지적 생명체가 진화한 행성에서 지적 생명체가 우주로 감지 가능한 신호를 보낼 확률 등의 추정치를 바탕으로 외계 생명체가 존재할 가능성을 예측한다).[6]

'거대한 필터' 이론 말고도 우리가 우주로부터 아무 목소리를 듣지 못하는 이유를 설명하는 이론은 많이 있다. 우선 '동물원 가설zoo hypothesis'에서는 외계인들이 지금으로서는 그저 우리를 내려다보면서 있는 그대로 내버려두는 것이라고 추측한다. 우리가 그들과 같은 지적 수준에 오를 때까지 기다리는 중일지도 모른다. 정반대의 가설도 있다. 우리가 외계인과 교신한 적이 없는 이유는 공상과학영화에 나오는 우주선처럼 외계인 문명 전체가 거대한 수면 캡슐 속에 잠들어 우주가 그들의 필요에 맞게 발달할 때까지 깨어나지 않기 때문이라는 것이다. 무려 1960년에 다방면에 능통한 물리학자 프리먼 다이슨Freeman Dyson은 고도로 진보한 문명들이 외부 세계로부터 스스로를 차단했을 수 있기 때문에 우리가 망원경으로는 외계 생명체를 발견하지 못할지 모른다고 주장했다.[7] 중심 항성의 에너지를 가둬 놓기 위해 고안한 거대 건조물로 자기네 태양계 전체를 둘러쌌기 때문에 새어 나가는 빛이 없으니 우주 밖 어디에서도 관찰할 수 없다는 것이다. 기후변화는 또 다른 가능성을 제시한다. 다만 고도의 기술로 만든 장막이 아니라 무지, 나태, 무관심으로 만든 기후 장막으로 스스로를 고립시켰을 가능성이 있다. 마치 꽉 막힌 차고에서 공회전하는 자동차처럼 스스로를 가둬 놓고 죽음을 기다리는 것이다.

천체물리학자 애덤 프랭크Adam Frank는 《별빛Light of the Stars》에서 이런 종류의 생각을 가리켜 '인류세의 우주생물학'이라 칭한다.[8] 기후변화, 행성의 미래, 인간의 책무를 '행성처럼 생각'하듯이 우주적인 관점에서 고려하는 것을 뜻한다.[9] 프랭크는 책의 도입부에서 이렇게 말한다. "우리는 혼자가 아니다. 우리는 처음도 아니다. 이것은, 즉 인류의 문명화 프로젝트가 진행됨에 따라 당신 주위에 나타나는 모든 것은 과거에 수천 번, 수백만 번, 어쩌면 수조 번 일어났을 가능성이 꽤 있다."

니체가 들려 줄 법한 우화 같지만 사실 '무한성'의 의미가 무엇인지, 무한성 개념이 인류와 인류의 모든 활동을 얼마나 사소하고 하찮게 만드는지 설명한 것에 불과하다. 최근 기후학자 개빈 슈미트Gavin Schmidt와 공동으로 집필한 자유로운 형식의 논문에서 프랭크는 한 발 더 나아간다.[10] 그는 어쩌면 지구에서조차 심원한 역사 속에 특정한 형태의 산업 문명이 고도로 발달해 있었을지 모른다고 주장한다. 단지 지극히 심원한 과거의 일이어서 문명의 흔적이 이미 오래전에 우리 발밑의 흙먼지로 깔렸다 보니 더 이상 존재가 인식되지 않을 뿐이라는 것이다. 물론 논문의 의도는 지구의 역사에 대해 진지한 주장을 내걸었다기보다는 우리가 고고학과 지질학을 통해 실제로 알 수 있는 지식이 얼마나 한정돼 있는지 지적하기 위해 사고실험을 벌인 것이었다.

한편으로는 기운을 북돋으려는 의도도 있었다. 프랭크는 우리 인간의 '문명화 프로젝트'가 한없이 취약하며 따라서 문명을 지키려면 특별한 조치가 필요하다는 격려적인 관점을 제시하기를 바랐다. 물론 맞는 말이다. 하지만 프랭크처럼 세상을 바라보기란 그리 쉬운 일이 아니다. 지구 흙바닥에 흩어져 있을지 모르는 일부 문명을 포함해 우주 밖 곳곳에 인류 문명과 유사한 문명이 정말로 수조 개나 있었다면, 책임감 면에서는 어떤 교훈을 얻을 수 있을지 모르겠으나 살아남은 문명을 아직 하나도 발견하지 못했다는 점에서는 인류 문명 역시 썩 징조가 좋지 않다는 뜻이기 때문이다.

'수조 개'라는 숫자에 매달리는 것은 너무 절박해 보인다. 굉장히 수학적인 방식으로 계산된 추정치에 매달린다 하더라도 너무 절박해 보인다. 많은 사람이 시도했던 것처럼 드레이크 방정식을 '풀려고' 노력을 투자하는 사람은 그보다도 더 절박해 보인다.[11] 내가 보기에 이런 시도는 우주의 본성을 칠판 위에 정리하려는 것이라기보다는 사실상 임의적인 가정을 토대로 숫자 놀음을 하려는 것에 가깝다. 자신감이 너무 넘치다 보니, 우주가 자신의 예상을 벗어나기 시작하면 추정이 틀렸을지 모른다고 생각하기는커녕 우주가 무언가 굉장히 중요한 정보를 숨기고 있다고(즉 수많은 문명이 모두 무너지고 사라졌다는 사실을 숨기고 있다고) 믿는 쪽을 택한다. 극심한 기후변화가 단기간 내에 닥친다는 사실은 우리에게 겸손하고 당당한 태도를 불어넣어야 한다. 하지만 드레이크식 접근법은 기후변화가 들려주는 교훈을 한 귀로 흘린 다음 거꾸로 행동하는 것만 같다. 자신이 사고실험에서 전제한 조건이 우주의 의미를 통제해야 한다고 추정하면서도 인류가 스스로에게 이례적인 운명을 자초했을 가능성은 상상하지 않고 있으니까 말이다.

환경 위기가 닥친 시기에는 숙명론이 구미가 크게 당길 수 있다. 하지만 그렇다 하더라도 인간이 초래한 기후변화로 지구가 변화하는 바로 이 인류세에 페르미의 역설이 그처럼 열렬한 주목을 받는 반면 철학적 대척점에 서 있는 '인류 원리anthropic principle'는 거의 관심을 받지 못한다는 사실은 너무나 기이한 일이다. 인류 원리는 인간이라는 변칙적인 존재를 해명해야 할 수수께끼로 받아들이는 것이 아니라 대범할 만큼 자기도취적인 세계관의 중심으로 받아들인다. 인간의 자기중심성을 고취시키는 방향으로 물리학의 끈 이론을 적용하고 싶다면 인류 원리만 한 게 없다. 인류 원리에 따르면, 생명력 없는 가스가 무한히 펼쳐진 공간 속에서 지성을 지닌 문명이 출현했다는 사실이 지극히 이례적인 사건처럼 보이고 그만큼 우주 속의 인류가 지극히 외로운 존재처럼 보일 수 있다. 그럼에도 어쨌든 우리가 그런 의문을 품는다는 사실을 고려할 때 우리가 살고 있는 세계와 우리가 쌓아 올린 세계는 사실 논리적으로 필연적인 결과에 해당한다. 우리처럼 의식을 지닌 생명체가 존재할 수 있는 우주에서만 우리처럼 의문을 떠올릴 수 있는 생명체가 탄생할 수 있기 때문이다.

이런 주장은 뫼비우스의 띠처럼 구성된 이야기로, 관측한 데이터에 엄밀한 기반을 두고 있는 진리 주장이라기보다는 교묘한 동어반복 명제에 가깝다. 그럼에도 내가 보기에 기후변화라는 문제와 수십 년 내에 기후변화를 해결해야 하는 존재론적 난제에 관해 생각하는 면에서는 페르미나 드레이크의 사고실험보다는 인류 원리가 훨씬 유용하다. 우리가 알고 있는 문명이 딱 하나 있는데 그 문명이 아직 존재하며 적어도 아직까지는 활발하게 활동하고 있기 때문이다. 그런데도 우리는 굳이 왜 인간이 예외적인 존재라는 사실을 의심하거나 어차피 금방 멸망한다는 식으로만 이해해야 할까? 왜 인간의 예외성으로부터 힘을 얻는 쪽을 선택해서는 안 될까?

우리는 행성을 선택할 수 없다

우주에서 특별한 존재라고 느낀다 해서 책임감이 생긴다는 보장은 없다. 하지만 이 특별한 행성에 우리가 무슨 짓을 하고 있는지 주의를 기울이는 데는 분명 도움이 된다. 지구가 손상되고 있다는 사실을 설명하기 위해 모든 문명이 자멸하게 된다는 식의 우주 법칙을 가상으로 떠올릴 필요는 없다. 그저 우리가 집단적으로 내린 선택만 바라보면 된다. 그리고 지금 우리는 집단적으로 지구를 파괴하는 쪽을 선택하고 있다.

과연 우리는 멈출까? '행성처럼 생각'하라는 말은 현대인의 사고방식(특히 무자비한 경쟁 체제를 살아가는 신자유주의 신민의 사고방식)과는 너무나 동떨어진 이야기여서 언뜻 듣기에는 유치원에서 따온 표현처럼 들린다. 하지만 기후 문제에 관해서는 기본 원칙을 바탕으로 추리하는 것이 합리적이다. 아니, 필수적이다. 해결책을 써먹을 기회가 단 한 번밖에 없기 때문이다. 우리에게 필요한 기본 원칙은 행성처럼 생각하는 것을 넘어선다. 우리가 지구를 아무리 병들게 한들 결국 지구는 살아남을 것이기 때문이다. 우리에게 필요한 원칙은 사람처럼, 한 사람처럼 생각하는 것이다. 단지 한 사람의 운명을 모두가 나눠서 짊어지고 있을 뿐이다.

우리가 '하나의 행성'으로서 나아가고 있는 길은 행성 위를 살아가는 모두를 두려움에 떨게 할 것이다. 하지만 '한 사람'처럼 생각해 보면 결국 재앙과 관련된 투입 값은 전부 우리 손안에 있으며 지구의 운명을 이해하거나 통솔하기 위해 신비주의를 끌어들일 필요도 없다. 그저 책임만 받아들이면 된다. 로스앨러모스 연구소의 실제 수장이었던 로버트 오펜하이머Robert Oppenheimer는 시간이 흐른 뒤 원자폭탄의 의미에 대해 곰곰이 생각하다가 원폭 실험이 처음 성공했을 때를 돌이켜 보면서 당시 바가바드기타(힌두교의 경전 중 하나-옮긴이)의 한 대목이 떠올랐다고 말한다. "이제 나는 죽음이요, 세상의 파괴자가 되었노라."[12] 물론 이 인터뷰는 사건이 일어난 지 몇 년 뒤 오펜하이머가 미국 핵무기 시대의 평화적 양심으로 떠올랐을 때 이루어졌다(물론 이 때문에 기밀 취급 허가를 파기하게 됐다). 하지만 오펜하이머가 원자폭탄 '가제트gadget'가 폭발하는 모습을 지켜볼 때 자리에 함께 있었던 동생 프랭크Frank는 형이 한 말이 그저 "됐다"였다고 증언한다.[13]

기후변화의 공격은 원자폭탄보다 더 전면적이다. 더 구석구석으로 퍼지기도 한다. 2018년에 발표된 한 논문에서 세계 각지의 과학자 42명은 현재 추세가 유지되는 경우 지구상의 어떤 생태계도 안전하지 않다고 경고한다.[14] 변화는 '어디에서나 급격하게' 나타날 것이기 때문에 지구 역사상 가장 극심한 변화가 일어나던 시기에 수만 년에 걸쳐 이루어진 변화의 양보다 더 많은 변화가 앞으로 불과 한두 세기 내에 이루어질 것이다. 그레이트배리어리프의 절반이 이미 사멸했다. 어쩌면 다시 얼어붙지 않을지도 모르는 북극의 영구동토층에서는 메탄이 새어 나온다. 지구온난화가 주곡 작물에 어떤 영향을 미치는지에 대해 수준 높은 예측에서는 기온이 4도만 높아져도 수확량이 50퍼센트 떨어질 수 있다고 추정한다. 이런 일이 비극처럼 느껴진다면, 아니 비극처럼 느껴져야 하지만, 오늘날 우리에게 재난을 멈추는 데 필요한 도구가 모두 주어져 있다는 사실을 기억하자. 탄소세를 도입할 수 있고 더러운 에너지를 적극적으로 몰아내도록 정치적 기구를 활용할 수 있으며 새로운 방식의 농경 기술을 적용할 수 있고 세계인의 식단에서 소고기와 우유를 줄여 나갈 수 있으며 녹색에너지와 탄소포집 기술에 공공 투자를 할 수도 있다.

이용 가능한 분명한 해결책이 존재한다는 사실이 문제가 압도적이지 않다는 뜻은 아니다. 기후 문제는 한 가지 이야기, 한 가지 관점, 한 가지 비유, 한 가지 감정만 적용할 수 있는 주제가 아니기 때문이다. 점점 더 늘어나는 자연재해, 정치적 혼돈, 인도주의적 위기 속에 지구온난화의 낙인이 찍혀 있을 것이기 때문에 시간이 지나면 지날수록 기후 문제의 다층성은 더욱 분명히 드러날 것이다. 오늘날과 마찬가지로 그때에도 화석자본주의 자본가와 그들의 조력자에 맞서 분노를 터뜨리는 사람이 있을 것이다. 오늘날과 마찬가지로 그때에도 인간의 근시안적인 태도를 안타까워하면서 현대 문명을 과도하게 즐기는 소비자를 비난하는 사람이 있을 것이다. 오늘날과 마찬가지로 그때에도 연방법원에 소송을 제기하고 적극적인 입법 활동을 벌이며 송유관을 신축한다고 하면 소규모 시위부터 비폭력 저항은 물론 시민운동까지 불사하며 싸우는 지칠 줄 모르는 환경운동가가 있을 것이다. 그리고 오늘날과 마찬가지로 그때에도 연쇄적으로 몰아치는 고난을 보고는 뒤로 물러나 깊은 절망 속에 의기소침해하는 사람이 있을 것이다. 오늘날과 마찬가지로 그때에도 환경재난에 대처하는 방법, 생산적이면서도 책임을 다하는 방법은 단 하나밖에 없다고 주장하는 사람이 있을 것이다.

추측건대 방법이 하나밖에 없지는 않을 것이다. 기후변화의 시대가 시작되기 전부터 환경 관련 문헌에서는 우리가 선택할 수 있는 수많은 비유를 남겨 줬다. 제임스 러브록James Lovelock의 '가이아 이론Gaia hypothesis'은 지구 자체를 서서히 발달하는 하나의 생명체처럼 인식할 수 있도록 돕는다.[15] 버크민스터 풀러가 대중화시킨 '우주선 지구spaceship earth' 개념에 따르면 지구는 아치볼드 맥리시Archibald MacLeish가 말하는 '광활하고도 텅 빈 밤'을 필사적으로 떠다니는 일종의 구명 뗏목과 같다.[16] 이런 개념을 접하면, 온난화를 멈추거나 온난화를 뒤집기에 충분한 양의 탄소포집 기계를 숨 쉴 틈도 없이 따닥따닥 붙이고 있는 지구가 기적적으로 복구되는 와중에 태양계를 빙글빙글 도는 모습이 생생하게 그려진다. 보이저 1호가 우리에게 보내 준 '창백한 푸른 점Pale Blue Dot' 사진은 결코 탈출할 수 없을 것 같은 지구의 왜소함과 우리가 좋든 싫든 집단적으로 동참하고 있는 한 가지 실험의 허무함을 느끼게 한다. 개인적으로는 '기후변화' 자체가 우리에게 가장 활기를 북돋아 주는 심상이라고 생각한다. 기후변화의 잔혹함조차 사실 인류가 지닌 힘을 돋보이게 하며 그렇게 함으로써 온 세계로 하여금 한 사람으로서 행동하도록 촉구하고 있기 때문이다. 적어도 난 그렇게 느껴지기를 바란다. 하지만 바로 여기서 기후변화의 변화무쌍한 모습 속에 깔려 있는 또 다른 의미가 드러난다. 당신은 당신이 보고 싶은 모습은 선택할 수 있다. 하지만 당신이 살고 싶은 행성은 선택할 수 없다. 우리 중 누구도 지구 외에는 우리 '집'이라고 부를 수 없다.

감사의 말

이 책이 조금이라도 가치가 있다면 그 가치는 우선 지구온난화를 이론으로 제시하고 관련된 자료를 수집했으며 다음으로 지구온난화가 그 위를 살아가는 인류에게 어떤 의미가 있는지 조사하고 해석해 온 과학자들 모두의 노력 덕분이다. 그들의 이름을 쭉 늘어뜨리면 19세기의 유니스 푸트와 존 틴들로 시작해 20세기의 로저 르벨과 찰스 데이비드 킬링을 지나 이 책 후주에 나와 있는 수백 명의 학자들(또한 책에 언급되지 않았지만 현장에서 열심히 일하고 있는 다른 수백 명의 학자들)까지 이어질 것이다. 다가올 수십 년 동안 우리가 기후변화의 공격에 대처하는 면에서 얼마나 많은 발전을 이루든 모두 그들 덕분이다.

내가 개인적으로 빚을 지고 있는 과학자, 기후저술가, 기후운동가도 있다. 지난 여러 해 동안 그들은 너무나 자비롭게도 나에게 시간과 혜안을 내줬다. 그들의 연구를 이해할 수 있도록 도와줬고, 다른 연구자들의 발견도 소개해 줬으며, 두서없는 인터뷰 요청에 기꺼이 응했고, 다른 공개적인 장소에서도 지구의 상태에 관해 함께 토의했으며, 오랜 시간에 걸쳐 연락을 주고받았고, 이 책 원고의 일부 내용을 포함해 내가 쓴 글들을 검토해 줬다. 도움을 준 사람들 가운데에는 리처드 앨리, 데이비드 아처, 크레이그 베이커 오스틴, 데이비드 바티스티, 피터 브래넌, 월러스 스미스 브뢰커, 마셜 버크, 이선 D. 코펠, 아이귀 다이, 피터 글릭, 제프 구델, 앨 고어, 제임스 핸슨, 캐서린 헤이호, 제프리 힐, 솔로몬 시앙, 매튜 후버, 낸시 놀튼, 로버트 코프, 리 컴프, 이라클리 롤라즈, 찰스 만, 제프 만, 마이클 만, 케이트 마블, 빌 맥키번, 마이클 오펜하이머, 나오미 오레스케스, 앤드루 레브킨, 조셉 롬, 린 스칼렛, 스티븐 셔우드, 조엘 웨인라이트, 피터 D. 워드, 엘리자베스 볼코비치가 있다.

2017년에 처음 기후변화에 관한 기사를 썼을 때에는 줄리아 미드와 테드 하트가 연구에 정말 많은 도움을 줬다. 또한 그 기사가 다른 곳에 실렸을 때 보내 준 모든 반응에 대해서도 감사를 드린다. 그중에서도 특히 제네비에브 권터, 에릭 홀트하우스, 파하드 만주, 수전 매슈스, 제이슨 마크, 로빈슨 메이어, 크리스 무니, 데이비드 로버츠에게 감사한다. 모두 '클라이미트피드백' 웹사이트에 올라온 내 기사를 꼼꼼히 읽어 보고 검토를 해 준 사람들이다. 이 책을 출판하기 위해 원고를 준비하는 과정에서는 첼시 레우가 그보다도 더 자세하고 예리하게 검토해 줬다. 아무리 감사해도 모자랄 것이다.

티나 베넷의 안목, 지도, 조언, 인내가 없었다면 이 책을 시작하지도 못했을 것이다. 정말 평생의 빚을 졌다. 한편 팀 더건의 예리함과 명석함, 신뢰가 없었다면, 또한 헬렌 콘포드, 로라 스티크니, 이저벨 블레이크, 홀리 헌터, 잉그리드 매츠, 윌 오멀레인은 물론 윌리엄 볼프슬로, 몰리 스턴, 다이애나 메시나, 줄리아 브래드쇼, 크리스틴 존슨, 오브리 마틴슨, 줄리 케플러, 레이철 앨드리치, 크레이그 애덤스, 필 룽, 안드레아 라우, 스베틀라나 캐츠, 로라 보너의 헌신적인 수고가 없었다면 이 책은 실제로 나오지 못했을 것이다.

센트럴파크이스트초등학교, 특히 내 두 번째 어머니 팸 쿠싱 선생님이 아니었다면 나는 이 책을 쓰고 있지 않았을 것이다. 《뉴욕매거진》에서 함께 일하는 모두에게도 책을 쓰는 내내 격려와 지지를 보내준 것에 대해 감사를 보낸다. 특히 상사인 자레드 홀트, 애덤 모스, 팸 바서스타인, 그리고 편집자이자 동료이자 친구인 데이비드 해스컬에게도 감사를 보낸다. 내가 책에서 무슨 이야기를 하고 싶은지 다시 생각하고 다듬어 볼 수 있도록 다른 친구들과 동료들 역시 도움을 줬다. 아이작 초티너, 케리 하울리, 화 수, 크리스천 로렌천, 노린 말론, 크리스 파리스 램, 윌라 파스킨, 맥스 리드, 케빈 루즈 모두에게 감사한다. 그 밖에 도저히 나열할 수 없는 수많은 도움에 대해 제리 살츠, 윌 레이치, 리사 밀러, 바네사 그리고리아디스, 마이크 마리노, 앤디 로스, 라이언 랭거, 제임스 단튼, 앤드루 스밀, 스칼렛 킴, 앤 파비안, 케이시 슈왈츠, 매리 브레너, 닉 짐머만, 댄 웨버, 휘트니 슈버트, 조이 프랭크, 저스틴 패트너, 대니얼 브랜드, 케이틀린 로퍼, 앤 클라크, 알렉시스 스워드로프, 스텔라 버그비, 메건 오로크, 로버트 아사히나, 필립 구레비치, 로린 스테인, 마이클 그룬왈드에게 감사드린다.

나에게 최고의 독자는 언제나 나의 형 벤이다. 벤이 먼저 발자취를 남겨 주지 않았다면 내가 이 길로 나아가지 못했을지도 모른다. 해리, 로즈앤, 젠, 매트, 헤더, 그리고 누구보다도 우리 어머니와 아버지에게서도 셀 수 없이 많은 면에서 영감을 받아 왔다. 이 책을 보실 수 있는 분은 한 분밖에 남아 계시지 않지만, 두 분 모두에게 이 책은 물론 모든 면에서 빚을 지고 있다.

마지막으로 가장 큰 고마움을 담아 내 사랑 리사와 또 다른 사랑 로카에게 보낸다. 작년에 고마웠고 지난 20년에 고마웠으며 앞으로 다가올 50년 어쩌면 그 이상의 시간에도 미리 감사를 전한다. 다가올 시간들이 부디 멋진 시간이 되기를 바란다.

주석

모든 과학 연구는 일정 수준 추측에 근거를 두고 있으며 미래에 재고되거나 수정될 여지가 있다. 하지만 어느 수준까지 추측을 담을 수 있는가는 학문마다, 분야마다, 심지어 연구마다 다르다.

기후변화 연구의 경우 일단 지구온난화가 실재한다는 사실(인류가 처음 화석연료를 사용한 이후로 기온이 약 1.1도 증가함)과 지구온난화가 작동하는 방식(화석연료를 연소할 때 나오는 온실가스가 위쪽으로 방출되는 열기를 대기 중에 붙잡아 둠)은 의심의 여지가 없이 확립돼 있다. 반면 앞으로 수십 년 동안 그리고 그 이후에 온난화가 정확히 어떤 식으로 펼쳐질지는 비교적 불분명하다. 인간이 화석연료에 대한 중독을 얼마나 빨리 떨쳐 낼 수 있을지 그리고 기후 시스템이 인간의 변화에 반응해 어떤 식으로 재조정을 할지 아직 모르기 때문이다. 하지만 여기에 나오는 주석이 참고문헌의 소개는 물론 기후 연구가 어떤 지점에 와 있는지 보여 줄 수 있기를 바란다.

1부 이것은 '자연재해'가 아니다

1 각각 오르도비스 말기, 데본 후기, 페름 말기, 트라이아스 말기, 백악 말기에 해당한다. 각각의 시기를 아주 잘 설명하는 최신 서적을 확인하고 싶다면 다음을 참조하라. Peter Brannen, *The Ends of the World* (New York: HarperCollins, 2017)(피터 브래넌, 김미선 역,《대멸종 연대기》, 흐름출판, 2019).

2 이는 모두 추정치이며 연구에 따라 다른 결론이 나오기도 한다. 예컨대 페름 말기에 관한 일부 설명에서는 멸종 수준을 90퍼센트 정도로 낮게 잡지만 다른 설명에서는 97퍼센트 정도로 높게 잡기도 한다. 이 책에서 택한 수치는 다음에서 따왔다. "The Five Big Mass Extinctions," *Cosmos*, https://cosmosmagazine.com/palaeontology/big-five-extinctions.

3 Brannen, *Ends of the World*(피터 브래넌, 김미선 역,《대멸종 연대기》, 흐름출판, 2019).

4 페름 말기의 멸종을 초래한 환경적 요인들(화산 분출, 미생물 활동, 북극 메탄 방출)이 각각 어느 정도의 비중을 차지하는지는 꽤 많은 논란이 있다. 하지만 가설을 간단히 요약하자면 화산 활동이 지구를 뜨겁게 만들었고 그 결과 메탄이 방출됐으며 결국 온난화가 더욱 가속화됐다고 할 수 있다. 다음을 참조하라. Uwe Brand et al., "Methane Hydrate: Killer Cause of Earth's Greatest Mass Extinction," *Paleoworld* 25, no. 4 (December 2016): pp. 496 – 507, https://doi.org/10.1016/j.palwor.2016.06.002.

5 대멸종에 관한 세계적인 석학 중 하나인 펜실베니아주립대학교 소속의 지구과학자 리 컴프는 내게 이렇게 말했다. "PETM과 페름 말기에 도달할 수 있었던 탄소 배출량 최대치는 약 10억 톤이에요. 그리고 바로 지금 우리는 100억 톤에 달해 있죠. 하지만 두 사태의 경우 이산화탄소가 증가하는 속도에 비해 지속 시간이 훨씬 길었기 때문에 페름 말기의 총량은 더 낮다고 봐야 해요. 하지만 10배나 더 낮아서는 안 됐죠. 2~3배 낮아야 했어요."

6 Jessica Blunden, Derek S. Arndt, and Gail Hartfield, eds., "State of the Climate in 2017," *Bulletin of the American Meteorological Society* 99, no. 8 (August 2018), Si – S310, https://doi.org/10.1175/ 2018BAMSStateoftheClimate.1.

7 Rob Moore, "Carbon Dioxide in the Atmosphere Hits Record High Monthly Average," Scripps Institution of Oceanography, May 2, 2018. 무어는 이렇게 말한다. "산업혁명이 시작되기 전 이산화탄소 농도는 오랜 시간이 흐름에 따라 변동은 있었지만 지난 80만 년 중 어떤 시점에서도 300ppm을 넘는 경우는 결코 없었다." https://scripps.ucsd.edu/programs/keelingcurve/2018/05/02/carbon-dioxide-in-the-atmosphere-hits-record-high-monthly-average/.

8 See, for instance, Aradhna K. Tripati, Christopher D. Roberts, and Robert A. Eagle, "Coupling of CO2 and Ice Sheet Stability over Major Climate Transitions of the Last 20 Million Years," *Science* 326, no. 5958 (December 2009): pp. 1394–1397. 트리파티는 UCLA 연구 공식 발표 자리에서 이렇게 말했다. "이산화탄소 농도가 지금처럼 명백히 높았고 그 수준이 유지됐던 가장 가까운 시기에는 지구 온도가 지금보다 화씨 5~10도 더 높았습니다. 해수면은 지금보다 약 22~36미터 더 높았고요. 북극에는 만년설이 존재하지 않았고 남극과 그린란드에는 눈이 거의 없었습니다."

9 Ibid.

10 Carbon Dioxide Information Analysis Center, Oak Ridge National Laboratory, "Global, Regional, and National Fossil-Fuel CO2 Emissions" (Oak Ridge, TN, 2017), https://doi.org/10.3334/CDIAC/00001_V2017. 시기별 탄소배출량에 대한 기록과 추정은 다양하다. 하지만 해당 연구소 보고에 따르면 우리는 1751년 이후로 1,578기가톤의 이산화탄소를 방출했으며 1989년 이후로 820기가톤의 이산화탄소를 방출했다.

11 오크리지연구소 보고에 따르면 1946년 이후로 총 1,376기가톤의 이산화탄소를 배출했으므로 1,578기가톤의 약 87퍼센트에 해당한다.

12 R. Revelle and H. Suess, "Carbon Dioxide Exchange Between Atmosphere and Ocean and the Question of an Increase of Atmospheric CO2 During the Past Decades," *Tellus* 9 (1957): pp. 18–27.

13 See, for instance, Nicola Jones, "How the World Passed a Carbon Threshold and Why It Matters," *Yale Environment 360*, January 26, 2017, https://e360.yale.edu/features/how-the-world-passed-a-carbon-threshold-400ppm-and-why-it-matters.

14 Scripps Institution of Oceanography, "Another Climate Milestone Falls at Mauna Loa Observatory," June 7, 2018, https://scripps.ucsd.edu/news/another-climate-milestone-falls-mauna-loa-observatory.

15 IPCC, *Climate Change 2014: Synthesis Report, Summary for Policymakers* (Geneva, 2014), p. 11, www.ipcc.ch/pdf/assessment-report/ar5/syr/AR5_SYR_FINAL_SPM.pdf.

16 Gaia Vince, "How to Survive the Coming Century," *New Scientist,* February 25, 2009. 평가 중 일부는 다소 극단적이다. 하지만 그 정도 규모의 지구온난화가 그런 지역의 상당 부분을 오늘날 기준으로는 어떻게 보아도 잔혹할 만큼 살기 힘든 환경으로 바꿔 놓을 것임은 반박의 여지가 없다.

17 Alec Luhn and Elle Hunt, "Besieged Russian Scientists Drive Away Polar Bears," *The Guardian*, September 14, 2016.

18 Michaeleen Doucleff, "Anthrax Outbreak in Russia Thought to Be Result of Thawing

Permafrost," NPR, August 3, 2016.

19 Phillip Connor, "Most Displaced Syrians Are in the Middle East, and About a Million Are in Europe," Pew Research, January 29, 2018, http://www.pewresearch.org/fact-tank/2018/01/29/where-displaced-syrians-have-resettled.

20 유엔의 로버트 왓킨스는 2015년 성명문에서 이렇게 말한다. "2050년이면 방글라데시 사람 7명 중 1명이 기후변화 때문에 살 곳을 잃을 것으로 보인다." 다음을 참조하라. Mubashar Hasan, "Bangladesh's Climate Change Migrants," ReliefWeb, November 13, 2015.

21 World Bank, *Groundswell: Preparing for Internal Climate Migration* (Washington, D.C., 2018), p. xix, https://openknowledge .worldbank.org/handle/10986/29461.

22 Connor, "Most Displaced Syrians." 코너는 이렇게 보도한다. "시리아에서는 7년 동안의 내전으로 약 1,300만 명의 사람들이 난민이 됐습니다."

23 Baher Kamal, "Climate Migrants Might Reach One Billion by 2050," ReliefWeb, August 21, 2017, https://reliefweb .int/report/world/climate-migrants-might-reach-one-billion-2050.

24 U.S. Census Bureau, "Historical Estimates of World Population," www.census.gov/data/tables/time-series/demo/international-programs/historical-est-worldpop.html.

25 United Nations Convention to Combat Desertification, "Sustainability. Stability. Security," www.unccd.int/sustainability-stability-security.

26 Eukaryote, "The Funnel of Human Experience," *LessWrong*, October 9, 2018, www.lesswrong.com/posts/SwBEJapZNzWFifLN6/the-funnel-of-human-experience.

27 "Marshalls Likens Climate Change Migration to Cultural Genocide," Radio New Zealand, October 6, 2015, www.radionz.co.nz/news/pacific/286139/marshalls-likens-climate-change-migration-to-cultural-genocide.

28 엄밀히 말하면 종형 곡선이 아니라 분포 곡선이다. 긍정적인 시나리오와 부정적인 시나리오가 고르게 분배한다기보다는 부정적인 결과 쪽 꼬리가 더 길기 때문이다. 다시 말해 최상의 시나리오보다 최악의 시나리오 가짓수가 더 많다.

29 온갖 다양한 예측 모델 중 가장 믿을 만한 모델은 아마 '기후변화 대응 행동 분석 기관'의 모델일 것이다. 여기서는 전 세계가 현재 협의한 내용을 따른다면 2100년까지 3.16도의 기온 상승을 초래할 것으로 예측한다.

30 Alexander Nauels et al., "Linking Sea Level Rise and Socioeconomic Indicators Under the Shared Socioeconomic Pathways," *Environmental Research Letters* 12, no. 11 (October 2017), https://doi .org/10.1088/1748-9326/aa92b6. 2017년에 해당 연구진은 단 1.9도

의 기온 상승만으로도 빙상이 붕괴 급변점을 지날 수 있다고 추측한다.

31 모든 빙상이 녹는다고 가정한다면 해수면은 60미터 이상 증가할 것으로 예측된다. 하지만 이런 도시들이 침수되기까지는 훨씬 낮은 수치로도 충분하다. 마이애미는 해발 1.8미터, 다카는 해발 10미터에 위치한다. 상하이는 해발 4미터, 홍콩 일부 지역은 사실상 해발 0미터에 위치한다. 그렇기 때문에 2015년《남중국 아침 신문》에서는 4도의 기온 상승이 상하이와 홍콩에 있는 사람들 4,500만 명을 난민으로 만들 수 있다고 보도했다. Li Ching, "Rising Sea Levels Set to Displace 45 Million People in Hong Kong, Shanghai and Tianjin If Earth Warms 4 Degrees from Climate Change," *South China Morning Post,* November 9, 2015.

32 Thorsten Mauritsen and Robert Pincus, "Committed Warming Inferred from Observations," *Nature Climate Change*, July 31, 2017; Adrian E. Raftery et al., "Less than 2°C Warming by 2100 Unlikely," *Nature Climate Change*, July 31, 2017; Hubertus Fischer et al., "Paleoclimate Constraints on the Impact of 2°C Anthropogenic Warming and Beyond," *Nature Geoscience*, June 25, 2018.

33 Brady Dennis and Chris Mooney, "Scientists Nearly Double Sea Level Rise Projections for 2100, Because of Antarctica," *The Washington Post*, March 30, 2016.

34 Alvin Stone, "Global Warming May Be Twice What Climate Models Predict," UNSW Sydney, July 5, 2018, https://newsroom.unsw.edu.au/news/science-tech/global-warming-may-be-twice-what-climate-models-predict.

35 Fischer, "Paleoclimate Constraints on the Impact."

36 Will Steffen et al., "Trajectories of the Earth System in the Anthropocene," *Proceedings of the National Academy of Sciences* (August 14, 2018).

37 Nauels, "Linking Sea Level Rise and Socioeconomic Indicators," https://doi.org/10.1088/1748-9326/aa92b6.

38 Robert McSweeney, "The Impacts of Climate Change at 1.5C, 2C and Beyond," *Carbon Brief*, October 4, 2018, https://interactive.carbonbrief.org/impacts-climate-change-one-point-five-degrees-two-degrees.

39 Ibid.

40 Felipe J. Colon-Gonzalez et al., "Limiting Global-Mean Temperature Increase to 1.5-2°C Could Reduce the Incidence and Spatial Spread of Dengue Fever in Latin America," *Proceedings of the National Academy of Sciences* 115, no. 24 (June 2018): pp. 6243-6248, https://doi.org/10.1073/pnas.1718945115.

41 Ana Maria Vicedo-Cabrera et al., "Temperature-Related Mortality Impacts Under and

Beyond Paris Agreement Climate Change Scenario," *Climatic Change* 150, no. 3–4 (October 2018): pp. 391–402, https://doi.org/10.1007/s10584-018-2274-3.

42 고기후학의 연구가 다 그렇지만 이 경우에도 시점에 대한 추정치는 다양하다. 이 책에서는 다음 연구에서 가져왔다. Howard Lee, "What Happened the Last Time It Was as Warm as It's Going to Get at the End of This Century," *Ars Technica,* June 18, 2018.

43 Timothy Morton, *Hyperobjects: Philosophy and Ecology After the End of the World* (Minneapolis: University of Minnesota Press, 2013).

44 IPCC, *Climate Change 2014: Synthesis Report,* p. 11, www.ipcc.ch/pdf/assessment-report/ar5/syr/AR5_SYR_FINAL_SPM.pdf.

45 예컨대 다음을 참조하라. "The Scientific Consensus on Climate Change: How Do We Know We're Not Wrong?," *Climate Change: What It Means for Us, Our Children, and Our Grandchildren* (Cambridge, MA: MIT Press, 2014).

46 Gernot Wagner and Martin L. Weitzman, *Climate Shock: The Economic Consequences of a Hotter Planet* (Princeton, NJ: Princeton University Press, 2015), pp. 53–55.

47 "생산성 증가치가 높은 경우 지구 기온은 2100년까지 5.3도 증가할 수 있다." William Nordhaus, "Projections and Uncertainties About Climate Change in an Area of Minimal Climate Policies" (working paper, National Bureau of Economic Research, 2016).

48 Steven C. Sherwood and Matthew Huber, "An Adaptability Limit to Climate Change Due to Heat Stress," *Proceedings of the National Academy of Sciences* 107, no. 21 (May 2010): pp. 9552–9555, https://doi.org/10.1073/pnas.0913352107.

49 Jason Treat et al., "What the World Would Look Like If All the Ice Melted," *National Geographic*, September 2013.

50 이는 기후학자들이 흔히 속칭처럼 쓰는 표현이다. 캐서린 헤이호가 다음에서 언급한 바 있다. Jonah Engel Bromwich, "Where Can You Escape the Harshest Effects of Climate Change?" *The New York Times,* October 20, 2016. 헤이호는 이렇게 말한다. "세계에서 가장 큰 도시들 가운데 3분의 2가 해발 몇 미터 내에 위치하고 있다."

51 만약 데이비드 바티스티와 로저먼드 네일러가 이론화한 대로 기온이 1도 상승할 때마다 곡식 생산량이 10~15퍼센트 감소한다면(기온이 높은 지역에서는 생산량 감소 폭이 기온이 낮은 지역보다 클 것이다) 기온이 8도 상승하는 경우 현재 세계의 곡창지대 중 어디에서도 식량을 생산하지 못하게 된다.

52 피터 브래넌이 《대멸종 연대기》에 밝힌 것처럼 마지막으로 지구가 5도 더 뜨거웠을 때에는 북극이라고 생각했던 지역 중 일부가 열대 지역에 해당했다.

53 Peter M. Cox et al., "Emergent Constraint on Equilibrium Climate Sensitivity from Global Temperature Variability," *Nature* 553 (January 2018): pp. 319 – 322.

54 Mark Lynas, *Six Degrees: Our Future on a Hotter Planet* (New York: HarperCollins, 2007)(마크 라이너스, 이한중 역, 《6도의 멸종》, 세종서적, 2014). 이 책은 온난화의 미래를 잘 보여 주는 가치 있는 안내서다.

55 Edward O. Wilson, *Half-Earth: Our Planet's Fight for Life* (New York: W. W. Norton, 2016)(에드워드 윌슨, 이한음 역, 《지구의 절반》, 사이언스북스, 2017).

56 각각 어마, 카티아, 호세였다.

57 Tia Ghose, "Hurricane Harvey Caused 500,000-Year Floods in Some Areas," *Live Science*, September 11, 2017, www.livescience.com/60378-hurricane-harvey-once-in-500000-year-flood.html.

58 Christopher Ingraham, "Houston Is Experiencing Its Third '500-Year' Flood in Three Years. How Is That Possible?" *The Washington Post*, August 29, 2017.

59 허리케인 오펠리아였다.

60 UNICEF, "16 Million Children Affected by Massive Flooding in South Asia, with Millions More at Risk," September 2, 2017, www.unicef.org/press-releases/16-million-children-affected-massive-flooding-south-asia-millions-more-risk.

61 Tom Di Liberto, "Torrential Rains Bring Epic Flash Floods in Maryland in Late May 2018," NOAA Climate.gov, May 31, 2018, www.climate.gov/news-features/event-tracker/torrential-rains-bring-epic-flash-floods-maryland-late-may-2018.

62 Jason Samenow, "Red-Hot Planet: All-Time Heat Records Have Been Set All over the World During the Past Week," *The Washington Post*, July 5, 2018.

63 Rachel Lau, "Death Toll Rises to 54 as Quebec Heat Wave Ends," *Global News*, July 6, 2018, https://globalnews.ca/news/4316878/50-people-now-dead-due-to-sweltering-quebec-heat-wave.

64 Jon Herskovitz, "More than 100 Large Wildfires in U.S. as New Blazes Erupt," Reuters, August 11, 2018, www.reuters.com/article/us-usa-wildfires/more-than-100-large-wildfires-in-u-s-as-new-blazes-erupt-idUSKBN1KX00B.

65 "Holy Fire Burns 4,000 Acres, Forcing Evacuations in Orange County," Fox 5 San Diego, August 6, 2018, https://fox5sandiego.com/2018/08/06/fast-moving-wildfire-forces-evacuations-in-orange-county/.

66 Kirk Mitchell, "Spring Creek Fire 'Tsunami' Sweeps over Subdivision, Raising Home Toll to 251," *Denver Post*, July 5, 2018.

67 Elaine Lies, "Hundreds of Thousands Evacuated in Japan as 'Historic Rain' Falls; Two Dead," Reuters, July 6, 2018, https://af.reuters.com/article/commoditiesNews/idAFL4N1U21AH.

68 "Two Killed, 2.45 Million Evacuated as Super Typhoon Mangkhut Hits Mainland China," *The Times of India,* September 16, 2018, https://timesofindia.indiatimes.com/world/china/super-typhoon-mangkhut-hits-china-over-2-45-million-people-evacuated/articleshow/65830611.cms.

69 Patricia Sullivan and Katie Zezima, "Florence Has Made Wilmington, N.C., an Island Cut Off from the Rest of the World," *The Washington Post,* September 16, 2018.

70 Umair Irfan, "Hog Manure Is Spilling Out of Lagoons Because of Hurricane Florence's Floods," *Vox,* September 21, 2018.

71 Joel Burgess, "Tornadoes in the Wake of Florence Twist Through North Carolina," Asheville *Citizen-Times*, September 17, 2018.

72 Hydrology Directorate, Government of India, *Study Report: Kerala Floods of August 2018* (September 2018), http://cwc.gov.in/main/downloads/KeralaFloodReport/Rev-0.pdf.

73 Josh Hafner, "Remote Hawaiian Island Vanishes Underwater After Hurricane," *USA Today*, October 24, 2018.

74 Paige St. John et al., "California Fire: What Started as a Tiny Brush Fire Became the State's Deadliest Wildfire. Here's How," *Los Angeles Times*, November 18, 2018.

75 Ruben Vives, Melissa Etehad, and Jaclyn Cosgrove, "Southern California Fire Devastation Is 'the New Normal,' Gov. Brown Says," *Los Angeles Times,* December 10, 2017.

76 "Wallace Broecker: How to Calm an Angry Beast," CBC News, November 19, 2008, www.cbc.ca/news/technology/wallace-broecker-how-to-calm-an-angry-beast-1.714719.

77 County of Santa Barbara, California, evacuation orders from 2018.

78 Michael Schwirtz, "Besieged Rohingya Face 'Crisis Within the Crisis': Deadly Floods," *The New York Times,* February 13, 2018.

79 Phil Helsel, "Body of Mother Found After California Mudslide; Death Toll Rises to 21," NBC News, January 20, 2018, www.nbcnews.com/news/us-news/body-mother-found-after-california-mudslide-death-toll-rises-21-n839546.

80 NASA Science, "Is Arctic Permafrost the 'Sleeping Giant' of Climate Change?" NASA, June 24, 2013, https://science.nasa.gov/science-news/science-at-nasa/2013/24jun_permafrost.

81 Environmental Protection Agency, "Greenhouse Gas Emissions: Understanding Global Warming Potentials," www.epa.gov/ghgemissions/understanding-global-warming-potentials.

82 개략적인 내용을 살펴보기 원한다면 다음을 참조하라. R. Kump and Michael E. Mann, *Dire Predictions: The Visual Guide to the Findings of the IPCC*, 2nd ed. (New York: DK, 2015).

83 Bob Berwyn, "Destructive Flood Risk in U.S. West Could Triple If Climate Change Left Unchecked," *Inside Climate News* (August 6, 2018), https://insideclimatenews.org/news/06082018/global-warming-climate-change-floods-california-oroville-dam-scientists.

84 Ellen Wulfhorst, "Overlooked U.S. Border Shantytowns Face Threat of Gathering Storms," Reuters, June 11, 2018, https://af.reuters.com/article/commoditiesNews/idAFL2N1SO2FZ.

85 Andrew D. King and Luke J. Harrington, "The Inequality of Climate Change from 1.5° C to 2°C of Global Warming," *Geophysical Research Letters* 45, no. 10 (May 2018): pp. 5030-5033, https://doi.org/10.1029/2018GL078430.

86 Andrea Thompson, "Drought and Climate Change Could Throw Fall Colors Off Schedule," *Scientific American,* November 1, 2016.

87 Pablo Imbach et al., "Coupling of Pollination Services and Coffee Suitability Under Climate Change," *Proceedings of the National Academy of Sciences* 114, no. 39 (September 2017): pp. 10438-10442, https://doi.org/10.1073/pnas.1617940114. 이 논문은 《예일 E360》에 이런 식으로 요약돼 있다. "2050년까지 라틴아메리카는 커피 재배 농장의 최대 90퍼센트를 잃을 수 있다."

88 WWF, "Living Planet Report 2018," *Aiming Higher* (Gland, Switz.: 2018), p. 18, https://wwf.panda.org/knowledge_hub/all_publications/living_planet_report_2018.

89 Caspar Hallman et al., "More Than 75 Percent Decline over 27 Years in Total Flying Insect Biomass in Protected Areas," *PLOS One* 12, no. 10 (October 2017), https://doi.org/10.1371/journal.pone.0185809.

90 Damian Carrington, "Climate Change Is Disrupting Flower Pollination, Research Shows," *The Guardian,* November 6, 2014.

91 Bob Berwyn, "Fish Species Forecast to Migrate Hundreds of Miles Northward as U.S. Waters Warm," *Inside Climate News,* May 16, 2018, https://insideclimatenews.org/news/16052018/fish-species-climate-change-migration-pacific-northwest-alaska-

atlantic-gulf-maine-cod-pollock.

92 Kendra Pierre-Louis, "As Winter Warms, Bears Can't Sleep, and They're Getting into Trouble," *The New York Times,* May 4, 2018.

93 Moises Velaquez-Manoff, "Should You Fear the Pizzly Bear?" *The New York Times Magazine,* August 14, 2014.

94 Joel Guiot and Wolfgang Cramer, "Climate Change: The 2015 Paris Agreement Thresholds and Mediterranean Basin Ecosystems," *Science* 354, no. 6311 (October 2016): pp. 463–468, https://doi.org/10.1126/science.aah5015. 해당 연구의 추산에 따르면 기온 상승을 2도 이하로 억제한다고 하더라도 상당수 지역이 엄밀히 따졌을 때 사막이 될 수 있다.

95 "Sahara Desert Dust Cloud Blankets Greece in Orange Haze," Sky News, March 26, 2018, https://news.sky.com/story/sahara-desert-dust-cloud-blankets-greece-in-orange-haze-11305011.

96 "How Climate Change Might Affect the Nile," *The Economist,* August 3, 2017.

97 Tom Yulsman, "Drought Turns the Rio Grande into the 'Rio Sand,' " *Discover,* July 15, 2013.

98 Muthukumara Mani et al., "South Asia's Hotspots: Impacts of Temperature and Precipitation Changes on Living Standards," World Bank (Washington, D.C., June 2018), p. xi, https://openknowledge.worldbank.org/bitstream/handle/10986/28723/9781464811555.pdf?sequence=5&isAllowed=y.

99 Andreas Malm, *Fossil Capital: The Rise of Steam Power and the Roots of Global Warming* (London: Verso, 2016).

100 Solomon Hsiang et al., "Estimating Economic Damage from Climate Change in the United States," *Science* 356, no. 6345 (June 2017): pp. 1362–1369, https://doi.org/10.1126/science.aal4369.

101 Marshall Burke et al., "Large Potential Reduction in Economic Damages Under UN Mitigation Targets," *Nature* 557 (May 2018): pp. 549–553, https://doi.org/10.1038/s41586-018-0071-9.

102 R. Warren et al., "Risks Associated with Global Warming of 1.5 or 2C," Tyndall Centre for Climate Change Research, May 2018, www.tyndall.ac.uk/sites/default/files/publications/briefing_note_risks_warren_r1-1.pdf.

103 크레디트스위스의 〈2017 세계 부 보고서〉에 따르면 2017년에 전 세계에 존재하는 부는 총 280조 달러였다.

104 세계은행 보고에 따르면 마지막 해가 1976년으로 5.355퍼센트의 전 세계 경제성장률을 기록했다. World Bank, "GDP Growth (Annual %)," https://data.worldbank.org/indicator/NY.GDP.MKTP.KD.ZG.

105 이 용어는 허버트 데일리가 대중화시켰다. 데일리의 《정상 상태의 경제를 향하여》에서는 경제성장의 역사에 대해 기존과는 상반된 (특히 기후변화의 시대에 예리하다고 할 수 있는) 관점을 제시한다. "경제는 자연환경의 완전 소유 자회사이지 그 반대가 아니다."

106 Drew Shindell et al., "Quantified, Localized Health Benefits of Accelerated Carbon Dioxide Emissions Reductions," *Nature Climate Change* 8 (March 2018): pp. 291–295, https://doi.org/10.1038/s41558-018-0108-y.

107 IPCC, *Global Warming of 1.5°C: An IPCC Special Report on the Impacts of Global Warming of 1.5°C Above Pre-Industrial Levels and Related Global Greenhouse Gas Emission Pathways, in the Context of Strengthening the Global Response to the Threat of Climate Change, Sustainable Development, and Efforts to Eradicate Poverty* (Incheon, Korea, 2018), www.ipcc.ch/report/sr15.

108 이는 세계보건기구의 2014년도 평가에서 가져온 것이다. 당시 대기오염은 세계에서 가장 큰 단일 건강 위협 요인으로 꼽혔다. WHO, "Public Health, Environmental and Social Determinants of Health(PHE)," www.who.int/phe/health_topics/outdoorair/databases/en.

109 서구권 자유국가에서 갑자기 유행하는 이런 의문에 관한 요약 자료와 꽤 철저한 반론을 보고 싶다면 다음을 참조하라. Connor Kilpatrick, "It's Okay to Have Children," *Jacobin*, August 22, 2018.

110 기후 해결책(채식 식단, 녹색 지붕, 여성 교육 등)에 관한 호킨의 포괄적인 검토를 확인하고 싶다면 다음을 참조하라. *Drawdown: The Most Comprehensive Plan Ever Proposed to Reverse Global Warming* (New York: Penguin, 2017)(폴 호켄, 이현수 역, 《플랜 드로다운》, 글항아리사이언스, 2019).

111 과장된 수치일 수 있다. 출처는 다음을 참조하라. Green Alliance, "Less In, More Out," 2018.

112 Anne Stark, "Americans Used More Clean Energy in 2016," Lawrence Livermore National Laboratory, April 10, 2017, www.llnl.gov/news/americans-used-more-clean-energy-2016.

113 David Coady et al, "Global Fossil Fuel Subsidies Remain Large," IMF, 2019.

114 The New Climate Economy, "Unlocking the Inclusive Growth Story of the 21st Century:

Accelerating Climate Action in Urgent Times" (Washington, D.C.: Global Commission on the Economy and Climate, September 2018), p. 8, https://newclimateeconomy.report/2018.

115 Zach Conrad et al., "Relationship Between Food Waste, Diet Quality, and Environmental Sustainability," *PLOS One* 13, no. 4 (April 2018), https://doi.org/10.1371/journal.pone.0195405.

116 Eric Holthaus, "Bitcoin's Energy Use Got Studied, and You Libertarian Nerds Look Even Worse than Usual," *Grist*, May 17, 2018, https://grist.org/article/bitcoins-energy-use-got-studied-and-you-libertarian-nerds-look-even-worse-than-usual. See also Alex de Vries, "Bitcoin's Growing Energy Problem," *Cell* 2, no. 5 (May 2018): pp. 801-805, https://doi.org/10.1016/j.joule.2018.04.016.

117 Maxime Efoui-Hess et al, Climate Crisis: The Unsustainable Use of Online Video, The Shift Project, 2019.

118 Nicola Jones, "Waste Heat: Innovators Turn to an Overlooked Renewable Resource," *Yale Environment 360*, May 29, 2018. "Today, in the United States, most fossil fuel-burning power plants are about 33 percent efficient," 존스는 이렇게 말한다. "오늘날 미국에서 화석연료를 사용하는 대부분 발전소의 효율성이 약 33퍼센트에 불과하다. 반면 열과 전기를 결합해 사용하는 열병합발전소는 보통 60~80퍼센트의 효율성을 보인다."

119 세계은행에서는 2014년 미국 1인당 연간 탄소배출량이 16.49미터톤이라고 추측했다. 같은 해에 유럽연합 시민의 평균 배출량은 불과 6.379미터톤으로 추정됐다. 따라서 절약 비중이 사실 50퍼센트를 훨씬 웃도는 것이다. World Bank, "CO2 Emissions (Metric Tons per Capita)," https://data.worldbank.org/indicator/EN.ATM.CO2E.PC.

120 Oxfam, "Extreme Carbon Inequality," December, 2015, www.oxfam.org/sites/www.oxfam.org/files/file_attachments/mb-extreme-carbon-inequality-021215-en.pdf. 해당 연구에서는 세계에서 가장 부유한 상위 10퍼센트가 전체 탄소배출량의 절반에 책임이 있다고 추정했다. 가장 부유한 상위 1퍼센트의 경우에는 평균 탄소발자국이 하위 10퍼센트 평균보다 175배 컸다.

121 이를 가장 생생하게 보여 주는 설명이 다음 웹 만화에 들어 있다. "A Timeline of Earth's Average Temperature," September 12, 2016, www.xkcd.com/1732.

2부 12가지 기후재난의 실제와 미래

1장 살인적인 폭염

1 Steven C. Sherwood and Matthew Huber, "An Adaptability Limit to Climate Change Due to Heat Stress," *Proceedings of the National Academy of Sciences* 107, no. 21 (May 2010): pp. 9552–9555, https://doi.org/10.1073/pnas.0913352107.

2 Ibid. 셔우드와 후버는 이렇게 말한다. "누적된 열은 불과 몇 시간 동안만 견딜 수 있다. 또한 회복을 위해서는 상당한 시간이 필요하다."

3 Ibid. "With 11–12 °C warming, such regions would spread to encompass the majority of the human population as currently distributed," 셔우드와 후버는 이렇게 말한다. "11~12도 기온이 상승하는 경우 인구 분포가 지금과 같다면 대다수의 인구가 그런 환경에 노출될 것이다. … 화석연료 사용이 지속되는 경우 결국 12도 기온 상승도 가능하다."

4 Mark Lynas, *Six Degrees: Our Future on a Hotter Planet* (Washington, D.C.: National Geographic Society, 2008), p. 196. (마크 라이너스, 이한중 역, 《6도의 멸종》, 세종서적, 2014)

5 John P. Dunne et al., "Reductions in Labour Capacity from Heat Stress Under Climate Warming," *Nature Climate Change* 3 (February 2013): pp. 563–566, https://doi.org/10.1038/NCLIMATE1827.

6 Joseph Romm, *Climate Change: What Everyone Needs to Know* (New York: Oxford University Press, 2016), p. 138.

7 IPCC, *Climate Change 2014: Synthesis Report*, Summary for Policymakers (Geneva, 2014), p. 11, www.ipcc.ch/pdf/assessment-report/ar5/syr/AR5_SYR_FINAL_SPM.pdf.

8 Romm, *Climate Change*, p. 41.

9 World Bank, *Turn Down the Heat: Why a 4°C Warmer World Must Be Avoided* (Washington, D.C., November 2012), p. 13, http://documents.worldbank.org/curated/en/865571468149107611/pdf/NonAsciiFileName0.pdf.

10 IPCC, *Climate Change 2014*, p. 15, www.ipcc.ch/pdf/assessment-report/ar5/syr/AR5_SYR_FINAL_SPM.pdf. "2100년까지 RCP8.5 시나리오를 따른다면 일부 지역에서는 고온과 습도가 합쳐져 연중 일부 기간은 농사를 짓거나 야외 근무를 하는 등의 인간 활동을 포기하는 수밖에 없을 것이다."

11 Tom K. R. Matthews, et al., "Communicating the Deadly Consequences of Global Warming for Human Heat Stress," *Proceedings of the National Academy of Sciences* 114, no.

15 (April 2017): pp. 3861 – 3866, https://doi.org/10.1073/pnas.1617526114. 저자는 2015년 여름에 대해 이렇게 말한다. "정상 범주를 넘어서는 열기는 살인적인 결과를 초래했다. 인도와 파키스탄에서만 3,400명의 사망자가 보고됐다."

12 World Bank, *Turn Down the Heat,* p. 37, http://documents.worldbank.org/curated/en/865571468149107611/pdf/ NonAsciiFileName0.pdf.

13 William Langewiesche, "How Extreme Heat Could Leave Swaths of the Planet Uninhabitable," *Vanity Fair,* August 2017.

14 Ethan Coffel et al., "Temperature and Humidity Based on Projections of a Rapid Rise in Global Heat Stress Exposure During the 21st Century," *Environmental Research Letters* 13 (December 2017), https://doi.org/10.1088/1748-9326/aaa00e.

15 World Bank, *Turn Down the Heat*, p. 38, http://documents.worldbank.org/curated/en/865571468149107611/pdf/NonAsciiFileName0.pdf.

16 IFRC, "India: Heat Wave—Information Bulletin No. 01," June 11, 1998, www.ifrc.org/docs/appeals/rpts98/in002.pdf.

17 모스크바에서는 매일 1만 건의 응급차 호출이 발생했으며 많은 의사들은 공식 사망자 집계 기록이 실제 수치를 과소평가했다고 믿는다.

18 Craig Nelson and Ghassan Adan, "Iraqis Boil as Power-Grid Failings Exacerbate Heat Wave," *The Wall Street Journal*, August 11, 2016.

19 Ayhan Demirbas et al., "The Cost Analysis of Electric Power Generation in Saudi Arabia," *Energy Sources, Part B* 12, no. 6 (March 2017): pp. 591 – 596, https://doi.org/10.1080/15567249.2016.1248874.

20 International Energy Agency, *The Future of Cooling: Opportunities for Energy-Efficient Air Conditioning* (Paris, 2018), p. 24, www.iea.org/publications/freepublications/publication/The_Future_of_Cooling.pdf.

21 Ibid., p. 3.

22 Nihar Shah et al., "Benefits of Leapfrogging to Superefficiency and Low Global Warming Potential Refrigerants in Room Air Conditioning," Lawrence Berkeley National Laboratory (October 2015), p. 18, http://eta-publications.lbl.gov/sites/default/files/lbnl-1003671.pdf.

23 University of Birmingham, *A Cool World: Defining the Energy Conundrum of Cooling for All* (Birmingham, 2018), p. 3, www.birmingham.ac.uk/Documents/college-eps/energy/Publications/2018-clean-cold-report.pdf.

24 Jeremy S. Pal and Elfatih A. B. Eltahir, "Future Temperature in Southwest Asia Projected to Exceed a Threshold for Human Adaptability," *Nature Climate Change* 6 (2016), pp. 197–200, www.nature.com/articles/nclimate2833.

25 Oriana Ramirez-Rubio et al., "An Epidemic of Chronic Kidney Disease in Central America: An Overview," *Journal of Epidemiology and Community Health* 67, no. 1 (September 2012): pp. 1–3, http://dx.doi.org/10.1136/jech-2012-201141.

26 International Energy Agency, *Global Energy and CO2 Status Report, 2017* (Paris, March 2018), p. 1, www.iea.org/publications/freepublications/publication/GECO2017.pdf.

27 기후변화 대응 행동 분석 기관 보고를 참조하라.

28 Zach Boren and Harri Lammi, "Dramatic Surge in China Carbon Emissions Signals Climate Danger," *Unearthed*, May 30, 2018, https://unearthed.greenpeace.org/2018/05/30/china-co2-carbon-climate-emissions-rise-in-2018.

29 Simon Evans and Rosamund Pearce, "Mapped: The World's Coal Power Plants," *Carbon Brief*, June 5, 2018, www .carbonbrief.org/mapped-worlds-coal-power-plants. 해당 연구에서는 2000년에 106.1만 메가와트의 석탄 발전이, 2017년에 199.6만 메가와트의 석탄 발전이 이루어졌다고 추산한다.

30 Yann Robiou du Pont and Malte Meinshausen, "Warming Assessment of the Bottom-Up Paris Agreement Emissions Pledges," *Nature Communications,* November 2018.

31 European Academies' Science Advisory Council, *Negative Emission Technologies: What Role in Meeting Paris Agreement Targets?* (Halle, Ger., February 2018), p. 1, https://easac.eu/fileadmin/PDF_s/reports_statements/Negative_Carbon/EASAC_Report_on_Negative_Emission_Technologies.pdf.

32 "Why Current Negative-Emissions Strategies Remain 'Magical Thinking,' " *Nature*, February 21, 2018, www.nature.com/articles/d41586-018-02184-x.

33 Andy Skuce, " 'We'd Have to Finish One New Facility Every Working Day for the Next 70 Years'—Why Carbon Capture Is No Panacea," *Bulletin of the Atomic Scientists,* October 4, 2016, https://thebulletin.org/2016/10/wed-have-to-finish-one-new-facility-every-working-day-for-the-next-70-years-why-carbon-capture-is-no-panacea.

34 Global CCS Institute, "Large-Scale CCS Facilities," www.globalccsinstitute.com/projects/large-scale-ccs-projects.

35 Linda Poon, "Street Grids May Make Cities Hotter," *CityLab*, April 27, 2018, www.citylab.com/environment/2018/04/street-grids-may-make-cities-hotter/558845.

36 Environmental Protection Agency, "Heat Island Effect," www.epa.gov/heat-islands.

37 Eric Klinenberg, *Heat Wave: A Social Autopsy of Disaster in Chicago* (Chicago: University of

Chicago Press, 2002)(에릭 클라이넨버그, 홍경탁 역,《폭염 사회》, 글항아리, 2018).

38 "Around 2.5 Billion More People Will Be Living in Cities by 2050, Projects New U.N. Report," United Nations Department of Economic and Social Affairs, May 16, 2018, www.un.org/development/desa/en/news/population/2018-world-urbanization-prospects.html.

39 Urban Climate Change Research Network, *The Future We Don't Want: How Climate Change Could Impact the World's Greatest Cities* (New York, February 2018), p. 6, https://c40-production-images.s3.amazonaws.com/other_uploads/images/1789_Future_We_Don't _Want_Report_1.4_hi-res_120618.original.pdf.

40 Public Citizen, "Extreme Heat and Unprotected Workers: Public Citizen Petitions OSHA to Protect the Millions of Workers Who Labor in Dangerous Temperatures" (Washington, D.C.: July 17, 2018), p. 25, www.citizen.org/sites/default/files/extreme_heat_and_unprotected_workers.pdf.

41 World Health Organization, "Quantitative Risk Assessment of the Effects of Climate Change on Selected Causes of Death, 2030s and 2050s" (Geneva, 2014), p. 21, http://apps.who.int/iris/bitstream/handle/10665/134014/9789241507691_eng.pdf?sequence=1&isAllowed=y.

42 Camilo Mora et al., "Global Risk of Deadly Heat," *Nature Climate Change* 7 (June 2017): pp. 501 – 506, https://doi .org/10.1038/nclimate3322.

43 Langewiesche, "How Extreme Heat Could Leave Swaths."

2장 빈곤과 굶주림

1 David S. Battisti and Rosamond L. Naylor, "Historical Warnings of Future Food Insecurity with Unprecedented Seasonal Heat," *Science* 323, no. 5911 (January 2009): pp. 240 – 244.

2 바티스티는 말한다. "기온과 작물 사이의 관계는 비선형적이다. 기온이 1도 증가할 때마다 수확량은 그보다 빠른 속도로 감소한다. 따라서 다른 조건이 모두 같다면 수확량은 50퍼센트보다 훨씬 큰 폭으로 감소할 수 있다."

3 Lloyd Alter, "Energy Required to Produce a Pound of Food," *Treehugger*, 2010. 바티스티는 인터뷰에서 이렇게 밝힌다. "보통 이 사실은 '1킬로그램의 소고기를 생산하는 데 8~10킬로그램의 곡물이 소요'된다는 식으로 인용되지요."

4 Ed Yong, "The Very Hot, Very Hungry Caterpillar," *The Atlantic*, August 30, 2018.

5 Chuang Zhao et al., "Temperature Increase Reduces Global Yields of Major Crops in Four Independent Estimates," *Proceedings of the National Academy of Sciences* 114, no. 35 (August 2017): pp. 9326-9331, https://doi.org/10.1073/pnas.1701762114.

6 Food and Agriculture Organization, "How to Feed the World in 2050" (Rome, October 2009), p. 2, www.fao.org/fileadmin/templates/wsfs/docs/expert_paper/How_to_Feed_the_World_in_2050.pdf.

7 바티스티는 내게 이렇게 말했다. "열대 지역에서는 기온이 이미 대부분의 작물에게 최적 온도를 넘어섰습니다. 기온이 조금이라도 오를 때마다 수확량은 더욱 감소할 것이고 심지어 다른 조건이 다 알맞더라도 그렇게 될 거예요."

8 Michelle Tigchelaar et al., "Future Warming Increases Probability of Globally Synchronized Maize Production Shocks," *Proceedings of the National Academy of Sciences* 115, no. 26 (June 2018): pp. 6644-6649, https://doi.org/10.1073/pnas.1718031115.

9 Marlies Kovenock and Abigail L. S. Swann, "Leaf Trait Acclimation Amplifies Simulated Climate Warming in Response to Elevated Carbon Dioxide," *Global Biogeochemical Cycles* 32 (October 2018), https://doi.org/10.1029/2018GB005883.

10 Stacey Noel et al., "Report for Policy and Decision Makers: Reaping Economic and Environmental Benefits from Sustainable Land Management," Economics of Land Development Initiative (Bonn, Ger., September 2015), p. 10, www.eld-initiative.org/fileadmin/pdf/ELD-pm-report_05_web_300dpi.pdf.

11 Susan S. Lang, " 'Slow, Insidious' Soil Erosion Threatens Human Health and Welfare as Well as the Environment, Cornell Study Asserts," *Cornell Chronicle*, March 20, 2006, http://news.cornell.edu/stories/2006/03/slow-insidious-soil-erosion-threatens-human-health-and-welfare.

12 Ibid.

13 Richard Hornbeck, "The Enduring Impact of the American Dust Bowl: Short-and Long-Run Adjustments to Environmental Catastrophe," *American Economic Review* 102, no. 4 (June 2012): pp. 1477-1507, http://doi.org/10.1257/aer.102.4.1477.

14 Richard Seager et al., "Whither the 100th Meridian? The Once and Future Physical and Human Geography of America's Arid-Humid Divide. Part 1: The Story So Far," *Earth Interactions* 22, no. 5 (March 2018), https://doi.org/10.1175/EI-D-17-0011.1. 이에 더해 파웰 본인의 텍스트도 읽기를 원한다면 다음을 참조하라. "Report on the Lands of the Arid Region of the United States, with a More Detailed Account of the Lands of Utah. With Maps" (Washington, D.C.: Government Printing Office, 1879), https://pubs.usgs.

gov/unnumbered/70039240/report.pdf.

15 Seager, "Whither the 100th Meridian?" https://doi.org/10.1175/EI-D-17-0011.1.

16 Lamont-Doherty Earth Observatory, "The 100th Meridian, Where the Great Plains Begins, May Be Shifting," April 11, 2018, www.ldeo.columbia.edu/news-events/100th-meridian-where-great-plains-begin-may-be-shifting.

17 Natalie Thomas and Sumant Nigam, "Twentieth-Century Climate Change over Africa: Seasonal Hydroclimate Trends and Sahara," *Journal of Climate* 31, no. 22 (2018).

18 Food and Agriculture Organization, "The State of Food Insecurity in the World: Addressing Food Insecurity in Protracted Crises" (Rome, 2010), p. 9, www.fao.org/docrep/013/i1683e/i1683e.pdf.

19 Charles C. Mann, *The Wizard and the Prophet: Two Remarkable Scientists and Their Dueling Visions to Shape Tomorrow's World* (New York: Knopf, 2018).

20 Zhaohai Bai et al., "Global Environmental Costs of China's Thirst for Milk," *Global Change Biology* 24, no. 5 (May 2018): pp. 2198–2211, https://doi.org/10.1111/gcb.14047.

21 Natasha Gilbert, "One-Third of Our Greenhouse Gas Emissions Come from Agriculture," *Nature*, October 31, 2012, www.nature.com/news/one-third-of-our-greenhouse-gas-emissions-come-from-agriculture-1.11708.

22 Greenpeace International, "Greenpeace Calls for Decrease in Meat and Dairy Production and Consumption for a Healthier Planet" (press release), March 5, 2018, www.greenpeace.org/international/press-release/15111/greenpeace-calls-for-decrease-in-meat-and-dairy-production-and-consumption-for-a-healthier-planet.

23 Kris Bartkus, "W. G. Sebald and the Malthusian Tragic," *The Millions*, March 28, 2018.

24 Mark Lynas, *Six Degrees: Our Future on a Hotter Planet* (Washington, D.C.: National Geographic Society, 2008), p. 84. (마크 라이너스, 이한중 역, 《6도의 멸종》, 세종서적, 2014)

25 Ibid.

26 Benjamin I. Cook et al., "Global Warming and 21st Century Drying," *Climate Dynamics* 43, no. 9–10 (March 2014): pp. 2607–2627, https://doi.org/10.1007/s00382-014-2075-y.

27 Joseph Romm, *Climate Change: What Everyone Needs to Know* (New York: Oxford University Press, 2016), p. 101.

28 Ibid., p. 102.

29 Food and Agriculture Organization, "The State of Food Security and Nutrition in the

World: Building Climate Resilience for Food Security and Nutrition" (Rome, 2018), p. 57, www.fao.org/3/I9553EN/i9553en.pdf.

30 "Fighting Famine in Nigeria, Somalia, South Sudan and Yemen," ReliefWeb, 2017, https://reliefweb.int/topics/fighting-famine-nigeria-somalia-south-sudan-and-yemen.

31 Zhenling Cui et al, "Pursuing Sustainable Productivity with Millions of Smallholder Farmers," *Nature*, March 7, 2018.

32 Madeleine Cuff, "Green Growth: British Soil-Free Farming Startup Prepares for First Harvest," *Business Green*, May 1, 2018.

33 Helena Bottemiller Evich, "The Great Nutrient Collapse," *Politico*, September 13, 2017.

34 Donald R. Davis et al., "Changes in USDA Food Composition Data for 43 Garden Crops, 1950 to 1999," *Journal of the American College of Nutrition* 23, no. 6 (2004): pp. 669–682.

35 Lewis H. Ziska et al., "Rising Atmospheric CO2 Is Reducing the Protein Concentration of a Floral Pollen Source Essential for North American Bees," *Proceedings of the Royal Society B* 283, no. 1828 (April 2016), http://dx.doi.org/10.1098/rspb.2016.0414.

36 Danielle E. Medek et al., "Estimated Effects of Future Atmospheric CO2 Concentrations on Protein Intake and the Risk of Protein Deficiency by Country and Region," *Environmental Health Perspectives* 125, no. 8 (August 2017), https://doi.org/10.1289/EHP41.

37 Samuel S. Myers et al., "Effect of Increased Concentrations of Atmospheric Carbon Dioxide on the Global Threat of Zinc Deficiency: A Modelling Study," *The Lancet* 3, no. 10 (October 2015): PE639–E645, https://doi.org/10.1016/S2214-109X(15)00093-5.

38 M. R. Smith et al., "Potential Rise in Iron Deficiency Due to Future Anthropogenic Carbon Dioxide Emissions," *GeoHealth* 1 (August 2017): pp. 248–257, https://doi.org/10.1002/2016GH000018.

39 Chunwu Zhu et al., "Carbon Dioxide (CO2) Levels This Century Will Alter the Protein, Micronutrients, and Vitamin Content of Rice Grains with Potential Health Consequences for the Poorest Rice-Dependent Countries," *Science Advances* 4, no. 5 (May 2018), https://doi.org/10.1126/sciadv.aaq1012.

3장 집어삼키는 바다

1 Brady Dennis and Chris Mooney, "Scientists Nearly Double Sea Level Rise Projections for 2100, Because of Antarctica," *The Washington Post*, March 30, 2016.

2 Benjamin Strauss and Scott Kulp, "Extreme Sea Level Rise and the Stakes for America," Climate Central, April 26, 2017, www.climatecentral.org/news/extreme-sea-level-rise-stakes-for-america-21387.

3 클라이미트센트럴Climate Central 웹사이트에서 다음 도표를 확인하라. "Surging Seas: 2°C Warming and Sea Level Rise."

4 Jeff Goodell, *The Water Will Come: Rising Seas, Sinking Cities, and the Remaking of the Civilized World* (New York: Little, Brown, 2017), p. 13.

5 이 전설에 대한 역사적 근거가 혹시 있다고 하더라도 그마저도 아직 논쟁과 논란의 대상에서 벗어나지 못했다. 그럼에도 개괄적인 내용에 더해 오늘날 산토리니 지역에서 발생한 화산 분출로 아틀란티스가 가라앉았을 가능성을 제시하는 이론을 살펴보고 싶다면 다음을 참조하라. Willie Drye, "Atlantis," *National Geographic*, 2018.

6 Jochen Hinkel et al., "Coastal Flood Damage and Adaptation Costs Under 21st Century Sea-Level Rise," *Proceedings of the National Academy of Sciences* (February 2014), https://doi.org/10.1073/pnas.1222469111.

7 Mayuri Mei Lin and Rafki Hidayat, "Jakarta, the Fastest-Sinking City in the World," *BBC News*, August 13, 2018, www.bbc.com/news/world-asia-44636934.

8 Andrew Galbraith, "China Evacuates 127,000 People as Heavy Rains Lash Guangdong-Xinhua," Reuters, September 1, 2018, www.reuters.com/article/us-china-floods/china-evacuates-127000-people-as-heavy-rains-lash-guangdong-xinhua-idUSKCN1LH3BV.

9 Ramakrishnan Durairajan et al., "Lights Out: Climate Change Risk to Internet Infrastructure," *Proceedings of the Applied Networking Research Workshop* (July 16, 2018): pp. 9–15, https://doi.org/10.1145/3232755.3232775.

10 Union of Concerned Scientists, "Underwater: Rising Seas, Chronic Floods, and the Implications for US Coastal Real Estate" (Cambridge, MA, 2018), p. 5, www.ucsusa.org/global-warming/global-warming-impacts/sea-level-rise-chronic-floods-and-us-coastal-real-estate-implications.

11 University of Southampton, "Climate Change Threatens to Cause Trillions in Damage to World's Coastal Regions If They Do Not Adapt to Sea-Level Rise," February 4, 2014, www.southampton .ac .uk/news/2014/02/04-climate-change-threatens-damage-to-coastal-regions.page#.UvonXXewI2l.

12 Svetlana Jevrejeva et al., "Flood Damage Costs Under the Sea Level Rise with Warming of 1.5 °C and 2 °C," *Environmental Research Letters* 13, no. 7 (July 2018), https://doi.org/10.1088/1748-9326/aacc76.

13 "Surging Seas," Climate Central.

14 Andrea Dutton et al., "Sea-Level Rise Due to Polar Ice-Sheet Mass Loss During Past Warm Periods," *Science* 349, no. 6244 (July 2015), https://doi.org/10.1126/science.aaa4019.

15 Benjamin Strauss, "Coastal Nations, Megacities Face 20 Feet of Sea Rise," Climate Central, July 9, 2015, www.climatecentral.org/news/nations-megacities-face-20-feet-of-sea-level-rise-19217.

16 Ibid.

17 European Academies' Science Advisory Council, "New Data Confirm Increased Frequency of Extreme Weather Events, European National Science Academies Urge Further Action on Climate Change Adaptation," March 21, 2018, https://easac.eu/press-releases/details/new-data-confirm-increased-frequency-of-extreme-weather-events-european-national-science-academies.

18 National Oceanic and Atmospheric Administration, "Patterns and Projections of High Tide Flooding Along the US Coastline Using a Common Impact Threshold" (Silver Spring, MD, February 2018), p. ix, https://tidesandcurrents.noaa.gov/publications/techrpt86_PaP_of_HTFlooding.pdf.

19 United Nations Office for Disaster Risk Reduction, "The Human Cost of Weather Related Disasters 1995–2015" (Geneva, 2015), p. 13, www.unisdr.org/2015/docs/climatechange/COP21_WeatherDisastersReport_2015_FINAL.pdf.

20 Sven N. Willner et al., "Adaptation Required to Preserve Future High-End River Flood Risk at Present Levels," *Science Advances* 4, no. 1 (January 2018), https://doi.org/10.1126/sciadv.aao1914.

21 Oliver E. J. Wing et al., "Estimates of Present and Future Flood Risk in the Conterminous United States," *Environmental Research Letters* 13, no. 3 (February 2018), https://doi.org/10.1088/1748-9326/aaac65.

22 Oxfam International, "43 Million Hit by South Asia Floods: Oxfam Is Responding," August 31, 2017, www.oxfam.org/en/pressroom/pressreleases/2017-08-31/43-million-hit-south-asia -floods-oxfam-responding.

23 United Nations Secretary-General, "Secretary-General's Press Encounter on Climate Change [with Q&A]," March 29, 2018, www.un.org/sg/en/content/sg/press-encounter/2018-03-29/secretary-generals-press-encounter-climate-change-qa.

24 이 성경 이야기에 영감을 줬을 가능성이 있는 역사적 홍수 사건을 제시하는 이론들이 많다. 하지만 그중에서도 인기 있는 이론이 다음 책에 자세히 소개돼 있다. William Ryan and Walter Pitman, *Noah's Flood: The New Scientific Discoveries About the Event That Changed History* (New York: Simon & Schuster, 2000).

25 U.S. Census Bureau, "Historical Estimates of World Population," www.census.gov/data/tables/time-series/demo/international-programs/historical-est-worldpop.html.

26 Michael Schwirtz, "Besieged Rohingya Face 'Crisis Within the Crisis': Deadly Floods," *The New York Times*, February 13, 2018.

27 Meehan Crist, "Besides, I'll Be Dead," *London Review of Books*, February 22, 2018, www.lrb.co.uk/v40/n04/meehan-crist/besides-ill-be-dead.

28 Jim Morrison, "Flooding Hot Spots: Why Seas Are Rising Faster on the US East Coast," *Yale Environment 360*, April 24, 2018, https://e360.yale.edu/features/flooding-hot-spots-why-seas-are-rising -faster-on-the-u.s.-east-coast.

29 University of Leeds, "Antarctica Ramps Up Sea Level Rise," June 13, 2018, www.leeds.ac.uk/news/article/4250/antarctica_ramps_up_sea_level_rise.

30 Andrew Shepherd, Helen Amanda Fricker, and Sinead Louise Farrell, "Trends and Connections Across the Antarctic Cryosphere," *Nature* 558 (2018): pp. 223–232.

31 Chris Mooney, "Antarctic Ice Loss Has Tripled in a Decade. If That Continues, We Are in Serious Trouble," *The Washington Post*, June 13, 2018.

32 James Hansen et al., "Ice Melt, Sea Level Rise, and Superstorms: Evidence from Paleoclimate Data, Climate Modeling, and Modern Observations That 2°C Global Warming Could Be Dangerous," *Atmospheric Chemistry and Physics* 16 (2016): pp. 3761–3812, https://doi.org/10.5194/acp-16-3761-2016.

33 University of Maryland, "Decades of Satellite Monitoring Reveal Antarctic Ice Loss," June 13, 2018, https://cmns.umd.edu/news-events/features/4156.

34 Hayley Dunning, "How to Save Antarctica (and the Rest of Earth Too)," Imperial College London, June 13, 2018, www.imperial.ac.uk/news/186668/how-save-antarctica-restearth.

35 Richard Zeebe et al., "Anthropogenic Carbon Release Rate Unprecedented During the Past 66 Million Years," *Nature Geoscience* 9 (March 2016): pp. 325–329, https://doi .org//10.1038/ngeo2681.

36 C. P. Borstad et al., "A Damage Mechanics Assessment of the Larsen B Ice Shelf Prior to Collapse: Toward a Physically-Based Calving Law," *Geophysical Research Letters* 39 (September 2012), https://doi .org/10.1029/2012GL053317.

37 Sarah Griffiths, "Global Warming Is Happening 'Ten Times Faster than at Any Time in the Earth's History,' Climate Experts Claim," *The Daily Mail*, August 2, 2013. See also Melissa Davey, "Humans Causing Climate to Change 170 Times Faster than Natural Forces," *The Guardian*, February 12, 2017; 170배 빠른 지구온난화의 속도에 관한 추측은 다음 논문에서 나왔다. Owen Gaffney and Will Steffen, "The Anthropocene Equation," *The Anthropocene Review*, February 10, 2017, https://doi .org/10.1177/2053019616688022.

38 Dirk Notz and Julienne Stroeve, "Observed Arctic Sea-Ice Loss Directly Follows Anthropogenic CO2 Emission," *Science*, November 3, 2016. See also Robinson Meyer, "The Average American Melts 645 Square Feet of Arctic Ice Every Year," *The Atlantic*, November 3, 2016. And see also Ken Caldeira, "How Much Ice Is Melted by Each Carbon Dioxide Emission?" March 24, 2018, https://kencaldeira.wordpress.com/2018/03/24/how-much-ice-is-melted-by-each-carbon-dioxide-emission.

39 Sebastian H. Mernild, "Is 'Tipping Point' for the Greenland Ice Sheet Approaching?" *Aktuel Naturvidenskab*, 2009, http://mernild.com/onewebmedia/2009.AN%20Mernild4.pdf.

40 National Snow and Ice Data Center, "Quick Facts on Ice Sheets," https://nsidc.org/cryosphere/quickfacts/icesheets.html.

41 Patrick Lynch, "The 'Unstable' West Antarctic Ice Sheet: A Primer," NASA, May 12, 2014, www.nasa.gov/jpl/news/antarctic-ice-sheet-20140512.

42 UMassAmherst College of Engineering, "Gleason Participates in Groundbreaking Greenland Research That Makes Front Page of *New York Times*," January 2017, https://engineering.umass.edu/news/gleason-participates-groundbreaking-greenland-research-that-makes-front-page-new-york-times.

43 Jonathan L. Bamber, "Reassessment of the Potential Sea-Level Rise from a Collapse of the West Antarctic Ice Sheet," *Science* 324, no. 5929 (May 2009): pp. 901–903, https://doi.

org/10.1126/science.1169335.

44 Alejandra Borunda, "We Know West Antarctica Is Melting. Is the East in Danger, Too?" *National Geographic*, August 10, 2018.

45 NASA Science, "Is Arctic Permafrost the 'Sleeping Giant' of Climate Change?" June 24, 2013, https://science.nasa .gov/science-news/science-at-nasa/2013/24jun_permafrost.

46 Anthony, "21st-Century Modeled Permafrost Carbon Emissions," https://doi.org/10.1038/s41467-018-05738-9.

47 Katey Walter Anthony et al., "21st-Century Modeled Permafrost Carbon Emissions Accelerated by Abrupt Thaw Beneath Lakes," *Nature Communications* 9, no. 3262 (August 2018), https://doi.org/10.1038/s41467-018-05738-9. See also Ellen Gray, "Unexpected Future Boost of Methane Possible from Arctic Permafrost," NASA Climate, August 20, 2018, https://climate.nasa.gov/news/2785/unexpected-future-boost-of-methane-possible-from-arctic-permafrost.

48 "What Is Behind Rising Levels of Methane in the Atmosphere?" NASA Earth Observatory, January 11, 2018, https://earthobservatory.nasa.gov/images/91564/what-is-behind-rising-levels-of-methane-in-the-atmosphere.

49 Anthony, "21st-Century Modeled Permafrost Carbon Emissions," https://doi.org/10.1038/s41467-018-05738-9.

50 IPCC, *Climate Change 2013: The Physical Science Basis—Summary for Policymakers* (Geneva, October 2013), p. 23, www .ipcc.ch/pdf/assessment-report/ar5/wg1/WGIAR5_SPM_brochure_en.pdf.

51 Kevin Schaeffer et al., "Amount and Timing of Permafrost Release in Response to Climate Warming," *Tellus B*, January 24, 2011.

52 Ibid.

53 Peter Wadhams, "The Global Impacts of Rapidly Disappearing Arctic Sea Ice," *Yale Environment 360*, September 26, 2016, https://e360.yale.edu/features/as_arctic_ocean_ice_disappears_global_climate_impacts_intensify_wadhams.

54 David Archer, *The Long Thaw: How Humans Are Changing the Next 100,000 Years of Earth's Climate* (Princeton, NJ: Princeton University Press, 2016).

55 Jason Treat et al., "What the World Would Look Like If All the Ice Melted," *National Geographic*, September 2013.

56 Benjamin Strauss, Scott Kulp, and Peter Clark, "Can You Guess What America Will Look Like in 10,000 Years? A Quiz," *The New York Times*, April 20, 2018, www.nytimes.com/

interactive/ 2018/04/20/sunday-review/climate-flood-quiz.html.

57 Treat, "What the World Would Look Like."

58 Gordon McGranahan et al., "The Rising Tide: Assessing the Risks of Climate Change and Human Settlements in Low Elevation Coastal Zones," *Environment and Urbanization* 19, no. 1 (April 2007): pp. 17–27, https://doi.org/10.1177//0956247807076960.

4장 치솟는 산불

1 CalFire, "Incident Information: Thomas Fire," March 28, 2018, http://cdfdata.fire.ca.gov/incidents/incidents_details_info?incident_id=1922.

2 CalFire, "Thomas Fire Incident Update," December 11, 2017, http://cdfdata.fire.ca.gov/pub/cdf/images/incidentfile1922_3183.pdf.

3 Joan Didion, *Slouching Towards Bethlehem* (New York: Farrar, Straus & Giroux, 1968).

4 CalFire, "Top 20 Most Destructive California Wildfires," August 20, 2018, www.fire.ca.gov/communications/downloads/fact_sheets/Top20_Destruction.pdf.

5 CalFire, "Incident Information: 2017," January 24, 2018, http://cdfdata.fire.ca.gov/incidents/incidents_stats?year=2017.

6 California Board of Forestry and Fire Protection, "October 2017 Fire Siege," January 2018, http://bofdata.fire.ca.gov/board_business/binder_materials/2018/january_2018_meeting/full/full_14_presentation_october_2017_fire_siege.pdf.

7 Robin Abcarian, "They Survived Six Hours in a Pool as a Wildfire Burned Their Neighborhood to the Ground," *Los Angeles Times*, October 12, 2017.

8 Erin Allday, "Wine Country Wildfires: Huddled in Pool amid Blaze, Wife Dies in Husband's Arms," *SF Gate*, January 25, 2018.

9 CalFire, "Incident Information: 2018," January 24, 2018, http://cdfdata.fire.ca.gov/incidents/incidents_stats?year=2018.

10 Megan Molteni, "Wildfire Smoke Is Smothering the US—Even Where You Don't Expect It," *Wired*, August 14, 2018.

11 Estefania Duran, "B.C. Year in Review 2017: Wildfires Devastate the Province like Never Before," *Global News*, December 25, 2017, https://globalnews.ca/news/3921710/b-c-year-in-review-2017-wildfires.

12 Mike Davis, *City of Quartz: Excavating the Future in Los Angeles* (London: Verso, 1990).

13 Tiffany Hsu, "In California Wine Country, Wildfires Take a Toll on Vintages and Tourism," *The New York Times*, October 10, 2017.

14 Jessica Gelt, "Getty Museum Closes Because of Fire, but 'The Safest Place for the Art Is Right Here,' Spokesman Says," *Los Angeles Times*, December 6, 2017.

15 "Climate Change Indicators: U.S. Wildfires," WX Shift, http://wxshift.com/climate-change/climate-indicators/us-wildfires.

16 W. Matt Jolly et al., "Climate-Induced Variations in Global Wildfire Danger from 1979 to 2013," *Nature Communications* 6, no. 7537 (July 2015), https://doi.org/10.1038/ncomms8537.

17 Joseph Romm, *Climate Change: What Everyone Needs to Know* (New York: Oxford University Press, 2016), p. 47.

18 National Interagency Fire Center, "Total Wildland Fires and Acres (1926-2017)," www.nifc.gov/fireInfo/fireInfo _stats_totalFires.html.

19 Melissa Pamer and Elizabeth Espinosa, " 'We Don't Even Call It Fire Season Anymore . . . It's Year Round': Cal Fire," KTLA 5, December 11, 2017, https://ktla.com/2017/12/11/we-dont-even-call-it-fire-season-anymore-its-year-round-cal-fire.

20 William Finnegan, "California Burning," *New York Review of Books*, August 16, 2018.

21 Jason Horowitz, "As Greek Wildfire Closed In, a Desperate Dash Ended in Death," *The New York Times*, July 24, 2018.

22 Daniel L. Swain et al., "Increasing Precipitation Volatility in Twenty-First-Century California," *Nature Climate Change* 8 (April 2018): pp. 427–433, https://doi.org/10.1038/s41558-018-0140-y.

23 Fay H. Johnston et al., "Estimated Global Mortality Attributable to Smoke from Landscape Fires," *Environmental Health Perspectives* 120, no. 5 (May 2012), https://doi.org/10.1289/ehp.1104422.

24 George E. Le et al., "Canadian Forest Fires and the Effects of Long-Range Transboundary Air Pollution on Hospitalizations Among the Elderly," *ISPRS International Journal of Geo-Information* 3 (May 2014): pp. 713–731, https://doi.org/ 10.3390/ijgi3020713.

25 C. Howard et al., "SOS: Summer of Smoke—A Mixed-Methods, Community-Based Study Investigating the Health Effects of a Prolonged, Severe Wildfire Season on a Subarctic Population," *Canadian Journal of Emergency Medicine* 19 (May 2017): p. S99, https://doi.org/10.1017/cem.2017.264.

26 Sharon J. Riley, " 'The Lost Summer': The Emotional and Spiritual Toll of the Smoke Apocalypse," *The Narwhal*, August 21, 2018, https://thenarwhal.ca/the-lost-summer-the-emotional-and-spiritual-toll-of-the-smoke-apocalypse.

27 Susan E. Page et al., "The Amount of Carbon Released from Peat and Forest Fires in Indonesia During 1997," *Nature* 420 (November 2002): pp. 61-65, https://doi.org/10.1038/nature01131. 이탄 지대의 온실가스 배출 상황이 앞으로 어떻게 전개될지 확인하고 싶다면 다음을 참조하라. Angela V. Gallego-Sala et al., "Latitudinal Limits to the Predicted Increase of the Peatland Carbon Sink with Warming," *Nature Climate Change* 8 (2018): pp. 907-913.

28 David R. Baker, "Huge Wildfires Can Wipe Out California's Greenhouse Gas Gains," *San Francisco Chronicle*, November 22, 2017.

29 Joe Romm, "Science: Second '100-Year' Amazon Drought in Five Years Caused Huge CO2 Emissions. If This Pattern Continues, the Forest Would Become a Warming Source," ThinkProgress, February 8, 2011, https://thinkprogress.org/science-second-100-year-amazon-drought-in-5-years-caused-huge-co2-emissions-if-this-pattern-7036a9074098.

30 Roel J. W. Brienen et al., "Long-Term Decline of the Amazon Carbon Sink," *Nature*, March 2015.

31 Aline C. Soterroni et al., "Fate of the Amazon Is on the Ballot in Brazil's Presidential Election," *Monga Bay*, October 17, 2018, https://news.mongabay.com/2018/10/fate-of-the-amazon-is-on-the-ballot-in-brazils-presidential-election-commentary/.

32 G. R. van der Werf et al., "CO2 Emissions from Forest Loss," *Nature Geoscience* 2 (November 2009): pp. 737-738, https://doi.org/10.1038/ngeo671.

33 Bob Berwyn, "How Wildfires Can Affect Climate Change (and Vice Versa)," *Inside Climate News*, August 23, 2018, https://insideclimatenews.org/news/23082018/extreme-wildfires-climate-change-global-warming-air-pollution-fire-management-black-carbon-co2.

34 Daisy Dunne, "Methane Uptake from Forest Soils Has 'Fallen by 77% in Three Decades,'" *Carbon Brief*, August 6, 2018, www.carbonbrief.org/methane-uptake-from-forest-soils-has-fallen-77-per-cent-three-decades.

35 Natalie M. Mahowald et al., "Are the Impacts of Land Use on Warming Underestimated in Climate Policy?" *Environmental Research Letters* 12, no. 9 (September 2017), https://doi.org/10.1088/1748-9326/aa836d.

36 Quentin Lejeune et al., "Historical Deforestation Locally Increased the Intensity of Hot Days in Northern Mid-Latitudes," *Nature Climate Change* 8 (April 2018): pp. 386–390, https://doi.org/10.1038/s41558-018-0131-z.

37 Leonardo Suveges Moreira Chaves et al., "Abundance of Impacted Forest Patches Less than 5km[2] Is a Key Driver of the Incidence of Malaria in Amazonian Brazil," *Scientific Reports* 8, no. 7077 (May 2018), https://doi.org/10.1038/s41598-018-25344-5.

5장 '날씨'가 되어버릴 재난들

1 Francesco Fiondella, "Extreme Tornado Outbreaks Have Become More Common," International Research Institute for Climate and Society, Columbia University, March 2, 2016, https://iri.columbia.edu/news/tornado-outbreaks.

2 Joseph Romm, *Climate Change: What Everyone Needs to Know* (New York: Oxford University Press, 2016), p. 69.

3 Congressional Research Service, *The National Hurricane Center and Forecasting Hurricanes: 2017 Overview and 2018 Outlook* (Washington, D.C., August 23, 2018), https://fas.org/sgp/crs/misc/R45264 .pdf.

4 Javier Zarracina and Brian Resnick, "All the Rain That Hurricane Harvey Dumped on Texas and Louisiana, in One Massive Water Drop," *Vox*, September 1, 2017.

5 Jason Samenow, "Red Hot Planet: This Summer's Punishing and Historic Heat in Seven Charts and Maps," *The Washington Post*, August 17, 2018.

6 U.S. Geological Survey, "Retreat of Glaciers in Glacier National Park," April 6, 2016, www.usgs.gov/centers/norock/science/retreat-glaciers-glacier-national-park.

7 European Academies' Science Advisory Council, "New Data Confirm Increased Frequency of Extreme Weather Events, European National Science Academies Urge Further Action on Climate Change Adaptation," March 21, 2018, https://easac.eu/press-releases/details/new-data-confirm-increased-frequency-of-extreme-weather-events-european-national-science-academies.

8 Andra J. Garner et al., "Impact of Climate Change on New York City's Coastal Flood Hazard: Increasing Flood Heights from the Preindustrial to 2300 CE," *Proceedings of the National Academy of Sciences* (September 2017), https://doi.org/10.1073/pnas.1703568114.

9 U.S. Global Change Research Program, *2014 National Climate Assessment* (Washington, D.C., 2014), https://nca2014.globalchange.gov/report/our-changing-climate/heavy-downpours-increasing.

10 U.S. Global Change Research Program, "Observed Change in Very Heavy Precipitation," September 19, 2013, https://data.globalchange.gov/report/nca3/chapter/our-changing-climate/figure/observed-change-in-very-heavy-precipitation-2.

11 National Weather Service, "April 2018 Precipitation Summary," May 4, 2018, www.prh.noaa.gov/hnl/hydro/pages/apr18sum.php.

12 Alyson Kenward and Urooj Raja, "Blackout: Extreme Weather, Climate Change and Power Outages," Climate Central (Princeton, NJ, 2014), p. 4, http://assets.climatecentral.org/pdfs/PowerOutages.pdf.

13 Joe Romm, "The Case for a Category 6 Rating for Super-Hurricanes like Irma," *ThinkProgress*, September 6, 2017, https://thinkprogress.org/category-six-hurricane-irma-62cfdfdd93cb.

14 Frances Robles and Luis Ferré-Sadurní, "Puerto Rico's Agriculture and Farmers Decimated by Maria," *The New York Times*, September 24, 2017.

15 와크가 트위터에 남긴 글이었다. https://twitter.com/mckenziewark/status/913382357230645248.

16 Ning Lin et al., "Hurricane Sandy's Flood Frequency Increasing from Year 1800 to 2100," *Proceedings of the National Academy of the Sciences,* October 2016.

17 Aslak Grinsted et al., "Projected Atlantic Hurricane Surge Threat from Rising Temperatures," *Proceedings of the National Academy of Sciences* (March 2013), https://doi.org/10.1073/pnas.1209980110.

18 Greg Holland and Cindy L. Bruyère, "Recent Intense Hurricane Response to Global Climate Change," *Climate Dynamics* 42, no. 3-4 (February 2014): pp. 617-627, https://doi.org/10.1007/s00382-013-1713-0.

19 Food and Agriculture Organization, "The Impact of Disasters on Agriculture and Food Security" (Rome, 2015), p. xix, https://reliefweb.int/sites/reliefweb.int/files/resources/a-i5128e.pdf.

20 Wei Mei and Shang-Ping Xie, "Intensification of Landfalling Typhoons over the Northwest Pacific Since the Late 1970s," *Nature Geoscience* 9 (September 2016): pp. 753-757, https://doi.org/10.1038/NGEO2792.

21 Linda Poon, "Climate Change Is Testing Asia's Megacities," CityLab, October 9,

2018, www.citylab.com/environment/2018/10/asian-megacities-vs-tomorrows-typhoons/572062.

22 Judah Cohen et al., "Warm Arctic Episodes Linked with Increased Frequency of Extreme Winter Weather in the United States," *Nature Communications* 9, no. 869 (March 2018): https://doi.org/10.1038/s41467-018-02992-9.

23 NOAA National Centers for Environmental Information, "State of the Climate: Tornadoes for April 2011," May 2011, www.ncdc .noaa.gov/sotc/tornadoes/201104.

24 Noah S. Diffenbaugh et al., "Robust Increases in Severe Thunderstorm Environments in Response to Greenhouse Forcing," *Proceedings of the National Academy of Sciences* 110, no. 41 (October 2013): pp. 16361–16366, https://doi.org/10.1073/pnas.1307758110.

25 Keith Porter et al., "Overview of the ARkStorm Scenario," U.S. Geological Survey, January 2011, https://pubs.usgs.gov/of/2010/1312.

26 Emily Atkin, "Minutes: 'Unbearable' Petrochemical Smells Are Reportedly Drifting into Houston," *The New Republic*, August 2017.

27 Frank Bajak and Lise Olsen, "Silent Spills," *Houston Chronicle*, May 2018.

28 Kevin Litten, "16 New Orleans Pumps, Not 14, Were Down Saturday and Remain Out: Officials," *The Times-Picayune*, August 10, 2017.

29 Elizabeth Fussell, "Constructing New Orleans, Constructing Race: A Population History of New Orleans," *The Journal of American History* 94, no. 3 (December 2007), pp. 846–855, www.jstor.org/stable/25095147.

30 Allison Plyer, "Facts for Features: Katrina Impact," The Data Center, August 26, 2016, www.datacenterresearch.org/data-resources/katrina/facts-for-impact.

31 U.S. Census Bureau, "The South Is Home to 10 of the 15 Fastest-Growing Large Cities," May 25, 2017, www.census.gov/newsroom/press-releases/2017/cb17-81-population-estimates-subcounty.html.

32 Amy Newcomb, "Census Bureau Reveals Fastest-Growing Large Cities," U.S. Census Bureau, 2018.

33 U.S. Census Bureau figures.

34 John Schwartz, "Exxon Misled the Public on Climate Change, Study Says," *The New York Times,* August 23, 2017.

35 Greg Allen, "Ghosts of Katrina Still Haunt New Orleans' Shattered Lower Ninth Ward," NPR, August 3, 2015, www.npr .org/2015/08/03/427844717/ghosts-of-katrina-still-haunt-new-orleans-shattered-lower-ninth-ward.

36 Kevin Sack and John Schwartz, "Left to Louisiana's Tides, a Village Fights for Time," *The New York Times*, February 24, 2018, www.nytimes.com/interactive/2018/02/24/us/jean-lafitte-floodwaters.html.

37 Bob Marshall, Brian Jacobs, and Al Shaw, "Losing Ground," *ProPublica*, August 28, 2014, http://projects.propublica.org/louisiana.

38 Jeff Goodell, "Welcome to the Age of Climate Migration," *Rolling Stone*, February 4, 2018.

39 John D. Sutter and Sergio Hernandez, " 'Exodus' from Puerto Rico: A Visual Guide," CNN, February 21, 2018, www.cnn.com/2018/02/21/us/puerto-rico-migration-data-invs/index.html.

6장 갈증과 가뭄

1 USGS Water Science School, "How Much Water Is There on, in, and Above the Earth?" U.S. Geological Survey, December 2, 2016, https://water.usgs.gov/edu/earthhowmuch.html.

2 USGS Water Science School, "The World's Water," U.S. Geological Survey, December 2, 2016, https://water.usgs.gov/edu/earthwherewater.html.

3 "Freshwater Crisis," *National Geographic*.

4 Tariq Khokhar, "Chart: Globally, 70% of Freshwater Is Used for Agriculture," World Bank Data Blog, March 22, 2017, https://blogs.worldbank.org/opendata/chart-globally-70-freshwater-used-agriculture.

5 "Water Consumption in Africa," Institute Water for Africa, https://water-for-africa.org/en/water-consumption/articles/water-consumption-in-africa.html.

6 UN-Water Decade Programme on Advocacy and Communication and Water Supply and Sanitation Collaborative Council, "The Human Right to Water and Sanitation," www.un.org/waterforlifedecade/pdf/human_right_to_water_and_sanitation_media_brief.pdf.

7 "Half the World to Face Severe Water Stress by 2030 Unless Water Use Is 'Decoupled' from Economic Growth, Says International Resource Panel," United Nations Environment Programme, March 21, 2016, www.unenvironment.org/news-and-stories/press-release/half-world-face-severe-water-stress-2030-unless-water-use-decoupled.

8 "Water Audits and Water Loss Control for Public Water Systems," Environmental

Protection Agency, July 2013, www.epa.gov/sites/production/files/2015-04/documents/epa816f13002.pdf.

9 "Treated Water Loss Is Still High in Brazil," World Water Forum, November 21, 2017, http://8.worldwaterforum.org/en/news/treated-water-loss-still-high-brazil.

10 2018년에 하버드대학 측에서 지하수를 위해 캘리포니아의 포도밭을 공격적으로 사들인 것으로 밝혀졌다.

11 "2.1 Billion People Lack Safe Drinking Water at Home, More than Twice as Many Lack Safe Sanitation," World Health Organization, July 12, 2017, www.who.int/news-room/detail/12-07-2017-2-1-billion-people-lack-safe-drinking-water-at-home-more-than-twice-as-many-lack-safe-sanitation.

12 Ibid.

13 M. Huss et al., "Toward Mountains Without Permanent Snow and Ice," *Earth's Future* 5, no. 5 (May 2017): pp. 418-435, https://doi.org/10.1002/2016EF000514.

14 P. D. A. Kraaijenbrink, "Impact of a Global Temperature Rise of 1.5 Degrees Celsius on Asia's Glaciers," *Nature* 549 (September 2017): pp. 257-260, https://doi.org/ 10.1038/nature23878.

15 Christoph Marty et al., "How Much Can We Save? Impact of Different Emission Scenarios on Future Snow Cover in the Alps," *The Cryosphere*, 2017.

16 Mark Lynas, *Six Degrees: Our Future on a Hotter Planet* (Washington, D.C.: National Geographic Society, 2008), p. 202. (마크 라이너스, 이한중 역, 《6도의 멸종》, 세종서적, 2014)

17 United Nations Framework Convention on Climate Change, "Climate Change: Impacts, Vulnerabilities and Adaptation in Developing Countries" (New York, 2007), p. 5, https://unfccc.int/resource/docs/publications/impacts.pdf.

18 Charles Fant et al., "Projections of Water Stress Based on an Ensemble of Socioeconomic Growth and Climate Change Scenarios: A Case Study in Asia," *PLOS One* 11, no. 3 (March 2016), https://doi.org/10.1371/journal.pone.0150633.

19 World Bank, "High and Dry: Climate Change, Water, and the Economy" (Washington, D.C., 2016), p. vi.

20 UN Water, "The United Nations World Water Development Report 2018: Nature-Based Solutions for Water" (Paris, 2018), p. 3, http://unesdoc.unesco.org/images/0026/002614/261424e.pdf.

21 Marcello Rossi, "Desert City Phoenix Mulls Ways to Quench Thirst of Sprawling Suburbs," *Thomson Reuters Foundation News,* June 7, 2018, news.trust.org/item/20180607120002-

7kwzq.

22 Edoardo Borgomeo, "Will London Run Out of Water?" *The Conversation*, May 24, 2018, https://theconversation.com/will-london-run-out-of-water-97107.

23 NITI Aayog, *Composite Water Management Index: A Tool for Water Management* (June 2018), p. 15, www.niti.gov.in/writereaddata/files/document_publication/2018-05-18-Water-index-Report_vS6B.pdf.

24 Rina Saeed Khan, "Water Pressures Rise in Pakistan as Drought Meets a Growing Population," Reuters, June 14, 2018, https://af.reuters.com/article/commoditiesNews/idAFL5N1T7502.

25 NASA Earth Observatory, "World of Change: Shrinking Aral Sea," https://earthobservatory.nasa.gov/WorldOfChange/AralSea.

26 NASA Earth Observatory, "Bolivia's Lake Poopó Disappears," January 23, 2016, https://earthobservatory.nasa.gov/images/87363/bolivias-lake-poopo-disappears.

27 Amir AghaKouchak et al., "Aral Sea Syndrome Desiccates Lake Urmia: Call for Action," *Journal of Great Lakes Research* 41, no. 1 (March 2015): pp. 307–311, https://doi.org/10.1016/j.jglr.2014.12.007.

28 "Africa's Vanishing Lake Chad," *Africa Renewal* (April 2012), www.un.org/africarenewal/magazine/april-2012/africa%E2%80%99s-vanishing-lake-chad.

29 Boqiang Qin et al., "A Drinking Water Crisis in Lake Taihu, China: Linkage to Climatic Variability and Lake Management," *Environmental Management* 45, no. 1 (January 2010): pp. 105–112, https://doi.org/10.1007/s00267-009-9393-6.

30 Jessica E. Tierney et al., "Late-Twentieth-Century Warming in Lake Tanganyika Unprecedented Since AD 500," *Nature Geoscience* 3 (May 2010): pp. 422–425, https://doi.org/10.1038/ngeo865. See also, for instance, Clea Broadhurst, "Global Warming Depletes Lake Tanganikya's Fish Stocks," RFI, August 9, 2016, http://en.rfi.fr/africa/20160809-global-warming-responsible-decline-fish-lake-tanganyika.

31 E. J. S. Emilson et al., "Climate-Driven Shifts in Sediment Chemistry Enhance Methane Production in Northern Lakes," *Nature Communications* 9, no. 1801 (May 2018), https://doi.org/10.1038/s41467-018-04236-2. See also David Bastviken et al., "Methane Emissions from Lakes: Dependence of Lake Characteristics, Two Regional Assessments, and a Global Estimate," *Global Biogeochemical Cycles* 18 (2004), https://doi.org/10.1029/2004GB002238.

32 "Greenhouse Gas 'Feedback Loop' Discovered in Freshwater Lakes," University of

Cambridge, May 4, 2018, www.cam.ac.uk/research/news/greenhouse-gas-feedback-loop-discovered-in-freshwater-lakes.

33 USGS Water Science School, "Groundwater Use in the United States," U.S. Geological Survey, June 26, 2018, https://water.usgs.gov/edu/wugw.html.

34 Brian Clark Howard, "California Drought Spurs Groundwater Drilling Boom in Central Valley," *National Geographic*, August 16, 2014.

35 Kevin Wilcox, "Aquifers Depleted in Colorado River Basin," *Civil Engineering*, August 5, 2014, www.asce.org/magazine/20140805-aquifers-depleted-in-colorado-river-basin.

36 Sandra Postel, "Drought Hastens Groundwater Depletion in the Texas Panhandle," *National Geographic,* July 24, 2014.

37 Kansas State University, "Study Forecasts Future Water Levels of Crucial Agricultural Aquifer," *K-State News*, August 26, 2013, www.k-state.edu/media/newsreleases/aug13/groundwater82613.html. See also David R. Steward et al., "Tapping Unsustainable Groundwater Stores for Agricultural Production in the High Plains Aquifer of Kansas, Projections to 2110," *Proceedings of the National Academy of Sciences of the United States of America* 110. no. 37 (September 2013), pp. E3477–3486, https://doi.org/10.1073/pnas.1220351110.

38 NITI Aayog, *Composite Water Management Index*, p. 22, www.niti.gov.in/writereaddata/files/document_publication/2018-05-18-Water-index-Report_vS6B.pdf.

39 City of Cape Town, "Day Zero: When Is It, What Is It, and How Can We Avoid It?" November 15, 2017.

40 Adam Welz, "Letter from a Bed in Cape Town," *Sierra*, February 12, 2018, www.sierraclub.org/sierra/letter-bed-cape-town-drought-day-zero.

41 Mark Milligan, "Glad You Asked: Does Utah Really Use More Water than Any Other State?" Utah Geological Survey, https://geology.utah.gov/map-pub/survey-notes/glad-you-asked/does-utah-use-more-water.

42 UNESCO, *Water: A Shared Responsibility—The United Nations World Water Development Report 2* (Paris, 2006), p. 502, http://unesdoc.unesco.org/images/0014/001454/145405e.pdf#page=519.

43 Stephen Leahy, "From Not Enough to Too Much, the World's Water Crisis Explained," *National Geographic*, March 22, 2018.

44 Public Policy Institute for California, "Water Use in California," July 2016, www.ppic.org/publication/water-use-in-california.

45 Simon Romero, "Taps Start to Run Dry in Brazil's Largest City," *The New York Times,* February 16, 2015.

46 Jon Gerberg, "A Megacity Without Water: São Paulo's Drought," *Time,* October 13, 2015.

47 Graham Keeley, "Barcelona Forced to Import Emergency Water," *The Guardian*, May 14, 2008.

48 "Recent Rainfall, Drought and Southern Australia's Long-Term Rainfall Decline," Australian Government Bureau of Meteorology, April 2015, www.bom.gov.au/climate/updates/articles/a010-southern-rainfall-decline.shtml.

49 Albert I. J. M. van Dijk et al., "The Millennium Drought in Southeast Australia (2001–2009): Natural and Human Causes and Implications for Water Resources, Ecosystems, Economy, and Society," *Water Resources Research* 49 (February 2013): pp. 1040–1057, http://doi.org/10.1002/wrcr.20123.

50 "Managing Water for the Environment During Drought: Lessons from Victoria, Australia, Technical Appendices," Public Policy Institute of California (San Francisco, June 2016), p. 8, www.ppic.org/content/pubs/other/0616JMR_appendix.pdf.

51 Michael Safi, "Washing Is a Privilege: Life on the Frontline of India's Water Crisis," *The Guardian*, June 21, 2018. See also Maria Abi-Habib and Hari Kumar, "Deadly Tensions Rise as India's Water Supply Runs Dangerously Low," *The New York Times*, June 17, 2018.

52 Mesfin M. Mekonnen and Arjen Y. Hoekstra, "Four Billion People Facing Severe Water Scarcity," *Science Advances* 2, no. 2 (February 2016), https://doi.org/10.1126/sciadv.1500323.

53 World Bank, "High and Dry," p. 5.

54 Ibid., p. 6.

55 Ibid., p. 13.

56 "Water Conflict," Pacific Institute: The World's Water, May 2018. www.worldwater.org/water-conflict.

57 International Committee of the Red Cross, "Health Crisis in Yemen," www.icrc.org/en/where-we-work/middle-east/yemen/health-crisis-yemen.

7장 사체가 쌓이는 바다

1 카슨은 《애틀랜틱》에 에세이를 기고했을 때 불과 서른 살의 나이로 여전히 미국 어류 및 야생동물국에서 생물학자로 활동하고 있었다. 카슨은 해양 상태를 이렇게 묘사한다. "우리는 각각의 요소가 하나의 큰 목표를 이루기라도 하는 것처럼 딱딱 들어맞는 걸 보게 된다. 일단 물은 땅과 공기로부터 단순한 물질을 넘겨받아서 축적해 놓는다. 그러다 봄에 태양의 에너지가 모이고 모여 식물을 잠에서 깨우면 식물은 터져 나가듯 역동적으로 활동하기 시작한다. 배가 고픈 플랑크톤 무리는 풍성한 식물 위에 무리를 지어 증식해 나간다. 그러다 스스로를 물고기 떼한테 먹이로 내어 준다. 결국에는 거스를 수 없는 바다의 법칙이 다시 모든 것을 용해시켜 기본적인 구성 물질로 되돌려 보낸다. 개별 원소는 눈에도 보이지 않게 된다. 그저 다시 복구하고 또 복구해 새로운 모습으로 나타날 뿐이다. 마치 불멸성을 입은 물질 같다. 한때는 상상도 못할 만큼 멀게 느껴졌지만 결국 원시적인 형태의 원형질 덩어리에 생명을 부여해 고대의 바다 위에 떠오르도록 했던 바로 그 친근한 힘이 그 위대하고도 불가해한 일을 지속해 나간다. 이런 우주적 배경에 비추어 보면 특정 식물이나 동물은 그 자체로 완결된 연극이라기보다는 끊임없는 변화의 파노라마 속에 잠깐 끼어든 막간에 가까워 보인다."

2 National Ocean Service, "How Much Water Is in the Ocean?" National Oceanic and Atmospheric Administration, June 25, 2018, https://oceanservice.noaa.gov/facts/oceanwater.html.

3 "Availability and Consumption of Fish," World Health Organization, www.who.int/nutrition/topics/3_foodconsumption/en/index5.html.

4 Malin L. Pinsky et al., "Preparing Ocean Governance for Species on the Move," *Science* 360, no. 6394 (June 2018): pp. 1189–1191, https://doi.org/10.1126/science.aat2360.

5 Kendall R. Jones et al., "The Location and Protection Status of Earth's Diminishing Marine Wilderness," *Current Biology* 28, no. 15 (August 2018): pp. 2506–2512, https://doi.org/10.1016/j.cub.2018.06.010.

6 Sigrid Lind et al., "Arctic Warming Hotspot in the Northern Barents Sea Linked to Declining Sea-Ice Import," *Nature Climate Change* 8 (June 2018): pp. 634–639, https://doi.org/10.1038/s41558-018-0205-y.

7 Rob Monroe, "How Much CO2 Can the Oceans Take Up?" Scripps Institution of Oceanography, July 13, 2013, https://scripps.ucsd.edu/programs/keelingcurve/2013/07/03/how-much-co2-can-the-oceans-take-up.

8 Peter J. Gleckler et al., "Industrial-Era Global Ocean Heat Uptake Doubles in Recent Decades," *Nature Climate Change* 6 (January 2016): pp. 394–398, https://doi.org/10.1038/nclimate2915.

9 Ibid.

10 Australian Government Great Barrier Reef Marine Park Authority, "Managing the Reef."

11 Robinson Meyer, "Since 2016, Half of All Coral in the Great Barrier Reef Has Died," *The Atlantic*, April 2018.

12 Michon Scott and Rebecca Lindsey, "Unprecedented Three Years of Global Coral Bleaching, 2014–2017," Climate.gov, August 1, 2018, www.climate.gov/news-features/understanding-climate/unprecedented-3-years-global-coral-bleaching-2014%E2%80%932017.

13 C. C. Baldwin et al., "Below the Mesophotic," *Scientific Reports* 8, no. 4920 (March 2018), https://doi.org/10.1038/s41598-018-23067-1.

14 Lauretta Burke et al., "Reefs at Risk Revisited," World Resources Institute (Washington, D.C., 2011), p. 6, https://wriorg.s3.amazonaws.com/s3fs-public/pdf/reefs_at_risk_revisited.pdf.

15 Ocean Portal Team, "Corals and Coral Reefs," *Smithsonian*, April 2018, https://ocean.si.edu/ocean-life/invertebrates/corals-and-coral-reefs.

16 "Coral Ecosystems," National Oceanic and Atmospheric Administration, www.noaa.gov/resource-collections/coral-ecosystems.

17 Michael W. Beck et al., "The Global Flood Protection Savings Provided by Coral Reefs," *Nature Communications* 9, no. 2186 (June 2018), https://doi.org/10.1038/s41467-018-04568-z.

18 Kate Madin, "Ocean Acidification: A Risky Shell Game," *Oceanus Magazine,* December 4, 2009, www.whoi.edu/oceanus/feature/ocean-acidification--a-risky-shell-game.

19 Cosima Porteus et al., "Near-Future CO2 Levels Impair the Olfactory System of Marine Fish," *Nature Climate Change* 8 (July 23, 2018).

20 Graham Edgar and Trevor J. Ward, "Australian Commercial Fish Populations Drop by a Third over Ten Years," *The Conversation,* June 6, 2018, https://theconversation.com/australian-commercial-fish-populations-drop-by-a-third-over-ten-years-97689.

21 Jurriaan M. De Vos et al., "Estimating the Normal Background Rate of Species Extinction," *Conservation Biology*, August 26, 2014.

22 A. H. Altieri and K. B. Gedan, "Climate Change and Dead Zones," *Global Change Biology* (November 10, 2014), https://doi.org/10.1111/gcb.12754.

23 "SOS: Is Climate Change Suffocating Our Seas?" National Science Foundation, www.nsf.gov/news/special_reports/deadzones/climatechange.jsp.

24 Bastien Y. Queste et al., "Physical Controls on Oxygen Distribution and Denitrification Potential in the North West Arabian Sea," *Geophysical Research Letters* 45, no. 9 (May 2018). See also "Growing 'Dead Zone' Confirmed by Underwater Robots" (press release), University of East Anglia, April 27, 2018, www.uea.ac.uk/about/-/growing-dead-zone-confirmed-by-underwater-robots-in-the-gulf-of-oman.

25 Peter Brannen, "A Foreboding Similarity in Today's Oceans and a 94-Million-Year-Old Catastrophe," *The Atlantic*, January 12, 2018. See also Dana Nuccitelli, "Burning Coal May Have Caused Earth's Worst Mass Extinction," *The Guardian*, March 12, 2018.

26 National Ocean Service, "Currents: The Global Conveyor Belt," National Oceanic and Atmospheric Administration, https://oceanservice.noaa.gov/education/tutorial_currents/05conveyor2.html.

27 Stefan Rahmstorf et al., "Exceptional Twentieth-Century Slowdown in Atlantic Ocean Overturning Circulation," *Nature Climate Change* 5 (May 2015), https://doi.org/10.1038/nclimate2554.

28 Ibid.

29 L. Caesar et al., "Observed Fingerprint of a Weakening Atlantic Ocean Overturning Circulation," *Nature* 556 (April 2018): pp. 191–196, https://doi.org/10.1038/s41586-018-0006-5; David J. R. Thornalley et al., "Anomalously weak Labrador Sea convection and Atlantic overturning during the past 150 years," *Nature* 556 (April 2018), pp. 227–230, https://doi.org/10.1038/s41586-018-0007-4.

30 Joseph Romm, "Dangerous Climate Tipping Point Is 'About a Century Ahead of Schedule' Warns Scientist," *Think Progress*, April 12, 2018.

8장 마실 수 없는 공기

1 Joseph Romm, *Climate Change: What Everyone Needs to Know* (New York: Oxford University Press, 2016), p. 113.

2 Ibid., p. 114.

3 Ploy Achakulwisut et al., "Drought Sensitivity in Fine Dust in the U.S. Southwest," *Environmental Research Letters* 13 (May 2018), https://doi.org/10.1088/1748-9326/

aabf20.

4 G. G. Pfister et al., "Projections of Future Summertime Ozone over the U.S.," *Journal of Geophysical Research Atmospheres* 119, no. 9 (May 2014): pp. 5559–5582, https://doi.org/10.1002/2013JD020932.

5 Romm, *Climate Change*, p. 105.

6 DARA, *Climate Vulnerability Monitor: A Guide to the Cold Calculus of a Hot Planet*, 2nd ed. (Madrid, 2012), p. 17, https://daraint.org/wp-content/uploads/2012/10/CVM2-Low.pdf. 제임스 핸슨은 직접 이런 비교를 여러 지면과 장소에서 한 바 있다. 나와 진행한 인터뷰 역시 다음에 나온다. "Climate Scientist James Hansen: 'The Planet Could Become Ungovernable,'" *New York*, July 12, 2017. "Climate Scientist James Hansen: 'The Planet Could Become Ungovernable,' " July 12, 2017.

7 Xin Zhang et al., "The Impact of Exposure to Air Pollution on Cognitive Performance," *Proceedings of the National Academy of Sciences* 155, no. 37 (September 2018): pp. 9193–9197, https://doi.org/10.1073/pnas.1809474115. 공동 저자인 첸 시는 수많은 뉴스 통로를 통해 '방대한' 코멘트를 남겼다. 예를 들어 다음을 참조하라. *The Guardian*: Damian Carrington and Lily Kuo, "Air Pollution Causes 'Huge' Reduction in Intelligence, Study Reveals," August 27, 2018.

8 Joshua Goodman et al., "Heat and Learning" (National Bureau of Economic Research working paper no. 24639, May 2018), https://doi.org/10.3386/w24639.

9 Anna Oudin et al., "Association Between Neighbourhood Air Pollution Concentrations and Dispensed Medication for Psychiatric Disorders in a Large Longitudinal Cohort of Swedish Children and Adolescents," *BMJ Open* 6, no. 6 (June 2016), https://doi.org/10.1136/bmjopen-2015-010004.

10 Hong Chen et al., "Living near Major Roads and the Incidence of Dementia, Parkinson's Disease, and Multiple Sclerosis: A Population-Based Cohort Study," *The Lancet* 389, no. 10070 (February 2017), pp. 718-726, https://doi.org/10.1016/S0140-6736(16)32399-6.

11 Adam Isen et al., "Every Breath You Take-Every Dollar You'll Make: The Long-Term Consequences of the Clean Air Act of 1970" (National Bureau of Economic Research working paper no. 19858, September 2015), https://doi.org/10.3386/w19858.

12 Janet Currie and W. Reed Walker, "Traffic Congestion and Infant Health: Evidence from E-ZPass" (National Bureau of Economic Research working paper no. 15413, April 2012), https://doi.org/10.3386/w15413.

13 Yufei Zou et al., "Arctic Sea Ice, Eurasia Snow, and Extreme Winter Haze in China," *Science Advances* 3, no. 3 (March 2017), https://doi.org/10.1126/sciadv.1602751.

14 Steve LeVine, "Pollution Score: Beijing 993, New York 19," *Quartz*, January 14, 2013, https://qz.com/43298/pollution-score-beijing-993-new-york-19.

15 Lijian Han et al., "Multicontaminant Air Pollution in Chinese Cities," *Bulletin of the World Health Organization* 96 (February 2018): pp. 233-242E, http://dx.doi.org/10.2471/BLT.17.195560; Fred Pearce, "How a 'Toxic Cocktail' Is Posing a Troubling Health Risk in China's Cities," *Yale Environment 360*, April 17, 2018, https://e360.yale.edu/features/how-a-toxic-cocktail-is-posing-a-troubling-health-risk-in-chinese-cities.

16 Jun Liu et al., "Estimating Adult Mortality Attributable to PM2.5 Exposure in China with Assimilated PM2.5 Concentrations Based on a Ground Monitoring Network," *Science of the Total Environment* 568 (October 2016): pp. 1253-1262, https://doi.org/10.1016/j.scitotenv.2016.05.165.

17 Michelle Robertson, "It's Not Just Fog Turning the Sky Gray: SF Air Quality Is Three Times Worse than Beijing," *SF Gate,* August 23, 2018.

18 2018년 8월에 시장 측 공식 트위터에서는 이런 코멘트가 올라왔다. "오늘의 공기 질은 '모든 부류 사람들의 건강에 해롭다'고 발표가 났습니다. 실내에 계시고, 야외 근무를 최소화하시고, 운전을 삼가시기 바랍니다."

19 Rachel Feltman, "Air Pollution in Delhi Is Literally off the Charts," *Popular Science*, November 8, 2016.

20 Richard A. Muller and Elizabeth A. Muller, "Air Pollution and Cigarette Equivalence," *Berkeley Earth*, http://berkeleyearth.org/air-pollution-and-cigarette-equivalence.

21 Durgesh Nandan Jha, "Pollution Causing Arthritis to Flare Up, 20% Rise in Patients at Hospitals," *The Times of India,* November 11, 2017.

22 "Blinding Smog Causes 24-Vehicle Pile-up on Expressway near Delhi," *NDTV*, November 8, 2017.

23 Catherine Ngai, Jamie Freed, and Henning Gloystein, "United Resumes Newark-Delhi Flights After Halt Due to Poor Air Quality," Reuters, November 12, 2017, https://www.reuters.com/article/us-airlines-india-pollution/united-resumes-newark-delhi-flights-after-halt-due-to-poor-air-quality-idUSKBN1DC142?il=0.

24 Benjamin D. Horne et al., "Short-Term Elevation of Fine Particulate Matter Air Pollution and Acute Lower Respiratory Infection," *American Journal of Respiratory and Critical Care Medicine* 198, no. 6, (September 2018), https://doi.org/10.1164/rccm.201709-1883OC.

25 Pamela Das and Richard Horton, "Pollution, Health, and the Planet: Time for Decisive Action," *The Lancet* 391, no. 10119 (October 2017): pp. 407 – 408, https://doi.org/10.1016/S0140-6736(17)32588-6.

26 Kuam Ken Lee et al., "Air Pollution and Stroke," *Journal of Stroke* 20, no. 1 (January 2018): pp. 2 – 11, https://doi.org/10.5853/jos.2017.02894.

27 R. D. Brook et al., "Particulate Matter Air Pollution and Cardiovascular Disease: An Update to the Scientific Statement from the American Heart Association," *Circulation* 121, no. 21 (June 2010): pp. 2331 – 2378, https://doi.org/10.1161/CIR.0b013e3181dbece1.

28 Kate Kelland and Stephanie Nebehay,"Air Pollution a Leading Cause of Cancer—U.N. Agency," Reuters, October 17, 2013, www.reuters.com/article/us-cancer-pollution/air-pollution-a-leading-cause-of-cancer-u-n-agency-idUSBRE99G0BB20131017.

29 Michael Guarnieri and John R. Balmes, "Outdoor Air Pollution and Asthma," *The Lancet* 383, no. 9928 (May 2014), https://doi.org/10.1016/S0140-6736(14)60617-6.

30 Jessica Glenza, "Millions of Premature Births Could Be Linked to Air Pollution, Study Finds," *The Guardian,* February 16, 2017.

31 Nicole Wetsman, "Air Pollution Might Be the New Lead," *Popular Science,* April 5, 2018.

32 Oddvar Myhre et al., "Early Life Exposure to Air Pollution Particulate Matter (PM) as Risk Factor for Attention Deficit/Hyperactivity Disorder (ADHD): Need for Novel Strategies for Mechanisms and Causalities," *Toxicology and Applied Pharmacology* 354 (September 2018): pp. 196 – 214, https://doi.org/10.1016/j.taap.2018.03.015.

33 Raanan Raz et al., "Autism Spectrum Disorder and Particulate Matter Air Pollution Before, During, and After Pregnancy: A Nested Case-Control Analysis Within the Nurses' Health Study II Cohort," *Environmental Health Perspectives* 123, no. 3 (March 2015): pp. 264 – 270, https://doi.org/10.1289/ehp.1408133.

34 Sam Brockmeyer and Amedeo D'Angiulli, "How Air Pollution Alters Brain Development: The Role of Neuroinflammation," *Translational Neuroscience* 7 (March 2016): pp. 24 – 30, https://doi.org/10.1515/tnsci-2016-0005.

35 Frederica Perera et al., "Shorter Telomere Length in Cord Blood Associated with Prenatal Air Pollution Exposure: Benefits of Intervention," *Environment International* 113 (April 2018): pp. 335 – 340, https://doi.org/10.1016/j.envint.2018.01.005.

36 World Health Organization, "WHO Global Urban Ambient Air Pollution Database," 2016, www.who.int/phe/health_topics/outdoorair/databases/cities/en.

37 Health Effects Institute, "State of Global Air 2018: A Special Report on Global Exposure to Air Pollution and Its Disease Burden" (Boston, 2018), p. 3, www.stateofglobalair.org/sites/default/files/soga-2018-report.pdf.

38 Aaron J. Cohen et al., "Estimates and 25-Year Trends of the Global Burden of Disease Attributable to Ambient Air Pollution: An Analysis of Data from the Global Burden of Diseases Study 2015," *The Lancet* 389, no. 10082 (May 2017): pp. 1907 – 1918, https://doi.org/10.1016/S0140-6736(17)30505-6.

39 Das and Horton, "Pollution, Health, and the Planet," https://doi.org/10.1016/S0140-6736(17)32588-6.

40 스미스소니언 측에서는 '쓰레기 수프'라고 부르는 경우가 더 많다.

41 Imogen E. Napper and Richard C. Thompson, "Release of Synthetic Microplastic Fibres from Domestic Washing Machines: Effects of Fabric Type and Washing Conditions," *Marine Pollution Bulletin* 112, no. 1 – 2 (November 2016): pp. 39 – 45, http://dx.doi.org/10.1016/j.marpolbul.2016.09.025.

42 Kat Kerlin, "Plastic for Dinner: A Quarter of Fish Sold at Markets Contain Human-Made Debris," UC Davis, September 24, 2015, www.ucdavis.edu/news/plastic-dinner-quarter-fish-sold-markets-contain-human-made-debris.

43 Lisbeth Van Cauwenberghe and Colin R. Janssen, "Microplastics in Bivalves Cultured for Human Consumption," *Environmental Pollution* 193 (October 2014): pp. 65 – 70, https://doi.org/10.1016/j.envpol.2014.06.010.

44 Clive Cookson, "The Problem with Plastic: Can Our Oceans Survive?" *Financial Times,* January 23, 2018.

45 Alina M. Wieczorek et al., "Frequency of Microplastics in Mesopelagic Fishes from the Northwest Atlantic," *Frontiers in Marine Science* (February 2018), https://doi.org/10.3389/fmars.2018.00039.

46 Jiana Lee et al., "Microplastics in Mussels Sampled from Coastal Waters and Supermarkets in the United Kingdom," *Environmental Pollution* 241 (October 2018): pp. 35 – 44, https://doi.org/10.1016/j.envpol.2018.05.038.

47 Matthew S. Savoca et al., "Odours from Marine Plastic Debris Induce Food Search Behaviours in a Forage Fish," *Proceedings of the Royal Society B Biological Sciences* 284, no. 1860 (August 2017), https://doi.org/10.1098/rspb.2017.1000.

48 Amanda L. Dawson et al., "Turning Microplastics into Nanoplastics Through Digestive Fragmentation by Antarctic Krill," *Nature Communications* 9, no. 1001 (March 2018), https://doi.org/10.1038/s41467-018-03465-9.

49 Courtney Humphries, "Freshwater's Macro Microplastic Problem," *Nova*, May 11, 2017, www.pbs.org/wgbh/nova/article/freshwater-microplastics.

50 Cookson, "The Problem with Plastic."

51 Ali Karami et al., "The Presence of Microplastics in Commercial Salts from Different Countries," *Scientific Reports* 7, no. 46173 (April 2017), https://doi.org/10.1038/srep46173.

52 5 Gyres: Science to Solutions, "Take Action: Microbeads," www.5gyres.org/microbeads.

53 Johnny Gasperi et al., "Microplastics in Air: Are We Breathing It In?" *Current Opinion in Environmental Science and Health* 1 (February 2018): pp. 1-5, https://doi.org/10.1016/j.coesh.2017.10.002.

54 Dan Morrison and Christopher Tyree, "Invisibles: The Plastic Inside Us," *Orb* (2017), https://orbmedia.org/stories/Invisibles_plastics.

55 World Economic Forum, *The New Plastics Economy: Rethinking the Future of Plastics* (Cologny, Switz.: January 2016), p. 10.

56 Sarah-Jeanne Royer et al., "Production of Methane and Ethylene from Plastic in the Environment," *PLOS One* 13, no. 8 (August 2018), https://doi.org/10.1371/journal.pone.0200574.

57 B. H. Samset et al., "Climate Impacts from a Removal of Anthropogenic Aerosol Emissions," *Geophysical Research Letters* 45, no. 2 (January 2018): pp. 1020-1029, https://doi.org/10.1002/2017GL076079.

58 Samset, "Climate Impacts from a Removal," https://doi.org/10.1002/2017GL076079. 연구에서는 이렇게 밝힌다. "지금까지의 온난화는 약 1도 가량이었다. 우리 논문에서는 공장 및 인간이 유발한 에어로졸 배출이 약 0.5도의 추가 온난화를 막은 것으로 나타났다." 또 지구 각 지역마다 온난화는 불균등하게 분포하기 때문에 이렇게 덧붙인다. "두 가지 모델을 시행한 결과 북극에서는 에어로졸 감소로 인한 기온 상승이 4도에 달하는 지역도 존재했다."

59 P. J. Crutzen, "Albedo Enhancement by Stratospheric Sulfur Injections: A Contribution to Resolve a Policy Dilemma?" *Climatic Change* 77 (2006): pp. 211-219, https://doi.org/10.1007/s10584-006-9101-y.

60 Eric Holthaus, "Devil's Bargain," *Grist*, February 8, 2018, https://grist.org/article/geoengineering-climate-change-air-pollution-save-planet.

61 대기오염으로 인한 사망자 수 추정치는 세계보건기구에서 내놓은 자료다.

62 Sebastian D. Eastham et al., "Quantifying the Impact of Sulfate Geoengineering on

Mortality from Air Quality and UV-B Exposure," *Atmospheric Environment* 187 (August 2018): pp. 424-434, https://doi.org/10.1016/j.atmosenv.2018.05.047.

63 Christopher H. Trisos et al., "Potentially Dangerous Consequences for Biodiversity of Solar Geoengineering Implementation and Termination," *Nature Ecology and Evolution* 2 (January 2018), pp. 472-482, https://doi.org/10.1038/s41559-017-0431-0.

64 Jonathan Proctor et al., "Estimating Global Agricultural Effects of Geoengineering Using Volcanic Eruptions," *Nature* 560 (August 2018): pp. 480-483, https://doi.org/10.1038/s41586-018-0417-3.

9장 질병의 전파

1 Jasmin Fox-Skelly, "There Are Diseases Hidden in Ice, and They Are Waking Up," BBC, May 4, 2017, www.bbc.com/earth/story/20170504-there-are-diseases-hidden-in-ice-and-they-are-waking-up.

2 "NASA Finds Life at 'Extremes,' " NASA, February 24, 2005, www.nasa.gov/vision/earth/livingthings/extremophile1.html.

3 Kay D. Bidle et al., "Fossil Genes and Microbes in the Oldest Ice on Earth," *Proceedings of the National Academies of Science* 104, no. 33 (August 2007): pp. 13455-13460, https://doi.org/10.1073/pnas.0702196104.

4 Jordan Pearson, "Meet the Scientist Who Injected Himself with 3.5 Million-Year-Old Bacteria," *Motherboard*, December 9, 2015, https://motherboard.vice.com/en_us/article/yp3gg7/meet-the-scientist-who-injected-himself-with-35-million-year-old-bacteria.

5 Mike McRae, "A Tiny Worm Frozen in Siberian Permafrost for 42,000 Years Was Just Brought Back to Life," *Science Alert*, July 27, 2018, www.sciencealert.com/40-000-year-old-nematodes-revived-siberian-permafrost.

6 Centers for Disease Control and Prevention, "Remembering the 1918 Influenza Pandemic," www.cdc.gov/features/1918-flu-pandemic/index.html; Jeffery K. Taubenberger and David Morens, "1918 Influenza: The Mother of All Pandemics," *Emerging Infectious Diseases* 12, no.1 (January 2006): pp. 15-22, https://dx.doi.org/10.3201/eid1201.050979.

7 Jeffery K. Taubenberger et al., "Discovery and Characterization of the 1918 Pandemic Influenza Virus in Historical Context," *Antiviral Therapy* 12 (2007): pp. 581-591.

8 U.S. Census Bureau, "Historical Estimates of World Population," www.census.gov/data/tables/time-series/demo/international-programs/historical-est-worldpop.html.

9 "Experts Warn of Threat of Born-Again Smallpox from Old Siberian Graveyards," *The Siberian Times,* August 12, 2016, https://siberiantimes.com/science/opinion/features/f0249-experts-warn-of-threat-of-born-again-smallpox-from-old-siberian-graveyards.

10 Fox-Skelly, "There Are Diseases Hidden in Ice."

11 Robinson Meyer, "The Zombie Diseases of Climate Change," *The Atlantic,* November 6, 2017.

12 Michaeleen Doucleff, "Anthrax Outbreak in Russia Thought to Be Result of Thawing Permafrost," NPR, August 3, 2016, www.npr.org/sections/goatsandsoda/2016/08/03/488400947/anthrax-outbreak-in-russia-thought-to-be-result-of-thawing-permafrost.

13 World Health Organization, "Yellow Fever-Brazil," March 9, 2018, www.who.int/csr/don/09-march-2018-yellow-fever-brazil.

14 Shasta Darlington and Donald G. McNeil Jr., "Yellow Fever Circles Brazil's Huge Cities," *The New York Times,* March 8, 2018.

15 Ibid.

16 World Health Organization, "Number of Malaria Deaths," www.who.int/gho/malaria/epidemic/deaths. See also Centers for Disease Control and Prevention, "Epidemiology," www.cdc.gov/dengue/epidemiology/index.html.

17 "Zika Microcephaly Linked to Single Mutation," *Nature,* October 3, 2017, www.nature.com/articles/d41586-017-04093-x.

18 Ling Yuan et al., "A Single Mutation in the prM Protein of Zika Virus Contributes to Fetal Microcephaly," *Science* 358, no. 6365 (November 2017): pp. 933-936, https://doi.org/10.1126/science.aam7120.

19 Declan Butler, "Brazil Asks Whether Zika Acts Alone to Cause Birth Defects," *Nature,* July 25, 2016, www.nature.com/news/brazil-asks-whether-zika-acts-alone-to-cause-birth-defects-1.20309.

20 World Bank Group's Climate Change and Development Series, "Shock Waves: Managing the Impacts of Climate Change on Poverty" (Washington, D.C., 2016), p. 119, https://openknowledge.worldbank.org/bitstream/handle/10986/22787/9781464806735.pdf.

21 Mary Beth Pfeiffer, *Lyme: The First Epidemic of Climate Change* (Washington, D.C.: Island

Press, 2018), pp. 3–13.

22 Centers for Disease Control and Prevention, "Lyme and Other Tickborne Diseases," www.cdc.gov/media/dpk/diseases-and-conditions/lyme-disease/index.html.

23 Centers for Disease Control and Prevention, "Illnesses from Mosquito, Tick, and Flea Bites Increasing in the U.S.," May 1, 2018, www.cdc.gov/media/releases/2018/p0501-vs-vector-borne.html.

24 Avichai Scher and Lauren Dunn, " 'Citizen Scientists' Take On Growing Threat of Tick-Borne Diseases," NBC News, July 12, 2018, www.nbcnews.com/health/health-news/citizen-scientists-take-growing-threat-tick-borne-diseases-n890996.

25 Center for Biological Diversity, "Saving the Midwestern Moose," www.biologicaldiversity.org/species/mammals/midwestern_moose/index.html.

26 Katie Burton, "Climate-Change Triggered Ticks Causing Rise in 'Ghost Moose,' " *Geographical,* November 27, 2018, http://geographical.co.uk/nature/wildlife/item/3008-ghost-moose.

27 Dennis Carroll et al., "The Global Virome Project," *Science* 359, no. 6378 (February 2018): pp. 872–874, https://doi.org/10.1126/science.aap7463.

28 Nathan Collins, "Stanford Study Indicates That More than 99 Percent of the Microbes Inside Us Are Unknown to Science," *Stanford News,* August 22, 2017, https://news.stanford.edu/2017/08/22/nearly-microbes-inside-us-unknown-science.

29 Ed Yong, "Why Did Two-Thirds of These Weird Antelope Suddenly Drop Dead?" *The Atlantic,* January 17, 2018.

30 Richard A. Kock et al., "Saigas on the Brink: Multidisciplinary Analysis of the Factors Influencing Mass Mortality Events," *Science Advances* 4, no. 1 (January 2018), https://doi.org/10.1126/sciadv.aao2314.

10장 무너지는 경제

1 Eric Hobsbawm, *Industry and Empire: The Birth of the Industrial Revolution* (New York: The New Press, 1999), p. 34.

2 Solomon Hsiang et al., "Estimating Economic Damage from Climate Change in the United States," *Science* 356, no. 6345 (June 2017): 1362–1369, https://doi.org/10.1126/science.aal4369.

3 Marshall Burke et al., "Global Non-Linear Effect of Temperature on Economic Production," *Nature* 527 (October 2015): pp. 235–239, https://doi.org/10.1038/nature15725.

4 Marshall Burke, "Economic Impact of Climate Change on the World," http://web.stanford.edu/~mburke/climate/map.php.

5 Thomas Stoerk et al., "Recommendations for Improving the Treatment of Risk and Uncertainty in Economic Estimates of Climate Impacts in the Sixth Intergovernmental Panel on Climate Change Assessment Report," *Review of Environmental Economics and Policy* 12, no. 2 (August 2018): pp. 371–376, https://doi.org/10.1093/reep/rey005.

6 World Bank, "GDP Growth (Annual %)," https://data.worldbank.org/indicator/NY.GDP.MKTP.KD.ZG.

7 Burke, "Economic Impact of Climate Change," http://web.stanford.edu/~mburke/climate/map.php.

8 Katharine Ricke et al., "Country-Level Social Cost of Carbon," *Nature Climate Change* 8 (September 2018): pp. 895–900, http://doi.org/10.1038/s41558-018-0282-y.

9 World Bank, "South Asia's Hotspots: Impacts of Temperature and Precipitation Changes on Living Standards" (Washington, D.C., 2018), p. xi.

10 World Bank Group's Climate Change and Development Series, "Shock Waves: Managing the Impacts of Climate Change on Poverty" (Washington, D.C., 2016), p. xi, https://openknowledge.worldbank.org/bitstream/handle/10986/22787/9781464806735.pdf.

11 Union of Concerned Scientists, "Underwater: Rising Seas, Chronic Floods, and the Implications for U.S. Coastal Real Estate" (Cambridge, MA, 2018), p. 5, www.ucsusa.org/global-warming/global-warming-impacts/sea-level-rise-chronic-floods-and-us-coastal-real-estate-implications.

12 Union of Concerned Scientists, "New Study Finds 251,000 New Jersey Homes Worth $107 Billion Will Be at Risk from Tidal Flooding," June 18, 2018, www.ucsusa.org/press/2018/new-study-finds-251000-new-jersey-homes-worth-107-billion-will-be-risk-tidal-flooding#.W-o1FehKg2x.

13 Zach Wichter, "Too Hot to Fly? Climate Change May Take a Toll on Flying," *The New York Times*, June 20, 2017.

14 Dirk Notz and Julienne Stroeve, "Observed Arctic Sea-Ice Loss Directly Follows Anthropogenic CO2 Emission," *Science* 354, no. 6313 (November 2016): pp. 747–750, https://doi.org/10.1126/science.aag2345.

15 Olav Vilnes et al., "From Finland to Switzerland—Firms Cut Output Amid Heatwave," *Montel News*, July 27, 2018, www.montelnews.com/en/story/from-finland-to-switzerland-firms-cut-output-amid-heatwave/921390.

16 Jim Yardley and Gardiner Harris, "Second Day of Power Failures Cripples Wide Swath of India," *The New York Times*, July 31, 2012.

17 Burke, "Global Non-Linear Effect of Temperature," https://doi.org/10.1038/nature15725; author interview with Marshall Burke.

18 World Bank, "South Asia's Hotspots."

19 Hsiang, "Estimating Economic Damage from Climate Change," https://doi.org/10.1126/science.aal4369.

20 Zhengtao Zhang et al., "Analysis of the Economic Ripple Effect of the United States on the World Due to Future Climate Change," *Earth's Future* 6, no. 6 (June 2018): pp. 828-840, https://doi.org/10.1029/2018EF000839.

21 The New Climate Economy, "Unlocking the Inclusive Growth Story of the 21st Century: Accelerating Climate Action in Urgent Times" (Washington, D.C.: Global Commission on the Economy and Climate, September 2018), p. 8, https://newclimateeconomy.report/2018.

22 Marshall Burke et al., "Large Potential Reduction in Economic Damages Under U.N. Mitigation Targets," *Nature* 557 (May 2018): pp. 549-553, https://doi.org/10.1038/s41586-018-0071-9.

11장 기후 분쟁

1 Solomon M. Hsiang et al., "Quantifying the Influence of Climate on Human Conflict," *Science* 341, no. 6151 (September 2013), https://doi.org/10.1126/science.1235367.

2 Tamma A. Carleton and Solomon M. Hsiang, "Social and Economic Impacts of Climate," *Science* 353, no. 6304 (September 2016), http://doi.org/10.1126/science.aad9837.

3 Marshall B. Burke et al., "Warming Increases the Risk of Civil War in Africa," *Proceedings of the National Academy of Sciences* 106, no. 49 (December 2009): pp. 20670-20674, https://doi.org/10.1073/pnas.0907998106. This would represent a 54 percent increase.

4 Union of Concerned Scientists, "The U.S. Military on the Front Lines of Rising Seas" (Cambridge, MA, 2016), www.ucsusa.org/global-warming/science-and-impacts/impacts/sea-level-rise-flooding-us-military-bases#.W-pKUuhKg2x.

5 "현재 탄소배출량 추세가 유지된다고 가정했을 때 해수면 상승과 암초에 충돌하는 파도 역학 사이의 비선형적 상호작용으로 인해 21세기 중반이면 대부분의 산호섬이 매년 파도에 의한 침수를 겪을 것으로 나타났다. 이런 침수 사태는 산호섬을 사람이 거주할 수 없는 곳으로 바꾼다. 기반 시설이 빈번한 피해를 입을 것이며 침수와 침수 사이에 담수 대수층이 회복할 시간은 줄어들 것이기 때문이다." *Science Advances* 4, no. 4 (April 2018), https://doi.org/10.1126/sciadv.aap9741.

6 Kim Wall, Coleen Jose, and Jan Henrik Hinzel, "The Poison and the Tomb: One Family's Journey to Their Contaminated Home," *Mashable*, February 25, 2018.

7 Katharina Nett and Lukas Rüttinger, "Insurgency, Terrorism and Organised Crime in a Warming Climate: Analysing the Links Between Climate Change and Non-State Armed Groups," Climate Diplomacy (Berlin: Adelphi, October 2016).

8 Carl-Friedrich Schleussner et al., "Armed-Conflict Risks Enhanced by Climate-Related Disasters in Ethnically Fractionalized Countries," *Proceedings of the National Academy of Sciences* 113, no. 33 (August 2016): pp. 9216-92121, https://doi.org/10.1073/pnas.1601611113.

9 Verisk Maplecroft, "Climate Change and Environmental Risk Atlas 2015" (Bath, UK, October 2014), www.maplecroft.com/ portfolio/ new-analysis/2014/10/29/climate-change-and-lack-food-security-multiply-risks-conflict-and-civil-unrest-32-countries-maplecroft.

10 Christian Parenti, *Tropic of Chaos: Climate Change and the New Geography of Violence* (New York: Nation Books, 2011).

11 Rafael Reuveny, "Climate Change-Induced Migration and Violent Conflict," *Political Geography* 26, no. 6 (August 2007): pp. 656-673, https://doi.org/10.1016/j.polgeo.2007.05.001.

12 Adrian Edwards, "Forced Displacement at Record 68.5 Million," UNHCR: The U.N. Refugee Agency, June 19, 2018, www.unhcr.org/en-us/news/stories/2018/6/5b222c494/forced-displacement-record-685-million.html.

13 William Wan, "Ancient Egypt's Rulers Mishandled Climate Disasters. Then the People Revolted," *The Washington Post*, October 17, 2017; H. M. Cullen et al., "Climate Change and the Collapse of the Akkadian Empire: Evidence from the Deep Sea," *Geology* 28, no. 4 (April 2000): pp. 379-382; Kyle Harper, "How Climate Change and Disease Helped the Fall of Rome," *Aeon*, December 15, 2017, https://aeon.co/ideas/how-climate-change-and-disease-helped-the-fall-of-rome.

14 Center for Climate and Security, "Epicenters of Climate and Security: The New Geostrategic Landscape of the Anthropocene" (Washington, D.C., June 2017), pp. 12–17, https://climateandsecurity.files.wordpress.com/2017/06/1_eroding-sovereignty.pdf.

15 For Pinker's case for the world's improvement, see *Better Angels of Our Nature: Why Violence Has Declined* (New York: Viking, 2012)(스티븐 핑커, 김명남 역,《우리 본성의 선한 천사》, 사이언스북스, 2014); for his argument about why we can't appreciate that improvement, see *Enlightenment Now: The Case for Reason, Science, Humanism, and Progress* (New York: Viking, 2018).

16 Leah H. Schinasi and Ghassan B. Hamra, "A Time Series Analysis of Associations Between Daily Temperature and Crime Events in Philadelphia, Pennsylvania," *Journal of Urban Health* 94, no. 6 (December 2017): pp. 892–900, http://dx.doi.org/10.1007/s11524-017-0181-y.

17 Patrick Baylis, "Temperature and Temperament: Evidence from a Billion Tweets" (Energy Institute at Haas working paper, November 2015), https://ei.haas.berkeley.edu/research/papers/WP265.pdf.

18 Richard P. Larrick et al., "Temper, Temperature, and Temptation," *Psychological Sciences* 22, no. 4 (February 2011): pp. 423–428, http://dx.doi.org/10.1177/0956797611399292.

19 Douglas T. Kenrick et al., "Ambient Temperature and Horn Honking: A Field Study of the Heat/Aggression Relationship," *Environment and Behavior* (March 1986), https://doi.org/10.1177/0013916586182002.

20 Aldert Vrij et al., "Aggression of Police Officers as a Function of Temperature: An Experiment with the Fire Arms Training System," *Journal of Community and Applied Social Psychology* 4, no. 5 (December 1994): pp. 365–370, https://doi.org/10.1002/casp.2450040505.

21 Matthew Ranson, "Crime, Weather, and Climate Change," *Journal of Environmental Economics and Management* 67, no. 3 (May 2014): pp. 274–302, https://doi.org/10.1016/j.jeem.2013.11.008.

22 Jackson G. Lu et al., "Polluted Morality: Air Pollution Predicts Criminal Activity and Unethical Behavior," *Psychological Science* 29, no. 3 (February 2018): pp. 340–355, https://doi.org/10.1177/0956797617735807.

23 Nett and Rüttinger, "Insurgency, Terrorism and Organised Crime," p. 37.

24 Ibid., p. 39.

25 Daron Acemoglu, Giuseppe De Feo, and Giacomo De Luca, "Weak States: Causes and

Consequences of the Sicilian Mafia," VOX CEPR Policy Portal, March 2, 2018, https://voxeu.org/article/causes-and-consequences-sicilian-mafia.

26 Nett and Rüttinger, "Insurgency, Terrorism and Organised Crime," p. 35.

27 UNICEF, *Hidden in Plain Sight: A Statistical Analysis of Violence Against Children* (New York: United Nations Children's Fund, 2014), p. 35, http://files.unicef.org/ publications/files/Hidden_in_plain_sight_statistical_analysis_EN_3 _Sept_2014.pdf.

28 Pablo Imbach et al., "Coupling of Pollination Services and Coffee Suitability from Climate Change," *Proceedings of the National Academy of Sciences* 114, no. 39 (September 2017): pp. 10438–10442, https://doi.org/10.1073/pnas.1617940114; Martina K. Linnenluecke et al., "Implications of Climate Change for the Sugarcane Industry," WIREs Climate Change 9, no. 1 (January–February 2018), https://doi.org/10.1002/wcc.498.

12장 시스템의 붕괴

1 "In Photos: Climate Change, Disasters and Displacement," UNHCR: The U.N. Refugee Agency, January 1, 2015, www.unhcr.org/en-us/climate-change-and-disasters.html.

2 Emily Schmall and Frank Bajak, "FEMA Sees Trailers Only as Last Resort After Harvey, Irma," Associated Press, September 10, 2017, https://apnews.com/7716fb84835b4880 8839fbc888e96fb7.

3 Greg Allen, "Lessons from Hurricane Irma: When to Evacuate and When to Shelter in Place," NPR, June 1, 2018, www.npr.org/2018/06/01/615293318/lessons-from-hurricane-irma-when-to-evacuate-and-when-to-shelter-in-place.

4 Andrew D. King and Luke J. Harrington, "The Inequality of Climate Change from 1.5 to 2°C of Global Warming," *Geophysical Research Letters* 45, no. 10 (May 2018): pp. 5030–5033, https://doi.org/10.1029/2018GL078430.

5 Ibid.

6 Katinka X. Ruthrof et al., "Subcontinental Heat Wave Triggers Terrestrial and Marine, Multi-Taxa Responses," *Scientific Reports* 8 (August 2018): p. 13094, https://doi.org/10.1038/s41598-018-31236-5.

7 Parliament of Australia, "Implications of Climate Change for Australia's National Security, Final Report, Chapter 2," www.aph.gov.au/Parliamentary_Business/Committees/Senate/Foreign_Affairs_Defence_and_Trade/Nationalsecurity/Final%20Report/c02; Ben

Doherty, "Climate Change an 'Existential Security Risk' to Australia, Senate Inquiry Says." *The Guardian*, May 17, 2018.

8 World Bank, *Groundswell: Preparing for Internal Climate Migration* (Washington, D.C., 2018), p. xix, https://openknowledge.worldbank.org/handle/10986/29461.

9 International Organization for Migration, "Migration, Environment and Climate Change: Assessing the Evidence," United Nations (Geneva, 2009), p. 43.

10 Frank C. Curriero et al., "The Association Between Extreme Precipitation and Waterborne Disease Outbreaks in the United States, 1948–1994," *American Journal of Public Health* 91, no. 8 (August 2001), https://doi.org/10.2105/AJPH.91.8.1194.

11 William R. Mac Kenzie et al., "A Massive Outbreak in Milwaukee of Cryptosporidium Infection Transmitted Through the Public Water Supply," *The New England Journal of Medicine* 331 (July 1994): pp. 161–167, https://doi.org/10.1056/NEJM199407213310304.

12 Thuan Q. Thai and Evangelos M. Falaris, "Child Schooling, Child Health, and Rainfall Shocks: Evidence from Rural Vietnam" (Max Planck Institute working paper, September 2011), www.demogr.mpg.de/papers/working/wp-2011-011.pdf.

13 Santosh Kumar, Ramona Molitor, and Sebastian Vollmer, "Children of Drought: Rainfall Shocks and Early Child Health in Rural India" (working paper, 2014); Santosh Kumar and Sebastian Vollmer, "Drought and Early Childhood Health in Rural India," *Population and Development Review* (2016).

14 R. K. Phalkey et al., "Systematic Review of Current Efforts to Quantify the Impacts of Climate Change on Undernutrition," *Proceedings of the National Academy of Sciences* 112, no. 33 (August 2015): pp. E4522–4529, https://doi.org/10.1073/pnas.1409769112; Charmian M. Bennett and Sharon Friel, "Impacts of Climate Change on Inequities in Child Health," *Children* 1, no. 3 (December 2014): pp. 461–473, https://doi.org/10.3390/children1030461; Iffat Ghani et al., "Climate Change and Its Impact on Nutritional Status and Health of Children," *British Journal of Applied Science and Technology* 21, no. 2 (2017): pp. 1–15, https://doi.org/10.9734/BJAST/2017/33276; Kristina Reinhardt and Jessica Fanzo, "Addressing Chronic Malnutrition Through Multi-Sectoral, Sustainable Approaches," *Frontiers in Nutrition* 1, no. 13 (August 2014), https://doi.org/10.3389/fnut.2014.00013.

15 Ram Fishman et al., "Long-Term Impacts of High Temperatures on Economic Productivity" (George Washington University Institute for International Economic Policy working paper,

October 2015), https://econpapers.repec.org/paper/gwiwpaper/2015-18.htm.

16 Adam Isen et al., "Relationship Between Season of Birth, Temperature Exposure, and Later Life Well-Being," *Proceedings of the National Academy of Sciences* 114, no. 51 (December 2017): pp. 13447–13452, https://doi.org/10.1073/pnas.1702436114.

17 C. R. Jung et al., "Ozone, Particulate Matter, and Newly-Diagnosed Alzheimer's Disease," *Journal of Alzheimer's Disease* 44, no. 2 (2015): pp. 573–584, https://doi.org/10.3233/JAD-140855.

18 Emily Underwood, "The Polluted Brain," *Science* 355, no. 6323 (January 2017): pp. 342–345, https://doi.org/10.1126/science.355.6323.342.

19 Damian Carrington, "Want to Fight Climate Change? Have Fewer Children," *The Guardian*, July 12, 2017.

20 Maggie Astor, "No Children Because of Climate Change? Some People Are Considering It," *The New York Times*, February 5, 2018.

21 Janna Trombley et al., "Climate Change and Mental Health," *American Journal of Nursing* 117, no. 4 (April 2017): pp. 44–52, https://doi.org/ 10.1097/01.NAJ.0000515232.51795.fa.

22 M. Reacher et al., "Health Impacts of Flooding in Lewes," *Communicable Disease and Public Health* 7, no. 1 (March 2004): pp. 39–46.

23 Mary Alice Mills et al., "Trauma and Stress Response Among Hurricane Katrina Evacuees," *American Journal of Public Health* 97 (April 2007): pp. S116-123, https://doi.org/10.2105/AJPH.2006.086678.

24 Grant N. Marshall et al., "Psychiatric Disorders Among Adults Seeking Emergency Disaster Assistance After a Wildland-Urban Interface Fire," *Psychiatric Services* 58, no. 4 (April 2007): pp. 509–514, https://doi.org/10.1176/ps.2007.58.4.509.

25 Kevin J. Doyle and Lise Van Susteren, *The Psychological Effects of Global Warming on the United States: And Why the U.S. Mental Health Care System Is Not Adequately Prepared* (Merrifield, VA: National Wildlife Federation, 2012), p. 19, www.nwf.org/~/media/PDFs/Global-Warming/Reports/Psych_Effects_Climate_Change_Full_3_23.ashx.

26 Madeleine Thomas, "Climate Depression Is Real, Just Ask a Scientist," *Grist,* October 28, 2014, https://grist.org/climate-energy/climate-depression-is-for-real-just-ask-a-scientist.

27 Jordan Rosenfeld, "Facing Down 'Environmental Grief,' " *Scientific American*, July 21, 2016.

28 Ernesto Caffo and Carlotta Belaise, "Violence and Trauma: Evidence-Based Assessment and Intervention in Children and Adolescents: A Systematic Review," in *The Mental Health of Children and Adolescents: An Area of Global Neglect*, ed. Helmut Rehmschmidt et al. (West Sussex, Eng.: Wiley, 2007), p. 141.

29 "PTSD: A Growing Epidemic," *NIH MedlinePlus* 4, no. 1 (2009): pp. 10–14, https://medlineplus.gov/magazine/issues/winter09/articles/winter09pg10-14.html.

30 Armen K. Goenjian et al., "Posttraumatic Stress and Depressive Reactions Among Nicaraguan Adolescents After Hurricane Mitch," *American Journal of Psychiatry* 158, no. 5 (May 2001): pp. 788–794, https://doi.org/10.1176/appi.ajp.158.5.788.

31 Haris Majeed and Jonathan Lee, "The Impact of Climate Change on Youth Depression and Mental Health," *The Lancet* 1, no. 3 (June 2017): pp.E94–95, https://doi.org/10.1016/S2542-5196(17)30045-1.

32 S. Vida, "Relationship Between Ambient Temperature and Humidity and Visits to Mental Health Emergency Departments in Quebec," *Psychiatric Services* 63, no. 11 (November 2012): pp. 1150–1153, https://doi.org/10.1176/appi.ps.201100485.

33 Alana Hansen et al., "The Effect of Heat Waves on Mental Health in a Temperate Australian City," *Environmental Health Perspectives* 116, no. 10 (October 2008): pp. 1369–1375, https://doi.org/10.1289/ehp.11339.

34 Roni Shiloh et al., "A Significant Correlation Between Ward Temperature and the Severity of Symptoms in Schizophrenia Inpatients: A Longitudinal Study," *European Neuropsychopharmacology* 17, no. 6–7 (May– June 2007): pp. 478–482, https://doi.org/10.1016/j.euroneuro.2006.12.001.

35 Hansen, "The Effect of Heat Waves on Mental Health," https://doi.org/10.1289/ehp.11339.

36 Marshall Burke et al., "Higher Temperatures Increase Suicide Rates in the United States and Mexico," *Nature Climate Change* 8 (July 2018): pp. 723–729, https://doi.org/10.1038/s41558-018-0222-x.

37 Tamma Carleton, "Crop-Damaging Temperatures Increase Suicide Rates in India," *Proceedings of the National Academy of the Sciences* 114, no. 33 (August 2017): pp. 8746–8751, https://doi.org/10.1073/pnas.1701354114.

3부 기후변화 시대는 사회를 어떻게 바꾸는가

1장 '아포칼립스'에 그칠 수 없는 이야기

1 이 현상에 관한 한 가지 훌륭한 학술 연구 사례가 다음에 나온다. E. Ann Kaplan, *Climate Trauma: Foreseeing the Future in Dystopian Film and Fiction* (New Brunswick, NJ: Rutgers University Press, 2015).

2 이 장르는 H. G. 웰스의 《타임머신》으로 제대로 동력을 얻기 시작했고 마침내 〈더 월드, 더 플래쉬 앤 더 데빌〉이나 〈투모로우〉처럼 종말 후를 다루는 영화를 통해 안정적으로 자리를 잡았다.

3 케이트 애로노프는 트위터에 이렇게 남겼다. "기후 위기에 허무주의적이고 패배주의적인 반응을 나타내는 것은 용감한 일도 똑똑한 일도 아니다. 그런 태도가 무슨 아름다운 시적 개입처럼 여겨지는 상황이 정말 이해가 가지 않는다." 애로노프는 로이 스크랜턴이 남긴 이런 말을 지적한 것일 수 있다. "기후변화는 여러 가지로 쓰일 수 있다. 하지만 문학가들이 존재론적 두려움에 대한 생각을 밝히고 그것을 마치 과학처럼 포장하는 데 쓰일 수 없다." 애로노프의 발언은 다음을 참조하라. https://twitter.com/KateAronoff/status/1035022145565470725.

4 특히 다음을 참조하라. Jean-Francois Lyotard, *The Postmodern Condition: A Report on Knowledge* (Minneapolis: University of Minnesota Press, 1984).

5 이에 관한 훌륭한 설명이 다음에 나온다. Morris Dickstein, *Dancing in the Dark: A Cultural History of the Great Depression* (New York: W. W. Norton, 2009).

6 이 책의 강렬한 부제는 '기후변화와 생각도 할 수 없는 일'이다.

7 이 용어는 고작 10여 년 정도 통용됐을 뿐이다. 하지만 이 장르의 예는 J. G. 밸러드의 《근원 모를 바람》, 《물에 잠긴 세계》, 《불타버린 세계》와 H. G. 웰스의 《타임머신》과 쥘 베른의 《북극에서의 거래》까지 거슬러 올라간다. 다시 말해 이름을 물려받은 공상과학소설 장르만큼이나 오래됐다는 뜻이다. 마거릿 애트우드의 3부작인 《미친 아담》, 《홍수의 해》, 《오릭스와 크레이크》는 물론 이언 매큐언의 《솔라》 역시 포함된다. 이 작품들은 모두 기후 문제로 촉발된 소설임에도 어느 정도 고전 부르주아 소설의 서사 구조를 갖췄다는 점에서 고시의 논지를 시험한다. 코맥 매카시의 《로드》는 이 장르랑은 약간 달라서 기후 서사극에 가깝다. 물론 요즘 기후 소설을 하나의 장르로서 이야기하는 사람들은 조금 더 까다롭게 보는 것 같다. 그렇다면 킴 스탠리 로빈슨의 '수도의 과학' 시리즈와 《뉴욕 2140》, 더 예전으로 가서 J. G. 밸러드의 '물에 잠긴 세계' 3부작이 훌륭한 사례가 될 수 있다.

8 여기서 고시는 굉장히 좁게 정의된 소설의 원형을 다루고 있다. 최근에 생겨난 부르주아 시스템을 주인공이 헤쳐 나가는 여정을 강조하는 소설 말이다. 또한 고시가 그처럼 전형적인 소설에 영감을 준 실세계의 이야기로 냉전과 9.11테러를 제시하기는 한다. 하지만 냉전의 끝을 다룬 작품 중 최고로 꼽히는 소설과 영화는 딱히 화면에 나비를 박제하듯이 등장인물을 1989년의 실세계 속에 박아 넣지 않는다. 또한 9.11테러를 다룬 작품은 대부분 형편없었다. 물론 온 세대가, 특히 남성이 그 사건에 대해 문학적 행동을 취해야 한다는 사명감을 느꼈던 것 같기는 하지만 말이다. 마틴 에이미스는《두 번째 비행기》에서 테러의 시대에 상상력이 맞이한 운명에 대해 숙고하면서 이렇게 썼다. "만약 9.11테러가 일어나야만 했다면 그것이 내가 살아가는 동안에 일어났다고 해서 전혀 안타깝지는 않다." 하지만 내가 알기로 지구온난화는 마틴 에이미스로 하여금 조지 오웰처럼 느끼게 하지 못했다. 대신 지구온난화는 애도를 담은 소품적인 에세이 장르를 만들어 냈다. 체념적이고 시와 유사하면서 1인칭 시점으로 환경 파괴를 안타까워하는 장르 말이다. 예컨대 로이 스크랜턴의《인류세에 죽음을 맞이하는 법》이나《우리는 망했다, 이제 어떡하지?》가 있다. 아마 기후변화에 오웰 특유의 자기 신화적인 도덕적 명료함을 적용한다면 딱 이런 작품들이 나올 것이다.

9 전형적인 '갈등 서사' 중 하나다. 다른 예로는《로빈슨 크루소》나《파이 이야기》가 있다.

10 Oxfam, "Extreme Carbon Inequality," December 2015, www.oxfam.org/sites/www.oxfam.org/files/file_attachments/mb-extreme-carbon-inequality-021215-en.pdf.

11 이런 주장은 널리 퍼져 있다. 일단은 설득력이 강하기 때문이다. 하지만 특히 불꽃을 붙인 요인은 나오미 클라인의《이것이 모든 것을 바꾼다》와《지상낙원을 위한 투쟁》, 제데디아 퍼디의《자연 그 이후》와 그보다 더 인상 깊은《디센트》에 실린 에세이, 안드레아스 말름의《화석자본주의》가 있다.

12 역사가 딱히 좋은 길잡이가 되지 못한 것 같다. 스탈린의 5개년 계획, 마오쩌둥의 대약진운동, 우고 차베스의 베트남 집권 등 공산주의 산업화 과정은 서양에 비해 딱히 더 책임감 있는 접근법을 제시하지 못했다.

13 석유 회사의 만행을 진술하는 내용은 풍부하다. 하지만 특히 출발점으로 좋은 내용은 다음 두 곳에서 확인할 수 있다. Naomi Oreskes and Erik M. Conway, *Merchants of Doubt* (New York: Bloomsbury, 2010)(나오미 오레스케스, 에릭 M. 콘웨이, 유강은 역,《의혹을 팝니다》, 미지북스, 2012) and Michael E. Mann and Tom Toles, *The Madhouse Effect* (New York: Columbia University Press, 2016)(마이클 E. 만, 톰 톨스, 정태영 역,《누가 왜 기후변화를 부정하는가》, 미래인, 2017).

14 Peter Kareiva and Valerie Carranza, "Existential Risk Due to Ecosystem Collapse: Nature Strikes Back," *Futures*, September 2018.

15 IPCC 보고에 따르면 수치는 35퍼센트에 이른다. 다음을 참조하라. *Contribution of Working Group III to the Fifth Assessment Report of the Intergovernmental Panel on Climate Change* (Geneva, 2014).

16 Claire Poole, "The World's Largest Oil and Gas Companies 2018: Royal Dutch Shell Surpasses Exxon as Top Dog," *Forbes*, June 6, 2018.

17 세계자원연구소 보고에 따르면 수치는 2017년에 14.36퍼센트에 해당한다. Johannes Friedrich, Mengpin Ge, and Andrew Pickens, "This Interactive Chart Explains World's Top Ten Emitters, and How They've Changed," World Resources Institute, April 11, 2017, www.wri.org/blog/2017/04/interactive-chart-explains-worlds-top-10-emitters-and-how-theyve-changed.

18 1980년에 예술비평가 존 버거는 오늘날의 동물원을 가리켜 "인류 역사만큼 오래된 한 관계를 기리는 묘비"라고 불렀다. 또한 이렇게 덧붙인다. "사람들이 동물을 만나러, 동물을 관찰하러 가는 곳인 동물원은 사실 그런 만남이 불가능해졌다는 사실을 상징하는 기념물이다."

이에 대해 법학자이자 환경주의자인 제데디아 퍼디는 인류세에 자연에 관한 글을 쓰는 새로운 형식을 다루는 칼럼 〈산처럼 생각하기〉에서 이렇게 말한다. "오늘날 그런 표현들은 중산층 대중문화 상당 부분에 적용될 수 있을 것이다." 또한 이렇게 말한다. "그것은 비인간 세계를 기리는 일종의 기념비가 됐다. 정작 비인간 세계가 한순간에 사라지고 있는 와중에도 천여 가지 형태로 부활되고 있다." 퍼디가 전달하고자 하는 바는, 물론 우리가 자연으로부터 동물원을 만들어 내지만 그럼에도 우리는 여전히 그 철장 안에서 살아간다는 뜻이다. 퍼디는 "세계적인 가축화 현상과 함께 정반대의 끔찍한 결과물이 태어날 가능성" 역시 언급하면서 이렇게 덧붙인다. "모든 대형 폭풍, 전염병, 기록적인 폭염 사태는 재앙을 품고 있다. 보통 세계에서 가장 가난한 지역에 큰 피해를 주겠지만 결국에는 거의 모두에게 피해를 입힐 것이다. 점점 심화되고 가속화되는 불평등에도 불구하고 삶은 덜 위험해졌으며 자연 세계는 이전 어느 때보다 안정적이고 대체 가능한 인간을 위한 배경처럼 보인다. 하지만 동시에 온 세상은 이제 막 편을 바꾼 화가 난 신들이 언제든 우리에게 닥칠 태세를 갖춘 것처럼 보이기도 한다."

19 이런 E. O. 윌슨의 예측은 다음에 나온다. *New York Times* op-ed, "The Eight Million Species We Don't Know," published on March 3, 2018. 또한 2016년에 다음 서적에서 개념적으로 반복된다. *Half-Earth: Our Planet's Fight for Life* (New York:

W. W. Norton, 2016)(에드워드 윌슨, 이한음 역, 《지구의 절반》, 사이언스북스, 2017). 세계자연기금과 런던동물원에서 조사한 2018년 리빙플래닛 보고에 따르면 세계 야생동물은 실제로 그만큼 감소했다고 한다. 정확히는 1970년 이후로 총 60퍼센트 감소했다.

20 나는 이 현상에 대해 장문의 잡지 기사를 쓴 적이 있다. 다음을 참조하라. "The Anxiety of Bees" (*New York,* June 17, 2015).

21 2017년 연구는 《플로스원》에 〈보호구역에서 27년 동안 75퍼센트 이상 감소한 날벌레 생물량〉이라는 긴 제목으로 게재됐다. 2018년에 푸에르토리코 우림 지역의 날벌레 개체 수를 조사한 연구는 훨씬 더 긴급했다. 연구를 접한 다른 학자는 '극도로 걱정스럽다'는 반응을 보였다. 곤충 수가 60분의 1로 감소한 것이었다(Bradford Lister and Andres Garcia, "Climate-Driven Declines in Arthropod Abundance Restructure a Rainforest Food Web," *Proceedings of the National Academy of Sciences,* October 30, 2018).

22 가장 최근 사례는 다음에 나온다. Jamie Lowe's "The Super Bowl of Beekeeping" (*The New York Times Magazine,* August 15, 2018) '꿀벌의 우화'는 본래 굉장히 다른 의미를 가지고 있었다. 버나드 맨더빌이 1705년에 발표한 동명의 시에서는 미덕을 공개적으로 드러내는 행위는 언제나 위선적이며 오히려 개인이 자신만의 '악덕'을 가차없이 추구할 때 세상은 더 나은 곳이 된다고 주장한다. 시에 담긴 사고방식은 남해 거품 사건의 여파 속에서 처음 인기를 얻기 시작했으며 놀랍게도 결국 자유 시장 사고방식의 시금석이 된 것은 물론 애덤 스미스에게도 큰 영향을 미쳤다.

23 2008년에 앨런 로복은 《과학》지에서 이렇게 묻는다. "지구공학이 성과를 거둔다면 누가 온도 조절 장치를 맡을까?" 10년 뒤에 로복의 제자인 벤 크라비츠는 하버드 지구공학 프로그램(맞다, 하버드에는 지구공학 프로그램이 있다) 블로그(맞다, 심지어 블로그도 있다)에 이렇게 남겼다. "세계는 최적의 기후를 어떻게 합의할까? 어쩌면 기후 시스템 내에 여러 개의 목표를 동시에 만족시키는 것이 가능할지도 모른다."

24 Jakub Nowosad et al., "Global Assessment and Mapping of Changes in Mesoscale Landscapes: 1992–2015," *International Journal of Applied Earth Observation and Geoinformation* (October 2018).

25 Yinon M. Bar-On et al., "The Biomass Distribution on Earth," *Proceedings of the National Academy of the Sciences* (June 2018).

26 Brooke Jarvis, "The Insect Apocalypse Is Here," *The New York Times Magazine,* November 27, 2018.

27 J. E. Hansen, "Scientific Reticence and Sea Level Rise," *Environmental Research Letters* 2 (May 2007).

28 Daniel A. Chapman et al., "Reassessing Emotion in Climate Change Communication," *Nature Climate Change* (November 2017): pp. 850–852.

29 IPCC, *Global Warming of 1.5°C: An IPCC Special Report on the Impacts of Global Warming of 1.5°C Above Pre-Industrial Levels and Related Global Greenhouse Gas Emission Pathways, in the Context of Strengthening the Global Response to the Threat of Climate Change, Sustainable Development, and Efforts to Eradicate Poverty* (Incheon, Korea, 2018), www.ipcc.ch/report/sr15.

2장 걷잡을 수 없는 자본주의의 위기

1 행동경제학에서 이런 편향에 대해 어떻게 가르쳐 주는지 알고 싶다면 최고의 입문서로 다음 노벨상 수상자의 저서를 추천한다. Daniel Kahneman, *Thinking, Fast and Slow* (New York: Farrar, Straus & Giroux, 2013)(대니얼 카너먼, 이창신 역, 《생각에 관한 생각》, 김영사, 2018).

2 이 때문에 이론가 티모시 모턴이 기후변화를 '초과물'이라고 부른 것이다. 물론 이 용어는 기후변화가 얼마나 거대한지, 그에 비해 우리가 여태까지 기후변화의 규모를 얼마나 제대로 인식하지 못했는지를 나타내는 데 유용하다. 하지만 모턴의 분석을 더욱 깊이 파고들수록 점점 혼란스러워질 것이다. 《초과물: 종말 이후의 철학과 생태학》에서 모턴은 초과물의 다섯 가지 특징을 제시한다. 첫째, 점성이 있다. 초과물은 마치 기름처럼 자신이 접촉하는 어떤 사물이나 생각에 들러붙는다. 둘째, 융해된다. 초과물은 너무 거대해서 우리의 시공간 개념을 거스르는 듯 보인다. 셋째, 비국지적이다. 초과물은 곳곳에 분포하기 때문에 단일한 관점에서 인식하는 것이 불가능에 가깝다. 넷째, 단계적이다. 5차원 물체가 우리가 속한 3차원 공간을 지나가더라도 이해할 수 없는 것처럼 초과물은 우리가 이해하지 못하는 차원적인 자질을 가지고 있다. 다섯째, 물체 상호적이다. 초과물은 다양한 물체 및 시스템을 연결한다. 점성, 비국지성, 상호성은 납득이 된다. 하지만 그렇다고 이런 자질들이 지구온난화를 우리가 이전에 알던 것과 다른 종류의 현상으로 바꿔 놓지는 않는다. 심지어 이미 우리가 잘 이해하고 있는 다른 초과물(예컨대 자본주의)과도 구분하지 못한다. 게다가 나머지 두 자질의 경우, 만약 기후변화가 시공간에 대한 우리의 인식을 거스른다면 그것은 단지 우리가 빈약하고 좁은 의미의 시공간 개념을 가지고 있기 때문이다. 오히려 지구온난화는 다분히 지구의 대기 내에서 일어나는 현상이며 지난 수십 년 동안 과학자들이 꽤 정확히 예측할 만큼 그리 숨어 있는

현상도 아니다. 우리가 그동안 지구온난화에 대처하는 데 실패했다고 해서 온난화가 우리 이해의 범주를 벗어난다는 사실이 따라 나올 필요는 없다. 오히려 이해 영역 밖이라고 말하는 것은 책임 회피에 가깝다.

3 Fredric Jameson, "Future City," *New Left Review* in May – June 2003.

4 물론 강조하는 정도는 다양하다. 하지만 몇몇 형태의 '화석자본주의' 논증을 바츨라프 스밀의 《에너지와 문명》에서 확인할 수 있다. 그에 더불어 안드레아스 말름의 《화석자본주의》와 제이슨 무어의 《삶이라는 그물 속의 자본주의》를 참조할 수 있다.

5 무어는 《삶이라는 그물 속의 자본주의》에서 이런 의문을 제기한다. 또한 이는 다음에서 어느 정도 논의된다. Benjamin Kunkel, "The Capitalocene," *London Review of Books*, March 2, 2017.

6 Naomi Klein, *The Shock Doctrine: The Rise of Disaster Capitalism* (New York: Picador, 2007) (나오미 클라인, 김소희 역, 《쇼크 독트린》, 살림Biz, 2008).

7 Naomi Klein, *The Battle for Paradise: Puerto Rico Takes On the Disaster Capitalists* (Chicago: Haymarket, 2018).

8 Hsiang and Houser, "Don't Let Puerto Rico Fall into an Economic Abyss," *The New York Times*, September 29, 2017.

9 국제에너지기구 보고에 따르면 전 세계 총탄소배출량은 2017년에 32.5기가톤으로 1990년의 22.4기가톤보다 증가한 수치였다. 물론 기억해야 할 점은 사회주의 국가와 심지어 중도좌파 국가가 탄소배출량 면에서 자본주의 국가에 비해 눈에 띄게 건강한 기록을 가지고 있지는 않다는 점이다. 이는 탄소 배출이 자본주의 자체에 의해 유발된다고 말하는 것이나 자본주의 시스템이 특히 눈에 띌 만큼 상당한 이득을 낸다고 말하는 것이 착오의 여지가 있음을 시사한다. 그보다는 우리가 단기적인 계산에 의해서만 가치를 매기는 물질적 안락함이 세계 보편적인 힘을 가지고 있음을 반영할 수도 있다.

10 이 논문은 조너선 D. 오스트리, 프라카쉬 룬가니, 다비드 푸르체리가 2016년에 발표했다.

11 로머는 2016년 9월 14일에 자신의 웹사이트에 〈거시경제의 문제점〉이라는 글을 올렸다.

12 노벨상 수상자인 노드하우스는 탄소세라는 주제에 관해 다양한 글을 남겼다. 그가 생각하는 최적의 탄소세에 관한 가장 쉬운 설명이 다음에 나온다. "Integrated Assessment Models of Climate Change," National Bureau of Economic Research, 2017, https://www.nber.org/reporter/2017number3/nordhaus.html.

13 Adam B. Smith, "2017 U.S. Billion-Dollar Weather and Climate Disasters: A Historic Year in Context," National Oceanic and Atmospheric Association, January 8, 2018.

14 "Risks Associated with Global Warming of 1.5 Degrees Celsius or 2 Degrees Celsius," Tyndall Centre for Climate Change Research, May 2018.

15 Marshall Burke et al., "Global Non-Linear Effect of Temperature on Economic Production," *Nature* 527 (October 2015): pp. 235-239, https://doi.org/10.1038/nature15725.

16 "Negative Emissions Technologies: What Role in Meeting Paris Agreement Targets?" European Academies' Science Advisory Council, February 2018.

17 Jason Hickel, "The Paris Agreement Is Deeply Flawed—It's Time for a New Deal," *Al Jazeera,* March 16, 2018.

18 David Keith et al., "A Process for Capturing CO2 from the Atmosphere," *Joule*, August 15, 2018.

19 David Coady et al., "How Large Are Global Fossil Fuel Subsidies?" *World Development* 91 (March 2017): pp. 11-27.

20 David Rogers, "At $2.3 Trillion Cost, Trump Tax Cuts Leave Big Gap," *Politico*, February 28, 2018. 더 높게 추산하는 조사도 있다.

3장 기술이 종교처럼 되었을 때

1 슈미트는 2016년 1월에 뉴욕에서 열린 한 행사에서 이런 관점을 가장 명확히 밝혔다.

2 Ted Chiang, "Silicon Valley Is Turning into Its Own Worst Fear," BuzzFeed, December 18, 2017.

3 Nick Bostrom, "Analyzing Human Extinction Scenarios and Related Hazards," *Journal of Evolution and Technology* 9 (March 2002).

4 2018년 7월 5일에 《미디엄》지에 실린 〈가장 부유한 자들의 생존법〉에서 미래학자 더글라스 러시코프는 거물급 부자들이 모인 비밀 회담에서 자신이 기조연설을 했던 경험을 이야기한다. 기술 전문가라기보다는 헤지펀드 투자자에 가까웠던 부유한 손님들은 자신들이 준비해 온 질문에만 관심이 있어 보였다고 한다. 얼마 지나지 않아 대화의 초점이 명확해지기 시작했다.

뉴질랜드와 알래스카 중 다가오는 기후변화의 위기에 영향을 덜 받는 지역은 어디일까? 구글에서는 정말로 레이 커즈와일의 두뇌 정보를 담을 수 있는 공간을 설계하는 중일까? 그렇다면 커즈와일의 의식은 이행 과정을 통해 살아남을까? 아니면 죽은 후에 완전히 새로운 의식이 탄생할까? 끝으로는 어느 증권사의 CEO가 지하 벙커 시스템을 거의 다 완성했다며 이렇게 물었다. "사태가 일어난 다음에 경비대 지휘권을 계속 유지하려면 어떻게 해야 할까요?"

'사태.' 러시코프의 이야기를 들어 보면, 부자들은 세상에서 제일가는 특권층으로 누리고 있는 자신들의 지위와 안보를 위협하는 요소라면 모두 묶어서 '사태'라고 부르는 것 같았다. 말하자면 '환경 파괴, 사회불안, 핵폭발, 막을 수 없는 바이러스, 로봇 해킹으로 인한 체제 붕괴 등을 돌려 말하는 그들만의 표현법'이었다.

러시코프는 "남은 시간 내내 다들 그 질문 하나에만 사로잡혔다"며 이야기를 계속 이어 나간다.

그들은 화난 군중으로부터 자신들의 영역을 보호하려면 무장한 경비대가 필요할 것임을 알고 있었다. 하지만 돈이 아무런 가치가 없어진다면 무슨 수로 경비대를 유지해야 할까? 경비대가 자기들 마음대로 지도자를 선택하지 않도록 막으려면 어떻게 해야 할까? 그들은 식량 공급처에 자신들만 아는 특별한 번호 자물쇠를 설치해야 한다고 생각했다. 혹은 경비대의 생존을 보장하는 대신 일종의 목줄 같은 것을 채워야 한다고 생각했다. 아니면 혹시 제 시간 내에 기술이 발전하기만 한다면 경비대이자 일꾼 역할을 할 로봇을 만들어야 한다고 생각했다.

마크 오코넬 역시《기계가 되려면》에서 실리콘밸리의 특권 계층 사이에 흐르는 특유의 충동을 탐구한다. 이 책은 돈 드릴로가《화이트 노이즈》를 통해 남긴 명구로 시작된다. "바로 이게 기술의 핵심이야. 한편으로는 불멸성을 갈구하게 만들면서도 다른 한편으로는 세계 멸망을 가져오겠다고 위협하지." 소설 속에서 이 말을 하는 인물은 화자의 동료이자 조수인 머레이 제이 시스킨드로 그는 희극적인 요소를 돋보이게 하면서도 '해설자' 역할을 담당한다. 이 머레이의 선언을 얼마나 진지하게 받아들여야 하는지는 확신이 서지 않지만 그럼에도 오늘날 기술 전문가가 보이는 양가적인 태도를 예리하게 묘사하는 표현임에는 분명해 보인다. 그들은 '존재론적 위기'에 대해 경악하면서도 동시에 필멸의 운명으로부터 벗어나려고 개인적으로 애쓰기 때문이다.

러시코프는 이런 양상이 선지자, 실세, 투자 자본가 계층이 전반적으로 공유하는 동일한 충동에서 비롯된다고 본다. 이들 세력이 내놓는 미래에 대한 소망은 세간으로부터, 특히 기술자 계층으로부터 미래의 청사진으로 받아들여진다. 따라서 그들은 새로운 형태의 우주여행 기술, 생명 연장 기술, 사후의 삶을 가능하게 하는 기술 등에 투자하는 가운데 기술자를 마치 봉토 기사 다루듯 마음껏 통솔한다. 러시코프는 계속해서 이렇게 말한다. "그들이 준비하는 미래의 디지털 세계는 더 나은 세상을 만드는 것과는 거의 관련이 없으며 오히려 인간 환경 자체를 초월함으로써 기후변화, 해수면 상승, 대형 이주 사태, 세계적인 전염병, 이민자 배척 소동, 자원 고갈 등 매우 현실적이고 실재적인 위협을 자신들로부터 차단하려는 것에 훨씬 더 가깝다. 그들에게 기술의 미래란 단 한 가지 목표로 정리될 수 있다. 바로 '탈출'이다."

5 Christina Nichol, "An Account of My Hut," *n+1*, Spring 2018. 니콜은 제목에 대해 이렇게 설명한다.

> 예전에 12세기 일본의 은둔자인 카모노 초메이의 '내 오두막 이야기'라는 글을 읽은 적이 있었다. 초메이는 교토에서 산불, 지진, 태풍을 목격한 뒤에 어떻게 자신이 사회를 떠나 오두막으로 들어가 살게 됐는지 설명하고 있었다.
>
> 그로부터 700년 뒤에 노섬벌랜드의 시인인 바실 번팅은 초메이의 이야기를 자신만의 버전으로 각색했다. "아! 불평할 것이 하나도 없구나. 부처도 이렇게 말했네. '속세에 어떤 것도 좋은 것은 없노라.' 나는 내 오두막이 좋구나." 하지만 난 아무리 속세를 저버리고 싶다고 한들 캘리포니아에서 오두막을 마련할 여력은 없었다.

6 케인스는 1929년 주식시장 폭락 직후인 1930년에 발표한 유명한 에세이에서 이런 예측을 늘어놓는다(이후로도 정말 많이 언급했다). John Maynard Keynes, "Economic Possibilities for Our Grandchildren," *Nation and Athenaeum*, October 11 and 18, 1930.

7 이 대목은 다음 글에서 처음 등장했다. Robert M. Solow, "We'd Better Watch Out," review of *Manufacturing Matters* by Stephen S. Cohen and John Zysman, *The New York Times Book Review*, July 12, 1987.

8 Alex Hern, "Bitcoin's Energy Usage Is Huge—We Can't Afford to Ignore It," *The Guardian*, January 17, 2018.

9 Bill McKibben, "Winning Is the Same as Losing," *Rolling Stone*, December 1, 2017. 맥키번은 이렇게 말한다. "다르게 표현할 수도 있다. 2075년이면 세계는 태양전지판과 풍력발전기로 돌아갈 것이다. 자유에너지 시장은 꺾기 어려운 사업 계획이니까. 하지만 현재 추세대로라면 그 발전기들은 이미 박살난 행성을 밝히게 될 것이다. 우리가 2075년에 내리는 결정은 중요하지 않다. 사실 2025년에 내리는 결정조차 우리가 앞으로 5년 동안 내리는 결정에 비하면 훨씬 덜 중요하다. 효력은 지금 존재한다."

10 이 재담은 2013년 《이코노미스트》에 처음 등장했다.

11 IDC, "Smartphone OS Market Share," www.idc.com/promo/smartphone-market-share/os.

12 David Murphy, "2.4BN Smartphone Users in 2017, Says eMarketer," *Mobile Marketing*, April 28, 2017, https://mobilemarketingmagazine.com/24bn-smartphone-users-in-2017-says-emarketer.

13 이 수치들은 국제기후환경연구센터 선임연구원인 로비 앤드루의 연구와 프레젠테이션에서 나왔다. 프레젠테이션은 그의 웹사이트에 올라와 있다. "Global Collective Effort," May, 2018, http://folk.uio.no/roberan/t/2C.shtml. 앤드루가 참고한 수치는 다음 연구에서 제시됐다. Michael R. Raupach et al. in "Sharing a Quota on Cumulative Carbon Emissions," *Nature Climate Change* (September 2014).

14 "UN Secretary-General Antonio Guterres Calls for Climate Leadership, Outlines Expectations for Next Three Years," *UN Climate Change News*, September 10, 2018. "우리가 2020년까지 경로를 바꾸지 않는다면 기후변화가 더 이상 제어 불가능해지는 시점을 지나고 말 것이며 결국 사람들은 물론 우리를 지탱하던 모든 자연 시스템에도 재난 수준의 결과가 초래될 것입니다."

15 Jocelyn Timperley, "Q&A: Why Cement Emissions Matter for Climate Change," *Carbon Brief*, September 13, 2018, www.carbonbrief.org/qa-why-cement-emissions-matter-for-climate-change.

16 Ken Caldeira, "Climate Sensitivity Uncertainty and the Need for Energy Without CO2 Emission," *Science* 299 (March 2003): pp. 2052–2054.

17 James Temple, "At This Rate, It's Going to Take Nearly 400 Years to Transform the Energy System," *MIT Technology Review*, March 14, 2018, www.technologyreview.com/s/610457/at-this-rate-its-going-to-take-nearly-400-years-to-transform-the-energy-system.

18 U.N. Information Service, "New Report on Health Effects Due to Radiation from the Chernobyl Accident," February 28, 2011, www.unis.unvienna.org/unis/en/pressrels/2011/unisinf398.html.

19 World Health Organization, "Chernobyl: The True Scale of the Accident," September 5, 2005, www.who.int/mediacentre/news/releases/2005/pr38.

20 United Nations, "Report of the United Nations Scientific Committee on the Effects of Atomic Radiation" (May 2013): p. 11, www.unscear.org/docs/GAreports/A-68-46_e_V1385727.pdf.

21 Lisa Friedman, "Cost of New E.P.A. Coal Rules: Up to 1,400 More Deaths a Year," *The New York Times*, August 21, 2018.

22 Pamela Das and Richard Horton, "Pollution, Health, and the Planet: Time for Decisive

Action," *The Lancet* 391, no. 10119 (October 2017): pp. 407–408, https://doi.org/10.1016/S0140-6736(17)32588-6.

23 Andreas Malm, *The Progress of This Storm: Nature and Society in a Warming World* (London: Verso, 2018).

24 템페스트의 노래 〈터널 비전〉의 가사다.

4장 소비할 것인가, 정치할 것인가

1 Annie Correal, "What Drove a Man to Set Himself on Fire in Brooklyn?" *The New York Times*, May 28, 2018.

2 편지에 대한 심도 깊은 설명을 보고 싶다면 다음을 참조하라. Theodore Parisienne et al., "Famed Gay Rights Lawyer Sets Himself on Fire at Prospect Park in Protest Suicide Against Fossil Fuels," New York *Daily News*, April 14, 2018.

3 현재 의학 연구, 대학 장학금, 박물관, 문학잡지 등에 자선 목적으로 기부함으로써 자신의 양심을 씻어 내고 있는 시민은 점차 기부 대상을 탄소상쇄 제도나 탄소포집 펀드로 옮겨 갈지도 모른다. 실제로 일부 급진적인 국가에서는 탄소세로 얻은 수익금을 곧바로 CCS와 BECCS에 투자하기도 한다. 진보적인 과학자들은 유전자 치료법을 기후변화 문제에 적용할 것이다. 이미 매머드한테는 시도하고 있다. 일단 소생이 가능해진다면 유라시아 스텝 지대의 초원을 되살리거나 영구동토층의 메탄 방출을 막아 줄지 모르기 때문이다. 아마 곧 모기가 유발하는 질병의 박멸을 기대하며 모기한테도 시도할 것이다. 독자적으로 움직이는 거물 부자들은 지구공학을 이용해 혼자 힘으로 지구를 냉각시킬지 모른다. 빌 게이츠가 모기장을 나눠 주듯이 비행기 몇 대를 적도 부근으로 보내 이산화황을 퍼뜨려 줄지도 모른다.

4 Thomas Piketty, *Capital in the Twenty-First Century* (Cambridge, MA: Harvard University Press, 2014).

5 힙스터 음식 잡지 《모던파머》의 창립자는 2018년에 '기후변화를 위한 구프'를 출시한다는 소문이 있었다.

6 Alexis Temkin, "Breakfast with a Dose of Roundup?" Environmental Working Group Children's Health Initiative, August 15, 2018, www.ewg.org/childrenshealth/glyphosateincereal.

7 기상청은 페이스북을 통해 이렇게 경고했다. "산불이 일어나는 중에는 방진 마스크로 충분하지 않습니다! 방진 마스크는 산불 연기에 들어 있는 미세 입자를 막아

주지 못합니다. 가장 좋은 방법은 창문과 문을 닫은 채 실내에 머무르는 것입니다. 에어컨을 가동하고 있는 중이라면 기기를 통해 외부 연기가 들어오지 않도록 맑은 공기 흡입구를 닫고 필터를 깨끗하게 유지하기 바랍니다."

8 이런 현상을 가장 깊이 꿰뚫고 있는 설명은 다음에 나온다. Anand Giridharadas, *Winners Take All: The Elite Charade of Changing the World* (New York: Knopf, 2018)(아난드 기리다라다스, 정인경 역, 《엘리트 독식 사회》, 생각의힘, 2019).

9 이 야이기는 다음에 등장한다. Tim Rogan, *The Moral Economists* (Princeton, NJ: Princeton University Press, 2018). 또한 다음을 참조하라. Tehila Sasson, "The Gospel of Wealth," *Dissent*, Agust 22, 2018.

10 신자유주의의 역사를 짤막하게 소개하는 한편 이 현상을 인상 깊게 서술한 내용이 다음에 나온다. Stephen Metcalf, "Noeliberalism: The Idea That Swallowed the World," *The Guardian*, Agust 18, 2017.

11 Geoff Mann and Joel Wainwright, *Climate Leviathan: A Political Theory of Our Planetary Future* (London: Verso, 2018).

12 Katharine Ricke et al., "Country-Level Social Cost of Carbon," *Nature Climate Change* 8 (September 2018): pp. 895–900.

13 일대일로 전략에 관한 최고의 설명이 다음에 나온다. Bruno Maçães's *Belt and Road: A Chinese World Order* (London: Hurst, 2018). 최근 한 연구진은 일대일로 전략이 '영구적인 환경 파괴를 촉진'시켰을지도 모른다고 주장한다(Fernando Ascensão et al., "Environmental Challenges for the Belt and Road Initiative," *Nature Sustainability*, May 2018).

14 Harald Welzer, *Climate Wars: What People Will Be Killed For in the 21st Century* (Cambridge: Polity, 2012)(하랄트 벨처, 윤종석 역, 《기후 전쟁》, 영림카디널, 2010).

15 《워싱턴포스트》의 함자 샤반은 2018년 봄에 불과 두 달 사이에 이런 일이 세 차례나 벌어졌다고 지적한다. "Facial Recognition Cameras in China Snag Man Who Allegedly Stole $17,000 Worth of Potatoes," May 22, 2018.

16 Stephen Chen, "China Takes Surveillance to New Heights with Flock of Robotic Doves, but Do They Come in Peace?" *South China Morning Post*, June 24, 2018.

5장 '역사가 진보한다'는 믿음의 붕괴

1 산업화 시대는 경제가 성장하리라는 약속만 제시한 것이 아니라 인류가 과거에 발전해 왔듯이 미래에도 발전하리라는 역사 인식 역시 퍼뜨렸다.

이런 진보의 믿음은 대중적인 기반을 가지고 있다. 빅토리아시대에는 일상생활이 너무나 빨리 변했기 때문에 눈을 뜨고 있는 이상 아무도 변화를 놓칠 수 없었다. 진보의 믿음은 지적 기반 역시 가지고 있다. 19세기 전반에 걸쳐 헤겔부터 콩트에 이르는 여러 철학자들은 역사가 특정한 모양을 따라 흘러간다고 주장했다. 일정한 형태에서 계몽된 형태를 향해 점점 발전한다는 생각이었다. 동시대 인물인 다윈이나 스펜서의 주장을 접하는 사람들 역시 비슷한 인식을 확인할 수 있었을 것이다. 또한 최초의 만국박람회인 빅토리아 여왕의 수정궁 전시회를 방문한 사람들 역시 마찬가지였다. 국제적인 전시회였던 만국박람회는 사실상 국가 간 발전 수준을 비교하는 암묵적인 경쟁의 장으로 마련됐으며 기술이 모두에게 더 나은 미래를 가져다준다고 약속했다. 야코프 부르크하르트는 서양 역사의 3단 구조(고대, 중세, 현대)를 제시한《이탈리아 르네상스의 문화》를 집필할 때 자신이 헤겔 및 콩트의 생각에 반론을 제기할 수 있다는 사실을 느꼈겠지만 그럼에도 과거 역사를 단일하게 전개되는 드라마로서 명시적으로 서술했다. 진보하는 역사에 대한 믿음이 사회적, 경제적, 문화적 변화가 급속하게 이루어지는 당시 시대에 그만큼 주도권을 꽉 잡고 있었던 것이다. 심지어 서구의 승리주의를 비판하는 사람들마저 역사를 앞을 향해 나아가는 것으로 인식하는 경향이 있었다. 마르크스가 가장 명확한 사례다. 마르크스가 재구상한 헤겔의 역사관을 언뜻 훑어보면 그 모습은 마치 세바스찬 애덤스가 (놀랍게도 기독교 복음주의에 자극을 받아) 1871년에 처음 발표한 역사 연대 벽보와 매우 흡사하다. H. G. 웰스는 1920년에 큰 영향을 미친 책《역사의 개요》를 출판했다. 여기서 웰스는 '시공간 속의 지구'에서 '역사의 다음 단계'까지 총 40개의 챕터를 다루면서 "인류의 역사는 사실상 모든 인간이 행복할 수 있다는 공공의 목표를 구상하기 위한 눈먼 노력"이라고 선언했다. 책은 수백만 부가 팔렸고 수십 개의 언어로 번역됐다. 또한 케네스 클라크의《문명》부터 재레드 다이아몬드의《총, 균, 쇠》까지, 장기적인 관점에서 역사를 바라보는 거의 모든 유명 프로젝트에 큰 영향을 미쳤다.

2 하라리가 이처럼 전면적인 회의론을 통해 기술 진보의 화신 같은 사람들로부터 수많은 찬사를 받았다는 사실은 TED 강연 시대의 기현상 중 하나다. 물론 그런 회의론은 자신만의 성취감에 사로잡혀 장대한 역사 전반을 고민하기를 좋아하는 사람들에게도 구미가 당기는 주장이었다. 하라리는 독자로 하여금 역사 전반을 고민하게 만드는 동시에 역사 너머의 것이나 역사 이외의 것을 고민하도록 만들기도 한다. 이런 맥락에서 하라리는 재레드 다이아몬드는 물론 조지프 캠벨, 심지어 조던 피터슨과도 비슷한 성향의 강사 기질을 공유하는 것으로 보인다. 하라리는 후속작인《호모 데우스》에서 본인은 인정하지 않겠지만 현대적인 신화 한 가지를

새롭게 옹호한다. 가까운 미래에 엄청나게 강력한 인공지능이 출현하면서 우리가 '인간성'이라고 알고 있는 모든 것이 거의 쓸모없어질 것이라는 신화다.

3 발굴된 인간 유적 중 이 시기 유적을 보면 인간 고난의 역사를 분명히 확인할 수 있다. 인간은 더 작았고 더 아팠으며 선조들보다 더 일찍 죽었다. 평균 신장은 남성과 여성이 각각 5피트 10인치와 5피트 6인치였던 것이 이때는 각각 5피트 5인치와 5피트 1인치로 줄어들었다. 정착한 공동체는 전염병에도 더 취약했다. 게다가 비만과 심장병마저 급증했다. 이 때문에 비평가 존 란체스터가 지적하듯이 문명에 대한 반론은 농업에 대한 반론만으로 해낼 수 있는 것이다.

4 Jared Diamond, "The Worst Mistake in the History of the Human Race," *Discover*, May 1987.

5 Yuval Noah Harari, "Does Trump's Rise Mean Liberalism's End?" *The New Yorker*, October 7, 2016.

6 이는 우주가 주기적으로 '대년' 때 완전히 파괴됐다가 재창조되는 식으로 순환 과정을 반복한다는 신념이었다. 플라톤은 '완벽한 해'라는 표현을 더 선호했는데 이는 별들이 다시 원래 자기 자리로 돌아가는 해를 가리켰다.

7 일부 기록에서는 순환 단계가 12개 이상이라고 제시하는 경우도 있지만 중국 철학자 맹자에 따르면 순환 단계는 오직 3개뿐이다. 각각 상승, 정점, 하락 단계다.

8 니체는 1882년에 《즐거운 지식》에서 일종의 사고실험으로서 모든 것이 영원히 반복될 수밖에 없다는 생각을 처음 제시했다. 하지만 이후로도 니체는 이런 생각에 계속 빠져들었으며 종종 우주의 법칙처럼 설명하기도 했다. 마치 고대 이집트, 인도, 그리스 스토아학파가 회귀를 다뤘던 방식과 흡사하다.

9 Arthur M. Schlesinger, *The Cycles of American History* (New York: Houghton Mifflin, 1986).

10 1987년에 발표한 이 책에서 케네디는 비교적 단순한 강대국 역사 모델을 제시한다. 천연자원으로 성장이 촉진됐다가 군사적 과욕으로 쇠퇴해졌다는 구조다.

11 말름의 《화석자본주의》의 후속편이라고 할 수 있는 이 책의 핵심 주장은 우리가 '사회'와 구분되는 것으로서의 '자연'이 사라졌다고 믿을 수는 있지만 사실 지구온난화는 오히려 가혹한 복수와 함께 자연을 되돌리고 있다는 것이다.

6장 절망 끝의 허무주의

1 맥레모어가 겪은 공황은 일정 부분 수은 중독 때문에 유발됐을 수도 있지만 그가 가장 우려했던 것은 북극 빙하의 융해, 가뭄, 열염분 대류의 둔화였다.

2 Richard Heinberg, "Surviving S-Town," Post Carbon Institute, April 7, 2017.

3 *Inheritors of the Earth: How Nature Is Thriving in an Age of Extinction* (New York: Public Affairs, 2017). 이 책에서 토머스는 '멸종의 시대'를 목청껏 예찬한다기보다는 기후변화의 잔혹한 영향에 더해 우리가 긍정적이라거나 생산적이라고 여길 만한 영향을 함께 온건하게 제시하고 있다. 이는 다른 비주류 낙관론자들의 의견과 공명하고 있다. 대표적으로 마이클 셸렌버거의 《약진: 우리가 환경운동가에게 지구를 살리는 일을 맡길 수 없는 이유》와 테드 노드하우스의 《괴물을 사랑하라: 후기환경론과 인류세》가 있다. 캐나다, 스웨덴, 남아공 학자들로 이루어진 '밝은 점'이라는 연구 모임에서는 물론 지구온난화의 영향을 상당 부분 걱정하고 있지만 '좋은 인류세'라는 주장을 뒷받침할 만한 긍정적인 환경 변화 목록 역시 열거하고 있다.

4 무엇보다 예이츠는 존 디디온이 《엉금엉금 베들레헴을 향해》에 포함시킨 시구를 제공한 장본인이다. "세상은 산산조각이 나고 중심은 끌어당기지 못해 / 순수한 무질서 자체가 세상에 풀려났네."

5 제퍼스의 반인간주의 기획은 유명한 시 〈카멜 포인트〉에도 깔끔하게 담겨 있다.

우리는 우리 정신의 초점을 우리 자신에게서 떼어 내야 하네
우리는 우리의 관점을 살짝 비인간화해야 하네, 그리고 자부심을 가져야 하네
우리가 바위와 바다에서 만들어졌으니

6 실제로 선언문은 이렇게 이어진다. "인류 문명은 몹시 취약한 구조물이다." 선언문에 따르면 그럼에도 우리는 영원히 문명의 취약성을 부정한다고 한다. 우리의 하루하루가 필멸성을 부정하는 데 달린 것처럼 취약성을 부정하는 데에도 달렸기 때문이다. 이런 맥락에서 철학자 새뮤얼 셰플러는 한때에는 사후 세계가 도덕적·윤리적 행동을 고취하고 조직하며 감독하는 역할을 담당했다면 불가지론의 세계에서는 우리가 죽고 나서도 세계가 계속될 것이라는 확신이 그 역할을 담당한다고 주장한다. 다시 말해 인생이 살 만한 가치가 있을 뿐만 아니라 잘 살 가치가 있다는 생각은 "단지 자신의 죽음을 전망하는 것보다는 온 인류의 소멸을 전망하는 것에서 더 큰 위협"을 느끼게 만든다. 찰스 만은 기후변화 문제에서 인간 행동에 드러나는 윤리적 모순을 설명하면서 셰플러의 사상을 이렇게 요약한다. "설령 나 자신이 죽더라도 인간 생명은 지속될 것이라는 믿음은 사회를 받치고 있는 버팀목 중 하나다."

"일단 그런 믿음이 무너지기 시작하면 문명의 몰락은 멈출 수 없는 일이 될 것"이라고 지적하면서 킹스노스와 하인은 선언문을 계속 이렇게 이어 나간다. "중력이 엄연한 물리 법칙인 것처럼 문명이 언젠가 무너진다는 사실은 엄연한 역사 법칙이다. 문명이 무너진 뒤에는 엉망으로 뒤섞인 문화적 잔재와 믿음을 배신당해 당

황하고 분노한 사람들이 남게 될 것이며 또한 성벽의 기초보다 깊은 곳에 언제나 자리 잡고 있던 원동력이 남게 될 것이다. 바로 살고자 하는 욕구와 의미를 찾고자 하는 욕구다."

7 킹스노스와 하인은 이렇게 말한다. "모든 것이 괜찮아지리라고 믿지는 않는다. 오늘날의 진보와 개선의 정의를 고려하자면 심지어 우리가 모든 것이 괜찮아지기를 바라는지도 확신하지 못하겠다."

다크마운틴 선언문에서는 '비문명화의 여덟 가지 원칙'을 간략히 정리한다. 이는 일반적인 원칙과 인식에 대한 이해를 좀 더 구체적인 의향을 가지고 선으로 이끌기 위한 일종의 강령이라고 할 수 있다. 첫 시작은 "우리는 우리 시대에 한 점으로 수렴하는 위기를 기술적인 혹은 정치적인 '해결책'이 필요한 일련의 '문제'로서 축소시킬 수 있다는 믿음을 거부"한다는 선언이다. 비록 그들은 특정한 종류의 해결책을 포기하겠다고 맹세하기는 하지만 대응 자체를 완전히 포기하지는 않는다. 다크마운틴은 결국 문학 공동체로서 축제를 조직하고 워크숍을 주최하며 명상 여행을 떠나기도 한다. 그중에서도 그들이 촉구하는 가장 구체적이고 실질적인 대응책은 예술에 대한 강령에서 찾아볼 수 있다. "우리는 이 위기의 근원이 우리가 스스로에게 들려주던 이야기에 있다고 생각한다." 즉 그들은 "진보의 신화, 인간중심주의의 신화, 인간이 '자연'과 분리돼 있다는 신화"를 문제의 원인으로 지적한다. 또한 이런 신화는 "우리가 그 이야기들이 신화라는 사실을 잊어버렸기 때문에 더욱 위험"하다. 이에 대항해 그들은 "이야기의 역할이 단순한 재미 이상의 것임을 확실히 할 것"이며 "손톱 밑에 흙을 묻힌 채 글을 쓸 것"이라고 다짐한다. 그들의 목표는 이야기를 통해 문명의 종말이 그리 나빠 보이지 않는 새로운 관점을 발견하는 것이다. 그들은 어떤 면에서는 자신들이 이미 그처럼 계몽된 상태를 달성했다고 주장한다. "우리가 세상의 종말이라고 알고 있는 것은 사실 세상의 종말, 즉 온전한 정지를 뜻하지 않는다. 우리는 함께 희망 너머의 희망, 즉 우리 앞에 놓인 미지의 세계로 향하는 길을 발견할 것이다."

8 Paul Kingsnorth, "Dark Ecology," *Orion*, November–December 2012. 이 선언문에는 다음과 같은 대목이 포함된다.

> 가까운 미래는 어떤 모습일까? 내가 생각하기로는 일단 문명의 다방면이 이상하고도 비현실적인 방식으로 한데 섞여 계속 몰락할 것이며 결과적으로 자연과 문화를 계속 조각낼 것이다. 또한 새로운 종류의 친환경 기술을 활용한 '해결책들'이 등장해 붕괴를 막아 보려는 허망한 시도를 할 것이다. 물론 나는 지금으로서는 그 무엇도 이런 순환 작용을 깨뜨릴 수 있다고 생각하지 않는다. 과거 인류 역사에서 여러 차례 나타났던 일종의 초기화가 일어나지 않는 이상 깨뜨릴 수 없다. 아예 복잡도가

낮은 문명으로 되돌려 버리는 사건, 오늘날 우리 모두의 주변에 대놓고 들끓고 있는 폭풍 같은 사건 말이다.

이 중 어떠한 것도 당신 마음에 들지 않는다면 그럼에도 당신이 붕괴를 막을 수 없다는 사실을 알고 있다면, 당신은 어떻게 될까? 답을 하자면 당신에게는 당신이 역사의 위대한 순환 주기 가운데 어디에 위치하는지 또한 무엇을 할 수 있고 무엇을 할 수 없는지 이해해야 할 의무가 있다. 만약 당신이 새로운 아이디어나 기술로 우리를 진보의 덫에서 기적적으로 꺼낼 수 있으리라고 생각한다면 시간을 낭비하게 될 것이다. 어제도 효과가 없었는데 오늘도 평범한 캠페인 활동을 벌여 효과를 거둘 수 있다고 생각한다면 시간을 낭비하게 될 것이다. 기계가 개선되거나 길들여지거나 수선될 수 있다고 생각한다면 시간을 낭비하게 될 것이다. 과학적이고 합리적인 논증을 기반으로 더 나은 세상을 위한 거대한 계획을 구상한다면 시간을 낭비하게 될 것이다. 계속 과거에 머물러 있으려고 애쓴다면 시간을 낭비하게 될 것이다. 수렵하고 채집하는 삶을 낭만화하거나 컴퓨터 가게 주인에게 폭탄을 보낸다면 시간을 낭비하게 될 것이다.

9 이런 사실은 제데디아 퍼디나 나오미 클라인 등 환경 문제와 인간의 책임 문제에 대해 꽤 급진적인 사상을 가진 사람들이 정치적 행동에 관한 문제에 얼마나 강렬히 집중하는지를 살펴보면 확인할 수 있다. 《자연 그 이후: 인류세를 위한 정치체제》에서 퍼디는 인류의 최종적이고도 전면적인 지구 정복이 동시에 지구 파괴로 특징지어질 것이라는 명백히 참인 직관을 통해 전적으로 실용적인 정치관을 내놓는다. 또한 자연적인 풍요를 누렸던 긴 시대가 끝났다는 사실이 환경과 관련된 정치, 정책, 법률에 더욱 민주적인 방식으로 접근해야 한다는 사실을 뜻한다고 주장한다. 현재 추세를 바꾸는 것이 기반 구조 면에서 사실상 불가능해 보이는 오늘날에도 그래야 한다. 아니, 특히 오늘날이기 때문에 더욱 그래야 한다. 퍼디는 2017년에 카트리나 포레스터와 나눈 대화를 나중에 《디센트》지에 게재하면서 이렇게 부연한다.

우리는 역설적인 상황에 놓여 있다. 세상이 이쪽 방향으로 가서는 안 되는데 '동시에' 반대쪽 방향으로도 가서는 안 되는 것이다. 전부는 아니더라도 일부 인간의 집단적인 힘이 우리를 이런 상황으로 끌어들였다. 자원에 대한 힘, 계절에 대한 힘, 사람에 대한 힘을 가진 자들 말이다. 그런 힘은 세계적인 단위의 인류로 발전해 프랑켄슈타인적인 생태 환경에 뒤엉켰다. 하지만 거기에는 아직 정작 우리가 필요로 하는 힘인 책임을 지는 힘이나 제약을 가하는 힘은 포함돼 있지 않다. 인류세에 대처하기 위해 인간은 서로를 대하는 법을 배워야 한다. 일단 우리는 '우리'가 돼야 한다.

어떤 관점에서 보면 이는 킹스노스라면 말도 안 되게 순진한 생각이라고 조롱할 만한 지극히 전통적인 정치관처럼 보일지 모른다. 의미가 있을지 모르겠지만 이는 내 정치적 입장이기도 하다. 케이트 마블이 희망보다는 용기를 촉구할 때, 나오미 클라인이 '블로카디아'라는 시위 지대에서 성장한 정치 저항 공동체에 대해 열변을 토할 때 나는 인정의 의미로 고개를 끄덕인 사람이다. 퍼디와 마찬가지로 나는 지구환경의 파괴와 자연적 풍요의 소멸에 대처하려면 사람들이 다시 평등주의의 에너지로 고취된 가운데 새로운 종류의 정치적 진보주의를 나타내야 한다고 믿는다. 앨 고어와 마찬가지로 나는 기후재난을 막을 희망이 조금이라도 남아 있다면 끊임없이 기술 혁신을 밀어 붙여야 한다고 믿는다. 그리고 그 과정에 도움이 되도록 아직 할 수 있을 때 시장 세력을 활발하게 풀어 줘야 한다고 믿는다. 클라인과 마찬가지로 나는 일부 시장 세력이 우리 정치계를 거의 정복하기는 했지만 완전히 정복하지는 못했다고 믿는다. 아직 일말의 기회가 남아 있는 것이다. 빌 맥키번과 마찬가지로 나는 우리에게 익숙한 방법을 통해 의미 있는, 심지어 급격한 변화를 이룰 수 있다고 믿는다. 바로 투표와 조직과 모든 차원에서의 정치적 활동이다. 다시 말해 나는 다른 무엇보다 '참여'의 힘을 믿는다. 도움이 될 만한 곳이라면 어디서든 '참여'의 힘을 믿는다. 사실 기후변화에 그 외의 반응을 나타내는 것을 도덕적인 차원에서 이해할 수 없을 정도다.

10 이것이 우리에게 이미 익숙한 비유라는 사실은 참 아쉬운 일이다. 본래 의도된 강렬한 인상이 무뎌졌기 때문이다. 연합군 측의 동원령은 인류 역사상 전례 없는 일이었으며 그 이후로도 필적할 만한 동원령은 없었다. 우리가 과세율을 약간 고쳐서 나치를 물리치지는 않았듯이 기후 관련 세금 역시 찬성론자의 바람과 달리 한 번에 모두 해결하지는 못할 것이다. 한편 2차 세계대전 당시에는 징발제, 산업 국유화, 광범위한 배급제가 시행되기도 했다. 만약 당신이 탄소세를 조정하는 것만으로 30년 내에 세계대전 당시 수준의 행동들을 불러일으킬 수 있다면 당신은 나보다 훨씬 뛰어난 상상력을 가지고 있는 것이다.

11 Wendy Lynne Lee, *Eco-Nihilism: The Philosophical Geopolitics of the Climate Change Apocalypse* (Lanham, MD: Lexington, 2017).

12 파커는 캐나다 신민주당 당수가 천연가스 보조금 지원을 두둔하고 나서자 신민주당 탈퇴를 결정하고 난 뒤 자신의 결정을 설명하면서 이 표현을 사용했다.

13 메리 셸리의 프랑켄슈타인 이야기는 우리가 저지른 짓에 대한 명확한 이해를 촉구하는 낭만적인 청원으로 시작한다. "우리는 프랑켄슈타인이 괴물이 아니라 사람이라는 사실을 잊어버린 것처럼 프랑켄슈타인의 진짜 잘못 역시 잊어버리고 말았다." 라투르는 〈당신의 괴물들을 사랑하라〉라는 에세이에서 메리 셸리의 이야기에 나타나는 환경을 향한 한탄에 찬 책임 의식을 자세히 설명한다.

프랑켄슈타인 박사가 저지른 범죄는 오만함과 뛰어난 기술력을 결합한 생명체를 창조해 낸 것이 아니라 '그 생명체를 제멋대로 내버려둔 것'이었다. 박사가 알프스산맥의 얼음 위에서 자신의 창조물을 만났을 때, 그 창조물은 자신이 괴물로 '태어난 것'이 아니라, 끔찍한 사물이 생명력을 얻는 것을 보고는 겁에 질려 연구실 밖으로 뛰쳐나간 박사가 자신을 혼자 내버려둔 '뒤'에야 범죄자가 된 것이라고 주장한다.

비슷한 식으로 책임 문제를 설명하는 사례 가운데는 페미니즘 개척자이기 이전에 이론가였던 도나 해러웨이의 〈사이보그 선언〉과 비교적 최근작인 《문제 붙들고 있기: 크툴루 시대에 친족 만들기》가 있다. 크툴루는 H. P. 러브크래프트의 작품에 등장하는 얼굴이 여러 개 달린 우주적 차원의 악한 괴물에서 따왔다.

14 "Tropical Depressions," *The Baffler* 36 (September 2017). 크리스와 오헤이건은 "기후변화는 오늘날 우리가 인간성을 구성한다고 생각하는 모든 것들을 끝내 버릴 것"이라며 이렇게 이어 간다. "이런 일이 벌어지는 규모는 어떤 식으로든 엄청난 충격을 준다. 대부분의 사람은 이런 현실을 지나치게 깊이 생각하지 않으려고 애쓸 것이다. 생각할 수가 없기 때문이다. 살아 있는 자에게는 죽음이 언제나 생각할 수 없는 문제인 것과 똑같다. 기후학자, 환경운동가, 환경보호가 등 이 문제를 반드시 생각해야 하는 사람들에게는 어렴풋이 나타나는 재난의 모습이 비슷한 공포감을 불러일으킬 것이다. 미래에 인류가 멸종될 가능성이 지금부터 인간성에 의문을 제기하는 것이다."

15 파워스는 《로스앤젤레스 도서 리뷰》를 통해 〈자살을 되돌리기를〉이라는 제목으로 에버렛 햄너와 인터뷰를 하면서 이렇게 설명한다. "개인이 자살하는 가장 보편적인 원인이 우울증과 심리적 고립감이라면 오늘날 우리가 집단적으로 빠르게 자멸을 향해 나아가는 원인에는 실패한 자본주의 시스템에 대한 절망과 상품에서 의미를 찾는 태도도 있겠지만 심리학자들이 '종적 고독감'이라 부르는 불구적인 상태도 있습니다. … 우리는 언제나 지구에 붙어 사는 기생 동물이겠죠. 하지만 기생 관계는 더 나은 무언가로 발전할 수 있습니다. 바로 공생 관계죠. 제가 아는 급진적인 환경운동가 하나는 이런 제안을 하더군요. 우리는 나무를 벨 때 선천적으로 권리를 타고난 것처럼 베는 것이 아니라 선물을 받는 것처럼 베어야 한다고요. 그런 의식의 변화는 산림 파괴를 늦추는 데 영향을 줄지도 모릅니다. 우리는 공짜보다 선물을 소중히 여기는 경향이 있으니까요. 하지만 그런 변화는 종적 고독감이 유발하는 자살 충동에 대처하는 데도 도움이 될 수 있습니다. 사실 원주민은 이런 사실을 수천 년 전부터 알고 있었죠. 생명체에 감사하는 마음을 갖고 사용하기 전에 용서를 구하는 태도는 우리 자신에게 그리고 다른 사람에게 폭력을 가하도록 만드는 죄책감으로부터 우리를 해방시키는 데 도움이 됩니다."

4부 인류 원리, '한 사람'처럼 생각하기

1 Eunice Foote, "Circumstances Affecting the Heat of the Sun's Rays," *The American Journal of Science and Arts* 22, no. 46 (November 1856). 이산화탄소가 지구 온도에 미치는 영향을 기술한 푸트의 이 논문은 1856년도 미국과학진흥회 모임에서 처음 소개됐으며 남성 동료 학자인 조지프 헨리가 읽어 줬다. 존 틴들은 그로부터 몇 해 뒤인 1859년에 자신의 논문을 공개했다.

2 1985년에 로스앨러모스 측에서는 대화 기록을 발표했다. 다음을 참조하라. Eric M. Jones, "Where Is Everybody?: An Account of Fermi's Question," www.osti.gov/servlets/purl/5746675.

3 이를 가장 생생하게 묘사한 사례는 아마도 다음의 웹 만화일 것이다. "A Timeline of Earth's Average Temperature," September 12, 2016.

4 핸슨은 이 주제에 관한 자신의 생각을 1998년 논문에서 처음 발표했다. 논문의 마지막에는 섬뜩한 문장이 나온다. "만약 우리가 과거에서 거대한 필터를 발견할 수 없다면 미래에는 두려워해야 할 것이다." http://mason.gmu.edu/~rhanson/greatfilter.html.

5 이는 1968년 12월 25일자《뉴욕타임스》1면에 실린 아치볼트 맥리시의 아름다운 이야기에 등장하는 표현이다. 〈우리 모두는 지구의 승객이자 영원한 냉기 속의 형제〉라는 제목의 기사는 아폴로 8호가 달의 궤도를 비행한 바로 다음날 실렸다. 맥리시가 강조한 점은 지구를 멀리 떨어져서 보면 우주 속에서의 우리의 위치가 크게 달라 보일 수 있다는 것이었다. 맥리시는 "자신에 대한 그리고 서로에 대한 인간의 인식은 늘 지구라는 개념에 의존"하고 있다고 말하면서 이렇게 이어 나간다.

> 이제, 불과 몇 시간 사이에, 그런 개념이 다시 바뀌었을지도 모른다. 역사상 처음으로 인간은 고작 100마일, 200마일, 300마일 떨어진 곳에서 보느라 지구를 대륙이나 대양으로 인식한 것이 아니라 우주라는 깊은 곳에서 보았다. 통째로 된 모습, 둥글고 아름답고 작은 모습을 본 것이다. '기독교 최초의 상상력'이라 불리는 단테조차 그 모습을 볼 것이라고는 꿈도 꾸지 못했다. 엉뚱하고 절박한 20세기 철학자들조차 그 모습이 목격될 것이라고는 예측하지 못했다. 그리고 지구의 그런 모습을 본 사람들의 머릿속에 한 가지 질문이 떠올랐다. "저기 사람이 산다고?" 서로 질문을 내뱉고는 웃음을 터뜨렸다. 그러다 웃음이 멈췄다. 수십만 마일, 아니 그 이상 떨어진 우주에서(그들 말로는 '달까지 반쯤 갔을 때') 그들의 머릿속에 떠오른 것은 조그맣고 외로우며 둥둥 떠다니는 행성 위에 살고 있는 생명체였다. 광활하고도 텅 빈 밤 속을 떠다니는 아주 조그만 뗏목. "저기 사람이 산다고?"

중세의 지구 개념은 인간을 모든 것의 중심에 놓았다. 핵무기 시대의 지구 개념은 인간을 어디에도, 심지어 이성의 영역에도 놓지 않았으며 그저 불합리성과 전쟁 속을 떠돌게 했다. 가장 최근에, 이번에 나타난 지구 개념은 다른 결과를 가져올지도 모른다. 그저 인간일 뿐이었던 영웅적인 항해사들의 정신 속에서 형성됐기에 이번 지구 개념은 인간의 형상을 다시 창조할 수 있을지도 모른다. 더 이상 얼토당토않게 우주의 중심에 놓인 형상도 아니고 더 이상 현실의 변두리에서 피에 눈이 먼 채 서로 타락하고 타락시키는 희생자의 형상도 아니다. 마침내 인간은 자기 자신이 될 수 있을지도 모른다.

6 드레이크 본인은 방정식을 지극히 예비적이고 임시적인 무언가로 보았다. 외계 생명체를 발견할 가능성에 영향을 미칠 수 있는 요소를 열거한 목록에 가까웠다. 드레이크는 1960년에 소규모 학회에서 이 문제를 논의하기 전에 방정식을 개략적으로 준비해 갔다. 2003년에는 9월 29일자 《우주생물학 잡지》에서 〈다시 살펴보는 드레이크 방정식〉이라는 기사를 통해 이 이야기를 다시 다뤘다.

7 다이슨은 이런 가능성을 1960년 발표한 한 논문에서 제시했다. "Search for Artificial Stellar Sources of Infrared Radiation" (*Science* 131, no. 3414 [June 1960], pp. 1667–1668). 물론 개념 자체는 그보다 이른 1937년에 올라프 스테이플던의 공상과학소설 《스타 메이커》에 등장했다.

8 *Light of the Stars: Alien Worlds and the Fate of the Earth* (New York: W. W. Norton, 2018). 책에서 프랭크는 이렇게 말한다. "우리의 기술력과 기술이 내뿜는 방대한 에너지는 우리로 하여금 우리 자신과 우리 주변 세계에 어마어마한 힘을 행사할 수 있도록 만들었다. 마치 지구의 열쇠를 받은 것과 같았다. 이제 우리는 지구를 몰고 절벽 아래로 뛰어들 준비가 되었다."

9 이 표현은 알도 레오폴드의 '산처럼 생각'한다는 표현을 떠올리게 한다. 이는 레오폴드의 1937년 작품 《모래땅의 사계》에 처음 등장했으며 2017년에 제데디아 퍼디가 자연 글쓰기와 인간과 자연의 관계에 관해 훌륭하게 다룬 사색적인 에세이의 제목으로도 쓰였다.

개인적으로 '산처럼 생각'한다는 표현은 지나치게 스토아학파처럼 느껴진다. 산은 일개 종인 인간이 어마어마한 고통을 겪든 말든 크게 신경 쓰지 않을 것이다. 행성도 마찬가지다. 일부 과학자들이 계속 상기시켜 주는 것처럼 '지구는 살아남을 것이며 살아남지 못할 수도 있는 것은 바로 인간'이기 때문이다. 그리고 실제로 평론가들은 레오폴드가 사용한 표현의 전형을 고대 에피쿠로스와 루크레티우스의 철학에서 찾는다.

10 Gavin A. Schmidt, "The Silurian Hypothesis: Would It Be Possible to Detect an Industrial

Civilization in the Geological Record?" *International Journal of Astrobiology*, April 16, 2018, https://doi.org/10.1017/S1473550418000095.

11 특히 눈에 띄는 노력이 담긴 연구 하나가 다음에 나온다. "Dissolving the Fermi Paradox," Future of Humanity Institute, Oxford University, June 6, 2018, https://arxiv.org/pdf/1806.02404.pdf.

12 이에 관한 설명과 오펜하이머가 이 문구를 사건 발생 20년 뒤에야 처음 인용했다는 사실은 다음에 등장한다. Kai Bird and Martin J. Sherwin, *American Prometheus: The Triumph and Tragedy of J. Robert Oppenheimer* (New York: Vintage, 2006)(카이 버드, 마틴 셔윈, 최형섭 역,《아메리칸 프로메테우스》, 사이언스북스, 2010).

13 프랭크 오펜하이머는 이 이야기를 1981년 존 H. 엘스 감독의 다큐멘터리 〈트리니티 다음날〉에서 말한다.

14 Connor Nolan et al., "Past and Future Global Transformation of Terrestrial Ecosystems Under Climate Change," *Science* 361, no. 6405 (August 2018): pp. 920 – 923.

15 러브록의 〈가이아를 찾아서〉는 1975년《뉴사이언티스트》에 처음 실렸다. 이후 해가 갈수록 러브록은 낙천성을 점점 잃어 갔다. 2005년에는《가이아: 병든 지구를 위한 약》, 2006년에는《가이아의 복수》, 2009년에는《사라져 가는 가이아의 얼굴》을 출간했다. 러브록은 지구공학을 기후변화를 멈추기 위한 최후의 보루로 옹호하는 사람이기도 하다.

16 버크민스터 풀러가 용어를 대중화시켰지만 등장 자체는 거의 100년 전에 헨리 조지의 1879년 저서《진보와 빈곤》에서 이루어졌다. 나중에 조지 오웰은 용어가 등장한 대목을《위건 부두로 가는 길》에서 이렇게 요약한다.

> 세계는 아마 모두를 먹일 만큼 풍부한 식량을 담은 채 우주를 항해하는 뗏목이다. 우리 모두가 협력해 각자 맡은 몫만큼 일하며 적절한 몫의 식량을 받도록 힘써야 한다는 사실은 두말할 것 없이 자명한 사실이어서 현재 체제에 빌붙으려는 타락한 동기를 가지고 있지 않는 이상 이 사실을 받아들이지 못할 사람은 없을 것이다.

1965년 제네바에서 애들레이 스티븐슨은 유엔경제사회이사회 연설에서 여기에 좀 더 시적인 느낌을 가미했다.

> 우리는 작은 우주선을 타고 함께 여행하는 승객들입니다. 우주선의 연약한 저장고에 의존해 공기와 토양을 얻으며 살아가고 있지요. 우리 모두는 우주선이 안보와 평화를 지킬 수 있도록 우리의 안전에 노력을 쏟아야 합니다. 말살로부터 살아남으려면 오로지 관심과 노력, 그리고 말하건대 연약한 우주선에 베푸는 사랑이 필요합니다. 우리는 반은 잘살지만 반은 비참하고 반은 당당하지만 반은 좌절하고 반은 인간의 오랜 적들에게 종속됐지만 반은 전례 없는 자원의 풍부함 덕에 자유로운 식으로

는 우주선을 지킬 수 없습니다. 어떤 우주선도, 어떤 선원들도 그처럼 방대한 모순을 지닌 채 안전하게 운행할 수는 없습니다. 선원들의 결단에 우리 모두의 생존이 달려 있습니다.

2050 거주불능 지구

한계치를 넘어 종말로 치닫는 21세기 기후재난 시나리오

1판 1쇄 발행 2020년 4월 22일
1판 23쇄 발행 2024년 5월 24일

지은이 데이비드 월러스 웰즈
옮긴이 김재경
펴낸이 고병욱

펴낸곳 청림출판(주)
등록 제2023-000081호

본사 04799 서울시 성동구 아차산로17길 49 1009, 1010호 청림출판(주)
제2사옥 10881 경기도 파주시 회동길 173 청림아트스페이스
전화 02-546-4341 **팩스** 02-546-8053

홈페이지 www.chungrim.com **이메일** cr2@chungrim.com
인스타그램 @chungrimbooks **블로그** blog.naver.com/chungrimpub
페이스북 www.facebook.com/chungrimpub

ISBN 979-11-5540-165-1 03300

※ 추수밭은 청림출판(주)의 인문 교양도서 전문 브랜드입니다.